★ 기 초 부 터 실 전 까 지 ★

300
== 문제로 끝내는 ==

토익
RC

300 문제로 끝내는 토익 RC

지은이 Michael A. Putlack, Stephen Poirier, Tony Covello,
다락원 토익 연구소
펴낸이 정규도
펴낸곳 (주)다락원

초판 1쇄 발행 2020년 6월 1일
초판 2쇄 발행 2023년 8월 31일

편집 조상익, 홍인표
디자인 김성희, 하태호, 윤현주

다락원 경기도 파주시 문발로 211
내용 문의 (02)736-2031 내선 500
구입 문의 (02)736-2031 내선 250~252
Fax (02)732-2037
출판 등록 1977년 9월 16일 제406-2008-000007호

Copyright © 2020 Michael A. Putlack

ISBN 978-89-277-0980-0 14740
ISBN 978-89-277-0978-7 14740 (set)

http://www.darakwon.co.kr
다락원 홈페이지를 방문하시면 상세한 출판 정보와 함께 MP3 자료 등의
다양한 어학 정보를 얻으실 수 있습니다.

★ 기 초 부 터   실 전 까 지 ★

300

= 문제로 끝내는 =

토익

RC

· MICHAEL A. PUTLACK ·
· STEPHEN POIRIER ·
· TONY COVELLO ·
&
· 다락원 토익 연구소 공저 ·

🄓 다락원

머리말

토익은 전 세계적으로 가장 권위 있는 공인 영어 시험 중 하나입니다. 학교나 직장에서 구성원들의 영어 능력을 평가할 때 주로 토익 점수를 기준으로 삼는 것도 바로 이러한 사실 때문입니다. 하지만 요구되는 토익 점수를 받는 일이 그렇게 쉽지만은 않습니다.

토익에서 원하는 점수를 받으려면 먼저 기본적인 영어 실력이 뒷받침되어야 합니다. 하지만 기본 실력이 갖추어져 있다고 하더라도 시험의 특성을 이해하지 못하거나 그에 대한 대비가 충분히 되어 있지 않으면 시험장에서 자신의 실력을 발휘할 수 없을 것입니다.

〈300문제로 끝내는 토익〉 시리즈는 토익의 모든 문제 유형을 체계적으로 분류하고 그에 따른 풀이 전략을 제시함으로써 수험생들이 원하는 토익 점수를 획득하는데 도움을 줄 목적으로 개발되었습니다. 예제, 실전 연습 문제, 그리고 실전 모의고사로 구성된 총 300문제와 추가적인 연습 문제들은 모두 토익의 최신 경향을 반영하고 있으며, 이를 통해 수험생들은 비교적 짧은 기간 내에 토익에 대한 적응력을 기를 수 있을 것입니다.

저희 다락원 토익 연구소는 자부심과 사명감을 가지고 기초부터 실전 단계의 교재를 개발해 왔으며 본 시리즈 역시 그러한 결과물 중 하나입니다. 이 책을 통해 모든 수험생들이 원하는 토익 점수를 받기를 진심으로 바랍니다.

다락원 토익 연구소

목차

이 책의 구성

● 문법 사항 및 어휘 정리

해당 유형의 문법 및 어휘 문제를 풀기 위해 반드시 알아야 하는 사항들을 체계적이고 간결하게 정리해 두었습니다.

● 예제

각각의 문제 유형을 대표할 수 있는 예제들을 통해 앞서 배운 내용을 적용시켜 볼 수 있습니다.

● 알아 둡시다!

앞에서 미처 다루지 못했거나 참고로 알아두어야 할 내용들을 쉽고 간결하게 정리해 두었습니다.

● 연습 문제

학습한 내용을 토대로 다양한 문제를 풀어봄으로써 문제에 대한 적응력을 높일 수 있습니다.

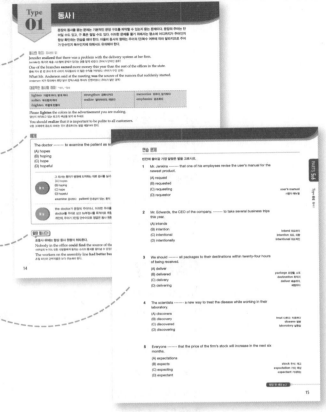

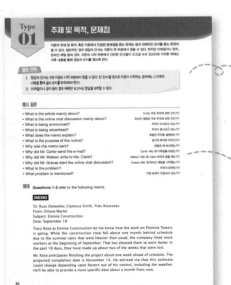

● 풀이 전략

파트7에서는 해당 문제 유형에 꼭 맞는 풀이 전략을 제시함으로써 보다 빠르고 정확하게 정답을 찾는 방법을 익힐 수 있습니다.

● 예시 질문

문제 유형별 예상 질문들을 살펴볼 수 있습니다.

● 실전 문제 연습

파트가 끝날 때마다 해당 파트의 문제들을 집중적으로 풀어 봄으로써
앞서 배운 내용들을 한 번 더 확인할 수 있습니다.

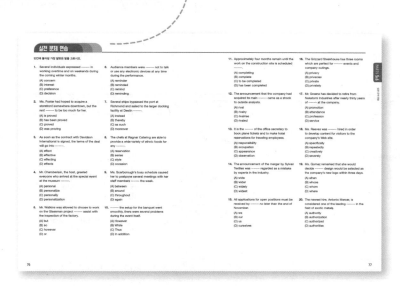

● 실전 모의고사

실제 토익과 난이도가 동일한 1회분의 모의고사를 통해 마지막으로
자신의 실력을 점검할 수 있습니다.

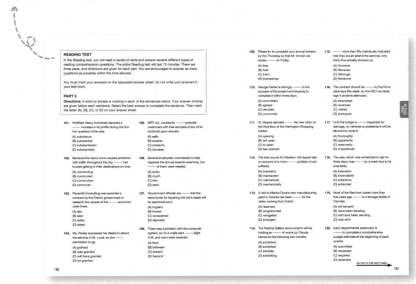

토익이란

토익(TOEIC)은 Test of English for International Communication의 약자로서, 영어를 모국어로 사용하지 않는 사람이 국제 환경에서 생활을 하거나 업무를 수행할 때 필요한 실용 영어 능력을 평가하는 시험입니다. 현재 한국과 일본은 물론 전 세계 약 60개 국가에서 연간 4백만 명 이상의 수험생들이 토익에 응시하고 있으며, 수험 결과는 채용 및 승진, 해외 파견 근무자 선발 등 다양한 분야에서 활용되고 있습니다.

● 시험 구성

구성	PART	내용		문항수	시간	배점
Listening Comprehension	1	사진 묘사		6	45분	495점
	2	질의 응답		25		
	3	짧은 대화		39		
	4	짧은 담화		30		
Reading Comprehension	5	단문 공란 채우기		30	75분	495점
	6	장문 공란 채우기		16		
	7	독해	단수 지문	29		
			복수 지문	25		
TOTAL				200	120분	990점

● 출제 분야

토익의 목적은 일상 생활과 업무 수행에 필요한 영어 능력을 평가하는 것이기 때문에 출제 분야도 이를 벗어나지 않습니다. 비즈니스와 관련된 주제를 다루는 경우라도 전문적인 지식을 요구하지는 않으며, 아울러 특정 국가나 문화에 대한 이해도 요구하지 않습니다. 구체적인 출제 분야는 아래와 같습니다.

일반적인 비즈니스	계약, 협상, 마케팅, 영업, 기획, 콘퍼런스 관련
사무	사내 규정, 일정 관리, 사무 기기 및 사무 가구 관련
인사	구직, 채용, 승진, 퇴직, 급여, 포상 관련
재무	투자, 세금, 회계, 은행 업무 관련
생산	제조, 플랜트 운영, 품질 관리 관련
개발	연구 조사, 실험, 신제품 개발 관련
구매	쇼핑, 주문, 선적, 결제 관련
외식	오찬, 만찬, 회식, 리셉션 관련
건강	병원 예약, 진찰, 의료 보험 업무 관련
여행	교통 수단, 숙박, 항공권 예약 및 취소 관련
엔터테인먼트	영화 및 연극 관람, 공연 관람, 전시회 관람 관련
주택 / 법인 재산	부동산 매매 및 임대, 전기 및 가스 서비스 관련

● **응시 방법**

시험 접수는 한국 TOEIC 위원회 웹사이트(www.toeic.co.kr)에서 온라인으로 할 수 있습니다. 접수 및 연간 시험 일정 등의 정보 또한 이곳에서 확인이 가능합니다.

● **시험 당일 일정**

수험생들은 신분증과 필기구(연필 및 지우개)를 지참하고 오전 9시 20분까지, 혹은 오후 2시 20분까지 고사장에 입실해야 합니다.

시간	진행
9:30 - 9:45 A.M. / 2:30 - 2:45 P.M.	**입실, 오리엔테이션** 답안지에 이름, 수험 번호 등을 표시하고 직업이나 응시 회수 등을 묻는 설문에 응합니다.
9:45 - 9:50 A.M. / 2:45 - 2:50 P.M.	**휴식** 5분간의 휴식 시간 동안 화장실을 이용할 수 있습니다.
9:50 A.M. / 2:50 P.M.	**입실 마감** 50분부터 출입을 통제하므로 늦어도 45분까지는 고사장에 도착하는 것이 좋습니다.
9:50 - 10:05 A.M. / 2:50 - 3:05 P.M.	**신분증 검사** LC 시험 시작 전에 감독관이 신분증을 검사하고 답안지에 확인 서명을 합니다. RC 시험 시간에는 감독관이 돌아다니면서 다시 한 번 신분증을 검사하고 확인 서명을 합니다.
10:05 - 10:10 A.M. / 3:05 - 3:10 P.M.	**파본 검사** 받은 문제지가 파본이 아닌지 확인한 후 문제지에 수험 번호를 적고 답안지에 문제지 번호를 적습니다. 파본이 확인되더라도 시험이 시작되면 문제지를 교체해 주지 않으므로 이때 문제지를 빨리, 제대로 확인하는 것이 중요합니다.
10:10 - 10:55 A.M. / 3:10 - 3:55 P.M.	**LC 문제 풀이** 45분 동안 LC 문제를 풉니다.
10:55 - 12:10 A.M. / 3:55 - 5:10 P.M.	**RC 문제 풀이** 75분 동안 LC 문제를 풉니다.

● **성적 확인**

TOEIC 홈페이지에 안내된 성적 발표일에 인터넷 홈페이지와 어플리케이션을 통해 성적을 확인할 수 있습니다. 성적표 발급은 시험 접수 시에 선택한 방법으로, 즉 우편이나 온라인으로 이루어집니다.

모의고사 점수 계산법

토익 점수는 5점 단위로 채점되며 영역당 만점은 495점입니다. 그리고 총점수(Total Score)는 10점에서 990점 사이로, 두 영역에서 모두 만점을 받는 경우 990점을 받게 됩니다. 하지만 실제 성적은 토익 고유의 통계 처리 방식에 따라 산출되기 때문에 단순히 정답 개수 혹은 오답 개수만으로 토익 성적을 산출할 수는 없습니다. 그러나 모의고사의 경우 통상적으로 아래의 두 가지 방법에 의해 본인의 점수를 가늠해 볼 수 있습니다.

● 단순 환산법을 이용하는 경우: 문항당 5점씩 계산

> **예** LC에서 72개, RC에서 69개를 맞은 경우 → (72×2)+(69×5) = 720점

● 점수 환산표를 이용하는 경우

Listening Comprehension		Reading Comprehension	
정답수	환산 점수대	정답수	환산 점수대
96-100	475-495	96-100	460-495
91-95	435-495	91-95	425-490
86-90	405-475	86-90	395-465
81-85	370-450	81-85	370-440
76-80	345-420	76-80	335-415
71-75	320-390	71-75	310-390
66-70	290-360	66-70	280-365
61-65	265-335	61-65	250-335
56-60	235-310	56-60	220-305
51-55	210-280	51-55	195-270
46-50	180-255	46-50	165-240
41-45	155-230	41-45	140-215
36-40	125-205	36-40	115-180
31-35	105-175	31-35	95-145
26-30	85-145	26-30	75-120
21-25	60-115	21-25	60-95
16-20	30-90	16-20	45-75
11-15	5-70	11-15	30-55
6-10	5-60	6-10	10-40
1-5	5-50	1-5	5-30
0	5-35	0	5-15

> **예** LC에서 90개, RC에서 76개를 맞은 경우 → (405~475)+(335~415) = 740~890점

PARTS
5&6

파트5는 30개의 문법 및 어휘 문제로 구성된다.

파트5에서는 정답률을 높이는 것도 중요하지만, 이후 파트6와 파트7의 문제를 푸는 시간을 확보하기 위해 빠른 시간 내에 정답을 찾는 것이 무엇보다 중요하다.

파트6는 4개의 지문과 총 16개의 문제로 구성되며, 문제 유형은 파트5의 경우와 비슷하나 장문의 지문을 읽고 문법 및 어휘 문제를 풀어야 한다는 점에서 파트5와는 차이가 있다.

아울러 지문의 맥락을 이해해야 정답을 찾을 수 있는 문제들이 등장하기 때문에, 전체적인 지문의 흐름을 파악하면서 문제를 풀어야 파트6에서 고득점을 할 수 있다.

동사 I

문장의 동사를 묻는 문제는 기본적인 문장 구조를 파악할 수 있는지 묻는 문제이다. 문장의 주어는 단어일 수도 있고, 구 혹은 절일 수도 있다. 이러한 문제를 풀기 위해서는 평소에 어디까지가 주어인지 항상 확인하는 연습을 해야 한다. 아울러 동사의 형태는 주어의 단/복수 여부에 따라 달라지므로 주어가 단수인지 복수인지에 대해서도 유의해야 한다.

동사의 위치: 주어의 뒤

Jennifer **realized** that there was a problem with the delivery system at her firm.
Jennifer는 회사의 배송 시스템에 문제가 있다는 점을 알게 되었다. (주어가 단어인 경우)

One of the branches **earned** more money this year than the rest of the offices in the state.
올해 지사 중 한 곳이 주의 나머지 지사들보다 더 많은 수익을 거두었다. (주어가 구인 경우)

What Mr. Anderson said at the meeting **was** the source of the rumors that suddenly started.
Anderson 씨가 회의에서 했던 말이 갑작스러운 루머의 진원지였다. (주어가 절인 경우)

대표적인 동사형 어미: -en, -ize, -ate

lighten 가볍게 하다; 밝게 하다	strengthen 강화시키다	emphasize 강조하다
soften 부드럽게 하다	realize 알아차리다, 깨닫다	activate 활성화시키다
frighten 두렵게 만들다	memorize 외우다, 암기하다	originate 기원하다, 유래하다

Please **lighten** the colors in the advertisement you are making.
당신이 제작하고 있는 광고의 색상을 밝게 해 주세요.

You should **realize** that it is important to be polite to all customers.
모든 고객에게 공손히 대하는 것이 중요하다는 점을 깨달아야 한다.

예제

The doctor ------- to examine the patient as soon as she arrives at his office.
(A) hopes
(B) hoping
(C) hope
(D) hopeful

 해석
그 의사는 환자가 병원에 도착하는 대로 검사를 실시하고 싶어한다.
(A) hopes
(B) hoping
(C) hope
(D) hopeful
examine 검사하다 **patient** 인내심이 있는; 환자 **as soon as** ~하자마자

 해설
the doctor가 문장의 주어이나, 이러한 주어를 받을 수 있는 동사가 보이지 않는다. 따라서 빈칸에는 the doctor를 주어로 삼고 to부정사를 목적어로 취할 수 있는 동사가 들어가야 한다. 보기 중 동사는 (A)와 (C) 두 개인데, 주어가 3인칭 단수이므로 정답은 동사 원형에 -(e)s를 붙인 (A)이다.

알아 둡시다!

조동사 뒤에는 항상 동사 원형이 뒤따른다.

Nobody in the office **could find** the source of the sound everybody was hearing.
사무실의 누구도 모든 사람들에게 들리는 소리의 출처를 알아낼 수 없었다.

The workers on the assembly line **had better become** more efficient.
조립 라인의 근무자들은 보다 유능해야 한다.

연습 문제

빈칸에 들어갈 가장 알맞은 말을 고르시오.

1 Mr. Jenkins ------- that one of his employees revise the user's manual for the newest product.

(A) request
(B) requested
(C) requesting
(D) requestor

user's manual
사용자 매뉴얼

2 Mr. Edwards, the CEO of the company, ------- to take several business trips this year.

(A) intends
(B) intention
(C) intentional
(D) intentionally

intend 의도하다
intention 의도, 의향
intentional 의도적인

3 We should ------- all packages to their destinations within twenty-four hours of being received.

(A) deliver
(B) delivered
(C) delivery
(D) delivering

package 포장물, 소포
destination 목적지
deliver 배송하다,
배달하다

4 The scientists ------- a new way to treat the disease while working in their laboratory.

(A) discovers
(B) discovery
(C) discovered
(D) discovering

treat 다루다; 치료하다
disease 질병
laboratory 실험실

5 Everyone ------- that the price of the firm's stock will increase in the next six months.

(A) expectations
(B) expects
(C) expecting
(D) expectant

stock 주식; 재고
expectation 기대, 예상
expectant 기대하는

정답 및 해설 p.2

Type 02 동사 II

주절뿐만 아니라 종속절의 동사를 묻는 문제도 등장할 수 있다. 문장 내에 when, if, once 등의 종속 접속사가 있거나 that, which, who 등의 관계대명사가 있는 경우, 종속절의 동사가 무엇인지 물을 수 있다. 종속절의 동사는 종속절의 주어가 무엇인지에 따라 결정되며, 시간이나 조건을 나타내는 부사절에서는 현재 시제가 미래를 대신한다는 점에 유의하자.

부사절 내의 동사의 위치

Unless you **convince** Mr. Weasley, you will not be given the funding you require.
Weasley 씨를 설득하지 못하면 당신이 필요로 하는 자금은 구하지 못할 것이다.

Since she **has worked** in the textile industry for many years, she will be attending the conference.
그녀는 여러 해 동안 직물업계에서 일했기 때문에 컨퍼런스에 참석할 것이다.

The port, because it can **accommodate** many ships, has become popular lately.
그 항구는, 많은 선박을 수용할 수 있어서, 최근에 인기가 높아지고 있다.

형용사절 내의 동사의 위치

Mr. Duncan, who **has worked** here for several years, will be transferring soon.
Duncan 씨는, 수년 동안 이곳에서 일을 했는데, 곧 전근을 갈 예정이다. (관계대명사절 내)

The place where the game will **be held** is the new stadium on the eastern side of the city.
경기가 열릴 장소는 시의 동쪽에 새로 생긴 경기장이다. (관계부사절 내)

Nobody knows why the information **has not been forwarded** to Ms. Simmons yet.
왜 Simmons 씨에게 정보가 전달되지 않았는지는 아무도 모른다. (관계부사절 내)

예제

> Mr. Vargas occasionally arrives late for work because he ------- from a suburb located far from downtown.
>
> (A) commuting
> (B) commutation
> (C) commuter
> (D) commutes

Vargas 씨는 도시 중심가에서 멀리 떨어진 외곽 지역에서 통근을 하기 때문에 때때로 지각을 한다.

(A) commuting
(B) commutation
(C) commuter
(D) commutes

occasionally 때때로 **commute** 통학하다, 통근하다 **suburb** 교외 **downtown** 시내 중심가

because로 시작하는 부사절 내에 빠져 있는 품사가 무엇인지 살펴보도록 한다. 부사절의 주어 he를 받을 수 있는 동사가 존재하지 않으므로 빈칸에는 동사인 (D)의 commutes가 들어가야 한다.

알아 둡시다!

시간이나 조건의 의미를 나타내는 부사절 안에서는 현재 시제가 미래 시제를 대신한다.

I will let you know when Mr. Jefferson **gets** here. Jefferson 씨가 이곳에 오면 당신에게 알려 주겠다.

연습 문제

빈칸에 들어갈 가장 알맞은 말을 고르시오.

1 If the plane ------- on time, then Ms. Samuels will be able to attend the keynote speech.

(A) arrival

(B) arrives

(C) arriving

(D) arrived

on time 정시에, 제때에
keynote speech
기조 연설
arrival 도착

2 The delivery is scheduled for this afternoon although Mr. Richards ------- he will receive it then.

(A) doubtable

(B) doubter

(C) doubts

(D) was doubted

doubtable
의심할만한, 불확실한

3 Even though Eric Bender ------- in the department for twenty years, he was not promoted to senior management.

(A) worked

(B) worker

(C) was worked

(D) working

department 부서
promote 승진시키다
senior management
간부직

4 The warehouse employees loaded the vehicle while the foreman ------- them at work.

(A) observe

(B) observation

(C) observed

(D) observing

warehouse 창고
load 짐을 싣다
foreman 십장, 작업반장
observe 관찰하다,
감시하다; 준수하다
at work 근무하는
observation 관찰, 감시

5 Since the printer ------- a mistake, the posters must be thrown away and new ones created.

(A) makes

(B) made

(C) making

(D) was made

printer 프린터;
인쇄업자, 인쇄업체
make a mistake
실수하다
throw away 버리다
create 만들다, 제작하다

정답 및 해설 p.2

Type 03 시제

기본적으로 동사의 시제를 묻는 문제를 풀기 위해서는 각 시제의 정확한 쓰임을 알고 있어야 한다. 실전에서는 항상 문장 내의 단서를 이용하여 알맞은 시제를 찾도록 한다.

현재 시제: 반복적/습관적 행위 및 불변의 진리

Jim always **checks** his e-mail first thing every morning. Jim은 아침마다 가장 먼저 이메일을 확인한다. (반복적/습관적 행위)

It **takes** the Earth 365 days to complete one orbit of the sun.
지구가 태양 주변을 한 바퀴 도는데 365일이 걸린다. (불변의 진리)

과거 시제: 이전에 일어났던 일

The nominations for employee awards **were** due three days ago. 직원상 수상 후보자 추천은 3일 전에 마감되었다.

Lucinda West **lived** in Baltimore for more than twenty-five years. Lucinda West는 25년 이상 볼티모어에서 살았다.

미래 시제: 이후에 일어날 일

The company president **will consider** all options for returning the firm to profitability.
그 회사의 사장은 회사의 수익성을 높일 수 있는 모든 선택 사항들을 고려할 것이다.

We **are going to attend** a luncheon for the new employees this Friday.
우리는 이번 주 금요일 신입 사원들을 위한 점심 회식에 참석할 것이다.

진행 시제(be/was [were] + -ing): 현재에 진행 중인 일이나 과거에 진행 중이었던 일

The visitors **were touring** the new facility in San Antonio. 방문객들은 샌 안토니오에 새로 생긴 시설을 둘러보고 있었다.

완료 시제(has/had + p.p.): 이전에 있었던 일이 현재나 과거에 영향을 미치고 있는 경우

The tourists **have seen** all of the exhibits on the second floor. 관광객들은 2층의 모든 전시물들을 보았다.

예제

Ms. Hobbs ------- adopting a new approach to the manufacturing process but has not made a final decision yet.

(A) consider
(B) has considered
(C) was considered
(D) will consider

해석

Hobbs 씨는 새로운 방식의 제조 방식을 도입하는 것에 대해 고민했지만 아직 최종 결정을 내리지는 못했다.
(A) consider
(B) has considered
(C) was considered
(D) will consider

해설

등위접속사 but 이후의 시제가 현재완료이므로 빈칸에도 현재완료 시제와 어울리는 동사의 형태가 들어가야 자연스러운 문장이 완성된다. 따라서 정답은 (B)이다.

알아 둡시다!

과거완료 시제는 문장 내에 과거의 기준이 되는 시점이 있는 경우나 가정법 문장에서 주로 사용된다.

Mr. Reynolds **had visited** several countries in South America before traveling to Asia.
Reynolds 씨는 아시아로 가기 전에 남아메리카의 몇몇 국가들을 방문했다.

If you **had bought** tickets yesterday, we could have gone to the concert.
당신이 어제 표를 구입했으면 우리는 콘서트에 갈 수 있었을 것이다.

연습 문제

지문을 읽고 빈칸에 들어갈 가장 알맞은 말을 고르시오.

To: Aaron Crawford

From: Bill Sherman

Subject: Meeting

Date: August 11

Dear Mr. Crawford,

It was a pleasure to meet you in my office the other day. I -------- your
1.
coming all the way to Jacksonville to meet with me.

The products that you demonstrated for my supervisor and I were quite
impressive. We are quite interested in purchasing a large number of them.
However, the price you -------- is a bit too high for us. Is it possible to give
2.
us a 10% discount -------- we were to purchase 1,000 units from you?
3.

--------. I hope to hear from you soon regarding this matter. Please call me
4.
anytime.

Regards,

Bill Sherman

---

the other day
며칠 전에
all the way 줄곧
demonstrate
시위하다; 시연하다
impressive 인상적인
regarding ~에 관하여
anytime 언제라도

1   (A) appreciate
    (B) request
    (C) approve
    (D) report

2   (A) will mention
    (B) have been mentioned
    (C) are mentioning
    (D) mentioned

3   (A) however
    (B) if
    (C) because
    (D) although

4   (A) I'm looking forward to
receiving the shipment
sometime next week.
    (B) The contract has already been
signed and sent by registered
mail.
    (C) If this is acceptable, we can
proceed with the ordering
process.
    (D) Because we were in a hurry,
we needed the items by last
week.

registered mail
등기 우편
in a hurry
급한, 서두르는

정답 및 해설 p.3

태

능동태는 주어가 어떠한 행동의 주체일 때 사용되는 형식인 반면, 수동태는 주어가 어떠한 행동의 대상이나 객체일 때 사용되며 「be + 과거분사(p.p.)」의 형태로 나타낸다. 태와 관련된 문제를 풀기 위해서는 무엇보다 문장에서 사용되는 동사의 의미를 정확히 알아야 하고, 주어가 사람인지 혹은 사물인지 파악해야 한다.

능동태: 「주어 + 동사 + 목적어」

The law **requires** hospitals to provide emergency medical care to all individuals.
법에 따라 병원들은 모든 개인에게 긴급 의료 서비스를 제공해야 한다.

Mr. Hawkins **visited** the post office to send several packages.
Hawkins 씨는 몇 개의 소포를 보내기 위해 우체국을 방문했다.

The museum **reduced** its admission fee by 50% for the entire month of December.
그 박물관은 12월 한 달 동안 입장료를 50% 인하했다.

수동태: 「주어 + be + 과거분사 (+ by)」

The plan **was accepted by** the members of the board of directors last night.
그 계획은 어젯밤 이사회 위원들에 의해 승인되었다.

The shipment **will be paid for by** Ms. Harris in the Accounting Department.
배송비는 회계부의 Harris 씨에 의해 지불될 것이다.

Several new products **are promoted by** a marketing firm in the city.
몇몇 신제품들이 시내의 한 마케팅 업체에 의해 홍보되고 있다.

예제

> When the message -------, Mr. Peterson will inform everyone in the office of the news.
> (A) receives
> (B) is receiving
> (C) is received
> (D) was received
>
> ---
>
> 해석
> 메시지가 수신되면 Peterson 씨가 사무실의 모든 사람들에게 소식을 알릴 것이다.
> (A) receives
> (B) is receiving
> (C) is received
> (D) was received
> **inform A of B** A에게 B를 알리다
>
> ---
>
> 해설
> '받다' 혹은 '수신하다'는 의미를 나타내는 동사 receive의 알맞은 형태를 묻는 문제이다. when이 이끄는 부사절의 주어는 사물인 message(메시지)이므로 receive가 빈칸에 들어가기 위해서는 수동태 형식이 만들어져야 한다. 따라서 (C)와 (D) 중 하나가 정답인데, 주절의 시제가 미래이므로 빈칸에는 (D)가 아니라 현재 시제의 (C)가 들어가야 한다.

연습 문제

빈칸에 들어갈 가장 알맞은 말을 고르시오.

1   Five weeks after the job opening -------, only three people had applied for it.

(A) has been announced

(B) will be announced

(C) was announced

(D) announced

job opening 공석

2   Because there is a problem with the ID cards, new ones ------- within the next few days.

(A) are issued

(B) will issue

(C) will be issued

(D) have been issued

ID card 신분증
issue 발급하다;
화제, 이슈

3   Mr. Kimball ------- how to play several musical instruments during his youth.

(A) was learned

(B) is learned

(C) learned

(D) has been learned

musical instrument
악기
youth 어린 시절

4   If the windows ------- correctly tomorrow, they will provide a lot of insulation during the cold winter months.

(A) installed

(B) are installed

(C) have been installed

(D) will install

install 설치하다
insulation 단열, 전열

5   Unless Ms. Harper ------- for her comments, her officemates will continue to be upset with her.

(A) apologizes

(B) will apologize

(C) is apologized

(D) has been apologized

apologize for
~에 대해 사과하다
comment 주석, 논평
officemate 사무실 동료
upset 화가 난,
기분이 상한

정답 및 해설 p.4

to부정사

동사 앞에 to를 붙여 만드는 to부정사는 명사, 형용사, 부사처럼 쓰일 수 있다. to부정사 문제는 주로 to부정사의 형용사적 용법이나 부사적 용법과 관련된 것이 많고, 명사적 용법을 묻는 경우는 대부분 동사의 목적어로서 to부정사가 사용되는 경우이다.

to부정사의 형용사적 용법

The firm is looking for a qualified individual **to work** as a salesperson.
그 회사는 영업 사원으로 일할 수 있는 자격을 갖춘 사람을 찾고 있다.

We need some time **to consider** the offer Ms. Jacobs just made.
조금 전 Jacobs 씨가 한 제안에 대해 생각해 볼 시간이 필요하다.

to부정사의 부사적 용법

The customers were pleased **to receive** discounts on all of their purchases.
소비자들은 구매한 모든 제품에 대해 할인을 받게 되어 기뻐했다. (원인)

Mr. Richards is going to the train station **to meet** one of his colleagues.
Richards 씨는 동료 중 한 명을 만나기 위해 기차역으로 갈 것이다. (목적)

to부정사의 명사적 용법

Porter Roth wants **to improve** the working conditions in his office.
Porter Roth는 사무실의 근무 환경이 개선되기를 바란다.

To restrict access to the storage room is one solution being considered now.
창고 출입을 제한하는 것이 현재 고려되고 있는 해결책 중 하나이다.

예제

Missy Sellers is looking for someone ------- her to the demonstration in Atlanta.

(A) accompanying
(B) will accompany
(C) to accompany
(D) be accompanied

해석

Missy Sellers는 애틀랜타에서의 제품 시연회에 동행할 누군가를 찾고 있다.
(A) accompanying
(B) will accompany
(C) to accompany
(D) be accompanied

look for ~을 찾다   **accompany** 동행하다, 동반하다   **demonstration** 시위, 시연

해설

빠져 있는 주요 문장 성분이 없으므로 빈칸에는 someone을 수식할 수 있는 표현이 들어가야 한다. 보기 중에서 형용사 역할을 할 수 있는 것은 (A)와 (C)인데, 내용상 '동행할' 사람을 찾고 있다는 미래의 의미가 완성되어야 하므로 빈칸에는 (A)가 아니라 (C)의 to부정사가 들어가야 한다.

알아 둡시다!

예제에서 알 수 있듯이 to부정사가 형용사적 용법으로 사용될 때에는 미래의 의미가 드러난다. 이에 반해 현재분사는 현재의 의미를 나타낸다.

My sister has many friends **to help** her. 내 여동생은 자신을 도울 친구들이 많다. (to부정사: 미래의 의미)

There is someone **helping** my sister. 누군가가 내 여동생을 돕고 있다. (현재분사: 현재의 의미)

연습 문제

빈칸에 들어갈 가장 알맞은 말을 고르시오.

1 The columnist was disappointed ------- that his article had been rejected for publication.

(A) learned

(B) learning

(C) to learn

(D) has learned

columnist 칼럼니스트
article 글, 기사
publication
출판, 발행; 발표, 공개

2 ------- the problem better, the team will spend all day looking closely at the machinery.

(A) Understands

(B) Will understand

(C) To understanding

(D) To understand

closely 가까이; 면밀히
machinery 기계(류)

3 Mr. Cross hopes ------- insurance for both his home and his personal vehicle soon.

(A) will purchase

(B) to purchase

(C) purchasing

(D) be purchased

insurance 보험
both A and B
A와 B 모두
personal 개인의

4 Dr. Chambers wrote a speech ------- at the conference on recent medical advances.

(A) to give

(B) giving

(C) will give

(D) will be given

medical 의료의,
의학적인
advance 발전, 진보

5 Nobody expected ------- at the airport for more than ten hours due to the poor weather conditions.

(A) remained

(B) remaining

(C) to remain

(D) had remained

due to ~ 때문에
weather condition
기상 상황

정답 및 해설 p.4

현재분사와 과거분사

현재분사는 동사에 –ing를 붙여 만들며 형용사처럼 쓰인다. 현재분사는 과거분사와 달리 능동의 의미를 나타낸다. 이에 반해 과거분사는 동사에 –ed를 붙여 만들며 수동의 의미를 나타낸다.

현재분사

Falling rocks on the highway caused parts of the road to be temporarily shut down.
고속 도로의 낙석으로 인해 일부 도로들이 일시적으로 폐쇄되었다. (능동의 의미)

An **interesting** fact about the movie is that it took only three weeks to film.
그 영화에 관한 흥미로운 사실은 영화를 촬영하는데 단 3주만이 걸렸다는 점이다.

Everyone **working** in the laboratory should wear a lab coat.
실험실에서 근무하는 모든 사람들은 실험복을 착용해야 한다.

과거분사

The **requested** documents should be released within the next two or three hours.
요청된 문서들은 앞으로 두세 시간 내에 공개되어야 한다. (수동의 의미)

The mechanic said that he would not be able to repair the **damaged** vehicle.
그 정비사는 손상된 차량을 수리할 수 없다고 말했다.

The letter **sent** by overnight air actually took three days to arrive.
당일 항공 배송으로 발송된 편지는 실제로 도착하기까지 3일이 걸렸다.

예제

> Mr. Daniels asked for ------- authorization to engage in negotiations with the Fujisaki Corporation.
>
> (A) writing
> (B) to write
> (C) written
> (D) writable
>
> ---
>
> **해석** Daniels 씨는 Fujisaki 사와의 협상에 참여할 수 있도록 위임장을 요청했다.
> (A) writing
> (B) to write
> (C) written
> (D) writable
> **authorization** 허가, 승인; 위임 **engage in** ~에 종사하다; ~에 참여하다 **negotiation** 협상
>
> ---
>
> **해설** 빈칸의 수식을 받는 authorization(위임, 권한 부여)은 write의 대상이지 주체가 아니므로 빈칸에는 write의 과거분사형이 들어가야 한다. 따라서 (C)의 written이 정답이다. written authorization이 '위임장' 혹은 '서면 결제'라는 뜻으로 사용된다는 점을 알면 보다 쉽게 정답을 찾을 수 있다.

 알아 둡시다!

be surprised, be interested, be amazed, be excited 등과 같이 사람의 감정을 나타내는 표현들은 과거분사 행태로 이루어진 것들이 많다.

The crowd **was surprised** when a famous celebrity walked out onto the stage.
유명 인사가 무대로 걸어 나오자 관중들이 놀라워했다.

We **were excited** to hear the news that our firm had been awarded the government contract.
우리는 우리 회사가 정부 계약을 따냈다는 소식을 듣고 매우 기뻤다.

연습 문제

지문을 읽고 빈칸에 들어갈 가장 알맞은 말을 고르시오.

To: All Staff

From: Sheila Easterwood

Date: September 3

Subject: Office Policy

Effective Monday, September 7, --------- hours here at Ralston Publishing
                                    1.
will be more flexible. Employees no longer have to arrive by 9:00 A.M. and
depart at 6:00 P.M.

Instead, employees can choose when they wish to arrive and depart so long
as they put in a full day's worth --------- work. Employees must inform their
                                    2.
supervisors of their new hours. ---------. It will also let supervisors schedule
                                  3.
meetings when all the necessary attendees are in the office.

For more information, please contact me at extension 22. I can assist you in
coming up with a new --------- that best fits your personal needs.
                        4.

---

flexible 유연한
no longer
더 이상 ~ 않다
so long as ~하는 한
worth 가치가 있는
inform A of B
A에게 B에 대해 알리다
supervisor
감독관, 관리자
come up with
~을 떠올리다
fit 맞다, 적합하다

1   (A) worker
     (B) working
     (C) workable
     (D) worked

workable 실행 가능한

2   (A) in
     (B) at
     (C) for
     (D) of

3   (A) This will prevent confusion.
     (B) Thank you for doing that.
     (C) Supervisors will confirm your plans.
     (D) Everything is going according to plan.

4   (A) routine
     (B) schedule
     (C) itinerary
     (D) route

routine 일상
itinerary 여행 일정
route 길, 경로

정답 및 해설 p.5

Type 07 동명사

동명사는 동사에 –ing를 붙여 만든 명사로, 명사이기는 하지만 동시에 동사의 성격도 지닌다. 동사의 성격을 지니기 때문에 목적어를 취할 수 있으며, 명사이기 때문에 주어나 보어, 목적어로 쓰일 수 있다. 단 동명사 앞에는 관사나 형용사가 오지 않는다.

주어로 쓰이는 경우

Working hard while at the office is very important. 사무실에 있는 동안에는 열심히 일하는 것이 매우 중요하다.

Fishing at the lake is one of Tom's favorite activities. 호수에서 낚시하는 것은 Tom이 가장 좋아하는 활동이다.

보어로 쓰이는 경우

Mr. Bell's hobby is **collecting** old stamps and coins. Bell 씨의 취미는 오래된 우표와 동전을 수집하는 것이다.

목적어로 쓰이는 경우

Jack Murphy avoided **injuring** himself in the car accident.
Jack Murphy는 자동차 사고에서 피해를 입지 않았다.

Mr. Hampton remembers **visiting** Europe a few years ago.
Hampton 씨는 몇 년 전 유럽을 방문했다는 점을 기억하고 있다.

The construction crew likes **working** overtime since they earn more money then.
건설 인부들은 더 많은 돈을 받을 수 있기 때문에 초과 근무를 좋아한다.

cf. They are fond of **working** overtime. 그들은 초과 근무를 좋아한다. (전치사의 목적어)

예제

> Ms. Anderson recalls ------- the package to the client on Monday morning.
>
> (A) mail
> (B) mailing
> (C) mails
> (D) mailed

 해석

Anderson 씨는 월요일 오전에 고객에게 소포를 발송했던 것을 기억한다.
(A) mail
(B) mailing
(C) mails
(D) mailed

recall 회상하다, 기억하다 **mail** (우편으로) 부치다, 보내다 **package** 꾸러미, 소포

해설

빈칸에는 recall의 목적어 역할을 할 수 있는 단어가 들어가야 한다. 동사 recall은 동명사를 목적어로 취하는 동사이므로 빈칸에 들어갈 mail의 알맞은 형태는 (B)이다.

알아 둡시다!

동명사만을 목적어로 취하는 동사: avoid, enjoy, quit, keep, mind, deny, finish, recall 등

Many club members **enjoy discussing** the books they read with one another.
많은 클럽 회원들이 자신들이 읽은 책에 대해 서로 논의하는 것을 좋아한다.

to부정사만을 목적어로 취하는 동사: want, hope, expect, need, afford, promise, pretend 등

We cannot **afford to** stay at a five-star hotel since it is too expensive.
너무 비싸기 때문에 5성급 호텔에서 숙박할 여유는 없다.

연습 문제

빈칸에 들어갈 가장 알맞은 말을 고르시오.

1 The leaky pipe suddenly quit ------- so much noise once the plumber repaired it.

    (A) making

    (B) make

    (C) to make

    (D) made

leaky 물이 새는
make noise
소리를 내다, 소음이 나다
plumber 배관공

2 ------- a job in another country was one of Stephanie Miller's most important decisions.

    (A) Acceptable

    (B) Accepted

    (C) Accepts

    (D) Accepting

decision 결정
acceptable 받아들일 수
있는, 수락할 수 있는

3 Mr. Hoover advised his intern to consider ------- for a full-time job in his department after graduating.

    (A) apply

    (B) applies

    (C) application

    (D) applying

advise 충고하다
full-time job 정규직
graduate 졸업하다

4 The passenger asked the flight attendant if she minded ------- him something to eat and drink.

    (A) to get

    (B) getting

    (C) gets

    (D) got

flight attendant
비행기 승무원

5 ------- the character on stage was one of the most difficult roles Andrew Thompson ever had.

    (A) Portrayed

    (B) Portrays

    (C) Portraying

    (D) Be portrayed

portray 묘사하다,
나타내다
role 역할

정답 및 해설 p.6

명사 I

명사는 문장의 주어, 목적어, 그리고 보어로 사용된다. 따라서 주어, 목적어, 보어 자리에 빈칸이 위치하는 경우 명사가 정답일 가능성이 높다.

주어로 사용되는 명사
Friendliness is a trait that is highly desired in an employee. 친절함은 직원에게 크게 요구되는 자질이다.

목적어로 사용되는 명사
Mr. Smith respected Lucy's **ability** to speak five foreign languages fluently.
Smith 씨는 다섯 개의 외국어를 유창하게 구사하는 Lucy의 능력을 높이 평가했다.

보어로 사용되는 명사
Our new refrigerator is an **appliance** that no one thought of.
우리의 새로운 냉장고는 누구도 생각하지 못했던 가전 제품이다.

대표적인 명사형 어미: – ance, –ency, –ion, –sion, –tion, –ence, –ment, –ness, –ship, –ty

influence 영향(력)	creation 창작, 창조	advertisement 광고	hardship 고난
existence 존재	confession 고백, 실토	statement 주장, 진술	scholarship 장학금
intelligence 지성	objection 반대	movement 움직임; 운동	ability 능력
patience 인내심	action 행동	friendliness 친절	honesty 정직
fluency 유창함	achievement 업적, 성과	happiness 행복	

The job candidate was offered the position based on his **intelligence** and **honesty**.
그 입사 지원자는 지적인 능력과 정직함으로 입사 제의를 받았다.

예제

> The primary ------- by the sales team was selling products in more than fifteen foreign countries last year.
>
> (A) achieve
> (B) achiever
> (C) achieving
> (D) achievement
>
> ---
>
> 영업부의 주요 성과는 작년에 15개국 이상의 국가에서 제품을 판매한 것이었다.
> (A) achieve
> (B) achiever
> (C) achieving
> (D) achievement
>
> **primary** 주요한, 주된 **achievement** 성과, 업적 **achieve** 이루다, 달성하다
>
> ---
>
> 빈칸에는 primary의 수식을 받으면서 문장 전체의 주어 역할을 할 수 있는 명사가 들어가야 한다. 따라서 명사인 (D)가 정답이다. (C)의 achieving을 동명사로 보는 경우, 동명사는 관사 및 형용사의 수식을 받을 수 없으므로 (C)는 정답이 될 수 없다.

알아 둡시다!

사람을 나타내는 명사형 어미 중에서 –er, –or 등은 업체를 나타낼 수도 있다.
supplier 공급업자, 공급업체 / competitor 경쟁자, 경쟁업체 / publisher 출판인, 출판사 / manufacturer 제조업자, 제조업체

연습 문제

빈칸에 들어갈 가장 알맞은 말을 고르시오.

1 According to the report, the shipping ------- will be more profitable next year.

(A) industrial

(B) industrialization

(C) industrialize

(D) industry

profitable 수익성이 높은
industrial 산업의
industrialization
산업화

2 All visitors must show ------- before they are permitted inside the building.

(A) identity

(B) identified

(C) identification

(D) identifiable

identification
신원, 신분(증)
permit 허락하다,
허가하다
identity 정체성
identify (신원 등을)
확인하다

3 ------- claimed that the accident happened because a driver ran a red light.

(A) Witnesses

(B) Witnessed

(C) Witness

(D) Witnessing

witness 증인, 목격자
claim 주장하다
run a red light 정지
신호를 무시하고 달리다

4 There are a variety of forms of ------- available to people visiting the city.

(A) entertainer

(B) entertainment

(C) entertaining

(D) entertained

a variety of 다양한
entertainment
오락 거리, 여흥
available 이용할 수 있는
entertain 즐겁게 하다

5 The ------- of the book is scheduled to take place this coming July.

(A) publisher

(B) publication

(C) published

(D) publish

publication 출판
be scheduled to
~할 예정이다
take place 일어나다,
발생하다
publisher 출판인, 출판사

정답 및 해설 p.7

Type 09 명사 II

명사가 정답인 경우에 빈칸 앞뒤에서 찾을 수 있는 정답의 단서에 대해 알아보자. 빈칸 앞에 관사나 소유격이 있는 경우, 형용사가 있는 경우, 그리고 전치사가 있는 경우에는 명사가 정답일 가능성이 높다. 또한 빈칸 바로 뒤에 관계사가 있으면 빈칸에는 선행사 역할을 할 수 있는 명사가 들어가야 한다.

관사나 소유대명사의 뒤

The **owner** of the bakery is planning to retire soon. 그 빵집의 주인은 곧 은퇴할 예정이다.

In Tom's **opinion**, it would be a mistake to sell the property. Tom이 생각하기에 부동산을 매각하는 일은 실수가 될 것이다.

형용사의 수식을 받는 명사

Ms. Hamilton is wearing a beautiful **necklace** she received for her birthday.
Hamilton 씨는 생일 때 받은 아름다운 목걸이를 착용하고 있다.

The pond has clear **water**, so it is easy to see fish in it. 연못의 물이 깨끗하기 때문에 그 안의 물고기를 쉽게 볼 수 있다.

전치사의 수식을 받는 명사

There are several **books** on the shelf in the living room. 거실의 선반에 책이 몇 권 있다.

Several people are jogging on the trail **beside** the river. 몇몇 사람들이 강가의 산책로에서 조깅을 하고 있다.

관계사의 수식을 받는 명사

The **man** who called Ms. Watson was asking for directions to the bank.
Watson 씨에게 전화한 사람은 은행을 가는 길을 묻고 있었다. (명사 + 관계대명사)

The **office** where they work is located in the downtown area.
그들이 일하는 사무실은 시내 중심가에 위치해 있다. (명사 + 관계부사)

예제

As a ------- of high-end products, Weston, Inc. focuses on the quality of the goods it makes.

(A) manufacturing
(B) manufactured
(C) manufacturer
(D) manufacture

고급 제품을 제조하는 업체인 Weston 주식회사는 자신들이 제조하는 제품의 품질에 초점을 맞추고 있다.

(A) manufacturing
(B) manufactured
(C) manufacturer
(D) manufacture

manufacturer 제조업자, 제조업체 **high-end** 고급의 **focus on** ~에 초점을 맞추다 **quality** 품질

---

as(~로서)가 자격을 나타내는 전치사로 사용되었다는 점과 빈칸 앞에 관사가 있다는 점에 착안하면 빈칸에는 명사가 들어가야 한다는 사실을 알 수 있다. 아울러 as가 이끄는 전치사구의 수식을 받는 Weston, Inc.이 주식회사라는 기업을 나타내기 때문에 빈칸에는 (C)의 manufacturer(제조업자, 제조업체)가 들어가야 자연스러운 문장이 완성된다.

연습 문제

지문을 읽고 빈칸에 들어갈 가장 알맞은 말을 고르시오.

Local Theater to Close

by staff reporter Theo Rose

In a surprise --------, the owner of the Harding Theater said that it was going to close this coming Saturday night. After the play *Hamlet* is performed **1.** there, it will no longer open its doors to the public.

Xavier Daniels, the theater's owner, stated -------- decreasing attendance at the theater has made it unprofitable. As a result, he can no longer afford to **2.** run the theater. He constructed the theater more than forty years ago, and it -------- thousands of performances during that time. **3.**

--------. Those interested in acquiring it should contact Simpson Realty on **4.** Grover Avenue.

---

attendance 출석, 출석률
unprofitable 수익을 내지 못하는
acquire 얻다, 획득하다

1
(A) announce
(B) announcer
(C) announcement
(D) announcing

2
(A) what
(B) that
(C) which
(D) when

3
(A) has hosted
(B) will host
(C) has been hosted
(D) was hosted

4
(A) The owner intends to retire to another city soon.
(B) It is still possible that more performances can be held there.
(C) The property has already been purchased by an investor.
(D) Mr. Daniels stated that he hopes to sell the building.

property 재산, 부동산
investor 투자가

PARTS 5&6 Type 09 명사II

정답 및 해설 p.7

31

Type 10 형용사 I

형용사는 명사 앞에 위치해서 명사를 수식한다.

수식어로서의 형용사

A **curious** customer asked the salesperson a large number of questions.
호기심 많은 한 고객이 판매 사원에게 많은 질문을 했다.

He contacted a **reputable** agency to handle his investments.
그는 자신의 투자를 담당할, 평판이 좋은 투자 기관에 연락을 했다.

Drivers should find **alternative** routes since Highway 64 is closed for the next two weeks.
다음 2주 동안 64번 고속도로가 폐쇄될 예정이기 때문에 운전자들은 우회 도로를 찾아야 한다.

수식어로만 사용 가능한 형용사(보어로 사용 불가): mere, live, elder, drunken, wooden

The **wooden** chair was made by a carpenter and is of high quality.
그 나무 의자는 목수에 의해 제작되어 품질이 우수하다.

It costs a **mere** two dollars to gain entry to the museum each weekend.
2달러만 있으면 주말에 박물관에 입장할 수 있다.

대표적인 형용사 어미: -ble, -al, -ish, , -ous, -y, -tive, -ful

accessible 접근할 수 있는	natural 자연스러운, 자연의	greedy 욕심 많은	wonderful 놀라운, 굉장한
acceptable 받아들일 수 있는	childish 유치한	snowy 눈이 내리는	painful 고통스러운
reliable 믿을 수 있는	famous 유명한	attractive 매력적인	careful 조심하는
national 국가적인, 국가의	courageous 용기 있는	sensitive 세심한; 민감한	
seasonal 계절의, 계절적인	glamorous 매력적인	effective 효과적인	

Life as a celebrity appears **glamorous**, but it can also be quite difficult.
유명 인사로서의 삶은 매력적으로 보이지만 상당히 힘든 것일 수도 있다.

Mr. Owen suggested an **acceptable** solution to the problem Ms. Dench had.
Dench 씨가 가지고 있는 문제에 대해 Owen 씨가 그럴듯한 해결책을 제안했다.

예제

> The ------- client will be arriving at the airport and needs to be picked up soon.
>
> (A) potentially
> (B) potentials
> (C) potential
> (D) potentiality

해석
잠재 고객이 공항에 도착할 예정이어서 곧 마중을 하러 가야 한다.
(A) potentially
(B) potentials
(C) potential
(D) potentiality
potential 잠재적인; 잠재력   **pick up** 차로 데리러 가다   **potentiality** 잠재력, 잠재성

해설
빠져 있는 문장 성분이 없으므로 빈칸에는 수식어가 들어가야 한다. 빈칸 다음에 명사가 있다는 점을 감안하면 빈칸에는 명사를 수식할 수 있는 형용사, 즉 (C)의 potential(잠재적인)이 들어가야 한다. '잠재 고객'은 potential customer 혹은 potential client로 나타낸다는 점을 알고 있으면 보다 쉽게 정답을 찾을 수 있다.

연습 문제

빈칸에 들어갈 가장 알맞은 말을 고르시오.

1 The ------- firefighter ran into the burning building and saved a baby that had been trapped inside.

(A) brave

(B) bravery

(C) bravado

(D) braving

brave 용감한; (용감하게) 맞서다, (위험을) 무릅쓰다
trap (덫에) 갇히다
bravery 용감(성)
bravado 허세

2 The intern gave a ------- response to the question asked by her supervisor.

(A) thought

(B) thoughtful

(C) thinking

(D) thinker

give a response 대답하다
thoughtful 사려 깊은, 신중한

3 The ------- lake is popular with boaters, fishermen, and people interested in water-skiing.

(A) artificial

(B) artificially

(C) artifice

(D) artifices

artificial 인공의, 인공적인
artifice 책략, 계략

4 A positive and ------- attitude is a critical factor to consider when making a hiring decision.

(A) enthusiasm

(B) enthusiastic

(C) enthusiastically

(D) enthusing

positive 긍정적인, 적극적인
enthusiastic 열성적인
attitude 태도
critical 중요한
enthusiasm 열광, 열성
enthuse 열변을 토하다

5 FD Motors always tries to provide a highly ------- and flexible customer service.

(A) respond

(B) responding

(C) responsive

(D) responsively

highly 매우
responsive 즉각적으로 반응하는, 호응하는
flexible 유연한, 융통성이 있는
respond 대답하다, 반응하다

정답 및 해설 p.8

Type 11 형용사 II

형용사는 문장의 보어로 쓰일 수 있다.

보어로서의 형용사: be동사 및 지각동사 뒤

The food on the table looks **edible**. 테이블에 놓인 음식은 먹을 수 있는 것으로 보인다.

Something in the room smells **pleasant**. 방 안에서 무언가 기분 좋은 냄새가 난다.

Hopefully, our new cosmetics line will be **attractive** to customers.
새로 출시된 화장품이 고객들에게 매력적인 것으로 보이기를 바란다.

보어로만 사용 가능한 형용사(수식어로 사용 불가): alike, alone, awake, asleep, afraid 등

Tony Watson is **alone** in his office at the moment. 사무실에는 현재 Tony Watson 혼자 있다.

The baby is **asleep**, so please be quiet now. 아기가 지금 잠을 자고 있으니 조용해 주십시오.

예제

Most investors are somewhat ------- with their money and do not want to risk it too much.

(A) caution
(B) cautious
(C) cautioned
(D) cautiously

대부분의 투자가들은 자신의 돈을 조심스럽게 다루며 너무 많은 위험을 무릅쓰려고 하지 않는다.
(A) caution
(B) cautious
(C) cautioned
(D) cautiously

somewhat 다소, 어느 정도　**cautious** 주의하는　**risk** 위험을 무릅쓰다　**caution** 주의; 주의를 주다, 경고하다

빈칸에는 be동사의 보어가 될 수 있는 단어가 들어가야 한다. 보어는 명사나 형용사가 될 수 있는데, 보기 중에서 be동사인 are에 어울리는 명사는 보이지 않는다. 따라서 형용사인 (B)가 정답이다. be cautious with(~를 조심하게 다루다)의 쓰임을 알고 있으면 보다 쉽게 정답을 찾을 수 있는 문제이다.

알아 둡시다!

형용사는 so, very, highly, rather, somewhat 등 부사의 수식을 받을 수 있다. 위 예제에서도 부사 somewhat이 cautious를 수식하고 있다.

The conference room was **very spacious** and comfortable. 대회의실은 매우 넓고 편안했다.

Some spices are **highly valuable** on the market. 몇몇 향신료들은 시장에서 매우 가치가 높다.

빈칸에 들어갈 가장 알맞은 말을 고르시오.

1 While the area is ------- for its natural beauty, few people visit it because it is so remote.

(A) fame

(B) fames

(C) famously

(D) famous

remote 먼, 멀리 떨어져 있는
fame 명성

2 The price looked -------, but Mr. Carter still refused to purchase the item.

(A) reasoned

(B) reasoning

(C) reasonable

(D) reasons

reasonable 합리적인
reason 이유, 이성; 추론하다

3 Because the machinery is so -------, productivity has increased by twenty percent.

(A) effects

(B) effecting

(C) effect

(D) effective

effective 효과적인, 효율적인
productivity 생산성
effect 영향을 미치다

4 Ms. Channing seems quite ------- and is always willing to give advice to younger employees.

(A) approached

(B) approachable

(C) approaching

(D) approaches

approachable 쉽게 친해질 수 있는, 친근한
be willing to 기꺼이 ~하다
approach 접근하다, 다가가다

5 Orlando Brown is highly ------- and hopes to run his own company one day.

(A) ambition

(B) ambitious

(C) ambitiously

(D) ambitions

highly 매우
ambitious 야망이 있는
one day 언젠가
ambition 야망, 야심

정답 및 해설 p.9

PARTS 5&6 Type 11 형용사II

비교급과 최상급

형용사에 각각 –er, –est를 붙여 비교급이나 최상급을 만들 수 있다. 빈칸 뒤에 than이 있으면 비교급이, 「of + 복수 명사」 혹은 「among + 복수 명사」 형태가 있으면 최상급이 정답일 확률이 높다.

비교급(비교 대상이 둘 일때): –er, more

The Sales Department is **larger** than the Accounting Department at Pierson, Inc.
Pierson 주식회사에서 영업부는 회계부보다 규모가 크다.

David's performance was **more impressive** than Todd's at the competition.
경연 대회에서 Todd보다 David의 연주가 더 인상적이었다.

최상급(비교 대상이 셋 이상 일때): (the) –est, (the) most

The highest mountain in the world is Mount Everest. 세계에서 가장 높은 산은 에베레스트 산이다.

The most profitable company in the city is Beta, Inc. 시내에서 가장 많은 수익을 내는 회사는 Beta 주식회사이다.

불규칙 비교급/최상급

구분	비교급	최상급
good / well	better	best
bad / ill	worse	worst
many / much	more	most
little	less	least
far	farther (거리) / further (정도)	farthest (거리) / furthest (정도)
late	later (시간) / latter (순서)	latest (시간) / last (순서)

There are **more** people in the theater than there were last night. 어젯밤 보다 많은 사람들이 극장에 왔다.

Some of **the best** coffee beans are grown in Kenya. 최고의 커피 콩 중 일부는 케냐에서 재배된다.

Angie arrived at the meeting place **later** than Lisa. Lisa보다 Angie가 회의 장소에 늦게 도착했다.

Of the two choices available, I prefer the **latter**. 두 가지 선택 사항 중에서 나는 후자가 더 마음에 든다.

예제

The Walter 2000 model is considered the ------- of the company's two appliances.

(A) reliable
(B) more reliable
(C) most reliable
(D) reliability

해석

Walter 2000 모델은 그 회사의 두 개의 가전 제품 중에서 더 신뢰할 수 있는 것으로 생각된다.
(A) reliable
(B) more reliable
(C) most reliable
(D) reliability

reliable 믿을 수 있는, 신뢰할 수 있는 **appliance** 가전 제품, 기기 **reliability** 신뢰도; 확실성

해설

of the company's two appliances를 근거로 정답을 찾아야 한다. 두 개의 제품을 비교해서 그 중 하나를 언급하고 있으므로 빈칸에는 최상급이 아니라 비교급 형태가 들어가는 것이 자연스럽다. 따라서 **more**를 이용해 비교급을 나타낸 **(B)**가 정답이다. 참고로 두 개의 대상을 놓고 비교를 한 경우, 비교급 앞에는 정관사 the를 붙인다.

연습 문제

지문을 읽고 빈칸에 들어갈 가장 알맞은 말을 고르시오.

Notice for Building Tenants

This Saturday and Sunday, electricians will be doing some work in the Dublin Building. All ten floors of the building will be rewired --------. This should prevent the electricity from suddenly going out like it has been doing recently.

1.

There will be five work crews in the building. On Saturday, they will do the work on floors one to five. --------. They will require -------- to some offices. The tenant or a representative of each office should be present while the work is being done. Anyone with suggestions for making the Dublin Building -------- for tenants is urged to contact the building manager in room 102.

2.   **3.**   **4.**

---

electrician 전기 기술자
rewire 전선을 다시 감다, 배선을 새로 하다
prevent A from B A가 B하는 것을 예방하다, A가 B하는 것을 막다
electricity 전기
access 접근
urge 촉구하다
building manager 건물 관리인

1
(A) complete
(B) completion
(C) completely
(D) completed

2
(A) On Sunday, they will complete the remaining floors.
(B) Nothing else will need to be done after that.
(C) They hope to finish everything by Saturday night.
(D) Each crew will have three or four people.

3
(A) contact
(B) interest
(C) access
(D) reveal

4
(A) more comfortable
(B) most comfortable
(C) the most comfortably
(D) more comfortably

부사

부사는 보통 형용사에 -ly를 붙여 만들 수 있으며 부사는 형용사를 수식하거나 다른 부사, 혹은 문장 전체를 수식할 수 있다.

부사의 역할

Please work **quietly** so that you do not disturb anyone else.
다른 사람에게 방해가 되지 않도록 조용히 근무해 주십시오. (동사 수식)

Mr. Martinez is a **very** responsible employee and accepts blame for any mistakes.
Martinez 씨는 매우 책임감이 높은 직원으로 어떤 실수에 대해서도 비난을 받아들인다. (형용사 수식)

Finally, the project received funding thanks to a foreign investor.
마침내 그 프로젝트는 외국인 투자가 덕분에 자금을 지원받게 되었다. (문장 전체 수식)

빈도 부사

긍정의 의미	often 종종	sometimes 때때로	frequently 빈번히, 자주최상급
부정의 의미	hardly 거의 ~ 않는	seldom 좀처럼 ~ 않는	rarely 드물게

Mr. Jordan **often** has lunch at a nearby restaurant during the workweek.
Jordan 씨는 주중에 종종 인근 식당에서 점심을 먹는다.

We **frequently** contact potential customers to ask about their interest in our products.
우리는 종종 잠재 고객들에게 연락을 해서 우리 제품에 관심이 있는지 묻는다.

I **seldom** have time to engage in any free-time activities after work.
퇴근 후 여가 활동을 할 수 있는 시간은 좀처럼 나지 않는다.

cf. I had **hardly** arrived at the station **when** the train came. 역에 도착하자마자 기차가 들어왔다. (~하자마자 곧)

예제

According to the final report, the blame for the accident ------- belonged to the supervisor on the assembly line.

(A) clear
(B) clearness
(C) clarity
(D) clearly

최종 보고서에 따르면 사고에 대한 책임은 명백히 조립 라인의 관리자에게 있었다.
(A) clear
(B) clearness
(C) clarity
(D) clearly

final report 최종 보고서 **blame** 비난, 책임 **belong to** ~에 속하다 **clarity** 명료성

주요 문장 성분 중 빠져 있는 것이 없으므로 빈칸에는 동사 belonged를 수식할 수 있는 부사가 들어가야 한다. 보기 중 부사는 (D)의 clearly(명백하게, 분명히)뿐이다.

알아 둡시다!

-ly로 끝나지만 의미에 주의해야 할 부사들에 대해 알아보자.

high 높은, 높게 / highly 매우	close 가까운, 밀접한 / closely 가까이, 면밀하게
fair 공정한 / fairly 꽤, 상당히	late 늦게 / lately 최근에

연습 문제

빈칸에 들어갈 가장 알맞은 말을 고르시오.

1   Ms. Chung will ------- apply for a transfer to the new branch opening in Helsinki.

(A) probability

(B) probable

(C) probably

(D) probabilities

probability 가능성, 확률
probable 사실일 것 같은

2   Mr. Kline became upset when several members of his team showed up ------- for the meeting.

(A) late

(B) lately

(C) lateness

(D) later

show up
모습을 나타내다
lately 최근에
later 나중에

3   They had ------- sat down at the table when they were informed the restaurant was closing soon.

(A) hard

(B) harder

(C) hardest

(D) hardly

hardly ~ when
~하자마자 곧
inform 알리다

4   Even though Andrea Carter ------- checked the machine, it kept breaking down while running.

(A) repeating

(B) repeated

(C) repeater

(D) repeatedly

repeatedly
반복하여, 여러 차례
break down
고장이 나다

5   -------, David Smith has decided not to attend the awards ceremony this evening.

(A) Apparent

(B) Apparently

(C) Appearance

(D) Appeared

apparently
겉보기에; 보아하니
awards ceremony
시상식
apparent 명백한
appearance 외모, 외형

정답 및 해설 p.10

부정대명사 및 부정형용사 I

all, every, each는 우리말로 '모두' 혹은 '각각'이라는 의미를 나타내지만, all은 복수로 취급하는 반면 every와 each는 단수로 취급한다. some과 any는 둘 다 '어떤' 혹은 '어느'라는 의미를 나타내는데, some은 주로 긍정문에서, any는 주로 부정문이나 의문문에서 사용된다는 점에 차이가 있다. most, half, rest는 모두 비중을 나타내는 표현으로 most는 '대부분', half는 '절반', rest는 '나머지'라는 뜻을 나타낸다.

all, every, each: 모두, 각각

All customers will receive a 25% discount from today until Saturday.
오늘부터 토요일까지 모든 고객들이 35%의 할인을 받게 될 것입니다. (복수 취급)

An invitation was sent to **every** employee at the company. 회사의 전 직원들에게 초대장이 보내졌다. (단수 취급)

Please put **each** item back in its proper place on the shelf. 각각의 제품을 선반 내 제자리에 갖다 놓으십시오. (단수 취급)

some, any: 어떤, 어느

There are **some** snacks on the table in the lounge. 라운지의 테이블에 간식이 있다.

There is **somebody** here looking for Ms. Moore. 이곳에 있는 누군가가 Moore 씨를 찾고 있다.

Mr. Dent forgot his wallet, so he does not have **any** money.
Dent 씨는 지갑을 잃어버렸기 때문에 돈을 가지고 있지 않다. (부정문)

Can **anyone** give me directions to the theater? 극장까지 가는 길을 알려 주실 분이 있나요? (의문문)

most(대부분), half(절반), rest(나머지)

Most experts believe that exports will increase next year. 대부분의 전문가들은 내년에 수출이 증가할 것이라고 생각한다.

Mr. Dresden assigned **half** of the work to Mary to complete.
Dresden 씨는 업무의 절반을 Mary에게 할당해서 완료하도록 시켰다.

You should give the **rest** of the money to the waiter as a tip. 남는 돈은 웨이터에게 팁으로 주어야 한다.

cf. rest와 달리 most와 half는 the most of, the half of와 같은 형식으로 사용되지 않는다.

예제

------- of us in the theater were surprised by how the performance came to an end.
(A) Every
(B) All
(C) Each
(D) One

해석

극장에 있었던 우리 모두는 공연이 끝난 방식에 놀라워했다.
(A) Every
(B) All
(C) Each
(D) One

theater 극장   **come to an end** 끝나다, 종료하다

해설

(A)의 Every는 형용사로서 빈칸 뒤의 of가 이끄는 전치사구의 수식을 받을 수 없으므로 (A)는 정답이 될 수 없다. (C)의 Each나 (D)의 One은 단수로 취급하기 때문에 문장의 동사인 were와 어울려 쓰일 수 없으므로 이 또한 오답이다. 따라서 정답은 복수 취급을 받는 (B)이다.

빈칸에 들어갈 가장 알맞은 말을 고르시오.

1 The shopper is looking for frozen foods but cannot seem to find -------.

(A) some

(B) any

(C) each

(D) it

look for ~을 찾다
frozen food 냉동 식품

2 The ------- of the attendees remained at the show until it had been completed.

(A) half

(B) other

(C) rest

(D) some

attendee 참석자, 참가자

3 Mr. Richards stated that ------- of the boxes had been packed and were ready for delivery.

(A) all

(B) each

(C) every

(D) any

state 주장하다, 언급하다
pack (짐을) 싸다,
포장하다
be ready for
~할 준비가 되다

4 ------- engineers need an excellent understanding of mathematics to do their jobs.

(A) Each

(B) Any

(C) Most

(D) Much

engineer 기술자
mathematics 수학

5 The CEO advised Ms. Henning to work hard on ------- assignment she is given.

(A) no

(B) every

(C) some

(D) many

advise 충고하다,
조언하다
assignment 과제, 업무

정답 및 해설 p.11

부정대명사 및 부정형용사 II

one은 '하나'라는 수치를 나타내기도 하나 명사의 반복을 피해 정해져 있지 않은 대상을 가리킬 때에도 사용된다. 한편 other는 '다른'이라는 의미를 나타내며 그 앞에 the가 있는 경우에는 정해져 있는 특정 대상을 가리킨다. 반면에 another는 정해져 있지 않은 대상을 가리키면서 '또 다른'이라는 의미를 나타낸다. 아래 예문들을 통해 각각의 의미 차이를 확인해 보도록 하자.

one: 정해져 있지 않은 대상

Edmond Jackson is **one** of the top employees in the R&D Department.
Edmond Jackson은 연구개발부에서 가장 우수한 직원 중 한 명이다. (one = an employee)

Ms. Wood was looking for a stapler, but she was unable to find **one**.
Wood 씨는 스테이플러를 찾고 있었지만 찾을 수가 없었다. (one = a stapler)

other(다른), another(또 다른), others(다른 것들, 다른 사람들)

You can have one bag, and I will take the **other**.
당신이 가방 하나를 선택하면 내가 다른 하나를 선택하겠다.

Another problem is that nobody knows how much is left in the budget.
또 다른 문제는 예산상 얼마가 남아 있는지 아무도 모른다는 점이다.

Some people are at the café while **others** are having lunch at their desks.
어떤 사람들은 카페에 있지만, 다른 사람들은 자기 자리에서 점심을 먹고 있다.

cf. 가리키는 대상이 셋일 경우, one(하나), another(다른 하나), the other(나머지 하나)로 나타낸다.

예제

If everyone enjoys the show, we will ask the entertainer to put on ------- tomorrow at 3:00.

(A) the one
(B) the other
(C) another
(D) others

모두가 공연을 좋아하는 경우, 해당 연예인에게 내일 3시의 또 다른 공연에 출연해 달라고 요청할 것이다.

(A) the one
(B) the other
(C) another
(D) others

entertainer 연예인   **put on** 상연하다, 공연하다

공연이 마음에 드는 경우 '내일의 또 다른 공연'에 연예인을 초청하겠다는 의미가 완성되어야 한다. 따라서 (C)의 another가 정답이다. 공연이 두 차례만 예정되어 있다는 내용은 찾아볼 수 없으므로 (B)를 정답으로 골라서는 안 된다.

알아 둡시다!

each other와 one another는 '서로서로'라는 의미를 나타낸다.

We decided to help **each other** with our projects to finish them faster.
우리는 서로에게 도움을 주어서 보다 빨리 프로젝트를 끝내기로 결심했다.

연습 문제

지문을 읽고 빈칸에 들어갈 가장 알맞은 말을 고르시오.

To: Iris Chang <ichang@ttm.com>

From: Dave Hooper <daveh@ttm.com>

Subject: New Branches

Date: July 30

Iris,

I'd like to inform you that CEO Ernst has decided to open two new branches in your area before the end of the year. One will be in Richmond while --------- will be located in Bradford.
1.

--------- . But I thought you should know now so that you can be prepared.
2.
Mr. Ernst will likely officially inform you sometime next week. A press conference has been scheduled for next Friday at 10:00 A.M.

--------- you need any more information, just ask. Talking in my office would
3.
be the best way. I should be able --------- you in on any questions you have.
4.

Regards,

Dave

be located in
~에 위치하다
officially 공식적으로
prepare 준비하다
likely ~할 것 같은,
아마도
press conference
기자 회견
fill in ~에게 자세히
알리다

1 (A) others
   (B) the one
   (C) the other
   (D) another

3 (A) However
   (B) Therefore
   (C) If
   (D) Despite

2 (A) This has not been officially
       announced yet.
   (B) Congratulations on your
       promotion.
   (C) You will enjoy working in
       Richmond.
   (D) I'm really sad to hear that
       you're leaving us.

4 (A) filling
   (B) fill
   (C) to fill
   (D) will fill

정답 및 해설 p.12

Type 16 대명사 및 관계대명사

대명사 문제는 대명사가 가리키는 것이 단수인지 복수인지를 묻거나 대명사의 격이 무엇인지를 묻는다. 재귀대명사는 대명사 뒤에 -self나 -selves를 붙여 만들 수 있으며 재귀 용법과 강조 용법으로 사용된다. 관계대명사 문제는 주로 관계대명사의 격이 무엇인지에 대해 묻는데, 전체 문장의 구조를 파악하지 못하면 정답을 놓치기 쉬우므로 특히 주의를 기울여야 한다.

인칭 대명사의 격

He opened the door and entered the meeting room. 그는 문을 열고 회의실로 들어갔다. (주격)

Everyone likes **her** because she is always polite. 그녀는 항상 예의바르기 때문에 모두가 그녀를 좋아한다. (목적격)

재귀대명사의 재귀 용법과 강조 용법

They asked **themselves** if they had time to get something to eat.
그들은 식사를 할 수 있는 시간이 있는지 스스로에게 물어 보았다. (재귀 용법: 생략 불가)

I **myself** enjoy playing sports during my leisure time.
나는 여가 시간에 스포츠 경기를 하는 것을 좋아한다. (강조 용법: 생략 가능)

관계대명사의 격

	주격	목적격	소유격
사람	who / that	whom / that	whose
사물	which / that	which / that	whose

The man **who** is standing in the corner is the newest intern here.
코너에 서 있는 사람은 이곳에 새로 온 인턴 사원이다. (who = the man)

Mr. Jennings found a new company **which** he wants to work at.
Jennings 씨는 본인이 일하고 싶어하는 새 회사를 찾았다. (which = a new company)

The person **whose** suitcase is sitting in the corner may have forgotten it.
코너에 있는 여행용 가방의 주인은 아마도 가방을 잃어버렸을 것이다. (whose = the person's)

cf. what은 선행사를 포함한 관계대명사이다.
What we need is a good designer. 우리에게 필요한 것은 뛰어난 디자이너이다.

예제

Those shoes ------- are on sale are made with leather of the highest quality.

(A) whom
(B) what
(C) which
(D) whose

해석 세일 중인 저 신발은 최상품의 가죽으로 만들어진 것이다.
(A) whom
(B) what
(C) which
(D) whose

해설 전체 문장의 주어가 on sale까지라는 점을 파악하면 빈칸에는 those shoes를 선행사로 삼을 수 있는 관계대명사가 들어가야 한다는 점을 알 수 있다. those shoes가 사물이고 빈칸 뒤의 동사가 are이므로 빈칸에는 사물을 나타내는 주격 관계대명사, 즉 (C)의 which가 들어가야 한다. that도 정답이 될 수 있다.

알아 둡시다!

재귀대명사의 관용 표현에 대해 알아 보자.

for oneself 혼자 힘으로 / by oneself 혼자서 / of [by] itself 저절로 / in itself 그 자체로

빈칸에 들어갈 가장 알맞은 말을 고르시오.

1 The members of the sales staff requested that interested buyers contact ------- by e-mail rather than by phone.

    (A) they
    (B) them
    (C) their
    (D) theirs

interested
관심이 있는, 흥미가 있는
rather than
~보다는 오히려

2 Anyone ------- tickets are not used by showtime will be unable to get a refund.

    (A) what
    (B) whom
    (C) who
    (D) whose

showtime
공연 시작 시간
get a refund
환불을 받다

3 Tina asked ------- if attending the upcoming seminar would really be beneficial.

    (A) she
    (B) herself
    (C) hers
    (D) by herself

upcoming
다가 오는, 곧 있을
beneficial
이익이 되는, 유익한

4 Mr. Cooper, an individual ------- I have met in person, is a potential new client at the company.

    (A) what
    (B) which
    (C) whom
    (D) whose

in person 직접, 몸소
potential 잠재적인

5 Unless ------- knows a better way to get downtown, Mr. Chambliss may have to take the bus.

    (A) he
    (B) his
    (C) him
    (D) himself

정답 및 해설 p.12

Type 17 수량 표현

수량 표현에 대해 묻는 문제는 수식을 당하는 대상이 셀 수 있는 명사인지 셀 수 없는 명사인지, 그리고 단수인지 복수인지를 파악함으로써 풀 수 있다. 아래 표에 제시되어 있는 수량 표현들의 의미와 용도는 반드시 알고 있어야 한다.

주의해야 할 수량 표현

	많은	약간의	조금 있는	거의 없는
셀 수 있는 명사	many	some / any	a few	few
셀 수 없는 명사	much	some / any	a little	little

There are **many** public parks located throughout the city. 시내 곳곳에 공영 주차장이 많이 있다.

She has very **much** money thanks to the bonus she just received. 그녀는 보너스를 받았기 때문에 많은 돈을 가지고 있다.

A few members of the audience remained to ask the speaker some questions.
몇몇 관객들은 연사에게 질문을 하기 위해 자리에 남아 있었다.

There is **a little** food in the refrigerator but not enough for a meal.
냉장고에 음식이 약간 있기는 하지만 식사를 하기에 충분한 양은 아니다.

Ms. Blair has **few** dresses since she seldom likes wearing them.
Blair 씨는 드레스 입는 것을 좋아하지 않기 때문에 드레스를 거의 가지고 있지 않다.

Because you have **little** experience in marketing, you are unqualified for this position.
마케팅 경력이 거의 없기 때문에 당신은 이 자리에 적합하지 않다.

cf. a lot of(= lots of)와 plenty of 다음에는 셀 수 있는 명사가 올 수도 있고 셀 수 없는 명사가 올 수도 있다.
The company earned **a lot of [plenty of]** money. 그 회사는 많은 돈을 벌었다.

예제

> Mr. Doolittle requested very ------- information on how the plans would be implemented.
>
> (A) a few
> (B) much
> (C) any
> (D) many

해석

Doolittle 씨는 그 계획이 어떻게 실현될 것인지에 대한 매우 많은 정보를 요구했다.
(A) a few
(B) much
(C) any
(D) many
request 요청하다, 요구하다   **implement** 실행하다

해설

빈칸 뒤의 information이 셀 수 없는 명사이므로 (A)와 (D)는 정답이 될 수 없고, 주어진 문장이 부정문이나 의문문은 아니기 때문에 (C) 또한 오답이다. 정답은 셀 수 없는 명사를 수식하며 '많은'이라는 의미를 나타내는 (B)의 much이다.

알아 둡시다!

'많은'이라는 의미의 a large number of와 a great deal of는 각각 셀 수 있는 명사와 셀 수 없는 명사와 어울려 사용된다.

A large number of new clothes have just arrived at the store.
많은 새 의류들이 매장에 도착했다. (a large number of + 셀 수 있는 명사)

Mr. Perkins knows **a great deal of** Italian history and culture.
Perkins 씨는 이탈리아의 역사와 문화에 대해 많이 알고 있다. (a great deal of + 셀 수 없는 명사)

연습 문제

빈칸에 들어갈 가장 알맞은 말을 고르시오.

1 Because they don't have ------- knowledge of the local area, they are depending on a tour guide to lead them around.

(A) much
(B) most
(C) many
(D) some

depend on
~에 의지하다
tour guide 여행 가이드

2 There is ------- that we can do to assist you in your pursuit of a new job.

(A) few
(B) some
(C) any
(D) little

in pursuit of
~을 쫓아서, ~을 추구하여

3 The store does not have ------- fresh produce but instead only sells frozen items.

(A) many
(B) any
(C) most
(D) some

fresh produce
신선 식품

4 I have ------- questions that I would like to get answered by the doctor.

(A) a little
(B) another
(C) a few
(D) the others

5 There are ------- people interested in applying for the open positions here.

(A) much
(B) a lot of
(C) every
(D) any

open position 공석

정답 및 해설 p.13

접속사 및 접속부사

접속사와 접속부사는 두 개의 의미를 연결해 준다는 점에서 공통점을 지니지만, 접속사는 직접 두 개의 단어나 절을 연결해 주는 반면, 접속부사는 부사이기 때문에 한 개의 문장을 수식하는 기능만 할 수 있다. 접속사 및 접속부사를 묻는 문제가 제시되면 빈칸에 들어갈 말에 의해 연결되는 것이 무엇인지 살핀 후 정답을 찾도록 한다.

등위접속사 and, but, or

The order has been paid for, **but** the items have still not arrived.
주문이 결제되었지만, 아직 제품은 도착하지 않고 있다.

You can take the escalator up the top floor, **or** you can use the stairs instead.
에스컬레이터를 타고 꼭대기 층으로 갈 수도 있고 대신 계단을 이용할 수도 있다.

종속접속사

시간	이유	양보	선후
when, while, since, until	because, since	although	before, after

Please give this idea some consideration **because** it has the potential to be profitable.
이 아이디어는 수익을 가져다 줄 가능성이 있으므로 고려해 주시기 바랍니다.

Although traffic on the roads was heavy, Ms. Addison was not late for her meeting.
도로의 교통 정체가 심했지만 Addison 씨는 회의에 늦지 않았다.

접속부사

instead 대신 thereby 따라서	moreover 게다가 however 하지만	thus 따라서 consequently 그 결과	therefore 그러므로 nevertheless 그럼에도 불구하고

The product still needs improving; **nevertheless**, the board of directors wants to start marketing it.
그 제품은 개선이 필요하다. 그럼에도 불구하고 이사회는 마케팅을 시작하고 싶어한다.

Registration for the event is increasing; **moreover**, the number of speakers will be the highest ever.
행사 등록률이 증가하고 있다. 게다가 연사의 수도 그 어느 때보다 많을 것이다.

예제

It would be ideal to make hotel reservations ------- you confirm the dates you will be traveling.

(A) because
(B) after
(C) therefore
(D) instead

해석

출장 날짜를 확인한 후에 호텔을 예약하는 것이 이상적일 것이다.
(A) because
(B) after
(C) therefore
(D) instead

ideal 이상적인   **confirm** 확인하다

해설

'호텔을 예약하다'와 '출장 날짜를 확인해야 한다'라는 두 가지 사항은 선후 관계로 연결되는 것이 가장 자연스럽다. 따라서 빈칸에는 (B)의 **after**가 들어가는 것이 적절하다. 인과 관계를 나타내는 (A)는 내용상 적절하지 않으며, 빈칸 앞뒤로 두 개의 절이 존재하기 때문에 접속부사인 (C)와 (D)는 정답이 될 수 없다.

연습 문제

지문을 읽고 빈칸에 들어갈 가장 알맞은 말을 고르시오.

March 24

Dear Ms. Lindstrom,

I am writing to inform you that I received your application for the position in the Accounting Department here at Tempe Steel. You appear to be -------- qualified.
1.

I would like to -------- an interview with you as soon as possible. You
2.
indicated that you are unavailable to meet until April 1. -------- we are eager
3.
to fill the position, how about interviewing here on Tuesday, April 2?

We are located at 584 Jackson Boulevard. -------- I can send you a map
4.
that shows exactly where we are.

I look forward to receiving a positive response from you.

Regards,

Stephan Whitfield

qualified 자격을 갖춘
as soon as possible
가능한 빨리
indicate 가리키다;
지시하다
be eager to
~하기를 열망하다
exactly 정확히
positive 긍정적인

1 (A) high
　 (B) highest
　 (C) highly
　 (D) higher

2 (A) arrange
　 (B) order
　 (C) support
　 (D) review

3 (A) Therefore
　 (B) However
　 (C) Because
　 (D) So

4 (A) If you need directions, please let me know.
　 (B) You should already have my phone number.
　 (C) A plane ticket will be mailed to you.
　 (D) Expect to start your new job on April 3.

정답 및 해설 p.14

상관접속사 및 관용 표현 I

상관접속사 및 파트5와 파트6에서 접할 수 있는 다양한 관용 표현에 대해 알아보자.

주요 상관접속사 및 관용 표현

both A and B A와 B 둘 다	not A but B A가 아니라 B이다
either A or B A와 B중 하나	whether A or B A인지 B인지
neither A nor B A와 B중 어느 것도 아닌	between A and B A와 B 사이에
not only A but also B A뿐만 아니라 B도 (= B as well as A)	from A to B A부터 B까지

Diners can choose to order **either** the full course meal **or** something from the menu.
식당 손님들은 풀 코스 요리와 단품 요리 중 하나를 선택할 수 있다.

Not only Ms. Hampton **but also** her entire staff will be attending the opening ceremony.
Hampton 씨 뿐만 아니라 그녀의 전 직원들이 개업식에 참석할 것이다.

Nobody is sure **whether** the equipment will work **or** fail until it is actually turned on.
실제로 켜기 전까지는 그 장비가 작동할 것인지 작동하지 않을 것인지 아무도 확신하지 못한다.

There will be several attorneys present at the negotiations **between** Acorn Manufacturing **and** Rocket, Inc.
Acorn Manufacturing과 Rocket 주식회사 간의 협상에 몇 명의 변호사들이 참석할 것이다.

예제

It should take no more than twenty minutes to get ------- the downtown area to Rudolph Bank.

(A) between
(B) either
(C) from
(D) around

해 석

시내 중심가에서 Rudolph 은행까지 가는데 20분 이상 걸릴 것이다.
(A) between
(B) either
(C) from
(D) around
downtown area 시내 중심가

해 설

빈칸 이후의 전치사 to가 정답의 단서이다. 시내 중심가에서 출발해서 목적지인 Rudolph은행까지 가는데 걸리는 시간을 언급하고 있으므로 from A to B(A에서 B까지) 구문이 사용되어야 한다. 따라서 (C)가 정답이다.

연습 문제

빈칸에 들어갈 가장 알맞은 말을 고르시오.

1 Representatives from Iblis Tech ------- Kappa, Inc. will attend the annual trade fair in San Francisco.

(A) between

(B) as well as

(C) in addition

(D) instead of

representative
대표, 대리인
trade fair 무역 박람회

2 The proposed budget was approved by ------- the CEO nor the board of directors.

(A) either

(B) each

(C) both

(D) neither

approve 승인하다
board of directors
이사회

3 ------- Ms. Tower or Mr. Grant leads the delegation to Berlin has yet to be decided.

(A) Whether

(B) Between

(C) Both

(D) Either

4 Full-time employees receive ------- a monthly salary and various benefits when working at Dayton Tech.

(A) each

(B) either

(C) neither

(D) both

monthly salary 월급
various 다양한
benefit 혜택, 이득; 수당

5 The contact person for people wanting to volunteer at the festival is not Tony Bryant ------- Mark Waters.

(A) and

(B) but

(C) so

(D) or

정답 및 해설 p.14

관용 표현 II

앞에서 다루지 못한 기타 관용 표현에 대해 알아보자.

주요 관용 표현

in order to ~하기 위하여 (= so as to)	in spite of ~에도 불구하고
as a result of ~의 결과로서	with regard to ~에 관하여
on behalf of ~을 대신해서	due to ~ 때문에 (= because of, owing to)
for the purpose of ~을 목적으로	on account of ~ 때문에
up to ~까지	as of ~ 부로
regardless of ~에도 상관없이, 아무리 ~해도	along with ~와 함께
in addition to ~이외에도, ~뿐만 아니라	

A training program has been scheduled **in order to** teach everyone how to use the software.
모든 사람들에게 소프트웨어 사용법을 가르치기 위한 교육 일정이 정해졌다.

The special event was canceled **as a result of** a lack of interest by the public.
대중들의 관심 부족으로 인해 그 특별 행사는 취소되었다.

The museum has an observatory **in addition to** several exhibition halls.
그 박물관은 여러 개의 전시관뿐만 아니라 천문대도 갖추고 있다.

Mr. Lawrence received a large bonus **on account of** his outstanding performance last quarter.
Lawrence 씨는 지난 분기의 뛰어난 실적 때문에 많은 보너스를 받았다.

예제

Mr. Collins hopes to schedule a meeting ------- discussing the renewal of the contract.

(A) for the purpose of
(B) on behalf of
(C) due to
(D) on account of

해 석

Collins 씨는 계약 갱신에 대해 논의할 목적으로 회의 일정을 정하고 싶어한다.
(A) for the purpose of
(B) on behalf of
(C) due to
(D) on account of
schedule a meeting 회의를 잡다   **renewal** 갱신

해 설

회의를 잡은 이유나 회의의 목적을 나타내는 표현이 들어가야 자연스러운 문장이 완성된다. 보기 중 목적의 의미는 (A)의 for the purpose of(~을 목적으로)로 나타낼 수 있다.

알아 둡시다!

up to와 at most는 둘 다 '~까지'라는 의미를 나타내지만 up to는 긍정의 뉘앙스를, at most는 부정의 뉘앙스를 담고 있다.

The plant can grow **up to** one meter. 그 식물은 최대 1미터까지 자랄 수 있다. (긍정의 뉘앙스)

The plant can grow one meter **at most**. 그 식물은 기껏해야 1미터까지 자랄 수 있다. (부정의 뉘앙스)

연습 문제

빈칸에 들어갈 가장 알맞은 말을 고르시오.

1 Sales at the local shopping mall are up ------- strong competition from online vendors.

(A) in spite of

(B) due to

(C) owing to

(D) along with

local 지방의, 지역의; 인근의
competition 경쟁
vendor 행상인; 판매업체

2 Only those applications submitted to the HR Department ------- the first day of June will be processed.

(A) because of

(B) with regard to

(C) on behalf of

(D) as of

submit 제출하다
process 처리하다; 가공하다

3 The Roosevelt Room at the Hamlet Hotel can accommodate ------- 500 people.

(A) as of

(B) up to

(C) due to

(D) along with

accommodate 수용하다

4 ------- the difficulty in getting there, Mr. Price must be in Beijing no later than noon tomorrow.

(A) In addition to

(B) On behalf of

(C) Regardless of

(D) On account of

no later than 늦어도 ~까지

5 Orlando Watts will conduct the interview ------- his assistant, Rose Harper.

(A) along with

(B) despite

(C) with regard to

(D) owing to

conduct 실시하다
assistant 조수

정답 및 해설 p.15

동사 어휘 I

주요 어휘 정리

approve 승인하다	**familiarize** 친숙하게 만들다, 익숙하게 하다	**revise** 수정하다, 개정하다
calculate 계산하다	**permit** 허락하다, 허가하다	**research** 조사하다, 연구하다
consider 고려하다, 여기다	**purchase** 구매하다	**consent** 동의하다
convert 전환하다, 개조하다	**present** 주다; 제출하다; 나타내다	**upload** 업로드하다
donate 기부하다, 기증하다	**promote** 승진시키다; 홍보하다	**urge** 재촉하다, 촉구하다
exchange 교환하다	**redeem** 만회하다, 보완하다; 현금으로 바꾸다	**utilize** 활용하다
grant 주다, 수여하다	**refer** 나타내다; 언급하다	

We must **consider** every option before we make a final decision on the matter.
문제에 대한 최종 결정을 내리기 전에 모든 선택 사항들을 고려해야 한다.

Is it possible to **exchange** American dollars for euros at this bank?
이곳 은행에서 미국 달러를 유로로 교환하는 것이 가능한가요?

All applicants should **familiarize** themselves with the position for which they are applying.
모든 지원자들은 자신이 지원한 분야에 정통해야 한다.

Mr. Hopkins intends to **promote** the best worker in his office this month.
Hopkins 씨는 이번 달에 사무실에서 가장 우수한 직원을 승진시킬 계획이다.

Please **upload** all of the relevant information onto the Web site as soon as possible.
관련된 모든 자료를 가능한 빨리 웹 사이트에 업로드해 주십시오.

예제

> It is possible to ------- this gift certificate for cash by going to the customer service counter on the third floor.
>
> (A) utilize
> (B) redeem
> (C) grant
> (D) revise

해 석

3층에 있는 고객 서비스 센터로 가면 이 상품권을 현금으로 바꾸는 것이 가능하다.
(A) utilize
(B) redeem
(C) grant
(D) revise

gift certificate 상품권   **customer service counter** 고객 서비스 센터

해 설

gift certificate(상품권)와 cash(현금)가 정답의 단서이다. '(상품권 등을) 현금으로 바꾸다'라는 의미는 redeem으로 나타낸다. 따라서 (B)가 정답이다.

알아 둡시다!

어휘 문제를 푸는 가장 일반적인 방법은 보기의 어휘들을 빈칸에 하나씩 대입해 보는 것이다. 그 중에서 가장 자연스러운 의미를 완성시키는 단어를 정답으로 고르도록 한다.

연습 문제

지문을 읽고 빈칸에 들어갈 가장 알맞은 말을 고르시오.

To: All Staff

From: Lisa Woodruff

Subject: User's Manual

Date: February 11

A user's manual for the new laptops that were just --------- has been
1.
delivered to everyone in the office. Please acquaint yourselves with the
information in the manual --------- using your new machine.
2.

A training course on how to use the various programs on the laptop
--------- for this Friday from 2:00 to 5:00 P.M. All interested individuals should
3.
contact me. There are 25 seats available, and they will be granted on a first-
come, first-served basis.

Should interest in the course be high, I will consider adding a second one.
Until then, if you encounter any problems, please speak to Eric Highland in
the Tech Department. ---------.
4.

manual 설명서, 매뉴얼
acquaint 익히다,
숙지하다
various 다양한
grant 주다, 수여하다
**a first-come,
first-served basis**
선착순 원칙
add 더하다, 덧붙이다
encounter
(우연히) 만나다, 조우하다

1   (A) purchased
     (B) inquired
     (C) reported
     (D) awarded

2   (A) prior to
     (B) on account of
     (C) in order to
     (D) so long as

3   (A) will be scheduling
     (B) has been scheduled
     (C) has scheduled
     (D) will schedule

4   (A) I'd be glad to provide the
       support you need.
     (B) Eric no longer works at this
       company.
     (C) Please let me know if you
       want a machine.
     (D) He can be reached at
       extension 398.

inquire 문의하다
report 보고하다
award 수여하다; 상

정답 및 해설 p.16

Type 22

동사 어휘 II

주요 어휘 정리

accuse 비난하다; 기소하다	**malfunction** 오작동하다
allocate 할당하다	**negotiate** 협상하다, 교섭하다
associate 연관시키다	**proclaim** 선언하다, 선포하다
charge 부과하다, 청구하다	**provide** 제공하다
criticize 비판하다	**reject** 거절하다, 거부하다
decline 감소하다	**renew** 재개하다; 갱신하다
determine 결심하다; 알아내다	**regard** 여기다, 간주하다
insist 주장하다, 고집하다	**repair** 수리하다
influence 영향을 미치다	**resort** 호소하다
maintain 유지하다	**verify** 입증하다; 확인하다

The man was **accused** of committing a crime, but he **proclaimed** his innocence.
그 남자는 범죄를 저지른 것으로 기소되었지만, 자신이 무죄라고 주장했다.

I am **determined** to conduct my job duties to the best of my ability this year.
나는 올해 할 수 있는 한 최선을 다해 업무를 처리하겠다고 결심했다.

In order to **maintain** power to the device, its batteries must constantly be recharged.
기기에 전원이 공급되도록 배터리가 항상 충전되어 있어야 한다.

The museum has many patrons who **provide** financial support for its various programs.
그 박물관에는 다양한 프로그램에 재정적인 지원을 해 주는 많은 회원들이 있다.

All customers are asked to **verify** their addresses when ordering items for delivery.
모든 고객들은 배송 주문을 할 때 주소를 확인해 달라는 요청을 받는다.

예제

It will be necessary to ------- a large proportion of the R&D budget if this research proves successful.

(A) include
(B) resort
(C) allocate
(D) regard

 해석

이번 연구 조사가 성공적인 것으로 판명되면 연구 개발에 더 많은 예산을 할당해야 할 필요가 있을 것이다.
(A) include
(B) resort
(C) allocate
(D) regard

proportion 비율　**research** 연구 조사　**R&D** 연구 개발(Research & Development)　**prove** 입증되다
include 포함하다

해설

연구 개발이 성공적인 경우 연구개발부의 예산이 어떻게 될 것인지 생각해 보면 정답을 쉽게 찾을 수 있다. 정답은 '할당하다'라는 뜻을 나타내는 (C)의 allocate이다.

연습 문제

빈칸에 들어갈 가장 알맞은 말을 고르시오.

1 Mr. Rogers ------- that his employees document the work they do on a daily basis.

(A) accuses
(B) relieves
(C) insists
(D) pleases

document 문서;
(문서로) 기록하다
on a daily basis 매일
relieve 경감하다

2 An offer to provide transportation to the event was made but was ------- by Mr. Morrison.

(A) rejected
(B) announced
(C) supported
(D) repealed

transportation
교통 수단
announce
알리다, 발표하다
repeal 폐지하다

3 Sales of electronic items made by WDT, Inc. ------- over the course of the entire year.

(A) involved
(B) attempted
(C) reported
(D) declined

electronic 전자의
attempt 시도하다
report 보고하다, 보도하다

4 It is important to ------- a calm attitude when interviewing for a position.

(A) maintain
(B) respect
(C) understand
(D) appear

calm 침착한, 차분한
attitude 태도
respect 존경하다

5 Susan West decided to ------- her subscription to *Economics Monthly*.

(A) avoid
(B) renew
(C) negotiate
(D) repeat

subscription 구독
avoid 피하다
repeat 반복하다

정답 및 해설 p.17

동사 어휘 III

주요 어휘 정리

abandon 버리다, 폐지하다	**indicate** 나타내다; 가리키다
arrange 배열하다; 준비하다, 마련하다	**obey** 복종하다
announce 알리다, 발표하다	**observe** 지키다, 준수하다; 관찰하다
attempt 시도하다	**prepare** 준비하다
comply 따르다, 준수하다	**resist** 저항하다, 반대하다
convince 설득하다, 납득시키다	**recruit** 채용하다
exceed 초과하다	**review** 검토하다
evaluate 평가하다	**support** 지원하다, 지지하다
follow 따라가다, 뒤따르다	**suspend** 보류하다, 연기하다
implement 실행하다, 실시하다	**utilize** 활용하다

The company **abandoned** the mine when it appeared there was no more ore to be extracted.
더 이상 채굴할 광석이 없자 회사는 광산을 폐광시켰다.

All individuals must **comply** with the new rules, or their accounts will be terminated.
모든 개인들은 새로운 규정을 준수해야 하며 그렇지 않은 경우에는 계정이 삭제될 것이다.

Your performance will be **evaluated** after six months on the job.
당신의 성과는 업무 시작 6개월 후에 평가받게 될 것이다.

The doctor advised the patient to have surgery, but he **resisted**.
의사가 수술을 받을 것을 권했지만 환자는 이를 받아들이지 않았다.

The mayor decided to **suspend** his campaign and instead **announced** his resignation.
시장은 선거 운동을 중단하기로 결심하고 대신 사임을 발표했다.

예제

Department supervisors must ------- all of their workers' performances in January.

(A) reflect
(B) announce
(C) review
(D) grant

부서 관리자들은 1월에 모든 직원들의 실적를 검토해야 한다.
(A) reflect
(B) announce
(C) review
(D) grant

supervisor 감독관, 관리자　**reflect** 반영하다

'부서 관리자들'(department supervisors)이 직원들의 업무를 대상으로 해야 할 일을 찾도록 한다. 정답은 '검토하다'라는 의미를 나타내는 (C)의 review이다.

연습 문제

빈칸에 들어갈 가장 알맞은 말을 고르시오.

1 It may be possible to ------- the curator to extend the museum's opening hours.

(A) examine

(B) appoint

(C) convince

(D) start

curator 큐레이터
opening hours
영업 시간
examine 검사하다
appoint 지명하다

2 Individuals on business trips should not ------- their daily spending allowance.

(A) award

(B) order

(C) reserve

(D) exceed

spend 지출하다, 소비하다
allowance 비용; 용돈

3 At the job fair, Ms. Partridge hopes to ------- some talented college students.

(A) arrange

(B) recruit

(C) indicate

(D) supply

job fair 취업 박람회
talented 재능이 있는
supply 공급하다

4 It should take around ten days to ------- all of the requested changes to the Web site.

(A) implement

(B) recruit

(C) support

(D) suspend

take (시간이) 걸리다
request 요청하다,
요구하다

5 Yolanda Greenwood will give the keynote speech, and then the talk by Audrey Pitt will -------.

(A) follow

(B) appear

(C) revise

(D) state

keynote speech
기조 연설
state 주장하다; 진술하다

정답 및 해설 p.17

Type 24 동사 어휘 IV

주요 어휘 정리

award 수여하다; 상	**counter** 반박하다; 대응하다; 카운터	**produce** 생산하다
approach 접근하다, 다가가다	**credit** 믿다, 신뢰하다	**register** 등록하다
assume 가정하다	**detect** 감지하다, 탐지하다	**report** 보고하다, 보도하다
attract 끌다, 유인하다	**disturb** 방해하다	**remit** 송금하다; 면제하다
capture 포획하다	**involve** 연관시키다; 개입하다	**submit** 제출하다
consent 동의하다, 합의하다	**maneuver** 이동시키다, 조종하다; 책략	**upgrade** 개선하다, 업그레이드하다
contract 계약하다	**measure** 측정하다	

The tourist **approached** a police officer in order to ask for directions.
한 관광객이 길을 묻기 위해 경찰관에게 다가갔다.

The vice president **credited** Melanie Sanders with coming up with the new idea.
부사장은 Melanie Sanders가 새로운 아이디어를 생각해 냈다고 믿었다.

Mr. Crowley is **involved** in a number of projects at his current company.
Crowley 씨는 현재의 회사에서 다수의 프로젝트 업무를 맡고 있다.

Rockaway Technology **produces** electronic appliances for the home and office.
Rockaway Technology는 가정용 및 업무용 전자 제품들을 생산한다.

It is possible to **submit** an application for membership in the club at any time.
언제라도 클럽 회원 가입 신청서를 제출하실 수 있습니다.

예제

Several individuals requested that they be allowed to ------- their computers to improve their performance.

(A) upgrade
(B) measure
(C) submit
(D) maneuver

해석

몇몇 개인들은 성과를 향상시킬 수 있도록 컴퓨터를 업그레이드해 줄 것을 요청했다.

(A) upgrade
(B) measure
(C) submit
(D) maneuver

improve 개선시키다, 향상시키다

해설

업무 능력 향상을 위해 컴퓨터를 대상으로 이루어져야 할 조치는 (A)의 upgrade(업그레이드하다)일 것이다.

말아 둡시다!

위 예제를 다시 보면 be 앞에는 should가 생략되어 있다는 점을 알 수 있다. request, insist, recommend 등의 요구, 권고, 제안 등의 의미를 나타내는 동사가 목적어로 that절을 취하는 경우, that절의 should는 생략이 가능하다.

Mr. Crown recommended that she **(should) take** a taxi. Crown 씨는 그녀에게 택시를 탈 것을 추천했다.

연습 문제

지문을 읽고 빈칸에 들어갈 가장 알맞은 말을 고르시오.

To: Jim Warren

From: Marvin Prince

Subject: Idea

Date: January 2

Dear Mr. Warren,

--------. I had no idea that we were losing market share to two of our
1.
competitors.

I did some brainstorming, and I believe I have come up with a way to --------
2.
the marketing that they are doing. If we -------- my idea, I am positive that
3.
we will regain what we have lost.

Do you have time to meet me today or tomorrow? I'll be available anytime
the rest of the day and until 2:00 P.M. tomorrow. -------- would be better to
4.
meet in person than to talk over the phone. Please get back to me as soon
as you can.

Regards,

Marvin Prince

---

educational
교육적인, 교육의
market share
시장 점유율
competitor
경쟁자, 경쟁업체
come up with (아이디어 등을) 생각해 내다
positive
긍정적인; 확신하는
regain 다시 찾다
get back to
~에게 답신[답장]을 하다

1
(A) There is a new project that I would like you to work on.
(B) The meeting we had yesterday was quite educational.
(C) It was a pleasure to meet you for the first time.
(D) I'm pleased to announce that we had record profits last year.

2
(A) attract
(B) involve
(C) counter
(D) approach

3
(A) implement
(B) implemented
(C) will implement
(D) had implemented

4
(A) I
(B) You
(C) He
(D) It

for the first time
처음으로, 최초로
record profits
기록적인 수익을 내다

정답 및 해설 p.18

동사 어휘 V

주요 어휘 정리

alter 바꾸다, 변경하다	**invest** 투자하다
anticipate 예상하다	**navigate** 길을 찾다; 항해하다
appoint 정하다; 지명하다	**notify** 알리다, 통지하다
borrow 빌리다	**portray** 그리다, 묘사하다
conceive 생각하다, 상상하다	**perish** 소멸하다
dedicate 헌신하다	**replace** 대신하다, 대체하다
guarantee 보장하다, 보증하다	**regulate** 규제하다
entitle (자격을) 부여하다	**substitute** 대체하다
expedite 신속히 처리하다	**tolerate** 참다, 인내하다
impress 각인하다; 인상을 남기다	**withdraw** 물러나다; 인출하다

We **anticipate** that production costs will increase substantially during the next quarter.
우리는 다음 분기의 생산 비용이 실질적으로 상승할 것으로 예상하고 있다.

West Mart **guarantees** all of the products it sells for up to six months.
West 마트는 그곳에서 판매하는 모든 상품에 대해 최대 6개월 동안 제품 보증을 해 준다.

Please **expedite** shipping since the items are needed as soon as possible.
물건들이 매우 급하게 필요하기 때문에 신속히 배송해 주십시오.

Only experienced captains are able to **navigate** the waters around Richmond.
경험이 풍부한 선장만이 리치몬드 주변 해역을 항해할 수 있다.

Mr. Hooper could not **tolerate** the poor service in the restaurant.
Hopper 씨는 식당의 형편 없는 서비스를 참을 수 없었다.

예제

> The customer wanted to ------- half of the funds that were in her account.
>
> (A) guarantee
> (B) withdraw
> (C) notify
> (D) substitute
>
> ---
>
>
>
> 그 고객은 자신의 계좌에 들어 있던 예금의 절반을 인출하고 싶어했다.
> (A) guarantee
> (B) withdraw
> (C) notify
> (D) substitute
>
> **fund** 자금   **account** 계좌
>
> ---
>
>
>
> funds(자금), account(계좌)와 같은 단어들과 어울려 사용될 수 있는 동사를 찾도록 한다. 정답은 '인출하다'라는 의미를 나타내는 (B)의 withdraw이다. 참고로 withdraw는 '물러나다' 혹은 '철수하다'라는 의미로도 사용된다.

빈칸에 들어갈 가장 알맞은 말을 고르시오.

1 Ms. Anderson has been ------- in the stock market for her clients for more than eight years.

(A) investing
(B) attempting
(C) creating
(D) dedicating

stock market
주식 시장
create 창조하다, 만들다

2 All customers who spend more than $250 are ------- to free delivery in the metro area.

(A) guaranteed
(B) promised
(C) entitled
(D) restored

be entitled to
~할 자격이 있다
metro 수도,
대도시; 지하철
restore 복구하다

3 The architect decided to ------- the blueprints by removing the terrace and adding skylights.

(A) anticipate
(B) alter
(C) impress
(D) expedite

blueprint 청사진, 도면
remove 제거하다
terrace 테라스
skylight 채광창

4 He asked to be ------- if there were any changes in the status of his application.

(A) conducted
(B) spoken
(C) removed
(D) notified

status 상태, 상황
conduct 실시하다,
실행하다

5 The CEO intends to ------- his plans for the future at the annual stockholders' meeting.

(A) reveal
(B) attempt
(C) designate
(D) promise

**stockholders'
meeting** 주주 총회
designate 지정하다,
지명하다

정답 및 해설 p.19

동사 어휘 VI: 동사구

주요 어휘 정리

account for ~을 설명[해명]하다; 차지하다	**be specialized in** ~을 전문으로 하다
appeal to ~에 호소하다	**be supposed to** ~할 예정이다
apply for ~에 지원하다, 신청하다	**be willing to** 기꺼이 ~하다
be accustomed to ~에 익숙하다 (= be used to)	**consist of** ~으로 구성되다
be afraid of ~을 두려워하다	**depend on** ~에 의존하다, 의지하다 (= rely on)
be aware of ~을 알다	**lead to** ~으로 이어지다
be capable of ~할 능력이 있다	**look forward to** ~을 기대하다, 고대하다
be disposed of ~을 처리하다	**participate in** ~에 참여[참가]하다
be interested in ~에 관심이 있다	**register for** ~에 등록하다
be likely to ~할 것 같다, 가능성이 있다	**result from** (~의 결과로) 일어나다
be qualified for ~의 자격이 있다	**result in** (결과로서) ~이 되다
be reluctant to ~하는 것을 꺼리다, 주저하다	

The branch office has been ordered to **account for** the missing funds by the end of the week.
그 지사는 주말까지 누락된 금액에 대해 해명하라는 지시를 받았다.

The factory **is capable of** producing more than 1,000 units each week.
그 공장은 매주 1,000개 이상의 제품을 생산할 능력이 있다.

The accident **resulted in** several people suffering minor injuries. 사고의 결과로 몇몇 사람들이 경미한 부상을 입었다.

예제

> Several individuals are ------- to volunteer to clean up the park this coming weekend.
> (A) supposing
> (B) depending
> (C) willing
> (D) participating

다가 오는 이번 주말에 몇몇 개인들이 기꺼이 자발적으로 공원을 청소하려고 한다.
(A) supposing
(B) depending
(C) willing
(D) participating
volunteer 자원 봉사하다; 자원[자진]하다   **clean up** ~을 청소하다   **suppose** 가정하다

be willing to(기꺼이 ~하려고 하다)라는 표현을 알고 있으면 정답을 찾기 쉬운 문제이다. (C)의 willing이 정답이다.

말아 둡시다!

위의 동사들이 명사로 변형되어 사용되는 경우에도 전치사의 쓰임에는 큰 변화가 없다.

The **interest in** healthy living has grown over the past few years.
지난 몇 년 동안 건강한 삶에 대한 관심이 증가해 왔다.

Many countries try to reduce their **dependence on** fossil fuels.
많은 국가들이 화석 연료에 대한 의존도를 낮추기 위해 노력하고 있다.

연습 문제

빈칸에 들어갈 가장 알맞은 말을 고르시오.

1 The members of the city council are ------- to last-minute changes in the meeting agenda.

(A) permitted
(B) responsible
(C) accustomed
(D) participating

council 위원회
last-minute
마지막 순간의, 막바지의
agenda (회의의)
안건, 의제

2 I am ------- to invest more money in the company until I see a return on my original investment.

(A) reluctant
(B) interested
(C) capable
(D) enthusiastic

original 원래의,
본래의; 독창적인
investment 투자

3 The company's holdings ------- of several office buildings, factories, and vehicles.

(A) produce
(B) dispose
(C) depend
(D) consist

holding 자산, 재산

4 Few people are ------- of the financial crisis the gallery will be facing soon.

(A) accepted
(B) aware
(C) approved
(D) alert

crisis 위기
face 마주하다,
직면하다; 얼굴
alert 경고를 발하다

5 Ms. Hamilton ------- to her supervisor to reduce her working hours for the next month.

(A) requested
(B) appealed
(C) asked
(D) considered

working hours
근무 시간, 근로 시간

정답 및 해설 p.19

Type 27 명사 어휘 I

주요 어휘 정리

appearance 외형, 외모	**installment** 분할 불입금	**release** 석방, 풀어줌; 개봉; 풀어 주다
attendance 참석	**interest** 관심, 흥미; 이자	**resignation** 사직, 사임
assembly 조립; 의회	**improvement** 향상, 개선	**responsibility** 책임(감)
atmosphere 분위기; 대기	**issue** 화제, 이슈	**retraction** 철회, 취소
budget 예산	**observation** 관찰	**salary** 급여
concern 걱정, 우려	**obstacle** 방해(물)	**statement** 진술, 주장
connection 연결, 연관	**placement** 배치, 설치	**stock** 주식; 재고
contract 계약	**premium** 할증료	**supplement** 보충(물), 추가
discrepancy 불일치, 차이	**progress** 진보, 진전	**transaction** 거래
election 선거	**proposal** 제안; 프로포즈	**transition** 이행

Attendance at the conference is not mandatory but is strongly advised.
컨퍼런스 참석은 강제 사항이 아니고 적극 권장 사항이다.

There is a **discrepancy** between the numbers the two accountants produced.
두 회계 직원이 산출한 수치는 서로 일치하지 않는다.

The sudden **resignation** of the vice president shocked most industry analysts.
부사장의 갑작스러운 사임으로 대부분의 업계 분석가들이 충격을 받았다.

예제

Some travelers are willing to pay a ------- to fly in first class and to stay at top hotels.

(A) placement
(B) premium
(C) retraction
(D) statement

몇몇 여행객은 일등석으로 비행하고 최고급 호텔에서 숙박하기 위해 기꺼이 할증료를 지불하려고 한다.
(A) placement
(B) premium
(C) retraction
(D) statement
be willing to 기꺼이 ~하다 **first class** (비행기의) 일등석

일반 좌석과 일반 호텔이 아니라 '일등석 좌석'(first class) 및 '특급 호텔'(hot hotels)을 이용하기 위해서는 premium(할증료)을 지불해야 할 것이다. 따라서 (B)가 정답이다.

말아 둡시다!

observe(관찰하다; 말하다; 준수하다)의 명사형은 뜻에 따라 형태가 다르다.

One of the employees made a valid **observation** regarding the company's finances.
직원 중 한 명이 회사의 재정 상태에 관하여 합당한 논평을 했다. (논평; 관찰)

The store will be closed all day tomorrow due to the **observance** of the national holiday.
그 매장은 국경일을 준수하기 때문에 내일 하루 종일 문을 닫을 것이다. (준수)

연습 문제

지문을 읽고 빈칸에 들어갈 가장 알맞은 말을 고르시오.

Garbage Collection Suspended

Due to the --------- snowstorm, garbage collection for the entire city of
Moline has been temporarily suspended. It will not resume until the streets
are cleaned and safe to travel on.
1.

Residents should not bring their garbage out to the street --------- the
collection service resumes. They should also ensure that no --------- are
in the way. The garbage collection trucks will bypass any places that they
cannot access easily.
2.
3.

Check the city's Web site for more updates on the situation. ---------.
According to the weather forecast, the snowy conditions should end around
Saturday. Thus the earliest the situation will change is next Monday.
4.

garbage 쓰레기
suspend 보류하다,
중지하다
severe 심한, 엄한
snowstorm 눈보라
temporarily
임시로, 일시적으로
resume 재개하다
resident 주민
bypass 우회하다
access 접근하다; 접근
update 최신 정보;
업데이트

1 (A) severe
(B) severely
(C) severer
(D) severity

severely 심하게, 엄하게
severity 엄격, 혹독함

2 (A) after
(B) until
(C) since
(D) therefore

3 (A) obstacles
(B) concerns
(C) placements
(D) installments

4 (A) Thank you for your concern.
(B) We are dedicated to doing our best.
(C) They will be provided on a daily basis.
(D) No more updates have been made.

be dedicated to
~하는데 전념하다

정답 및 해설 p.20

명사 어휘 II

주요 어휘 정리

authority 권위; 당국	**endorsement** 지지; 보증	**profession** 직업
accommodation 숙소	**estimate** 견적, 추산	**proficiency** 능숙함
account 계좌, 장부; 계정	**function** 기능	**promotion** 승진; 홍보
admission 허락, 허가	**fund** 기금	**raise** 인상
advantage 이점, 장점	**intention** 의도	**reason** 이유; 이성
asset 자산, 재산	**movement** 운동, 움직임	**reliability** 신뢰
capacity 능력; 용량	**occasion** 경우, 기회	**transfer** 이동
circumstance 환경, 상황	**occupation** 직업; 거주	**transportation** 수송, 이동 수단
concept 개념	**position** 위치, 지위	**submission** 제출; 항복, 굴복
detour 우회, 우회로	**preference** 선호	**value** 가치

Several people at Covington Textiles have the **authority** to sign contracts with vendors.
Covington Textiles의 몇몇 사람들은 판매업자들과 계약을 체결할 수 있는 권한을 가지고 있다.

The carpenter's **proficiency** at working with wood was impressive to everyone.
그 목수의 나무를 다루는 능력은 모두에게 깊은 인상을 주었다.

The mechanic provided an **estimate** of the cost of his services to the customer.
정비사는 고객에게 서비스 비용에 대한 견적서를 주었다.

Ms. Adder stated that she had no **preference** regarding where she would be seated.
Adder 씨는 자신이 앉게 될 자리에 관해서 특별히 선호하는 바가 없다고 말했다.

There were more than 1,500 **submissions** to the contest won by Archibald Powers.
Archibald Powers가 우승한 대회에는 1,500개 이상의 지원서가 제출되었다.

예제

The purpose of the training session is to provide instruction on the machine's -------.

(A) occupations
(B) funds
(C) functions
(D) submissions

그 교육의 목적은 기기의 기능을 알려 주는 것이다.
(A) occupations
(B) funds
(C) functions
(D) submissions
provide instruction on ~에 대해 교육하다

명사 어휘를 묻는 문제이다. 가장 자연스럽게 빈칸 앞의 machine's의 수식을 받을 수 있는 명사를 찾도록 한다. 기기의 어떤 점에 대해 교육이 이루어질 것인지 생각해 보면 정답은 '기능'이라는 의미를 나타내는 (C)의 functions임을 알 수 있다.

연습 문제

빈칸에 들어갈 가장 알맞은 말을 고르시오.

1 The travelers will require ------- from the airport to the hotel at which they are staying.

(A) funds
(B) transportation
(C) functions
(D) clearance

from A to B
A에서 B까지
clearance 청산, 제거

2 All of the attendees will be asked to state their ------- during their self-introductions.

(A) observers
(B) funds
(C) estimates
(D) intentions

self-introduction
자기 소개
observer 목격자; 참관인

3 Doug Norris's ------- at using the lab equipment impressed his supervisors.

(A) transfers
(B) questions
(C) standards
(D) proficiency

lab equipment
실험실 장비
impress 각인시키다;
인상을 남기다
standard 기준, 표준

4 The ------- of the electronic keycards has been questioned since they have frequently failed to open doors.

(A) clarity
(B) reliability
(C) appearance
(D) movement

electronic keycard
카드식 열쇠
frequently
종종, 빈번하게
clarity 명료성, 명확성

5 The company was stripped of nearly all of its ------- by its creditors.

(A) assets
(B) submissions
(C) occupations
(D) raises

strip A of B
A에게서 B를 빼앗다
nearly 거의
creditor 채권자

정답 및 해설 p.21

주요 어휘 정리

absent 결석한, 부재의	**legal** 법적인; 합법적인
alert 경계하는, 기민한	**official** 공식적인
apparent 명백한	**outgoing** 외향적인
beneficial 유익한, 이로운	**positive** 긍정적인, 적극적인; 확신하는
comfortable 편안한	**practical** 현실적인, 실현 가능한
considerate 사려 깊은	**previous** 이전의
continual 계속적인	**probable** 그럴듯한
dependent 의존하는	**relevant** 관련이 있는; 적절한
energetic 활동적인, 정력적인	**resilient** 복원력이 있는, 탄력이 있는
expansive 광범위한	**respective** 각각의
hopeful 기대하는	**solid** 단단한, (속이) 꽉 찬; 고체의; 확고한
ideal 이상적인	**temporary** 일시적인, 임시의
internal 내부의	**valid** 유효한

The coupon is no longer **valid** since it expired more than three weeks ago.
3주 전에 기간이 만료되었기 때문에 그 쿠폰은 더 이상 유효하지 않다.

We are all **hopeful** that our team will win the game this evening.
우리 모두는 오늘 저녁 경기에서 우리 팀이 승리하기를 바라고 있다.

The **previous** intern worked much harder than the current one.
예전 인턴 사원이 현재 인턴 사원보다 훨씬 더 열심히 일했다.

Most economists believe such rapid economic growth is **temporary**.
대부분의 경제학자들은 그처럼 빠른 경제 성장이 일시적인 것이라고 믿는다.

Continual complaints from guests resulted in retraining for the hotel employees.
투숙객들의 지속적인 불만으로 호텔 직원들은 재교육을 받아야 했다.

예제

Only one person was ------- from the conference, and that was due to a personal issue.

(A) relevant
(B) previous
(C) respective
(D) absent

해석

컨퍼런스에 한 사람만 불참을 했는데, 이는 개인적인 사정 때문이었다.
(A) relevant
(B) previous
(C) respective
(D) absent

due to ~ 때문에 **personal** 개인적인

해설

보기 중에서 '개인적인 사정'(a personal issue)이 원인이 되어 일어날 수 있는 일이 무엇인지 생각해 보면 쉽게 정답을 찾을 수 있다. 정답은 '결석한' 혹은 '불참한'이라는 의미를 나타내는 (D)의 absent이다.

연습 문제

빈칸에 들어갈 가장 알맞은 말을 고르시오.

1 Only ------- individuals willing to work long hours should apply for the position.

(A) energetic
(B) probable
(C) dependent
(D) temporary

2 Despite its ------- reputation, the band's new album failed to earn major attention.

(A) hasty
(B) fragile
(C) solid
(D) relevant

reputation 명성
attention 관심
hasty 급한
fragile 부서지기 쉬운,
무른

3 Melanie Smith found herself in an ------- situation when she was asked to transfer to her hometown.

(A) intelligent
(B) obvious
(C) individual
(D) ideal

situation 상황
hometown 고향
intelligent
지적인, 똑똑한
obvious 명백한

4 It is ------- that nobody is interested in helping organize the annual get-together.

(A) apparent
(B) slight
(C) legal
(D) hopeful

organize 조직하다
annual 연례의
get-together 모임
slight 작은, 사소한

5 Being ------- of others, Richard Quest turned down the volume on the radio.

(A) fair
(B) precious
(C) comfortable
(D) considerate

turn down
(볼륨 등을) 낮추다
fair 공정한
precious 귀중한, 소중한

정답 및 해설 p.21

부사 어휘 및 전치사 어휘

부사 주요 어휘 정리

allegedly 전해지는 바에 따르면, 이른바	**imperatively** 명령조로, 단호하게	**responsibly** 책임감 있게, 확실히
apparently 보아하니; 명백히	**nearly** 거의	**severely** 심하게, 엄하게
appropriately 적절하게	**patiently** 참을성 있게	**specifically** 특히; 구체적으로
carefully 주의 깊게, 조심해서	**purposely** 고의로, 일부러	**suddenly** 갑자기
eventually 결국	**quietly** 조용히	**thoroughly** 철저하게
fairly 꽤	**repeatedly** 반복하여, 되풀이하여	**tremendously** 엄청나게
fully 완전히, 충분히	**reportedly** 보도에 따르면	

Mr. Clearwater **repeatedly** asked his team to work on weekends so as not to finish the assignment late.
Clearwater 씨는 업무가 예정보다 늦게 끝나지 않도록 자신의 팀에게 반복적으로 주말 근무를 요구했다.

The project is **fully** funded, so construction is set to begin next Monday.
그 공사 프로젝트는 자금이 충분하게 마련되어 다음 주 월요일에 공사가 시작될 예정이다.

Even highly successful companies **eventually** experience times of financial hardship.
매우 성공적인 기업일지라도 결국 재정적으로 힘든 시기를 겪게 된다.

전치사 주요 어휘 정리

among ~ 사이에	**despite** ~에도 불구하고	**throughout** ~ 동안 쭉, ~ 내내
between ~ 사이에	**over** ~ 위로, ~ 너머, ~을 넘는	**toward** ~ 쪽으로
beyond ~ 너머	**regarding** ~에 관하여	

All **throughout** the concert, several people insisted on talking to one another.
공연 내내 몇몇 사람들이 계속해서 서로 이야기를 나누었다.

I would like to speak with Ms. Davenport **regarding** her application for a credit card.
신용 카드 신청과 관련해서 Davenport 씨와 이야기를 나누고 싶습니다.

예제

Mr. Carter waited ------- for Mr. Thompson to arrive even though he had a busy schedule.

(A) suddenly
(B) reportedly
(C) carefully
(D) patiently

해석 바쁜 일정이었음에도 불구하고 Carter 씨는 Thompson 씨가 도착할 때까지 참을성 있게 기다렸다.
(A) suddenly
(B) reportedly
(C) carefully
(D) patiently

해설 바쁜 일정이었음에도 불구하고 누군가를 기다렸다는 것은 인내심이 있었다는 의미이다. 이러한 맥락을 고려할 때 보기 중에서 동사 waited를 가장 적절하게 수식할 수 있는 부사는 (D)의 patiently(참을성 있게)이다.

연습 문제

지문을 읽고 빈칸에 들어갈 가장 알맞은 말을 고르시오.

October 21

To Whom It May Concern,

My name is Teresa Cartwright, and I ordered several items from your store last week. I ---------- stated that I wanted overnight delivery. However, nothing
1.
has arrived yet. And I made my order ---------- one week ago.
2.

I would therefore like to cancel my order. I no longer want or need any of the items that I purchased. I also want to express my unhappiness with the quality of the service ---------- I have received from your store.
3.

This is the third time in the past four months that I have had problems with orders. I will therefore not be ordering from you anymore. ----------. And
4.
please refund any money in my account to my credit card.

Regretfully,

Teresa Cartwright

---

state 진술하다,
주장하다
overnight delivery
익일 배송
cancel 취소하다
no longer
더 이상 ~ 않다
express 표현하다
refund 환불하다
at once 즉시, 당장
account 계좌; 계정

1 (A) specifically
(B) thoroughly
(C) fully
(D) tremendously

2 (A) throughout
(B) over
(C) between
(D) toward

3 (A) when
(B) where
(C) what
(D) that

4 (A) Please cancel my account at once.
(B) I would appreciate getting my order soon.
(C) Send me a new catalog at your convenience.
(D) Make a note of my new address, please.

catalog 카탈로그
at one's convenience
편한 때에
make a note of
~을 메모하다

정답 및 해설 p.22

문장 삽입 문제

문장 삽입 문제는 파트6에서만 볼 수 있는 문제 유형으로 네 개의 보기 중 빈칸에 들어갈 가장 적합한 문장이 무엇인지를 묻는다. 다른 유형의 문제와 달리 문법적인 지식이나 어휘력보다는 전체적인 지문 및 단락의 의미를 이해할 수 있는 능력을 갖추고 있어야 정답을 찾을 수 있다.

앞뒤 문장과의 연관성

정답의 단서는 빈칸 앞뒤 문장에서 찾을 수 있다. 앞뒤 문장과 가장 자연스럽게 어울릴 수 있는 문장이 정답이다. 전혀 언급되지 않은 엉뚱한 사항에 대해 이야기하고 있는 문장은 모두 오답이다.

원인과 결과

빈칸 주변에서 원인이 될 수 있는 사건이나 행위 등이 언급되고 있는 경우, 빈칸에는 결과를 나타내는 내용이 들어가야 한다. 반대로 빈칸 주변에 결과가 될 수 있는 내용이 언급된 경우에는 그러한 결과의 원인을 언급하는 문장이 빈칸에 들어가야 한다.

일반적인 진술과 구체적인 예

빈칸 앞에 일반적인 진술이나 설명이 들어 있으면 빈칸 다음에는 그에 대한 사례가 언급되는 경우가 많다. 빈칸 뒤에 구체적인 사례가 언급되어 있으면 빈칸에는 그에 대한 일반적인 진술이나 설명이 들어 가야 한다.

예제

Jericho Motors has issued a recall on all of the Duvall sedans that it manufactured in 2017. ---1.---. In some high-speed crashes, they have been found not to operate properly. Owners should take their vehicles to any licensed Duvall dealer. The problem can be fixed in about fifteen minutes. There will be no charge for this service.

(A) The vehicles are using more gas than they should.
(B) Some of the paint used on the cars is of low quality.
(C) A problem with the seatbelts has been detected.
(D) The interior lights do not always turn on.

해석

Jericho 자동차에서 2017년에 제조된 모든 Duvall 세단에 대해 리콜을 실시하고 있습니다. (안전 벨트의 문제점이 발견되었습니다.) 고속인 상태로 충돌할 경우, 안전 벨트가 제대로 기능을 하지 않는 다는 점이 밝혀졌습니다. 차량 소유자들은 차량을 Duvall 인증 대리점으로 가져가야 합니다. 결함은 약 15분 내에 수리될 수 있습니다. 이러한 서비스에는 별도의 요금이 부과되지 않습니다.
(A) 차량들이 정상적인 경우보다 더 많은 기름을 사용하고 있습니다.
(B) 차량의 일부 도료의 품질이 낮습니다.
(C) 안전 벨트의 문제점이 발견되었습니다.
(D) 실내등이 켜지지 않습니다.

issue a recall 리콜을 실시하다 **manufacture** 제조하다, 생산하다 **high-speed** 고속의 **crash** 충돌 **operate** 작동하다, 가동하다 **properly** 적절히 **licensed** 허가 받은, 인증된 **dealer** 딜러, (자동차) 대리점

해설

빈칸 앞 문장에서 리콜 실시를 안내하고 있으므로 빈칸에는 리콜의 원인이 될 수 있는 내용이 들어가야 한다. 아울러 빈칸에 들어갈 문장에는 빈칸 바로 뒤의 문장에서 언급된 they가 가리키는 것이 드러나 있어야 하는데, 보기의 문장들 중 they가 가리킬 수 있는 것은 (C)의 seatbelts(안전 벨트)와 (D)의 interior lights(실내등)이다. 하지만 (D)의 실내등은 '항상 켜지지 않는다'(do not always turn on)고 했으므로 이는 '고속 충돌 시'(in some high-speed crashes) 문제가 된다는 이후 내용과 어울리지 않는다. 따라서 정답은 (C)이다.

알아 둡시다!

추가적으로 주어진 문장, 혹은 빈칸의 앞뒤 문장에서 사용된 대명사에 유의하도록 하자. 이들 대명사가 구체적으로 무엇을 의미하는지 파악하면 보다 쉽게 정답을 찾을 수 있다.

연습 문제

지문을 읽고 빈칸에 들어갈 가장 알맞은 말을 고르시오.

To: Stephanie Peterson <speterson@grandview.com>

From: Ross Murray <rossmurray@grandview.com>

Subject: Thank You

Date: April 12

Ms. Peterson,

Thank you very much for your assistance in organizing the conference last Friday. On account of your hard work, the entire day went without -------- **1.** mistakes or problems.

You worked extremely hard for the past month. --------. So please take this **2.** Thursday and Friday off. You'll receive full pay, and the time off won't count against your -------- vacation days. **3.**

There is another special event coming up in June. I'd like you to take -------- **4.** of the preparations. I'll fill you in on everything next Monday at 9:00 A.M.

Regards,

Ross Murray

---

organize
조직하다, 기획하다
on account of
~ 때문에
entire 전체의
extremely 매우
reward 보상하다
count against
~에 불리하게 작용하다
preparation 준비
fill in ~에게
정보를 알려 주다

1
  (A) any
  (B) other
  (C) much
  (D) neither

3
  (A) officially
  (B) official
  (C) officiated
  (D) officialize

officiate 공무를 수행하다
officialize 공표하다

2
  (A) The promotion that you requested is yours.
  (B) You will be given a cash bonus this month.
  (C) I'd like to reward you for your effort.
  (D) Feel free to come in late tomorrow morning.

4
  (A) charge
  (B) custody
  (C) over
  (D) credit

custody 양육(권); 구류

정답 및 해설 p.23

빈칸에 들어갈 가장 알맞은 말을 고르시오.

1. Several individuals expressed ------- in working overtime and on weekends during the coming winter months.

   (A) concern
   (B) interest
   (C) preference
   (D) decision

2. Ms. Foster had hoped to acquire a storefront somewhere downtown, but the rent ------- to be too much for her.

   (A) is proved
   (B) has been proved
   (C) proved
   (D) was proving

3. As soon as the contract with Davidson International is signed, the terms of the deal will go into -------.

   (A) effect
   (B) effective
   (C) effecting
   (D) effects

4. Mr. Chamberlain, the host, greeted everyone who arrived at the special event at the museum -------.

   (A) personal
   (B) personalize
   (C) personally
   (D) personalization

5. Mr. Watkins was allowed to choose to work on the Glassman project ------- assist with the inspection of the factory.

   (A) but
   (B) so
   (C) however
   (D) or

6. Audience members were ------- not to talk or use any electronic devices at any time during the performance.

   (A) reminder
   (B) reminded
   (C) remind
   (D) reminding

7. Several ships bypassed the port at Richmond and sailed to the larger docking facility at Destin -------.

   (A) instead
   (B) thereby
   (C) as such
   (D) moreover

8. The chefs at Ragnar Catering are able to provide a wide variety of ethnic foods for any -------.

   (A) reservation
   (B) series
   (C) style
   (D) occasion

9. Ms. Scarborough's busy schedule caused her to postpone several meetings with her staff members ------- the week.

   (A) between
   (B) around
   (C) throughout
   (D) again

10. ------- the setup for the banquet went smoothly, there were several problems during the event itself.

   (A) However
   (B) While
   (C) Thus
   (D) In addition

11. Approximately four months remain until the work on the construction site is scheduled -------.

(A) completing
(B) complete
(C) to be completed
(D) has been completed

12. The announcement that the company had acquired its main ------- came as a shock to outside analysts.

(A) rival
(B) rivalry
(C) rivalries
(D) rivaled

13. It is the ------- of the office secretary to book plane tickets and to make hotel reservations for traveling employees.

(A) responsibility
(B) occupation
(C) appearance
(D) observation

14. The announcement of the merger by Sylvan Textiles was ------- regarded as a mistake by experts in the industry.

(A) wide
(B) wider
(C) widely
(D) widest

15. All applications for open positions must be received by ------- no later than the end of November.

(A) we
(B) our
(C) us
(D) ourselves

16. The Grizzard Steakhouse has three rooms which are perfect for ------- events and company outings.

(A) privacy
(B) privacies
(C) private
(D) privately

17. Mr. Greene has decided to retire from Nakatomi Industries after nearly thirty years of ------- at the company.

(A) promotion
(B) attendance
(C) profession
(D) service

18. Ms. Reeves was ------- hired in order to develop content for visitors to the company's Web site.

(A) specifically
(B) repeatedly
(C) creatively
(D) severely

19. Ms. Gomez remarked that she would decide ------- design would be selected as the company's new logo within three days.

(A) when
(B) whose
(C) whom
(D) where

20. The newest hire, Antonio Mercer, is considered one of the leading ------- in the field of exotic metals.

(A) authority
(B) authorization
(C) authorized
(D) authorities

77

21. ------- the entire staff at Kensington Travel, I would like to welcome Angela Dunn as our newest employee.

(A) On behalf of
(B) In order to
(C) At once
(D) With regard to

22. The workshop led by Anita Wilson was generally ------- a success, so she was asked to return again next month.

(A) announced
(B) considered
(C) repeated
(D) known

23. Please ------- your desire to attend the conference by responding to this e-mail within the next three days.

(A) confirming
(B) confirms
(C) confirm
(D) to confirm

24. The meals at the company cafeteria improved in ------- taste and quality once a new food provider was found.

(A) either
(B) such
(C) both
(D) neither

25. Nearly everyone in ------- agreed with the proposals that were made by the company's vice president.

(A) response
(B) appearance
(C) attendance
(D) consideration

26. Farnsworth Construction is known for using high-quality materials that have a ------- impact on the environment.

(A) minor
(B) minors
(C) minority
(D) minorities

27. Due to a ------- conflict, Mr. Thompson cannot meet with Mr. Reynolds, so he will send Ms. Croft as a replacement.

(A) schedule
(B) scheduler
(C) schedules
(D) scheduling

28. Anyone who wishes to inspect the construction site will be ------- with a hardhat and other necessary safety gear.

(A) given
(B) presented
(C) awarded
(D) borrowed

29. Employees interested in recommending colleagues for awards must turn in ------- nomination forms by the end of the week.

(A) they
(B) them
(C) themselves
(D) their

30. An independent commission determined that numerous ------- to the city's infrastructure should be made at once.

(A) improvements
(B) constructions
(C) renovators
(D) substitutes

지문을 읽고 빈칸에 들어갈 가장 알맞은 말을 고르시오.

Questions 31-34 refer to the following e-mail.

To: customerservice@davidsonfurniture.com

From: mstone@electronmail.com

Date: June 15

Subject: Request

To Whom It May Concern,

On June 11, I --------- an order on your Web site (order number 458KT117) and requested that
31.
the items I purchased be delivered.

Originally, I wanted the items in the afternoon on June 19. ---------, I was just informed by
32.
my boss that I will be out of state to attend a professional event. As such, I request that the
delivery date be changed.

If it is possible to deliver the items on June 18, any time in the evening is ---------. Otherwise,
33.
please schedule the couch and bed to be brought to my home in the morning on June 24. I
would appreciate being contacted to find out what you will do. ---------.
34.

Regards,

Michelle Stone

---

31. (A) proposed
(B) considered
(C) placed
(D) set

32. (A) However
(B) Consequently
(C) In other words
(D) As a result

33. (A) accepted
(B) acceptable
(C) acceptance
(D) acceptive

34. (A) Thanks for agreeing to this request.
(B) I can be reached at 487-8264.
(C) You can drop by whenever you want.
(D) It was a pleasure talking to you.

Questions 35-38 refer to the following article.

Local bicycle manufacturer Watson, Inc. has hired a new vice president of marketing. Lisa Ortega, who had been with the company for fifteen years, ---35.--- stepped down last month. ---36.---. After a comprehensive search, Watson's board of directors offered the position to Pratt Harris. Mr. Harris is an ---37.--- hire as he had previously been the head of the Marketing Department at Watson. Before coming to Watson, he worked at Riverdale Manufacturing, a shipbuilder. Mr. Harris will start his new duties on Monday, August 11. His ---38.--- has not yet been named as the search is still ongoing.

35. (A) suddenly
     (B) repeatedly
     (C) concernedly
     (D) apparently

36. (A) She cited health issues as the reason
         for her retirement.
     (B) Ms. Ortega announced she was glad
         to be working here.
     (C) Nobody expected her to be named
         the company's new CEO.
     (D) The hiring committee is trying to
         decide who to offer the job.

37. (A) intern
     (B) internally
     (C) interned
     (D) internal

38. (A) appointment
     (B) substitute
     (C) applicant
     (D) replacement

Questions 39-42 refer to the following letter.

Dear Ms. Lawrenson,

We received your application for a loan for the café you -------- next month. However, while
39.
reviewing your case, I discovered that some documents were missing. -------- you submit
40.
them, I am unable to complete the processing of your application.

Enclosed, please find a list of the missing papers. If you submit them by November 10, I
should be able to reach a decision regarding your loan by November 15. If you do not provide
the documents, work on your loan application will be --------.
41.

--------. I would like to speak with you when you hand them in.
42.

Regards,

Jeremy Madison

39. (A) are opening
    (B) have opened
    (C) should be opened
    (D) open

40. (A) Because
    (B) Therefore
    (C) Until
    (D) After

41. (A) approved
    (B) suspended
    (C) expedited
    (D) fined

42. (A) Please visit the bank in person to
        submit the papers.
    (B) I'd be glad to chat with you over the
        phone.
    (C) The documents can be faxed to me at
        any time.
    (D) I can have a courier pick up the
        material from you.

To: All Marketing Staff

From: Chris Murphy

Subject: Meeting

Date: April 21

We have received some negative feedback on our newest line of frozen food products. Customers are mainly complaining that the cooking instructions are incorrect. Customers report that in most cases, the food is undercooked when -------- use the cooking temperatures

43.

and times on the packages. --------. There are even a couple of videos showing --------

44.   **45.**

our food is not being properly cooked. We need to do something to -------- this before our

46.

reputation is hurt and sales fall. We're going to have a brainstorming session at 4:00 this afternoon. Any and all ideas are welcome. This issue is urgent and must be solved immediately.

43. (A) they
(B) them
(C) their
(D) theirs

44. (A) They claim that they approve of the new flavors we have added.
(B) In addition, the price increases have upset quite a few people.
(C) This is something that we should consider using for our new ads.
(D) Several customers have made negative comments on social media.

45. (A) how
(B) which
(C) what
(D) whichever

46. (A) counter
(B) repeal
(C) announce
(D) market

정답 및 해설 p.24

PART

7

파트7은 독해 능력을 평가하는 파트로, 수험생들은 다양한 지문을 읽고 그와 관련된 문제를 풀어야 한다.

지문은 편지, 이메일, 회람, 기사, 광고 등 다양한 형태로 제시되며 하나의 세트당 지문 개수도 1개부터 3개인 경우까지 다양하다.

수험생들 사이에서 가장 큰 점수 차이를 보이는 파트가 바로 파트7이며 토익에서 고득점을 획득하기 위해서는 파트7을 얼마나 성공적으로 공략하느냐가 관건이다.

파트6에 비해 지문의 길이가 길고 복수 지문의 경우 지문 자체의 개수도 많기 때문에, 파트7에서는 무엇보다 지문의 내용을 빨리 파악하는 것이 중요하다.

꼼꼼하게 전체 지문의 내용을 읽기 보다는 문제와 관련된 부분을 집중적으로 살펴보는 것이 보다 효율적인 풀이 전략이라 할 수 있다.

Type 01 주제 및 목적, 문제점

지문의 주제 및 목적, 혹은 지문에서 언급된 문제점을 묻는 문제는 글의 전체적인 요지를 묻는 문제라 할 수 있다. 일반적인 경우 정답의 단서는 지문의 첫 부분에서 찾을 수 있다. 하지만 이메일이나 편지, 온라인 채팅 등의 경우, 지문의 시작 부분에서 간단한 인사말이 오고갈 수도 있으므로 이러한 때에는 이후 내용을 통해 정답의 단서를 찾도록 한다.

풀이 전략

1. 정답의 단서는 주로 지문의 시작 부분에서 찾을 수 있다. 단 인사말 등으로 지문이 시작하는 경우에는 그 이후의 내용을 통해 글의 요지를 파악해야 한다.
2. 이메일이나 공지 등의 경우 제목만 보고서도 정답을 유추할 수 있다.

예시 질문

• What is the article mainly about?	기사는 주로 무엇에 관한 것인가?
• What is the online chat discussion mainly about?	온라인 채팅은 주로 무엇에 관한 것인가?
• What is being announced?	무엇이 안내되고 있는가?
• What is being advertised?	무엇이 광고되고 있는가?
• What does the memo explain?	회람은 무엇을 설명하는가?
• What is the purpose of the notice?	공지의 목적은 무엇인가?
• Why was the memo sent?	회람은 왜 보내졌는가?
• Why did Mr. Carter send the e-mail?	Carter 씨는 왜 이메일을 보냈는가?
• Why did Mr. Watson write to Ms. Claire?	Watson 씨는 왜 Claire 씨에게 글을 썼는가?
• Why did Mr. Graves start the online chat discussion?	Graves 씨는 왜 온라인 채팅을 시작했는가?
• What is the problem?	무엇이 문제인가?
• What problem is mentioned?	어떤 문제가 언급되고 있는가?

예제

Questions 1-2 refer to the following memo.

MEMO

To: Russ Detweiler, Clarence Smith, Yves Rousseau
From: Oriana Martel
Subject: Ermine Construction
Date: September 18

Tracy Rose at Ermine Construction let me know how the work on Prentice Towers is going. While the construction crew fell about one month behind schedule due to the summer rains that were heavier than usual, the company hired more workers at the beginning of September. That has allowed them to work faster. In the past 18 days, they have made up about two of the weeks that were lost.

Mr. Rose anticipates finishing the project about one week ahead of schedule. The projected completion date is November 14. He advised me that this estimate could change depending upon factors out of his control, including the weather. He'll be able to provide a more specific date about a month from now.

1. Why was the memo sent?

   (A) To ask for permission
   (B) To answer a question that was asked
   (C) To provide a progress report
   (D) To request help on a project

2. What is suggested about Prentice Towers?

   (A) It was originally supposed to be finished after November 14.
   (B) It will have both private residences and commercial spaces.
   (C) It has gone over budget and will cost more than anticipated.
   (D) It will be managed by Mr. Detweiler once it is completed.

MEMO

수신: Russ Detweiler, Clarence Smith, Yves Rousseau
발신: Oriana Martel
제목: Ermine 건설
날짜: 9월 18일

해석

Ermine 건설의 Tracy Rose가 Prentice 타워의 공사가 어떻게 진행되고 있는지 알려 주었습니다. 평소보다 많은 양의 비를 뿌렸던 여름 장마로 인해 일정이 한 달 정도 밀렸지만, 그곳 회사에서 9월 초에 인부를 더 고용했습니다. 이로써 작업이 더 빨리 진행되고 있습니다. 지난 18일 동안 2주 정도의 손실이 만회되었습니다.

Rose 씨는 일정보다 일주일 정도 빨리 공사를 마칠 것으로 예상하고 있습니다. 예상되는 완공 일자는 11월 14일입니다. 그는 이러한 예상이 날씨와 같은 통제할 수 없는 요인에 따라 변경될 수 있다고 제게 조언해 주었습니다. 지금부터 한 달 후에 그가 보다 구체적인 날짜를 알려 줄 수 있을 것입니다.

construction crew 공사 인부   **behind schedule** 일정보다 늦게   **made up** ~을 보상하다, 만회하다
anticipate 예상하다   **ahead of schedule** 일정보다 빨리   **project** 투사하다; 예상하다   **estimate** 추산
factor 요인, 요소   **out of one's control** 통제할 수 없는   **specific** 구체적인, 명확한

해설

1. 회람은 왜 보내졌는가?
   (A) 허가를 구하기 위해
   (B) 질문에 답하기 위해
   (C) 진행 상황을 보고하기 위해
   (D) 프로젝트에 대한 도움을 요청하기 위해

회람의 목적을 묻고 있으므로 지문의 초반부 내용을 우선적으로 살펴보도록 한다. 글쓴이는 회람의 첫 문장에서 Ermine 건설이라는 업체에서 'Prentice 타워 공사의 진행 상황'(how the work on Prentice Towers is going)을 알려 주었다고 전한 후, 이와 관련된 내용들을 상세히 보고하고 있다. 따라서 보기 중 회람을 작성한 이유는 (C)이다.

progress report 중간 보고, 경과 보고

2. Prentice 타워에 대해 암시되어 있는 것은 무엇인가?
   (A) 원래 11월 14일 이후에 끝날 것으로 예정되어 있었다.
   (B) 주거 공간과 상업 공간을 모두 갖추게 될 것이다.
   (C) 예산이 초과되어 예상보다 더 많은 비용이 들 것이다.
   (D) 완공이 되면 Detweiler 씨에 의해 관리될 것이다.

Prentice 타워에 대해서 추측할 수 있는 점을 묻고 있다. 두 번째 단락을 통해 공사 기간이 '일주일 정도 앞당겨질 것'(about one week ahead of schedule)이라는 점과 이에 따라 예상되는 완공 일자는 '11월 14일'이라는 점을 알 수 있다. 이 두 가지 사항을 종합하면 원래의 완공 일자는 그보다 일주일 늦은 11월 21일이었을 것으로 추측할 수 있으므로 (A)가 추론 가능한 내용이다.

originally 본래   **commercial space** 상업 공간   **go over budget** 예산을 초과하다
anticipate 예상하다

지문을 읽고 문제에 답하시오.

[1-2]

December 3

Dear Ms. Kenwood,

It is time once again for the Hampton Concert Series to put on its annual end-of-the-year performance. This year's show will take place at 6:30 P.M. on December 30. It will feature an exciting combination of musical performances as well as ballet dancing.

As you are one of our long-term private sponsors, I would like to provide you with two complimentary tickets to the event. If you are willing to accept them, I will send them to you at once. Or you can simply arrange to pick them up at the box office on the evening of the show.

We at the Hampton Concert Series appreciate everything you have done for us over the past nine years. I hope that we can continue our relationship in the coming year.

Regards,

Bette Stewart

put on ~을 상연하다
end-of-the-year
연말의
feature 특성;
특징으로 삼다
combination 조합
long-term 장기의
sponsor 후원자
complimentary
무료의
at once 즉시, 당장
box office 매표소
appreciate
감사하다; 평가하다
relationship 관계

1   Why did Ms. Stewart send the letter to Ms. Kenwood?

(A) To invite her to a celebratory dinner

(B) To let her know about the tickets she bought

(C) To inform her about an upcoming event

(D) To ask her to make another donation

celebratory
축하의, 기념의
donation 기부, 기증

2   What does Ms. Stewart offer Ms. Kenwood?

(A) A discounted rate

(B) A chance to meet some performers

(C) A lifetime membership

(D) A pair of free tickets

performer
연주자, 연기자
lifetime 평생, 일생

Notice to Visitors at Dinsmore Station

Effective immediately, all escalators at Dinsmore Station have been shut down. There is a mechanical issue with them that has been causing them to turn off and on. This has the potential to cause injuries to people using them. Until the problem can be solved, the escalators may not be used by anyone. Visitors to the station should use the stairs that can be found alongside all of the escalators. The elevators are also available to use. There are signs that clearly point out where they are located. We apologize for the inconvenience, and we hope to restore service as soon as possible.

effective
immediately
즉시 효력을 나타내는
shut down
(기계 등이) 멈추다
mechanical 기계적인
potential 잠재력
injury 부상, 상처
stair 계단
alongside ~을 따라
point out 지적하다,
가리키다
apologize 사과하다
inconvenience 불편
restore 복구하다,
복원하다

3   What is the problem?

(A) The subway station is closing earlier than normal.

(B) Some visitors at the subway station were injured.

(C) Subway trains have been arriving later than usual.

(D) Some machinery is not working properly.

4   What is mentioned about the elevators?

(A) Signs indicate where they can be found.

(B) They can hold up to twelve people at once.

(C) Some of them are being repaired.

(D) They undergo frequent maintenance periods.

indicate 알리다,
가리키다
undergo 겪다, 경험하다
maintenance
유지, 관리, 보수

정답 및 해설 p.31

언급된 사항 및 언급되지 않은 사항

특정 대상에 대해 지문에서 언급되거나 언급되지 않은 점을 물을 수 있다. 이러한 유형의 문제는 상대적으로 많은 풀이 시간이 요구하기 때문에 지문에서 문제의 핵심어구가 언급된 부분을 최대한 빨리 찾는 것이 중요하다.

풀이 전략

1 먼저 질문의 키워드를 찾는다. 그런 다음 지문에서 질문의 키워드가 언급되고 있는 부분을 우선적으로 살펴본다.
2 보기의 내용과 지문의 내용을 하나씩 대조해 보면서 각 보기들의 정답 여부를 확인한다.

예시 질문

- What is mentioned about Stanley's? — Stanley's에 대해 언급되고 있는 것은 무엇인가?
- What does Mr. Harrison mention about his work at GH, Inc.? — Harrison 씨가 GH 주식회사에서의 자신의 업무에 대해 언급한 것은 무엇인가?
- What is true about the conference? — 컨퍼런스에 대해 사실인 것은 무엇인가?
- What is NOT mentioned in the advertisement? — 광고에서 언급되지 않은 것은 무엇인가?
- What is NOT true about the training? — 교육에 대해 사실이 아닌 것은 무엇인가?
- What is NOT mentioned as a feature of the new product? — 신제품의 특성으로 언급되지 않은 것은 무엇인가?
- What is NOT requested on the form? — 양식에서 요구되지 않는 것은 무엇인가?
- What information is NOT included on the order form? — 주문서에 포함되어 있지 않은 정보는 무엇인가?
- What will the winner of the award NOT receive? — 수상자가 받지 않는 것은 무엇인가?

예제 Questions 1-2 refer to the following letter.

July 17

Dear Mr. Maxwell,

I enjoyed once again meeting you in your office the other day. It is always a pleasure to sit down in person to speak with one of my clients. That's especially true in your case since you have been with my firm for more than a decade.

You'll be pleased to know that the problem with the assembly line has been dealt with successfully. Your products are currently in production. It should take about three days for everything to be made. We will then ship the items to your Ft. Lauderdale warehouse as you instructed.

I will e-mail you as soon as the trucks carrying your items depart the factory. If there is anything that I feel you need to be made aware of, I will contact you over the phone at once.

Regards,

Beth Robinson

Rudolph Manufacturing

1. What is mentioned in the letter?
   (A) Ms. Robinson met Mr. Maxwell a decade ago.
   (B) Some manufactured goods will be sent to Ft. Lauderdale.
   (C) Mr. Maxwell is the owner of a company.
   (D) There will be no shipping fee charged this time.

2. Why would Ms. Robinson call Mr. Maxwell?
   (A) To inform him of a problem
   (B) To let him know a price
   (C) To tell him a delivery date
   (D) To say that his items have arrived

해석

7월 17일

친애하는 Maxwell 씨께,

며칠 전 귀하의 사무실에서 귀하를 다시 만나 뵙게 되어 기뻤습니다. 고객들과 직접 마주 앉아 이야기를 나누는 것은 항상 즐거운 일입니다. 귀하께서는 10년이 넘도록 저희 회사와 함께 하셨으므로 귀하의 경우에는 특히 더 그렇습니다.

조립 라인의 문제가 성공적으로 해결되었다는 점을 아시면 기쁘실 것입니다. 귀하의 제품들은 현재 생산 중에 있습니다. 모든 제품이 제작되기까지 3일 정도 걸릴 것입니다. 그 후에는 귀하께서 말씀하신 대로 제품들을 포트로더데일 창고로 보낼 예정입니다.

귀하의 제품들을 수송하는 트럭이 공장을 출발하자마자 이메일을 보내 드리겠습니다. 귀하께서 아셔야 할 일이 생기는 경우에는 즉시 전화로 연락을 드리겠습니다.

Beth Robinson 드림
Rudolph Manufacturing

the other day 며칠 전에, 일전에 **in person** 직접, 몸소 **decade** 10년 **deal with** ~을 다루다, 처리하다 **warehouse** 창고 **instruct** 지시하다, 알려 주다

해설

1. 편지에서 언급되어 있는 것은 무엇인가?
   (A) Robinson 씨는 10년 전에 Maxwell 씨를 만났다.
   (B) 제작된 상품은 포트로더데일로 보내질 것이다.
   (C) Maxwell 씨는 회사의 소유주이다.
   (D) 이번에는 배송비가 부과되지 않을 것이다.

지문의 두 번째 단락 중 'We will then ship the items to your Ft. Lauderdale warehouse as you instructed.'라는 문장에서 생산 중인 상품은 포트로데일에 있는 창고로 보내질 것임을 알 수 있다. 따라서 보기 중 언급된 사항은 (B)이다. Maxwell 씨가 Robinson 씨의 회사와 10년 넘게 거래를 했다는 점은 암시되어 있지만, 두 사람이 10년 전에 만났다는 점은 확인이 불가능하므로 (A)는 정답이 될 수 없고, Maxwell 씨의 신분이나 배송 요금에 대해서는 언급된 바가 없으므로 (C)와 (D) 역시 오답이다.

2. Robinson 씨는 왜 Maxwell 씨에게 전화를 하게 될 것인가?
   (A) 문제를 알리기 위해
   (B) 가격을 알려 주기 위해
   (C) 배송일을 알려 주기 위해
   (D) 그의 제품들이 도착했다고 말하기 위해

Robinson 씨는 편지의 마지막 부분에서 'Maxwell 씨가 알아야 할 일이 생기는 경우'(if there is anything that I feel you need to be made aware of)에 즉시 전화로 연락을 하겠다고 했으므로 보기 중 그녀가 전화를 하게 될 상황은 (A)로 볼 수 있다.

지문을 읽고 문제에 답하시오.

[1-2]

Carter Meal Delivery

Do you work or study all day long?
Are you too tired to cook dinner when you get home?

Then let

Carter Meal Delivery

provide all of your meal needs

We have more than 250 full meals to choose from
They include seafood, vegetarian, low-fat, low-calorie, and ethnic meals

Just open the packet, place it in the oven for 10 minutes,
and wait for you meal to cook

We use only natural ingredients with no artificial preservatives
Our prices are the lowest in the city and can't be beat

Visit us at www.cartermealdelivery.com to see your dinner options
and to sign up for a membership plan to start getting delicious meals

too ~ to 너무 ~해서
~할 수 없다, ~하기에는
너무나 ~하다
vegetarian
채식주의자; 채식주의의
ethnic 인종의, 민족의
ingredient 성분, 재료
artificial 인공적인
preservative 방부제

1   What is NOT true about Carter Meal Delivery?

(A) The prices that it charges are inexpensive.

(B) Its meals can be cooked in an oven.

(C) Some of its meals contain artificial preservatives.

(D) It has a large number of meal options for customers.

inexpensive
비싸지 않은, 저렴한
contain 포함하다
a large number of
많은

2   How can a person make an order from Carter Meal Delivery?

(A) By calling a phone number

(B) By visiting a Web page

(C) By visiting a store in person

(D) By sending an order form by mail

Thank you for shopping at
Mayfield's
Date: October 11
Time: 10:45 A.M.

Item	Price
1 × bicycle helmet	$25.00
1 × baseball glove	$35.00
2 × softball	$11.00
Subtotal	**$71.00**
Tax (5%)	**$3.55**
Total	**$74.55**

Paid in full with the credit card ending in 9811.

Present this receipt within 5 days of purchase to return or exchange the above items.

Get a discount of 15% off any purchase of $100 or more the next time you visit by showing this receipt.

3 What kind of establishment most likely is Mayfield's?

(A) A camping store

(B) A sporting goods store

(C) A clothing store

(D) A hardware store

4 What is NOT indicated on the receipt?

(A) The method of payment

(B) The date of purchase

(C) The store's location

(D) The way to make an exchange

method 방법, 방식

정답 및 해설 p.32

인용

인용 문제는 지문에 있는 문장이나 어구를 따옴표로 묶은 후, 왜 그런 말이 나왔는지를 묻는다. 이러한 유형의 문제는 주로 온라인 채팅이나 문자 메시지 형식의 지문에서 등장하며, 그에 대한 정답의 단서는 항상 인용된 문장의 앞뒤에서 찾을 수 있다.

풀이 전략

1 온라인 채팅이나 문자 메시지 형식의 지문인 경우, 먼저 문제에 제시되어 있는 시각을 보고 지문에서 인용 문장의 위치를 찾도록 한다. 그런 다음 해당 문장의 앞뒤 내용에서 정답의 단서를 찾는다.

2 주어진 문장의 표면적인 뜻보다 전후 문맥을 통해 글쓴이의 숨겨진 의도를 찾아야 한다.

예시 질문

- At 1:31 P.M., what does Ms. Kennedy imply when she writes, "I'll give him a call"?

  오후 1시 31분에 Kennedy 씨가 "I'll give him a call"이라고 쓸 때 그녀는 무엇을 암시하는가?

- At 10:05 A.M., what does Mr. Thompson mean when he writes, "We should have done that"?

  오전 10시 5분에 Thompson 씨가 "We should have done that"이라고 쓸 때 그는 무엇을 의미하는가?

- At 2:12 P.M., why does Ms. Lewis write, "That's okay"?

  오후 2시 12분에 Lewis 씨는 왜 "That's okay"라고 쓰는가?

예제 **Questions 1-2** refer to the following text message chain.

Keith Wallace [1:11 P.M.]
Hi, Janet. I just got back from the warehouse with the documents you need.

Janet Landers [1:12 P.M.]
Great, Keith. Can you please bring them to my office? I need to go through those papers before the day ends.

Keith Wallace [1.14 P.M.]
There's a slight problem. Some work is being done on the elevator down here in the lobby. I've got five boxes, and they're all pretty heavy.

Janet Landers [1:15 P.M.]
I guess taking the stairs to my seventh-floor office isn't going to happen then, right?

Keith Wallace [1:16 P.M.]
You've got it.

Janet Landers [1:17 P.M.]
Oh, there's a service elevator in the back. How about taking it up?

Keith Wallace [1:18 P.M.]
Okay. I can handle that.

1. What is NOT indicated about Mr. Wallace?
   (A) He is presently on a lower floor of a building.
   (B) He has some items that Ms. Landers wants.
   (C) He has an office on the seventh floor.
   (D) He just returned from visiting another place.

2. At 1:16 P.M., what does Mr. Wallace most likely mean when he writes, "You've got it"?
   (A) Ms. Landers already has an item she needs.
   (B) He is unwilling to walk up the stairs.
   (C) He will talk to the person doing the repairs.
   (D) He is in a hurry to complete his work.

해석

Keith Wallace [1:11 P.M.]
안녕하세요, Janet. 조금 전에 당신이 필요로 하는 서류를 가지고 창고에서 돌아왔어요.

Janet Landers [1:12 P.M.]
잘 했어요, Keith. 제 사무실로 가져다 줄 수 있나요? 일과가 끝나기 전에 그 문서들을 검토해야 하거든요.

Keith Wallace [1:14 P.M.]
사소한 문제가 하나 있어요. 아래 로비에서 엘리베이터에 무슨 작업을 하고 있더라고요. 상자가 다섯 개인데, 모두 상당히 무겁군요.

Janet Landers [1:15 P.M.]
그러면 계단으로 7층에 있는 제 사무실까지 오는 것은 불가능하겠군요, 그렇죠?

Keith Wallace [1:16 P.M.]
맞아요.

Janet Landers [1:17 P.M.]
오, 뒤쪽에 화물용 엘리베이터가 있어요. 그걸 타고 올라오는 것이 어떨까요?

Keith Wallace [1:18 P.M.]
좋아요. 그럴게요.

go through 검토하다 **service elevator** 종업원용 엘리베이터, 화물용 엘리베이터 **handle** 다루다, 처리하다

해설

1. Wallace 씨에 대해 알 수 없는 것은 무엇인가?
   (A) 그는 현재 건물의 아래 층에 있다.
   (B) 그는 Landers 씨가 원하는 것을 가지고 있다.
   (C) 그의 사무실은 7층에 있다.
   (D) 그는 다른 곳에 갔다가 조금 전에 돌아왔다.

첫 문장인 'I just got back from the warehouse with the documents you need.'에서 (B)와 (D)는 언급된 사항임을 알 수 있으며, 엘리베이터 문제로 7층 사무실까지 올라가기가 힘들 것이라는 대화 내용을 통해 (A)도 사실임을 알 수 있다. 정답은 (C)로, 7층 사무실은 Wallace 씨가 아니라 Landers 씨가 있는 곳이다.

presently 현재, 지금

2. 오후 1시 16분에 Wallace 씨가 "You've got it"이라고 쓸 때 그는 무엇을 의미하는 것 같은가?
   (A) Landers 씨는 이미 그녀가 필요로 하는 것을 가지고 있다.
   (B) 그는 계단으로 올라가고 싶어하지 않는다.
   (C) 그는 수리를 하고 있는 사람과 이야기할 것이다.
   (D) 그는 자신의 일을 끝내기 위해 서두르고 있다.

주어진 문장은 '당신 말이 맞다'는 뜻으로, 회화에서 동감 혹은 동의를 나타낼 때 자주 사용되는 표현이다. 여기에서도 'I guess taking the stairs to my seventh-floor office isn't going to happen then, right?'이라는 질문에 대한 대답으로, Wallace 씨는 계단으로 7층까지 올라가기 힘들다는 Landers 씨의 의견에 동감을 나타내고 있다. 따라서 주어진 문장이 의미하는 바는 (B)로 볼 수 있다.

be unwilling to ~하는 것을 꺼리다 **in a hurry** 급한, 서두르는

지문을 읽고 문제에 답하시오.

[1-2]

> **Alice Hastings** [10:04 A.M.]
> Hi, Bruce. It looks like my meeting with Harry Grand will last longer than expected.
>
> **Bruce Brody** [10:06 A.M.]
> Shall I delay the start of the negotiations with Mr. Kennedy?
>
> **Alice Hastings** [10:07 A.M.]
> You'd better not. But please let him know I'm running late.
>
> **Bruce Brody** [10:08 A.M.]
> What time do you expect to make it here?
>
> **Alice Hastings** [10:09 A.M.]
> I'll likely be half an hour late.
>
> **Bruce Brody** [10:10 A.M.]
> There's a good chance Mr. Kennedy will suggest delaying everything until you get here. After all, you're a key member of the team.
>
> **Alice Hastings** [10:11 A.M.]
> You're probably right. So I'll get there as fast as possible.

negotiation 협상
make it 오다; 해내다
after all 어찌되었든
key 중요한,
핵심적인; 열쇠
probably 아마도
as ~ as possible
가능한 ~하게

1   At 10:07 A.M., why does Ms. Hastings write, "You'd better not"?

(A) To advise against canceling her meeting with Mr. Grand

(B) To suggest that Ms. Hastings should not arrive early

(C) To recommend against asking to start a meeting late

(D) To request that Ms. Hastings avoid contacting Mr. Kennedy

2   What does Mr. Brody mention about Ms. Hastings?

(A) She suggested having the negotiations at an earlier time.

(B) She is carrying some documents needed at the negotiations.

(C) She needs to arrive at the meeting on time.

(D) She is a necessary person for the upcoming meeting.

Melanie Faber   **[2:55 P.M.]**
Greg, I haven't received any timesheets from your department. What's going on?

Greg Duvall   **[2:56 P.M.]**
It's only Wednesday. They're not due until the end of the week.

Melanie Faber   **[2:57 P.M.]**
Didn't you see the memo I sent out on Monday? Because of the holiday next Monday, we need everything today to process paychecks by the end of the week.

Greg Duvall   **[2:58 P.M.]**
I was out sick until today.

Melanie Faber   **[2:59 P.M.]**
I wasn't aware of that. Anyway, you still have two hours, so please tell your staffers to submit the timesheets to me by 5:00 if they want to get paid this Friday.

Greg Duvall   **[3:00 P.M.]**
I'll let everyone know at once.

Melanie Faber   **[3:01 P.M.]**
Wonderful.

timesheet
근무 시간 기록표
paycheck 급여, 급료
staffer 직원

3   Why did Ms. Faber contact Mr. Duvall?

    (A) To inquire about missing paperwork

    (B) To ask him to schedule a meeting

    (C) To find out about a mistake he made

    (D) To correct some wrong information

find out about
~을 알아내다

4   At 2:58 P.M., what does Mr. Duvall imply when he writes, "I was out sick until today"?

    (A) He has a full schedule today.

    (B) He failed to read a memo.

    (C) He will fill out his timesheet soon.

    (D) He is meeting his staff soon.

정답 및 해설 p.33

세부 사항

세부 사항 문제 역시 풀이 시간이 많이 요구되는 문제 중 하나이다. 따라서 문제에서 묻는 바를 정확히 이해한 후, 해당 내용이 언급되는 부분을 빨리 찾는 연습이 필요하다. 문제를 잘못 이해하면 엉뚱한 보기를 정답으로 선택하는 실수를 범할 수 있으니 주의해야 한다.

풀이 전략

1 문제가 무엇을 묻는지를 신속하고 정확하게 파악한다.
2 문제의 핵심어구가 언급된 부분을 지문에서 찾도록 한다. 참고로 지문에서 숫자와 관련된 부분이 등장하면 이와 관련된 세부 사항 문제가 출제될 가능성이 높다.

예시 질문

- What happened on June 21?   6월 21일에 어떤 일이 있었는가?
- What item is currently unavailable?   현재 어떤 제품을 구입할 수 없는가?
- What is a requirement of the marketing manager position?   마케팅 매니저직에 요구되는 조건은 무엇인가?
- What will each employee receive after completing the training?   각 직원들은 교육이 끝난 후 무엇을 받게 될 것인가?
- According to the receipt, which item is the most expensive?   영수증에 의하면 어떤 제품이 가장 비싼가?
- How much of a discount can Ms. Sullivan receive?   Sullivan 씨는 어느 정도의 할인을 받을 수 있는가?
- How did Mr. Brandt feel about the conference?   Brandt 씨는 컨퍼런스에 대해 어떻게 생각했는가?
- How can employees gain access to the fitness center?   직원들은 어떻게 피트니트 센터를 이용할 수 있는가?

예제   Questions 1-2 refer to the following e-mail.

To: troberts@vegasmail.com
From: management@andersonhotel.com
Subject: Inquiry
Date: April 21

Dear Mr. Roberts,

Thank you for the comments you submitted to us in the recent survey of guests at the Anderson Hotel. You indicated on your survey that you wouldn't mind receiving any follow-up questions, so we are sending you this e-mail.

On the survey, you wrote that you were displeased by some of the service that you received from a couple of our employees. We are very concerned about this, so we wonder if you would mind going into detail about what happened. We pride ourselves on the topnotch service our hotel provides, so having unhappy guests is simply unacceptable.

In addition, as a token of our appreciation, please use code ANDERSONTOP the next time you make an online booking. It will entitle you to half off the price of any room you reserve.

We hope to see you at one of our hotels again soon.

Regards,

The Management
Anderson Hotel

1. What is Mr. Roberts asked to do?

(A) Provide more information
(B) Complete a survey
(C) Make a telephone call
(D) Compliment an employee

2. According to the e-mail, how much of a discount can Mr. Roberts receive?

(A) 20%
(B) 25%
(C) 40%
(D) 50%

해 석

수신: troberts@vegasmail.com
발신: management@andersonhotel.com
제목: 문의
날짜: 4월 21일

친애하는 Roberts 씨께,

Anderson 호텔 투숙객을 대상으로 한 최근의 설문 조사에서 의견을 남겨 주신 점에 감사를 드립니다. 귀하께서는 설문 조사에서 추가적인 질문을 받아도 상관없다고 언급하셨기 때문에 이 이메일을 보냅니다.

설문 조사에서 귀하께서는 두어 명의 저희 직원들로부터 받은 일부 서비스에 대해 불쾌하셨다는 글을 쓰셨습니다. 저희는 그에 대해 크게 우려하고 있으며, 귀하께서 어떤 일이 있었는지 상세히 말씀해 주실 수 있는지 궁금합니다. 저희는 저희 호텔에서 제공되는 최고의 서비스에 자부심을 느끼고 있기 때문에 불쾌한 투숙객이 있다는 점은 용납할 수 없습니다.

또한 사과의 표시로서 다음 온라인 예약 시에 ANDERSONTOP 코드를 사용해 주십시오. 어떤 객실을 예약하시던 간에 절반 가격으로 예약하실 수 있으실 것입니다.

곧 저희 호텔 중 한 곳에서 뵙기를 바랍니다.

Anderson 호텔 경영진 드림

follow-up 추가의, 후속의; 후속 조치　**be concerned about** ~에 대해 우려하다　**go into detail** 상세히 말하다
topnotch 최고의　**as a token of** ~의 표시[징표]로서　**entitle** 자격을 부여하다

해 설

1. Roberts 씨는 무엇을 하라는 요청을 받는가?

(A) 보다 많은 정보를 제공한다
(B) 설문 조사를 끝낸다
(C) 전화를 한다
(D) 직원을 칭찬한다

호텔측이 이메일 수신자인 Roberts 씨에게 요청한 사항은 'We are very concerned about this, so we wonder if you would mind going into detail about what happened.'에서 찾을 수 있다. 여기에서 Roberts 씨는 불만을 느낀 점에 대해 구체적으로 설명을 해 달라는 요청을 받고 있으므로 (A)가 정답이다.

2. 이메일에 의하면 Roberts 씨는 어느 정도의 할인을 받을 수 있는가?

(A) 20%
(B) 25%
(C) 40%
(D) 50%

할인 코드가 언급되고 있는 세 번째 단락에서 'It will entitle you to half off the price of any room you reserve.'라는 문장을 통해 할인율을 확인할 수 있다. half off the price(절반 가격)가 의미하는 것은 (D)이다.

지문을 읽고 문제에 답하시오.

[1-2]

Zell Industries to Sell Factory
by staff reporter Louis Abernathy

Arlington (March 11) – Yesterday afternoon, a spokesperson for local firm Zell Industries announced that the company was selling its facility in Covington. The factory currently employs around 200 full-time workers.

The spokesman stated that the firm which made the purchase intends to retool the factory in order to manufacture a variety of electronic appliances. Currently, the factory is used to make tractors and other farm machinery. The name of the buyer has not yet been publicly announced; however, an anonymous source involved in the sale of the factory told this reporter that Jackson, Inc. had made the purchase.

Zell Industries plans to relocate all of the individuals who work at the Covington factory to other facilities in the state. The spokesman stressed that the company is not looking to reduce its workforce, nor is it undergoing any financial difficulties. It simply received a good offer on a facility that was using mostly outdated equipment.

spokesperson 대변인
full-time employee 정규직 직원
state 주장하다, 언급하다
retool 기기를 교체하다; 개편하다
manufacture 제조하다, 제작하다
electronic appliance 전자 제품
publicly 공개적으로
anonymous 익명의
source 출처
relocate 이전하다, 이동시키다
stress 강조하다
look to ~을 고려하다
workforce 노동력
undergo 겪다
financial 재정적인, 금전적인
outdated 구식의

1 What is suggested about Zell Industries?

(A) It is rivals with Jackson, Inc.
(B) It is a major maker of electronic appliances.
(C) It employs individuals in multiple cities.
(D) It does business in foreign countries.

2 Why did Zell Industries sell the factory?

(A) Because it received a sufficient amount of money
(B) Because it is planning to layoff some workers
(C) Because it is currently losing money
(D) Because it is getting out of the farm machinery business

sufficient 충분한
layoff 정리 해고하다
get out of ~으로부터 빠져 나가다

MEMO

To: All Employees
From: Charles O'Neil
Subject: July 23 Event
Date: June 28

The company's annual summer picnic will take place on Saturday, July 23. It's going to be held at Skidmore Park from 11:00 A.M. to around 4:00 P.M. As always, all employees and their immediate family members are invited to attend.

So that we can prepare enough food for everyone, please let me know no later than July 7 if you plan to attend the event and how many people will accompany you. In addition, please inform me of any dietary restrictions, including allergies, you may have.

The picnic will feature lots of food, games, and fun. There will even be a live performance by local band the Jack Morris Gang. There is no charge to attend. If you are interested in volunteering, please get back to me as soon as possible.

as always
항상 그랬듯이
immediate family member 직계 가족
no later than
늦어도 ~까지
accompany
동반하다, 수반하다
inform A of B
A에게 B에 대해 알리다
dietary 음식의
restriction 제한
feature
~을 특징으로 삼다
be interested in
~에 관심이 있다
get back to
~에게 답장하다

PART 7

Type 04 세부 사항

3　What are employees asked to do?

(A) Acquire tickets to an event

(B) Place an order for the food they want

(C) Inform Mr. O'Neil of the food they plan to bring

(D) Mention the number of guests going with them

4　What will happen at the event?

(A) Music will be performed.

(B) A speech will be given.

(C) The CEO will attend.

(D) A fireworks show will be held.

fireworks show
불꽃놀이

추론

추론 문제는 지문의 내용을 근거로 도출해 낼 수 있는 사항이 무엇인지 묻는 문제이다. 정답의 단서가 지문에 직접적으로 드러나 있지 않기 때문에 논리적인 추론 과정을 통해 정답을 찾아야 한다.

풀이 전략

1 지문에서 질문의 핵심어구가 언급되어 있는 부분을 찾는다.
2 정답의 근거가 될 수 있는 부분을 찾는다. 근거가 빈약한 보기나 지나친 비약이 들어있는 보기는 모두 오답이다.

예시 질문

- What is suggested about Mr. Martinez?   Martinez 씨에 대해 암시되어 있는 것은 무엇인가?
- What is indicated about the new software?   새로운 소프트웨어에 대해 알 수 있는 것은 무엇인가?
- What is suggested about the seminar on the labor market?   노동 시장에 관한 세미나에 관해 암시되어 있는 것은 무엇인가?
- What is most likely true about Mr. Gibson?   Gibson 씨에 대해 사실일 것 같은 것은 무엇인가?
- What did Mr. Tanaka most likely do?   Tanaka 씨는 무엇을 한 것 같은가?

예제   Questions 1-3 refer to the following e-mail.

To:	alicehobbs@homemail.com
From:	egriswold@griswoldengineering.com
Subject:	Hello
Date:	February 18

Dear Ms. Hobbs,

Thank you for your inquiry regarding installing a new swimming pool at your residence. I would be glad to visit your home to discuss the matter with you in person.

Unfortunately, the day and time you selected when you submitted your online form are not currently available. I could, however, visit you next week on Monday at 10:00 A.M., Tuesday at 1:00 P.M., or Thursday at 4:00 P.M. As a general rule, most initial discussions take about one hour.

Let me remind you that this discussion and the price estimate I will provide for you are absolutely free. You are also under no obligation at all to hire my company to build a pool for you. If it is possible, however, I would like to know approximately how big a pool you want to build and roughly what your budget is. Knowing those two things would be a considerable help.

I look forward to hearing from you soon.

Sincerely,

Eric Griswold

Griswold Engineering

1. Why did Mr. Griswold send the e-mail?

(A) To reply to an inquiry
(B) To confirm an appointment
(C) To negotiate a price
(D) To ask for some personal information

2. What does Mr. Griswold hope to do next week?

(A) Begin construction on a pool
(B) Meet Ms. Hobbs in person
(C) Finish an ongoing project
(D) Purchase building supplies

3. What is suggested about Ms. Hobbs?

(A) She has not signed a contract with Griswold Engineering yet.
(B) She has hired Griswold Engineering in the past.
(C) She visited Mr. Griswold in his office the previous week.
(D) She already informed Mr. Griswold how much she hopes to spend.

해석

수신: alicehobbs@homemail.com
발신: egriswold@griswoldengineering.com
제목: 안녕하세요
날짜: 2월 18일

친애하는 Hobbs 씨께,

귀하의 댁에 수영장을 설치하는 것과 관련해서 문의를 주신 점에 감사를 드립니다. 귀하의 댁을 방문해서 직접 귀하를 만나 뵙고 그 일에 대해 논의하면 좋을 것 같습니다.

안타깝게도 귀하께서 온라인 신청서를 제출할 당시 선택하신 날짜와 시간은 현재 가능하지가 않습니다. 하지만 다음 주월요일 오전 10시, 화요일 오후 1시, 혹은 목요일 오후 4시에는 제가 찾아 뵐 수 있습니다. 보통 첫 상담에는 한 시간 정도의 시간이 걸립니다.

이러한 상담 및 제공되는 가격 견적서는 완전히 무료라는 점을 다시 한 번 알려 드립니다. 수영장 건설에 반드시 저희 회사를 이용해야 할 의무는 없으십니다. 하지만 가능하다면 귀하께서 얼마나 큰 규모의 수영장을 원하시는지, 그리고 대략적으로 어느 정도의 예산을 생각하고 계신지는 알고 싶습니다. 이 두 가지 사항을 알면 큰 도움이 될 것입니다.

곧 귀하로부터 소식을 듣게 되기를 고대하겠습니다.

Eric Griswold 드림
Griswold Engineering

inquiry 문의   **as a general rule** 일반적으로   **price estimate** 가격 견적(서)   **obligation** 의무

해설

1. Griswold 씨는 왜 이메일을 보냈는가?

(A) 질문에 답하기 위해
(B) 약속을 확인하기 위해
(C) 가격을 협상하기 위해
(D) 개인 정보를 묻기 위해

첫 문장인 'Thank you for your inquiry regarding installing a new swimming pool at your residence.'에서 이 이메일은 고객 문의에 대한 답변 이메일임을 알 수 있다. 따라서 이메일을 보낸 이유는 (A)이다.

2. Griswold 씨는 다음 주에 무엇을 하고 싶어하는가?

(A) 수영장 공사를 시작한다
(B) Hobbs 씨와 직접 만난다
(C) 진행 중인 프로젝트를 끝낸다
(D) 건축 자재를 구입한다

'I could, however, visit you next week on Monday at 10:00 A.M., Tuesday at 1:00 P.M., or Thursday at 4:00 P.M.'에서 그가 다음 주에 하고자 하는 일은 (B)임을 알 수 있다.

building supply 건축 자재

3. Hobbs 씨에 대해 암시되어 있는 것은 무엇인가?

(A) 아직 Griswold Engineering과 계약을 체결하지 않았다.
(B) 전에 Griswold Engineering을 이용한 적이 있다.
(C) 지난 주에 Griswold 씨의 사무실을 방문했다.
(D) 이미 Griswold 씨에게 얼마를 지출하고자 하는지 알려 주었다.

'You are also under no obligation at all to hire my company to build a pool for you.'라는 문장에서 해당업체를 반드시 이용할 필요가 없다는 Griswold 씨의 말은 아직 계약이 체결되지 않았다는 점을 나타내므로 보기 중 추론할 수 있는 사항은 (A)이다.

지문을 읽고 문제에 답하시오.

[1-3]

Computer System to Be Down

The entire computer system here at Compton Technology will be down starting tomorrow morning at 6:00. It will undergo a thorough reconstruction which could take up to two days to complete. During that time, the Internet as well as the company intranet service will be unavailable.

In recent weeks, employees have reported numerous glitches with the company's computer system. This includes, but is not limited to, the losing, deleting, or misplacing of files, interruptions in Internet service, and the inability to send messages on the company intranet.

A team of workers from Harper Consulting will arrive early in the morning and commence work on the system. Should anyone on that team ask to use your computer or your workstation, please accommodate that request. All questions and comments should be directed to Jasmine Lewis at extension 38.

undergo 겪다
reconstruction 복원, 복구
take up (시간이나 공간 등을) 차지하다, 쓰다
intranet 내부 전산망, 인트라넷
glitch 결함
interruption 중단
inability 불능, 무능
commence 시작하다, 개시하다

1 When will the workers from Harper Consulting begin working?

(A) This afternoon
(B) Tomorrow morning
(C) Tomorrow afternoon
(D) The day after tomorrow

2 What is NOT a problem mentioned about the computer system at Compton Technology?

(A) The inability to access the Internet
(B) Files being sent to the wrong places
(C) Company e-mail not working properly
(D) Passwords being changed at random

at random
무작위로, 임의로

3 What is most likely true about Harper Consulting?

(A) It employs people knowledgeable about computers.
(B) It has a long-term working relationship with Compton Technology.
(C) It is located in the same building as Compton Technology.
(D) It hired Jasmine Lewis as a project manager.

DKT Is Now Hiring

DKT, Inc., a leader in the shipbuilding industry, is currently hiring employees to work at its headquarters. These are just a few of the full-time jobs which are available:

Receptionist: Greet employees, clients, and visitors; answer and transfer telephone calls; pleasant demeanor required; high school diploma required; regular office hours; $26,000/year + full benefits

HR Manager: Manage a team of eight employees in the HR Department; multitasking skills are a must; must be able to work well with others and to get along with various personality types; college degree required; 3 years of managerial experience required; $53,000/year + full benefits

Accountant: Work on a team that conducts various accounting duties; college degree desired; certification as a level 2 accountant will be accepted in place of a college degree; no previous experience necessary; may have to work overtime hours; $37,000/year + compensation for working extra hours + full benefits

Salesperson: Meet with current and potential customers to create new business for the company; outstanding interpersonal skills required; must be able to travel domestically and abroad; applicants with knowledge of Chinese, German, or Arabic will be given extra consideration; $70,000/year + sales commissions + full benefits

To apply for these or other jobs, visit www.dkt.com/jobs. All applications must be submitted electronically. Only those individuals considered for a position will receive a response.

---

shipbuilding industry 조선업
headquarters 본부, 본사
demeanor 태도, 자세
diploma 학위
benefit 혜택; 수당
multitasking skills 여러 가지 일을 동시에 할 수 있는 능력
conduct 수행하다, 실행하다
certification 증명, 자격(증)
in place of ~을 대신하여
compensation 보상
outstanding 뛰어난
interpersonal 대인 관계의
domestically 국내에서
consideration 고려
commission 수수료, 커미션
electronically 컴퓨터로

---

4 Which of the following is NOT required for the HR manager position?

(A) A diploma from an institute of higher learning
(B) A prior job that required the supervising of workers
(C) An ability to work on several projects at the same time
(D) A willingness to spend long hours working in an office

institute 기관
supervise 감독하다
at the same time 동시에
willingness 기꺼이 하고자 함

5 What is suggested about the accountant position?

(A) It requires a college degree in mathematics.
(B) Some travel may be required by the person with the job.
(C) The person doing the job may earn more than $37,000 a year.
(D) It may be necessary for the worker to speak a foreign language.

6 How should a person apply for a job at DKT, Inc.?

(A) By visiting the company in person
(B) By submitting an application packet through the mail
(C) By faxing all the necessary documentation
(D) By going to a Web site and by applying online

정답 및 해설 p.35

문장 삽입 문제는 질문 아래에 별도의 문장을 제시한 후, 해당 문장이 어디에 위치해야 하는지를 묻는 문제이다. 주어진 문장 속의 대명사나 접속사, 접속부사 등을 근거로 주어진 문장이 어디에 위치해야 가장 자연스러운 문맥이 완성될 수 있는지 찾도록 한다.

풀이 전략

1 주어진 문장에 대명사가 있는 경우, 대명사가 정답의 단서이다. 전후 문맥을 통해 대명사가 가리키는 것이 무엇인지 찾는다.

2 제시된 문장이나 번호 표시가 된 부분의 앞뒤 문장에서 찾을 수 있는 연결어, 즉 접속사나 접속부사를 근거로 정답을 찾을 수도 있다.

예시 질문

- In which of the positions marked [1], [2], [3], and [4] does the following sentence best belong? "This will be an upper-management position."

[1], [2], [3], [4]로 표시된 위치 중 다음 문장이 들어가기에 가장 알맞은 곳은 어디인가?
"이는 고위 경영진 자리가 될 것입니다."

예제 Questions 1-2 refer to the following article.

Carson City Holds Successful Jobs Fair
by senior reporter Wayne Powell

Carson City (March 15) – From March 11 to 14, thousands of jobseekers and hundreds of employers could be found in the Carson City Convention Center at the second annual Carson City Jobs Fair. According to organizers, more than 12,500 people interested in jobs attended the event. And approximately 309 companies, both domestic and foreign, had booths on at least one of the days of the event. --[1]--.

"This year's event saw an increase of more than 130% in the number of attendees compared to last year's fair," said main organizer Susan Evans. "We couldn't be more pleased by the results." --[2]--. According to Ms. Evans, companies in attendance passed out brochures, gave talks and demonstrations, interviewed candidates, and even made a few hires. She added that the fair also featured a number of special programs. --[3]--. Among them were seminars on writing résumés and doing interviews as well as programs on proper dress and behavior in the workplace.

"I thought the fair was great," said attendee Karen Morris. "I talked to numerous people in the IT industry and even sat for three interviews." --[4]--. Lionel Jackson, another attendee, stated, "I was offered two jobs and accepted one on the spot. I'd call that a successful event."

1. According to the article, what is true about the Carson City Jobs Fair?

(A) It was held at the Carson City Convention Center for the first time.

(B) It required every company to have a booth for all four days.

(C) It focused primarily on companies in the IT industry.

(D) It more than doubled the attendance from the previous year.

2. In which of the positions marked [1], [2], [3], and [4] does the following sentence best belong?

"She remarked that she has two more interviews scheduled for next week."

(A) [1]

(B) [2]

(C) [3]

(D) [4]

카슨 시가 성공적인 취업 박람회를 개최하다

Wayne Powell 선임 기자

카슨 시 (3월 15일) – 3월 11일부터 14일까지 제2회 Carson City 취업 박람회가 열렸던 Carson City 컨벤션 센터에서 수천 명의 구직자와 수백 명의 고용인들을 찾아볼 수 있었다. 주최측에 따르면 일자리에 관심이 있는 12,500명 이상의 사람들이 행사에 참가했다. 그리고 309여 개에 이르는 국내 및 해외 기업들이 행사 기간 중 최소 하루 이상 부스를 운영했다.

"작년과 비교해 볼 때 올해 행사의 참석자 수는 130% 이상 증가했습니다,"라고 주최측 인사인 Susan Evans가 말했다. "결과에 더할 나위 없이 만족합니다." Evans 씨에 의하면 참가 업체들은 브로셔를 배포하고 강연회 및 시연회를 열었으며 지원자들을 면접하고 소수의 인원을 채용하기도 했다. 그녀는 이번 박람회에 특별 프로그램들도 많이 마련되었다고 덧붙였다. 그중에는 이력서 작성 및 면접과 관련된 세미나뿐만 아니라 직장에서의 올바른 복장 및 행동에 관한 프로그램도 있었다.

"박람회가 굉장했다고 생각했어요,"라고 참석자인 Karen Morris가 말했다. "IT 업계의 많은 사람들과 이야기를 나누었고 면접도 세 번이나 보았죠." (그녀는 다음 주에 두 차례 더 면접을 볼 것이라고 언급했다.) 또 다른 참석자인 Lionel Jackson은 "두 곳에서 입사 제의를 받았는데, 그 자리에서 하나를 수락했어요. 성공적인 행사였다고 말씀드리고 싶군요."라고 말했다.

jobseeker 구직자 **organizer** 기획자 **domestic** 국내의 **compared to** ~와 비교해서 **pass out** 나누어 주다, 배포하다 **feature** ~을 특징으로 삼다 **résumé** 이력서 **proper** 적절한 **on the spot** 그 자리에서, 즉석에서

---

1. 기사에 의하면 Carson City 취업 박람회에 대해 사실인 것은 무엇인가?

(A) Carson City 컨벤션 센터에서 처음으로 열렸다.

(B) 모든 기업은 4일 동안 부스를 운영해야 했다.

(C) 주로 IT 업계의 기업들에 초점을 맞추었다.

(D) 작년보다 참석자가 두 배 이상 늘었다.

the second annual Carson City Jobs Fair라는 표현에서 (A)는 사실이 아님을 알 수 있으며, 참가 기업들은 '최소 하루 이상'(at least one of the days of the event) 부스를 운영했다는 점에서 (B) 또한 잘못된 내용임을 확인할 수 있다. IT 업계의 사람들과 이야기를 나누었다는 참석자의 말을 찾아 볼 수는 있지만, 이번 박람회가 IT 업계 기업들에 초점을 맞춘 것이라고 한 (C)는 비약이다. 정답은 (D)로, an increase of more than 130% in the number of attendees compared to last year's fair라는 언급을 통해 올해의 참석자 수가 작년에 비해 두 배 이상이었다는 점을 확인할 수 있다.

2. [1], [2], [3], [4]로 표시된 위치 중 다음 문장이 들어가기에 가장 알맞은 곳은 어디인가?

"그녀는 다음 주에 두 차례 더 면접을 볼 것이라고 언급했다."

(A) [1]

(B) [2]

(C) [3]

(D) [4]

주어진 문장의 she가 어떤 인물을 가리키는지 생각해 보자. 여기에서 she가 가리키는 인물은 앞으로 면접을 두 차례 더 볼 사람이므로 그 앞에는 해당 인물이 이미 면접을 보았다는 내용이 언급되어 있어야 한다. 따라서 정답은 (D)로, she가 가리키는 인물은 [4] 앞의 문장의 Karen Morris임을 확인할 수 있다.

지문을 읽고 문제에 답하시오.

[1-3]

To: All Department Heads
From: Rosanna Reynolds
Date: August 24
Subject: Amber

You should all be aware that Broadway Heavy Industry will be changing the software we use for payroll purposes. Amber, the new program, will be used in place of our current software, called Magenta. --[1]--.

Amber will provide upgrades in several ways. --[2]--. It entirely eliminates paperwork, so you can have employees file their timesheets online and then approve them electronically. Employees can easily check their current and past paychecks as well. If they need to make any changes—such as increases or decreases in the amount spent on their retirement plans—they can do so by using Amber. Finally, employees will receive telephone or e-mail notification when their paychecks are deposited in their accounts. --[3]--.

We will be holding short training sessions on how to use Amber next week. I'll be sending a schedule to you no later than tomorrow. You should also be aware that since we have to process this month's paychecks by August 26, Amber will not be installed until the following day. --[4]--. So please continue using Magenta until that time.

payroll 급여 대상자 명단
purpose 목적
in place of ~을 대신하여
eliminate 없애다, 제거하다
paperwork 서류 작업
file 파일; (문서 등을) 보관하다, 제출하다
electronically 전산으로
paycheck 급여
retirement plan 퇴직자 연금 제도
notification 통지
deposit 예금; 예금하다

1 What is one purpose of the memo?

(A) To ask about interest in some new software

(B) To provide a schedule for a training course

(C) To describe the benefits of a software program

(D) To explain some complaints employees have made

2 When will Amber be on the computer system at Broadway Heavy Industry?

(A) On August 24

(B) On August 25

(C) On August 26

(D) On August 27

3 In which of the positions marked [1], [2], [3], and [4] does the following sentence best belong?
"This is something many employees have requested in the past."

(A) [1]

(B) [2]

(C) [3]

(D) [4]

Changes Coming to *Bradford Daily Times*

Starting on March 1, the *Bradford Daily Times* will no longer be available in a print version each day of the week. --[1]--. Instead, only the Saturday and Sunday editions will be printed for our readers. However, readers will be able to read the paper online at www.bradforddailytimes.com every single day of the week. --[2]--.

This move is being done due to the high cost of ink and paper. We at the *Bradford Daily Times* are also trying to be environmentally conscious. By printing fewer copies each week, we hope to do our part to take care of the natural environment. --[3]--.

Readers should benefit by this move. By focusing on our online edition, we will be able to provide more up-to-date news than ever before. --[4]--. The price of a subscription is also declining. For more information regarding this, call 348-3938 or visit our Web site and click on the "Subscription" link.

no longer
더 이상 ~하지 않다
edition 판, 호
move 움직이다;
조치, 행동
environmentally
환경적으로, 환경을
보호해서
conscious 의식이 있는
do one's part
본분을 다하다,
역할을 다하다
focus on ~에 집중하다
up-to-date 최신의
subscription 구독
decline 감소하다

4 When will people be able to read a printed version of the paper after March 1?

(A) Every day of the week

(B) Only on weekdays

(C) Only on weekends

(D) Only on Sundays

5 According to the announcement, why is a change being made?

(A) The number of subscribers has been dropping.

(B) People have asked for lower subscription prices.

(C) The paper wants to protect the environment.

(D) Readers have requested faster news updates.

6 In which of the positions marked [1], [2], [3], and [4] does the following sentence best belong?
"Our reporters should be able to report the news virtually as it happens as well."

(A) [1]

(B) [2]

(C) [3]

(D) [4]

정답 및 해설 p.36

시간 및 장소

시간 및 장소를 묻는 문제는 주로 특정 사건이나 행사가 이루어질 날짜나 시각, 혹은 그와 관련된 장소 등을 묻는다. 따라서 지문에서 시간이나 장소가 언급된 부분에서 정답의 단서를 찾도록 하며, 지문에 표가 포함되어 있는 경우에는 날짜나 시각, 그리고 장소 등과 관련된 항목을 살펴보고 정답을 선택하도록 한다.

풀이 전략

1 특정 날짜나 시각, 그리고 장소가 언급되는 부분을 찾는다. 표가 제시되는 경우 date, time, location과 같은 항목에서 정답의 단서를 찾을 수 있다.

2 과거에 있었던 행위나 사건에 대해 묻는 경우보다 추후에 예정되어 있는 행위나 사건의 시간 및 장소를 묻는 경우가 더 많다. 따라서 앞으로 일어날 일이 언제, 어디에서 일어날 것인지 유의하면서 지문을 읽도록 하자.

장소를 묻는 질문

- Where will Mr. Welch meet Ms. Mann? Welch 씨는 어디에서 Mann 씨와 만날 것인가?
- Where will the conference on Art Pro be held? Art Pro에 관한 컨퍼런스는 어디에서 열릴 것인가?
- Where will Mr. Simon stay on March 3? Simon 씨는 3월 3일에 어디에서 숙박할 것인가?

시간을 묻는 질문

- When will road construction work be done? 도로 공사는 언제 끝날 것인가?
- When will the exhibit open to the public? 전시회는 언제 일반인들에게 공개될 것인가?
- By when must a person register for the seminar? 언제까지 세미나에 등록을 해야 하는가?

예제 Questions 1-2 refer to the following letter.

July 23

Dear Tanya,

I was reading the news items in *Robotic Manufacturing*, and I happened to come across a short article that mentioned you. I'd like to offer you my congratulations on your promotion to vice president at Hampton Robotics. I've heard great things about that firm, and I'm sure you'll be able to help lead the company to even more success now that you're an upper-level executive there.

I know it's been a while since we've been in touch, so you're probably not aware that I'm the owner of Davis Steel. Our headquarters is in Springfield, but we have foundries in Kensington and Milton. One of my scientists recently made a discovery that allows us to make steel that is cheaper yet much stronger than that which is made by most companies. I wonder if your firm would be interested in acquiring any of it to use for your products.

I will be visiting Hampton next month from August 10 to 15. I'd love to get together with you if you are available during that time. The second day of my trip would be ideal for me. It would be great to meet and to recall the time when we used to work together. Feel free to call me at 874-902-1228 at your convenience.

Sincerely,

Richard Davis
Owner, Davis Steel

1. What is one reason Mr. Davis sent the letter?

(A) To mention that he is impressed with Hampton Robotics
(B) To confirm that he will be able to attend a meeting
(C) To offer to sell some steel products at highly discounted prices
(D) To express his happiness over Tanya's recent appointment

2. When would Mr. Davis like to have the meeting?

(A) On August 10
(B) On August 11
(C) On August 14
(D) On August 15

7월 23일

친애하는 Tanya에게,

*Robotic Manufacturing*에 실린 뉴스를 읽고 있었는데, 우연히도 당신을 언급하는 짧은 기사를 보게 되었어요. Hampton Robotics에서 부사장으로 승진한 것을 축하드려요. 그 회사에 대해서는 좋은 이야기를 많이 들었고, 이제 그 곳의 고위 임원이 되었으니 당신이 회사를 이끌어 더 큰 성공을 거둘 수 있을 것으로 저는 확신해요.

우리가 만난 지 꽤 오랜 시간이 지난 것으로 알고 있기 때문에 제가 Davis Steel의 소유주라는 점은 아마 당신이 모르고 있을 것 같군요. 저희 본사는 스프링필드에 있지만, 주조 공장은 켄징턴과 밀턴에 있어요. 최근에 저희 연구원 중 한 명이 대다수의 회사에서 제조되는 것보다 가격은 더 저렴하지만 강도는 더 높은 강철을 생산하는 법을 알아냈어요. 당신 회사에서 제품에 사용할 목적으로 이를 구입하는 것에 관심이 있는지 궁금하군요.

저는 다음 달 8월 10일부터 15일까지 햄프턴을 방문할 예정이에요. 그때 시간이 된다면 함께 만났으면 좋겠어요. 저로서는 출장 두 번째 날이 이상적일 것 같아요. 같이 만나서 우리가 함께 근무했던 때를 회상해 보면 좋을 것 같군요. 편할 때 주저하지 말고 874-902-1228로 제게 전화를 주세요.

Richard Davis 드림
Davis Steel 대표

come across ~을 우연히 만나다 **firm** 회사 **now that** ~이므로 **upper-level** 상급의, 고위의 **executive** 임원, 중역 **be in touch** 연락하고 지내다 **foundry** 주조 공장 **make a discovery** 발견하다 **get together** 모이다 **ideal** 이상적인 **recall** 회상하다 **used to** ~하곤 했다

1. Davis 씨가 편지를 보낸 이유 중 하나는 무엇인가?
(A) 그가 Hampton Robotics로부터 깊은 인상을 받았다는 점을 언급하기 위해
(B) 그가 모임에 참석할 수 있다는 점을 확인시키기 위해
(C) 크게 할인된 가격으로 강철 제품을 판매하기 위해
(D) 최근 Tanya의 임명에 대한 기쁨을 표현하기 위해

2. Davis 씨는 언제 만나고 싶어하는가?
(A) 8월 10일
(B) 8월 11일
(C) 8월 14일
(D) 8월 15일

Davis 씨는 편지의 첫 번째 단락에서 수신자인 Tanya에게 승진에 대한 축하의 인사를 건네고 있다. 따라서 보기 중 편지를 쓴 이유로 볼 수 있는 것은 (D)이다. 강철 제품 판매도 편지를 작성한 이유 중 하나로 볼 수 있지만 '큰 폭의 할인 가격으로' 구입을 권유하고 있는 것은 아니므로 (C)를 정답으로 골라서는 안 된다.

지문의 마지막 단락에서 Davis 씨는 자신이 '8월 10일부터 15일까지'(from August 10 to 15) 햄프턴을 방문할 예정이라고 언급한 후, 'The second day of my trip would be ideal for me.'라고 말한다. 따라서 출장 이틀째 되는 날인 (B)의 '8월 11일'이 그가 Tanya와 만나고 싶어하는 날이다.

지문을 읽고 문제에 답하시오.

[1-3]

Grover Park Set to Open

Freeport (April 19) – After seven months of work, Grover Park is nearly complete and set to open to the public. According to an announcement by the mayor's office, the grand opening will be held next week.

The park is located on the western side of Roosevelt Lake. It occupies an area covering more than 35 acres of land. The park has several fields for playing soccer and baseball as well as tennis courts, basketball courts, and an area for skateboarding and rollerblading. There is also a wooded area with trails for walking and cycling.

Mayor Petticoat indicated that he will speak at the opening ceremony. It will take place on Tuesday, April 25. However, the park will not officially open to the public until the following day. The day of the opening ceremony will be filled with various events that include tours of the park and demonstrations of the facilities there.

be set to ~할 예정이다
mayor 시장
occupy 점하다, 차지하다
acre 에이커
wooded 나무가 우거진
trail 오솔길
opening ceremony 개업식, 개장식
officially 공식적으로
demonstration 설명, 시연; 시위

1　What is the article mainly about?

(A) Construction work on a local park
(B) Where Grover Park is located
(C) The facilities at a new city park
(D) What events will take place at a ceremony

2　Which of the following is NOT mentioned about Grover Park?

(A) There are places for people to play different sports.
(B) It was built near a body of water.
(C) Its opening will be attended by the mayor of Freeport.
(D) Only local residents will be permitted to use it.

body of water 수역

3　When will members of the public be allowed to use Grover Park?

(A) On April 24
(B) On April 25
(C) On April 26
(D) On April 27

Important Notice Regarding Bayside Conference

Attendees at Bayside Conference, scheduled to take place from April 28-30, should be aware that the event will no longer be taking place at the Harbor View Convention Center. Due to a problem with the rooms we were set to be given, we opted to move the conference to the Grandview Hotel, where it will be held in the Grantland Ballroom as well as the Davis Room and the Jasmine Room. The workshops will take place in the two smaller rooms while the keynote speech and other talks will take place in the Grantland Ballroom. There will be more than enough room for the expected 500 attendees at the conference.

The Grandview Hotel will be offering conference attendees a 20% discount on rooms if they stay during the conference period. Simply use the code BAYSIDE when making an online reservation. Any individuals who made reservations at other hotels but who wish to stay at the Grandview Hotel now should contact us if there are any problems canceling prior bookings. We can assist with the process.

For more information regarding the new venue, visit www.baysideconference.org/grandview.

opt 선택하다
as well as ~뿐만 아니라
keynote speech 기조 연설
room 방; 공간
cancel 취소하다
prior 이전의
venue 장소

4 What is the purpose of the notice?

(A) To name some speakers at an event

(B) To describe a change in venues

(C) To ask people to register for a conference

(D) To invite people to apply to speak at an event

name 이름; 이름을 말하다
invite 초대하다; 요청하다

5 Where will the speeches at the Bayside Conference be given?

(A) At the Harbor View Convention Center

(B) In the Davis Room

(C) In the Grantland Ballroom

(D) In the Jasmine Room

6 What benefit can conference attendees receive?

(A) A discount on a hotel room

(B) A cheaper price on a membership

(C) A free book by the keynote speaker

(D) Free shuttle bus service

정답 및 해설 p.38

요구 사항

요구 사항을 묻는 문제는 지문이 이메일이나 공지인 경우에 쉽게 찾아볼 수 있는 문제로, 보통 질문에 want, ask, request 등의 단어가 들어가 있다. 지문이 이메일이나 편지인 경우에는 발신자가 한 명의 수신자에게, 지문이 공지나 회람인 경우에는 발신자가 다수의 수신자에게 요구하는 사항이 무엇인지 찾아야 한다. 대부분의 경우 정답의 단서는 지문의 후반부에서 발견되지만, 지문 초반부에 요구 사항이 드러나는 경우도 있을 수 있다.

풀이 전략

1. 글쓴이가 지문의 대상에게 요구, 지시, 혹은 당부를 하고 있는 부분을 자세히 살피도록 한다. '~해야 한다'는 의미의 조동사 should, must, ought, had better 등이 들어 있는 문장이나 명령문에서 정답의 단서를 쉽게 찾을 수 있다.

2. 지문의 후반부에 정답의 단서가 들어 있는 경우가 대부분이지만, 지문 초반에 정답의 단서가 드러나는 경우도 있다.

예시 질문

- What does Ms. Lee request Mr. Harrison do? Lee 씨는 Harrison 씨에게 무엇을 하라고 요청하는가?
- What does Mr. Cooper ask Ms. Yamada to do? Cooper 씨는 Yamada 씨에게 무엇을 요청하는가?
- What will applicants being interviewed have to do? 면접을 볼 지원자들은 무엇을 해야 할 것인가?
- What are employees advised to do? 직원들은 무엇을 하라는 권고를 받는가?
- What are attendees instructed to bring to the seminar? 참석자들은 세미나에 무엇을 가져 오라는 안내를 받는가?
- What should individuals do to attend the ceremony? 기념식에 참석하기 위해서는 무엇을 해야 하는가?

예제   Questions 1-4 refer to the following e-mail.

To: Daniel Beverly <dbeverly@karter.com>
From: <timsmith@karter.com>
Re: Mr. Yamaha
Date: August 19

Dear Mr. Beverly,

I spoke on the phone with Mr. Yamaha regarding the order his company made. Apparently, he's displeased with the first batch we shipped to him last week. According to him, we did not manufacture the items precisely as instructed.

He wants to see a representative from our company at once. So you need to get to Osaka as fast as possible. There's a flight leaving tonight at 11:05, and you should be on it. That ought to get you to Japan in time to meet with Mr. Yamaha before the weekend begins.

You'll be busy, so someone from your office should accompany you as your assistant. I don't believe you have any Japanese speakers, so just choose whomever you believe will do the best job. Make sure that person has a valid passport though. You can both fly business class. Pack enough clothes for a week. Betty in HR will make your hotel and rental car arrangements, and she'll also reserve the plane tickets after you decide who's going. She'll issue you a company credit card, too.

There's a lot at stake here, so solve this problem as smoothly as possible. Let me know if there's anything you require.

Regards,

Tim Smith

1. What is the e-mail mainly about?

   (A) A problem that must be solved
   (B) The importance of a business deal
   (C) A meeting that was just held
   (D) Preparations for a business trip

2. Who most likely is Mr. Yamaha?

   (A) A colleague of Mr. Beverly's
   (B) A client
   (C) A travel agent
   (D) An intern

3. What does Mr. Smith request that Mr. Beverly do?

   (A) Take a colleague on a trip
   (B) Call Mr. Yamaha at once
   (C) Renew his passport
   (D) Provide him with daily updates

4. What is NOT mentioned about Betty?

   (A) She works in the Personnel Department.
   (B) She will handle the airplane booking.
   (C) She will drive Mr. Beverly to the airport.
   (D) She will provide Mr. Beverly with a credit card.

수신: Daniel Beverly 〈dbeverly@karter.com〉
발신: 〈timsmith@karter.com〉
제목: Yamaha 씨
날짜: 8월 19일

친애하는 Beverly 씨께,

저는 Yamada 씨의 회사에서 한 주문과 관련해서 그와 전화로 이야기를 나누었습니다. 듣자 하니 지난 주에 우리가 그에게 보낸 첫 번째 물품들에 대해 그가 불만을 가지고 있는 것 같더군요. 그에 의하면 우리가 정확히 지시받은 대로 제품을 제작하지 못했다고 합니다.

그는 당장 우리 회사의 책임자와 만나고 싶어합니다. 그러니 가능한 빨리 당신이 오사카로 가야 할 것 같습니다. 오늘밤 11시 5분에 출발하는 비행기편이 있으니 그것을 타셔야 할 것입니다. 그러면 주말이 시작되기 전에 일본에 도착해서 Yamaha 씨를 만날 수 있을 것입니다.

바쁠 것이기 때문에 당신 사무실의 누군가가 당신과 동행해서 보조 역할을 해야 할 것입니다. 일본어를 할 수 있는 사람이 없다고 알고 있으므로 당신이 생각하기에 가장 일을 잘 할 것 같은 사람을 선택하면 됩니다. 하지만 그 사람이 유효한 여권을 가지고 있는지는 확인해야 할 것입니다. 두 사람 모두 비즈니스 좌석을 이용하실 수 있습니다. 일주일 치로 충분한 옷을 챙기십시오. 인사부의 Betty가 호텔과 렌터카를 예약해 드릴 것이며 누가 갈 것인지 결정된 후에는 비행기 표도 예매해 드릴 것입니다. 또한 회사의 법인 카드도 지급해 드릴 것입니다.

매우 심각한 상황이니 가능한 원만하게 이번 문제를 해결해 주시기 바랍니다. 필요한 것이 있으면 무엇이던 알려 주십시오.

Tim Smith 드림

batch 한 회분 **precisely** 정확하게 **representative** 대표 **accompany** 동반하다, 수반하다 **assistant** 조수 **valid** 유효한 **passport** 여권 **issue** 발급하다, 발행하다 **at stake** 위태로운 **smoothly** 부드럽게, 순조롭게

---

1. 이메일은 주로 무엇에 관한 것인가?
   (A) 해결해야 할 문제
   (B) 사업상 거래의 중요성
   (C) 조금 전에 열렸던 회의
   (D) 출장 준비

이메일 작성자인 Smith 씨는 Beverly 씨에게 주문품에 불만을 가지고 있는 고객을 만나기 위해 '오사카로 빨리 갈 것'(So you need to get to Osaka as fast as possible.)을 지시한 후, 오사카 출장과 관련된 여러 가지 사항들을 알려 주고 있다. 따라서 (D)가 정답이다.

2. Yamaha 씨는 누구인 것 같은가?
   (A) Beverly 씨의 동료 직원
   (B) 고객
   (C) 여행사 직원
   (D) 인턴 사원

첫 번째 단락의 첫 문장 'I spoke on the phone with Mr. Yamaha regarding the order his company made.'에서 Yamaha 씨는 주문처의 직원일 것으로 짐작할 수 있다. 따라서 (B)가 정답이다.

3. Smith 씨는 Beverly 씨에게 무엇을 하라고 요청하는가?
   (A) 동료 직원을 데리고 출장을 간다
   (B) Yamaha 씨에게 즉시 전화한다
   (C) 여권을 갱신한다
   (D) 일일 보고를 한다

이메일의 세 번째 단락에서 Smith 씨는 Beverly 씨의 출장에 보조 역할을 할 직원이 동행해야 할 것 같다고 언급한 후, '가장 일을 잘할 것으로 생각되는 사람을 선택하라'(so just choose whoever you believe will do the best job)고 요청한다. 따라서 보기 중 Smith 씨의 요청 사항은 (A)로 볼 수 있다.

4. Betty에 대해 언급되지 않은 것은 무엇인가?
   (A) 인사부에서 일한다.
   (B) 항공편을 예약해 줄 것이다.
   (C) Beverly 씨를 차로 공항까지 데려다 줄 것이다.
   (D) Beverly 씨에게 신용 카드를 줄 것이다.

세 번째 단락 후반부를 살펴보면 그녀는 '인사부'(HR)에서 일을 하고, '호텔 및 렌터카를 예약해 줄 것'(will make your hotel and rental car arrangements)이며, '비행기표 또한 예매해 줄 것'(she'll also reserve the plane tickets)이라는 점을 알 수 있다. 따라서 위에서 언급되지 않은 사항인 (C)가 정답이다.

지문을 읽고 문제에 답하시오.

[1-4]

MEMO

To: All Staff
From: Sheila Waverly, HR Director
Subject: Trash and Recycling

Date: March 27

It has been brought to my attention that numerous individuals are failing to place garbage and recyclable items in the proper receptacles. On several occasions, members of the cleaning staff have found bottles, cans, paper, and other similar items in the trash cans rather than in the recycling bins.

Please do your best to remedy this situation. MLP Consulting is a member of the city's eco-team, which means that we attempt to recycle as much as we can. That is why there are recycling bins in several places throughout the facility. The blue bins are for paper products, the yellow bins are for glass items, the red bins are for metals, and the green bins are for plastic items. The black trash cans are for items, including food waste, that cannot be recycled.

While participation in the recycling effort is voluntary, we urge all employees always to place items in the proper containers. Doing so will help us protect the environment and make our city a cleaner place.

Anyone with questions regarding what can and cannot be recycled should speak with Del Patterson in the Maintenance Department. He can be found in room 109 and reached at extension 20.

1 What problem does the memo mention?

(A) Employees are putting the wrong items in garbage cans.

(B) The staff is failing to empty the recycling bins on time.

(C) Only a few people have volunteered to join the eco-team.

(D) There are bad smells coming from some of the trash cans.

2 In paragraph 2, line 1, the word "remedy" is closest in meaning to

(A) heal

(B) publicize

(C) fix

(D) approach

3 What are employees advised to do?

(A) Put their food waste into the yellow bins

(B) Register to become members of the city's eco-team

(C) Place items they are disposing in the proper containers

(D) Volunteer to participate in the company's cleanup efforts

4 Who most likely would visit Mr. Patterson in his office?

(A) A person who wants to know what to recycle

(B) A person who is looking to change departments

(C) A person who has a suggestion regarding recycling

(D) A person who needs to have a new ID card made

fail to ~하는데 실패하다, ~하지 못하다
recyclable 재활용을 할 수 있는
receptacle 용기, 함
recycling bin 재활용품 분리 수거함
remedy 고치다, 바로잡다, 해결하다
metal 금속
participation 참여
voluntary 자발적인
urge 권고하다, 촉구하다
container 용기
reach 도달하다; (연락이) 닿다

dispose 처분하다
cleanup 청소, 정화

heal 치료하다
publicize 홍보하다
approach 접근하다

look to ~을 기대하다

PART **7**

Type **08** 요구 사항

To:	Crystal Peters
From:	Henry Dorman
Subject:	Recent Applicants
Date:	February 19

Crystal,

I've been reviewing the recent batch of applications we received in the mail during the past week. Overall, I must admit I'm terribly unimpressed. While there are two candidates out of sixty-eight who are promising, most applicants fail even to meet the most basic requirements of the three positions we're presently advertising.

This has been a problem the last three hiring cycles. We simply are not attracting quality candidates for any positions. I'm rather confused as to why this is the case. After all, we're one of the best-known employers in the region, we have a reputation for being a good place to work, and we pay salaries and provide benefits which are better than average.

I wonder if you have any ideas. I am also curious if you know how we can solve this problem. We already advertise in every prominent trade magazine. We also place advertisements both online and in newspapers, two of which have a national circulation. So we should be seeing better results. I'd love to get together in your office to discuss this matter in more detail.

Regards,

Henry

---

overall 전체적으로
unimpressed 감명받지 않은
promising 전도 유망한
cycle 순환; 순환하다
attract 끌다, 유인하다
confused 당황한, 혼란스러운
as to ~에 대해
reputation 평판, 명성
average 평균
curious 궁금한, 호기심이 있는
prominent 저명한
trade magazine 업계지
circulation 순환, 유통

5 What is indicated about Mr. Dorman's company?

(A) It is not a particularly well-known establishment.

(B) It is a leader in the manufacturing industry.

(C) It was founded more than two decades ago.

(D) It has three jobs it needs employees for.

found 세우다, 설립하다

6 Why is Mr. Dorman confused?

(A) The company refused to hire more people this year.

(B) He expects more qualified people to apply for jobs.

(C) His company's reputation has been decreasing.

(D) Job applicants are not pleased with the suggested salaries.

7 Which method of advertising is NOT mentioned?

(A) Buying ads in newspapers

(B) Running commercials on television

(C) Purchasing advertisements on the Internet

(D) Putting ads in magazines

commercial (상업) 광고

8 What would Mr. Dorman prefer to do?

(A) Meet Ms. Peters in person

(B) Conduct an employee survey

(C) Increase salaries and benefits

(D) Hire a new assistant

정답 및 해설 p.39

Type 09 신원

신원을 묻는 문제는 글쓴이의 신원을 묻는 문제와 지문을 읽게 될 사람의 신원을 묻는 문제로 나눌 수 있다. 보기들은 보통 직업이나 부서를 지칭하는 경우가 많으며, 정답의 단서는 글쓴이와 대상과의 관계를 짐작할 수 있는 표현들, 예컨대 글쓴이가 대상들을 부르는 호칭 등에서 드러날 수 있다.

풀이 전략

1 글쓴이와 글을 읽을 사람들의 관계가 드러나는 부분에 유의한다. 정답의 단서가 특정 부분에 집중되어 있지 않고 여러 곳에 흩어져 있는 경우에는 지문의 전반적인 흐름을 파악해서 신원을 확인해야 한다.

2 호칭이나 직업 또는 부서명 등이 거론되는 부분에서 정답의 단서를 찾을 수 있다.

글쓴이의 신원

- Where does Ms. Peters most likely work?　　　　　　　Peters 씨는 어디에서 일하는 것 같은가?
- What type of industry do the writers most likely work in?　글쓴이들은 어떤 업계에서 일하는 것 같은가?

지문을 읽게 될 사람의 신원

- Who most likely are the recipients of the e-mail?　　이메일의 수신자들은 누구인 것 같은가?
- For whom is the notice intended?　　　　　　　　　공지는 누구를 대상으로 한 것인가?
- Who are the instructions for?　　　　　　　　　　안내의 대상은 누구인가?

예제　**Questions 1-4** refer to the following online chat discussion.

Jerome Clay [3:30 P.M.]	How are the preparations going so far? Tonight's our opening night for the spring schedule, so we need everything to run smoothly.
Ursula Williamson [3:32 P.M.]	Everything is fine with the stage. I just tested the curtains. They weren't closing properly yesterday, but we've got everything under control now.
Susan Marino [3:33 P.M.]	The props are in perfect condition. They're set up and ready to be moved onto the stage at the proper times.
Jerome Clay [3:33 P.M.]	Well done, Ursula.
Jerome Clay [3:34 P.M.]	Thanks, Susan.
Horace Trudeau [3:35 P.M.]	A couple of the lights that focus on the stage have burned out. I just checked the storage room, and we don't have any replacements in stock. It's too late to order anything.
Jerome Clay [3:36 P.M.]	The local hardware store sells the ones we use, right? Why don't you run down there and buy a few? There's still time to do that.
Horace Trudeau [3:37 P.M.]	I'm going to be busy setting up and checking the rest of the lights right up until showtime.
Susan Marino [3:38 P.M.]	I'll take care of it. Just let me know what exactly I need to get.
Horace Trudeau [3:39 P.M.]	Okay. Meet me in the lobby in five minutes.

	Send

1. Where do the writers most likely work?

   (A) At a stadium
   (B) At a theater
   (C) At a gymnasium
   (D) At a school

2. At 3:32 P.M., what does Ms. Williamson mean when she writes, "We've got everything under control now"?

   (A) The curtains are able to close now.
   (B) She solved the problem herself.
   (C) Everyone has already reported to work.
   (D) The necessary replacements arrived.

3. What problem does Mr. Trudeau mention?

   (A) Not enough tickets have been sold.
   (B) Some lights are not working anymore.
   (C) He cannot upgrade some equipment.
   (D) A few of his tools have disappeared.

4. What does Ms. Marino offer to do?

   (A) Work with Ms. Williamson
   (B) Purchase some needed items
   (C) Get some snacks for everyone
   (D) Do some work in the lobby

Jerome Clay [3:30 P.M.]
현재 준비 상태는 어떤가요? 오늘밤에 봄의 첫 공연이 시작되기 때문에 모든 일이 원활하게 진행되어야 해요.

Ursula Williamson [3:32 P.M.]
무대와 관련해서는 모든 점이 괜찮아요. 제가 조금 전에 커튼을 테스트해 보았어요. 어제는 잘 닫히지 않았지만 지금은 모든 것이 잘 작동하고 있죠.

Susan Marino [3:33 P.M.]
소품들도 상태가 완벽해요. 준비가 다 되었고 적절한 때에 무대로 올릴 준비가 되어 있어요.

Jerome Clay [3:33 P.M.]
잘 했어요, Ursula.

Jerome Clay [3:34 P.M.]
고마워요, Susan.

Horace Trudeau [3:35 P.M.]
무대를 비추는 두 개의 조명이 나갔어요. 창고를 확인해 보았는데 대체할 수 있는 것이 없더군요. 주문을 하기에는 시간이 너무 늦었고요.

Jerome Clay [3:36 P.M.]
인근 철물점에서 우리가 사용하는 것을 판매하지 않나요, 그렇죠? 그곳으로 가서 몇 개 사는 것이 어때요? 그럴 수 있는 시간은 아직 있잖아요.

Horace Trudeau [3:37 P.M.]
저는 공연 시간 전까지 나머지 조명들을 설치하고 작동 여부를 확인해야 해서 바쁠 거예요.

Susan Marino [3:38 P.M.]
제가 처리할게요. 정확히 어디로 가면 되는지 알려 주세요.

Horace Trudeau [3:39 P.M.]
좋아요. 5분 후에 로비에서 만나죠.

so far 지금까지   **under control** 통제가 되는, 제어가 되는   **prop** 소품   **burn out** 타다, 태우다   **replacement** 대체(품)   **in stock** 재고가 있는   **hardware store** 철물점   **showtime** 공연 시작 시간

---

1. 글쓴이들은 어디에서 일하는 것 같은가?
(A) 경기장
(B) 극장
(C) 체육관
(D) 학교

stage(무대), props(소품), the lights that focus on the stage(무대를 비추는 조명), showtime(공연 시간) 등과 같은 표현으로 미루어 볼 때 글쓴이들은 연극이나 공연을 준비하는 사람들일 것이다. 따라서 (B)가 정답이다.

2. 오후 3시 32분에 Williamson 씨가 "We've got everything under control now"라고 쓸 때 그녀는 무엇을 의미하는가?
(A) 커튼이 현재 닫힌다.
(B) 그녀 자신이 문제를 해결했다.
(C) 모든 사람이 이미 출근을 했다.
(D) 필요한 대체품이 도착했다.

어제는 '제대로 커튼이 닫히지 않았지만'(they weren't closing properly yesterday) 지금은 작동이 잘 된다는 의미를 전달하고 있으므로 주어진 문장의 의미는 (A)로 볼 수 있다.

report to work 출근하다

3. Trudeau 씨는 어떤 문제를 언급하는가?
(A) 표가 충분히 팔리지 않았다.
(B) 일부 조명이 더 이상 작동하지 않는다.
(C) 일부 장비들을 업그레이드시킬 수 없다.
(D) 몇몇 도구들이 사라졌다.

Trudeau 씨는 'A couple of the lights that focus on the stage have burned out.'이라고 말하면서 조명에 문제가 있음을 알리고 있다. 따라서 그가 언급한 문제는 (B)이다.

4. Marino 씨는 무엇을 하겠다고 제안하는가?
(A) Williamson 씨와 함께 일한다
(B) 필요한 물품을 구입한다
(C) 모두에게 간식을 가져다 준다
(D) 로비에서 작업을 한다

바빠서 조명을 사올 수 없다는 Clay 씨의 말을 듣고 Marino 씨는 3시 38분에 'I'll take care of it. Just let me know what exactly I need to get.'이라고 말한다. 여기에서 it이 가리키는 것은 조명을 사오는 일이므로 조명을 some needed items로 바꾸어 쓴 (B)가 정답이다.

지문을 읽고 문제에 답하시오.

[1-4]

Notice from the Coastal Hotel

The Coastal Hotel, located along Caraway Bay in the city of Rochester, will be undergoing extensive renovations starting on October 1. For the next six months, the guest rooms, dining facilities, business center, and indoor gym will all be upgraded. The Coastal Hotel is currently seeking contractors who are able to work on this project. Interested firms should apply directly to Andrew Cotton by calling him at 487-3827 to set up a personal interview. Those firms which pass the first interview will then be shown the plans for the renovations. Afterward, they can make their suggestions and also make bids on the parts of the project they wish to work on. All first interviews will be completed by March 31, and the final decisions on contractors will be made by August 1. Individuals who become involved in this project, including viewing the renovation plans, must sign a nondisclosure agreement, or they will not be permitted to work at the hotel.

renovation
혁신; 수리, 수선
contractor
도급업자, 도급업체
directly 바로, 직접
personal interview
개별 면접
bid 입찰
involve 연루시키다,
관여하다
include 포함하다
nondisclosure
agreement
기밀 유지 협약(서)

1   For whom is the notice intended?

(A) Hotel guests
(B) Construction workers
(C) Hotel employees
(D) Suppliers

2   What is indicated about the Coastal Hotel?

(A) It plans to build a new restaurant.
(B) It is the largest hotel in Rochester.
(C) It has an indoor sports facility.
(D) It will be undergoing its second reconstruction.

3   How should people get in contact with Mr. Cotton?

(A) By speaking with his secretary
(B) By sending him an e-mail
(C) By visiting the Coastal Hotel in person
(D) By placing a telephone call

4   What will happen between March 31 and August 1?

(A) Contracts will be signed.
(B) First interviews will be conducted.
(C) Work on a project will begin.
(D) Blueprints will be shown to people.

reconstruction 복원

PART 7

Type 09 신설

Kate Jackson   10:41 A.M.
Everything has been approved. We'll be renting a booth at the event in London next month.

Jerry Weaver   10:42 A.M.
That's wonderful news, Kate. Do you know who will be manning it?

Trisha Bond   10:43 A.M.
I did that at my previous job and enjoyed the experience.

Kate Jackson   10:44 A.M.
I'll make my final decision next week. Just let me know if you're interested.

Kate Jackson   10:45 A.M.
Thanks, Trisha. I'll take that into consideration.

Gordon Harris   10:47 A.M.]
What kinds of promotional materials do we intend to provide to interested individuals? We really want to attract the best college students to take low-level positions here. We need more junior editors with outstanding skills.

Kate Jackson   10:48 A.M.
I'll be holding a brainstorming session this Thursday, and all of you are invited. I'll make sure that a few others from the Marketing Department also attend. We'll cover everything we need to discuss then.

Trisha Bond   10:49 A.M.
I'll be out of the office all day. How about rescheduling it for Friday?

Kate Jackson   10:50 A.M.
That's fine. We'll meet from one in the afternoon until it's time to go home.

Send

booth 부스
man ~에서 일하다;
인원을 배치하다
take ~ into consideration
~을 고려하다
outstanding 뛰어난
reschedule
일정을 재조정하다

5   What industry do the writers most likely work in?

(A) Publishing
(B) Biomedical
(C) Manufacturing
(D) Textiles

6   At 10:43 A.M., what does Ms. Bond suggest when she writes, "I did that at my previous job and enjoyed the experience"?

(A) She has more experience than Mr. Weaver.
(B) She is willing to attend an event.
(C) She likes her new position.
(D) She can lead a meeting on a specific topic.

7   What does Mr. Harris ask about?

(A) Where an event will take place
(B) How many people will be hired
(C) How some marketing will be done
(D) Where advertising will be placed

8   What does Ms. Jackson agree to do?

(A) Change the day of a meeting
(B) Get in touch with some clients
(C) Hire more employees soon
(D) Invite some people to a luncheon

정답 및 해설 p.40

이후에 할 일을 할 일을 문제는 특정 인물이 추후에 하게 될 일을 묻는 문제로, 정답의 단서는 거의 항상 지문의 후반부에서 찾을 수 있다.

풀이 전략

1 지문 후반부에서 질문에서 언급된 인물이 추후에 무엇을 하고자 하는지 파악한다. 특정 시점에 이루어질 일이 무엇인지 묻는 경우에는 질문의 시점이 언급된 부분에서 정답의 단서를 찾도록 한다.

2 질문상의 인물이 아닌 다른 사람이 할 일이나 상대적으로 먼 미래에 일어날 일을 언급하는 보기는 거의 대부분 함정이다.

예시 질문

- What does Ms. Hilton agree to do?   Hilton 씨는 무엇을 하는 것에 동의하는가?
- What will Mr. Worthy probably do in the evening?   Worthy 씨는 저녁에 아마도 무엇을 할 것인가?
- What will Ms. Cornell do next?   Cornell 씨는 이다음에 무엇을 할 것인가?
- What does Mr. Carrier indicate he will do?   Carrier 씨는 자신이 무엇을 하겠다고 암시하는가?

예제 **Questions 1-4** refer to the following e-mail.

To: Todd Garner <tgarner@wdk.com>
From: Rachel Smith <rachel_smith@wdk.com>
Subject: Your Request
Date: November 17
Attachment: plan_1

Dear Mr. Garner,

After a week of intense research, I have reached a decision regarding the instructions you gave me. I'd like to share with you the type of orientation session I believe we at WDK, Inc. should run.

While conducting research, I analyzed several programs run by companies considered highly successful. I decided it would be prudent to utilize many of their methods. As a result, I believe it's vital to have our CEO give an introductory speech to the newcomers from now on. It will make them feel welcome and will give them the opportunity to meet the boss on their first day.

I also think we need to have Glenda Pierson give the talk on salaries, benefits, and other aspects of the job to the new employees. Having the leader of the HR Department speak will look better than having a low-level employee do it.

Finally, we should bring in some outside experts to train everyone how to use the intranet system and to show them how to conduct themselves in a professional manner. Prior orientation sessions were halfhearted efforts that provided little useful information. Should we use my suggestions, we can fully integrate newcomers and have them ready to work after their first day.

I've attached a copy of the plan I wrote. I'd love to set up a meeting to discuss it in detail. I'll be leaving for Spain tomorrow, so it's ideal to speak today.

Regards,

Rachel Smith

1. What is the main purpose of the e-mail?

    (A) To outline a proposal
    (B) To review some recent changes
    (C) To ask for permission
    (D) To rate a training program

2. Who is Ms. Pierson?

    (A) The CEO of WDK, Inc.
    (B) The head of the HR Department
    (C) An outside expert
    (D) Ms. Smith's direct supervisor

3. What does Ms. Smith NOT suggest doing?

    (A) Hiring consultants from other companies
    (B) Having the CEO give a welcome speech
    (C) Using low-level employees at orientation
    (D) Preparing employees for work on their first day

4. What will Ms. Smith probably do later in the day?

    (A) Meet Mr. Garner in person
    (B) Go to the airport
    (C) Make some copies
    (D) Give a presentation to the CEO

해 석

수신: Todd Garner ⟨tgarner@wdk.com⟩
발신: Rachel Smith ⟨rachel_smith@wdk.com⟩
제목: 요청 사항
날짜: 11월 17일
첨부: plan_1

친애하는 Garner 씨께,

일주일 간의 집중적인 조사 끝에 저는 당신이 내린 지시 사항과 관련해서 한 가지 결론에 도달하게 되었습니다. 우리 WDK 주식회사에서 진행되어야 한다고 생각되는 오리엔테이션의 유형에 관해 당신과 생각을 공유하자 합니다.

조사를 실시하는 동안 저는 매우 성공적인 곳으로 간주되는 기업에서 운영하는 몇몇 프로그램들을 분석했습니다. 저는 그들의 여러 가지 방법들을 활용하는 것이 현명할 것이라는 결론을 내렸습니다. 따라서 지금부터는 저희 대표 이사님께서 신입 사원들을 대상으로 소개 연설을 하는 것이 중요하다고 생각합니다. 그렇게 하면 그들이 환영받는다는 느낌을 받을 수 있고, 근무 첫날에 사장님을 만날 수 있는 기회를 얻게 될 것입니다.

또한 신입 사원들에게 급여, 수당, 그리고 일자리와 관련된 기타 사항들은 Glenda Pierson이 이야기해야 한다고 생각합니다. 인사부의 부장이 이야기를 하는 것이 직급이 낮은 직원에게 그 일을 시키는 것보다 더 좋게 보일 것입니다.

마지막으로 인트라넷 사용법을 교육시키고 전문가다운 방식으로 행동하는 법을 알려 주기 위해서는 외부 전문가를 초빙해야 할 것입니다. 이전 오리엔테이션은 형식적인 것이어서 유용한 정보를 거의 제공해 주지 못했습니다. 제 제안을 따른다면 신입 사원들을 완전히 적응시켜서 근무 첫날 이후에는 그들이 업무를 시작할 준비가 끝나 있을 것입니다.

제가 작성한 계획안의 사본을 첨부해 드립니다. 회의 일정을 정해서 상세히 논의하면 좋겠습니다. 제가 내일 스페인으로 떠날 예정이기 때문에 오늘 이야기하는 가장 좋을 것 같습니다.

Rachel Smith 드림

intense 강렬한, 집중적인 **prudent** 신중한, 현명한 **vital** 매우 중요한 **introductory speech** 소개 연설
from now on 지금부터 **aspect** 측면 **halfhearted** 냉담한, 열성적이지 않은 **integrate** 통합시키다

해 설

1. 이메일의 주된 목적은 무엇인가?
   (A) 제안 사항을 알리기 위해
   (B) 최근의 변경 사항을 검토하기 위해
   (C) 허가를 요청하기 위해
   (D) 교육 프로그램을 평가하기 위해

이메일의 첫 단락에서 발신자인 Smith 씨는 WDK 주식회사에서 운영해야 하는 오리엔테이션의 유형에 대한 자신의 생각을 공유하고 싶다고 말한 후, 바람직한 오리엔테이션의 조건에 대해 이야기한다. 따라서 이메일을 작성한 목적은 (A)로 볼 수 있다.

outline 개요를 작성하다 **rate** 평가하다

2. Pierson 씨는 누구인가?
   (A) WDK 주식 회사의 대표 이사
   (B) 인사부 부장
   (C) 외부 전문가
   (D) Smith 씨의 직속 상사

Glenda Pierson이라는 이름은 세 번째 단락에서 찾을 수 있는데, 여기에서 그는 the leader of the HR Department로 소개되어 있다. 따라서 leader를 head로 바꾸어 쓴 (B)가 정답이다.

3. Smith 씨가 제안하지 않은 것은 무엇인가?
   (A) 다른 업체의 컨설턴트를 고용한다
   (B) 대표 이사로 하여금 환영 연설을 하도록 한다
   (C) 오리엔테이션에 직위가 낮은 직원들을 참여시킨다
   (D) 근무 첫날에 직원들에게 일할 준비를 시킨다

Smith 씨는 인트라넷 사용법 등의 교육을 위해 '외부 전문가를 초빙해야 한다'고 했으므로 (A)는 제안한 사항이며, '대표 이사가 소개 연설을 해야 한다'는 말을 통해 (B) 또한 제안 사항임을 알수 있다. 자신의 제안을 따른다면 직원들이 '근무 첫날 이후에 일할 준비가 되어 있을 것'이라고 지적한 점에서 (D)의 내용도 확인이 가능하나, (C)는 오히려 Smith 씨가 지양하자고 한 점이다.

4. Smith 씨는 이후에 무엇을 할 것 같은가?
   (A) Garner 씨와 만난다
   (B) 공항으로 간다
   (C) 복사를 한다
   (D) 대표 이사에게 발표를 한다

이메일의 마지막 부분에서 Smith 씨는 오리엔테이션의 개선 방향에 대해 직접 만나 논의하고 싶다는 의향을 밝힌 후, 내일은 스페인으로 떠나니 '오늘 이야기를 하면 좋겠다'(it's ideal to speak today)고 언급한다. 따라서 Smith 씨가 하게 될 일은 (A)일 것이다.

지문을 읽고 문제에 답하시오.

[1-4]

To: All Staff
From: Chris Morrison
Subject: Annual Lecture Series
Date: April 26

It's time to start thinking about our annual lecture series. For the past nine years, it's been one of the most popular educational programs we've hosted here at the Jefferson Public Library. We've had a wide range of speakers from various walks of life come to give talks, and the audiences have almost always been satisfied.

This year's program is scheduled to run from August to December. We're planning to have eight different talks. If you want to see the exact dates, ask me, and I'll fill you in. The theme of this year's lecture series is "The Future: Where Are We Going?" That was the most popular topic our patrons mentioned as wanting to learn about this year, so we're going to give them what they asked for.

I'd love to hear suggestions about whom we should invite from everyone. Feel free to share your ideas with me. Just remember that we have a limited budget, so we can't afford to get big-name speakers such as famous authors, politicians, or celebrities. Let's try to keep it local, but if you are aware of someone from out of state who would be a good speaker, I'd be willing to consider that individual. All suggestions should be made before the month ends.

educational 교육적인
host 주최하다, 개최하다
a wide range of 다양한
walks of life 신분, 지위
fill in ~에게 정보를 주다
theme 주제, 테마
patron 후원자; (도서관 등의) 이용객
share 공유하다
big-name 유명한
celebrity 유명 인사

1 What is suggested about the lecture series?

(A) It has lasted for more than a decade.

(B) A few of its speakers were not well received.

(C) People attending it must pay an admission fee.

(D) Its popularity has increased every year.

2 How was the theme of the lecture series most likely decided?

(A) By conducting a survey of users

(B) By choosing it at a meeting

(C) By getting input from librarians

(D) By having the head of the library decide

3 What types of speakers does Mr. Morrison want?

(A) Those living close to the library

(B) People who are well known

(C) Politicians from out of state

(D) Famous authors and celebrities

4 What should the employees do in April?

(A) Help promote the lecture series to patrons

(B) Make recommendations for speakers

(C) Get in touch with famous celebrities

(D) Review lecture series at other libraries

well-received 평판이 좋은
admission fee 입장료

get input from ~로부터 조언을 받다

127

2중 지문 I

두 개 이상의 복수 지문이 등장하더라도 정답을 찾는 방식은 단수 지문이 등장하는 경우와 크게 다를 바 없다. 다만 지문들의 연관성을 이해해야 정답을 찾을 수 있는 문제가 출제되기 때문에 각 지문들이 어떻게 연결되는지를 유심히 살펴야 한다.

예제   **Questions 1-5** refer to the following e-mail and memo.

To: Elaine Powell, Simon Walters, Peter Saks, Marsha Greene
From: Edgar Forrest
Subject: Interns
Date: May 1

Everyone,

You should have received notices of acceptance from the interns who were offered summer positions here by now. I need to know the name of each person who will be working here so that I can begin preparations for their arrival on June 3.

Please forward me their names no later than 3:00 P.M. this Friday. I also need to know how you intend to use the interns in your department. Just as a reminder, each intern should be assigned a mentor with whom he or she will work closely. The mentor will be responsible for watching over the intern, providing instruction, and assigning tasks. However, other employees may request that interns do work and assign them small jobs as well.

If you don't have anyone in your department willing to be a mentor, please let me know so that I can select someone to do the job.

Regards,

Edgar Forrest
Manager, HR Department

To: All Departmental Heads
From: Edgar Forrest
Subject: Intern Assignments
Date: May 11

The following individuals have accepted our offer to serve as interns this summer until August 28.

Intern	Department	Mentor
Fred Cole	Accounting	Gary Blair
Isis Gamel	Sales	Alisson Hyatt
Derrick Peters	Marketing	Harvey Grove
Orlando West	Marketing	Sid Walters
Ray Mercer	R&D	Pierre Renaud

The interns will start their first day of work with an orientation session which will last the entire workday. After that, they will report to their departments daily to conduct their duties. Should there be any problems with the interns, their mentors should attempt to solve them. If that is not possible, the mentors need to report to me at once so that I can handle the situation.

Interns should be presented with a desk as well as a company-issued laptop. Under no circumstances should the laptops be removed from the facility.

1. What is the main purpose of the e-mail?

   (A) To remind employees to request interns
   (B) To mention changes to an ongoing project
   (C) To provide instructions on a future program
   (D) To ask for assistance with new employees

2. In the e-mail, what does Mr. Forrest request?

   (A) The names of all new interns
   (B) Special requirements for new interns
   (C) Salary demands by new interns
   (D) Tasks assigned to new interns

3. In the memo, what is suggested about Mr. Walters?

   (A) He has worked with interns in the past.
   (B) He works in the Marketing Department.
   (C) He is the head of his department.
   (D) He once worked as an intern for Mr. Forrest.

4. What is scheduled to happen on June 3?

   (A) An orientation session will be held.
   (B) Acceptance letters will be mailed.
   (C) Information packets will be printed.
   (D) Preparations for new arrivals will be started.

5. What does Mr. Forrest mention that interns should be given?

   (A) A company vehicle
   (B) An individual office
   (C) An identification card
   (D) A computer

수신: Elaine Powell, Simon Walters, Peter Saks, Marsha Greene
발신: Edgar Forrest
제목: 인턴 사원
날짜: 5월 1일

모두에게,

지금쯤이면 이곳에서 여름 인턴 사원직을 제안받았던 사람들로부터 수락 통보를 받으셨을 것입니다. 그들이 도착하는 6월 3일에 대한 준비를 할 수 있도록, 저는 이곳에서 일할 사람들의 이름을 알아야 합니다.

늦어도 이번 주 금요일 오후 3시까지 제게 이름을 전달해 주시기 바랍니다. 또한 해당 부서에서 인턴 사원들을 어떻게 활용할 계획인지에 대해서도 알려 주셔야 합니다. 상기시켜 드리면, 각 인턴 사원들에게는 당사자와 가까이에서 일할 멘토가 배정되어야 합니다. 멘토는 인턴 사원들을 감독하고, 지도하며, 업무를 배정하는 책임을 맡게 될 것입니다. 하지만 다른 직원들도 인턴 사원에게 업무를 요청할 수 있으며 간단한 업무를 맡겨도 좋습니다.

부서에서 멘토가 되려는 사람이 없는 경우, 제가 그 일을 할 사람을 지정할 수 있도록 제게 알려 주시기 바랍니다.

Edgar Forrest 드림
인사부장

acceptance 수락, 승인   **so that ~ can** ~하기 위하여   **no later than** 늦어도 ~까지   **as a reminder** 상기시키자면   **assign** 배정하다, 할당하다   **be responsible for** ~을 책임지다

해석

수신: 모든 부서장들
발신: Edgar Forrest
제목: 인턴 사원 배정
날짜: 5월 11일

다음 사람들은 8월 28일까지의 올해 여름 인턴 사원직 제의를 수락한 사람들입니다.

인턴	부서	멘토
Fred Cole	회계부	Gary Blair
Isis Gamel	영업부	Alisson Hyatt
Derrick Peters	마케팅부	Harvey Grove
Orlando West	마케팅부	Sid Walters
Ray Mercer	연구개발부	Pierre Renaud

인턴 사원들은 하루 종일 진행될 예정인 오리엔테이션으로 근무 첫날을 보내게 될 것입니다. 그 후에는 매일 부서에 보고를 하면서 업무를 수행하게 될 것입니다. 인턴 사원에게 문제가 생기는 경우, 멘토들이 문제를 해결하려고 노력해야 합니다. 이것이 불가능한 경우에는 제가 상황을 처리할 수 있도록 멘토들이 즉시 제게 보고를 해야 합니다.

인턴 사원에게는 책상이 배정되어야 하며 회사가 제공하는 노트북 또한 배정되어야 합니다. 어떤 경우라도 노트북 컴퓨터를 외부로 반출해서는 안 됩니다.

conduct 수행하다   **duty** 임무, 업무   **handle** 다루다, 처리하다   **as well as** ~뿐만 아니라
company-issued 회사에서 발급한   **under no circumstances** 어떤 경우라도 ~해서는 안 된다

1. 이메일의 주된 목적은 무엇인가?
(A) 직원들에게 인턴 사원을 요청하라는 점을 상기시키기 위해
(B) 현재 진행 중인 프로젝트의 변경 사항을 언급하기 위해
(C) 차후 프로그램에 대한 지시를 내리기 위해
(D) 신입 직원들에 관한 도움을 요청하기 위해

이메일의 수신자들에게 곧 출근하게 될 인턴 사원들의 명단 및 인턴 사원의 활용 계획 등을 요청하고 있다. 따라서 이메일의 작성 목적은 interns를 new employees로 바꾸어 쓴 (D)이다.

2. 이메일에서 Forrest 씨는 무엇을 요청하는가?
(A) 새 인턴 사원들의 전체 명단
(B) 새 인턴 사원들에 대한 특별 요구 사항
(C) 새 인턴 사원들이 요구하는 급여
(D) 새 인턴들에게 배정된 업무

이메일 작성자인 Forrest 씨는 이메일의 두 번째 단락에서 앞으로 오게 될 '인턴 사원들을 이름을 알려 줄 것'(forward me their names)과 '인턴 사원의 활용 방안'(how you intend to use the interns)을 자신에게 알려 줄 것을 요청하고 있다. 따라서 정답은 이들 중 전자를 가리키고 있는 (A)이다.

3. 회람에서 Walters 씨에 대해 암시되어 있는 것은 무엇인가?
(A) 그는 전에 인턴 사원과 함께 일을 했다.
(B) 그는 마케팅부에서 일한다.
(C) 그는 부서장이다.
(D) 그는 한때 인턴 사원으로서 Forrest 씨를 위해 일을 했다.

두 번째 지문인 회람에서 Walters라는 성은 표의 Mentor 항목 중 네 번째 줄에서 찾을 수 있다. 표를 통해 Sid Walters라는 사람은 마케팅부 소속으로 Orlando West의 멘토가 될 직원임을 알 수 있으므로 (B)가 정답이다.

해설

4. 6월 3일에 어떤 일이 예정되어 있는가?
(A) 오리엔테이션이 실시될 것이다.
(B) 합격 통지서가 발송될 것이다.
(C) 자료집이 인쇄될 것이다.
(D) 새로 도착할 사람들을 위한 준비가 시작될 것이다.

두 지문의 내용을 종합적으로 살펴보아야 정답을 찾을 수 있는 문제이다. 첫 번째 지문의 첫 번째 단락에서 6월 3일은 인턴 사원들이 도착하는 날임을 알 수 있다. 한편 두 번째 지문인 회람에서 '인턴 사원들은 근무 첫 날에 하루 종일 진행될 오리엔테이션에 참가하게 될 것'(The interns will start their first day of work with an orientation session which will last the entire workday.)이라는 점을 알 수 있는데, 이 두 가지 사실을 종합하면 6월 3일은 오리엔테이션이 실시되는 날일 것이다. 따라서 (A)가 정답이다.

acceptance letter 합격 통지서 **packet** 꾸러미, 통

5. Forrest 씨는 인턴 사원들에게 무엇이 주어져야 한다고 언급하는가?
(A) 회사 차량
(B) 개인 사무실
(C) 사원증
(D) 컴퓨터

두 번째 지문인 회람의 마지막 단락에서 인턴 사원에게 배정되어야 하는 것은 desk(책상)와 laptop(노트북 컴퓨터)임을 알 수 있다. 정답은 laptop을 computer로 바꾸어 쓴 (D)이다.

알아 둡시다!

복수 지문이 제시되면 어휘의 의미를 묻는 질문이 등장할 수 있다. 어휘 문제는 단순히 주어진 단어의 뜻을 묻는 것이 아니라 문장 속에서 해당 단어가 어떤 뜻으로 사용되고 있는지를 묻는다. 따라서 주어진 단어의 뜻을 전혀 모르더라도 보기 중에서 주어진 단어와 교체되어 사용될 수 있는 어휘를 찾으면 정답을 맞출 수 있다.

지문을 읽고 문제에 답하시오.

[1-5]

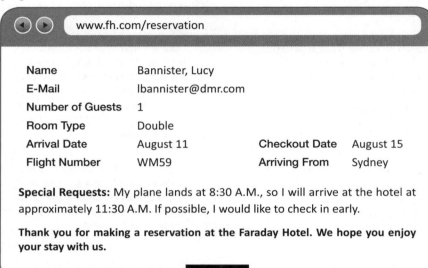

www.fh.com/reservation

Name	Bannister, Lucy
E-Mail	lbannister@dmr.com
Number of Guests	1
Room Type	Double

Arrival Date	August 11	Checkout Date	August 15
Flight Number	WM59	Arriving From	Sydney

Special Requests: My plane lands at 8:30 A.M., so I will arrive at the hotel at approximately 11:30 A.M. If possible, I would like to check in early.

Thank you for making a reservation at the Faraday Hotel. We hope you enjoy your stay with us.

SUBMIT

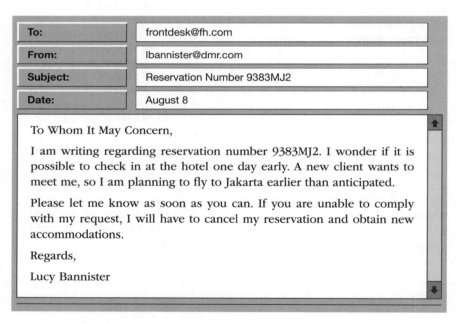

To:	frontdesk@fh.com
From:	lbannister@dmr.com
Subject:	Reservation Number 9383MJ2
Date:	August 8

To Whom It May Concern,

I am writing regarding reservation number 9383MJ2. I wonder if it is possible to check in at the hotel one day early. A new client wants to meet me, so I am planning to fly to Jakarta earlier than anticipated.

Please let me know as soon as you can. If you are unable to comply with my request, I will have to cancel my reservation and obtain new accommodations.

Regards,

Lucy Bannister

anticipate 예상하다
comply with 지키다; (요구 등에) 응하다
accommodations 숙박; 숙소

1   On the online registration form, what is indicated about Ms. Bannister?

(A) She is traveling to Sydney.

(B) She will arrive at the hotel on August 15.

(C) She is taking a train to her destination.

(D) She will stay in her room alone.

2   On the online registration form, what does Ms. Bannister request?

(A) To be allowed to check in before noon

(B) To have breakfast served in her room

(C) To get a room with an ocean view

(D) To receive shuttle bus service at the airport

3   Why did Ms. Bannister send the e-mail?

(A) To inquire about a discount

(B) To change her date of arrival

(C) To alter her room assignment

(D) To ask about a morning check-in

4   What is suggested about the Faraday Hotel?

(A) It is located in Jakarta.

(B) It offers discounts to regular guests.

(C) It was recently renovated.

(D) It permits early check-in.

5   In the e-mail, the word "obtain" in paragraph 2, line 2 is closest in meaning to

(A) purchase

(B) find

(C) deliver

(D) borrow

borrow 빌리다

정답 및 해설 p.43

이메일, 편지, 혹은 회람 등으로 복수 지문이 이루어진 경우에는 수신자와 발신자의 이름을 통해 지문들의 연관성을 짐작할 수 있다.

예제 **Questions 1-5** refer to the following letter and memo.

Mr. Vincent Drake
Sylvester Construction
485 Glendale Avenue
Springfield, IL
April 28

Dear Mr. Drake,

We received the bid to build our new factory which you placed on behalf of your company on April 25. After giving your application a quick look, it appears as though your firm will be a strong candidate. However, I regret to inform you that your application is incomplete. You mentioned in the application that your firm did some work on Wayne Tower last year. According to the instructions in the application, you need to include more detailed information about the nature of the work. Please submit this information to me no later than May 10. You may feel free to send it through the post office, or you can transmit it electronically.

Once your packet is complete, you will be notified by e-mail. After that, if you are one of the final candidates, you will be notified on May 15. You will be expected to make a formal presentation about how you plan to proceed with the project by May 30.

Please contact me at 784-6354 if you have any inquiries you wish to make.

Sincerely,

Blaine Cox

Utica Manufacturing

MEMO

To: Rosemary Davis, Horace Jordan, Ozzie Carter
From: Blaine Cox
Subject: New Factory
Date: June 5

After careful consideration, we have narrowed down the list we will use to select the firm which will construct our new factory. The following are the three finalists:

• Midway Construction
• Dynamo Construction
• Sylvester Construction

We need to meet soon to come to a final decision since construction must begin by August 1 for the facility to be operational by spring of next year. Let's meet in my office this coming Friday, June 9, at 9:00 A.M. Once we make our choice, we'll contact the winner and get to work on the final negotiations.

1. Why did Mr. Cox send the letter?
   (A) To inform Mr. Drake his application was accepted
   (B) To give an update on the Wayne Tower project
   (C) To make a request for additional information
   (D) To negotiate the terms of an agreement

2. According to the letter, what will happen on May 15?
   (A) Blueprints for a project will be confirmed.
   (B) Detailed information will be transmitted.
   (C) Candidates in a competition will be contacted.
   (D) Presentations will be given.

3. What does Mr. Cox's company plan to do?
   (A) Upgrade an assembly line
   (B) Build a new facility
   (C) Renovate its headquarters
   (D) Bid on the Wayne Tower project

4. What is suggested about Dynamo Construction?
   (A) It failed to include some required information.
   (B) It was personally selected by Mr. Carter.
   (C) It gave a presentation on May 15.
   (D) It hopes to do a project for Utica Manufacturing.

5. According to the memo, what does Mr. Cox want to do?
   (A) Select a firm to complete a project
   (B) Visit the site of a construction project
   (C) Renegotiate a contract that was just signed
   (D) Meet representatives of each company in person

Vincent Drake 귀하

Sylvester 건설

Glendale 가 485

스프링필드, 일리노이

4월 28일

친애하는 Drake 씨께,

귀하께서 귀사를 대표해 4월 25일에 제출하신 저희의 신규 공장 건설에 대한 입찰서가 접수되었습니다. 신청서를 간략히 살펴보니 귀사가 강력한 후보가 될 것 같습니다. 하지만 유감스럽게도 귀하의 신청서에 불완전한 부분이 있다는 점을 알려 드립니다. 귀하께서는 신청서에서 작년에 귀사가 Wayne 타워 공사에 참여했다고 언급하셨습니다. 신청 안내에 따르면 귀하께서는 공사의 특성에 대해 보다 자세한 정보를 포함시키셔야 합니다. 늦어도 5월 10일까지 제게 해당 자료를 제출해 주십시오. 우체국을 통해 보내셔도 좋고, 인터넷으로 보내셔도 좋습니다.

서류들이 완전히 구비되면 이메일로 통지를 받게 되실 것입니다. 그 후에는, 최종 후보 업체 중 하나로 선정되는 경우, 5월 15일에 통지를 받게 되실 것입니다. 5월 30일 전에는 어떻게 프로젝트 진행할 계획인지에 대해 정식 프리젠테이션을 하시게 될 것입니다.

질문이 있으시면 784-6354로 제게 연락을 주십시오.

Blaine Cox 드림

Utica Manufacturing

해석

bid 입찰   **on behalf of** ~을 대표하여   **as though** ~인 것처럼   **incomplete** 불완전한   **include** 포함하다
nature 특성   **transmit** 전송하다   **electronically** 컴퓨터로   **notify** 통지하다   **formal** 정식의, 공식적인
proceed 진행하다

MEMO

수신: Rosemary Davis, Horace Jordan, Ozzie Carter

발신: Blaine Cox

제목: 신규 공장

날짜: 6월 5일

면밀히 검토한 결과, 신규 공장을 건설한 회사를 선정하기 위해 후보 업체들의 리스트를 좁혔습니다. 최종 후보인 세 곳은 아래와 같습니다.

· Midway 건설
· Dynamo 건설
· Sylvester 건설

봄에 시설이 가동되기 위해서는 늦어도 8월 1일에 공사가 시작되어야 하기 때문에, 우리가 조만간 만나서 최종 결정을 내려야 합니다. 다가 오는 금요일인 6월 9일 오전 9시에 제 사무실에서 만납시다. 선정을 마친 후에는 선정 업체에 연락을 해서 최종 협상을 할 예정입니다.

narrow down (~의 범위 등을) 좁히다   **finalist** 최종 후보   **operational** 작동할 준비가 된   **negotiation** 협상

1. Cox 씨는 왜 편지를 보냈는가?

(A) Drake 씨에게 신청서가 통과되었다는 점을 알리기 위해

(B) Wayne 타워 공사에 대한 최신 소식을 알리기 위해

(C) 추가적인 정보를 요청하기 위해

(D) 계약 조건에 대한 협상을 하기 위해

편지의 초반부의 내용 중 'However, I regret to inform you that your application is incomplete.'라는 문장에서 편지를 작성한 이유를 짐작할 수 있다. 신청서에 빠진 부분, 즉 more detailed information about the nature of the work(공사의 특성에 관한 보다 상세한 자료)를 추가로 보내 달라는 요청을 하고 있으므로 Cox 씨가 편지를 작성한 이유는 (C)로 볼 수 있다.

additional 추가적인 **term** 기간; 조건

2. 편지에 의하면 5월 15일에는 어떤 일이 있을 것인가?

(A) 프로젝트 도면이 확정될 것이다.

(B) 상세한 정보가 보내질 것이다.

(C) 경쟁에 참여한 후보 업체들에게 연락이 갈 것이다.

(D) 프레젠테이션이 실시될 것이다.

편지에서 질문의 핵심 어구인 May 15가 언급된 문장은 'After that, if you are one of the final candidates, you will be notified on May 15.'이다. 이를 통해 5월 15일에는 최종 후보자들에게 통보가 이루어질 것임을 알 수 있으므로 (C)가 정답이다.

blueprint 청사진, 도면 **competition** 경쟁; 대회

3. Cox 씨의 회사는 무엇을 할 계획인가?

(A) 조립 라인을 업그레이드한다

(B) 새로운 시설을 짓는다

(C) 본사를 리모델링한다

(D) Wayne 타워 프로젝트에 입찰한다

첫 번째 지문의 the bid to build our new factory라는 표현과 두 번째 지문의 to select the firm which will construct our new factory라는 표현 등을 통해 Cox 씨 회사는 공장을 새로 지을 계획임을 알 수 있다. 따라서 factory(공장)를 facility(시설)로 바꾸어 쓴 (B)가 정답이다.

해설

4. Dynamo 건설에 대해 암시되어 있는 것은 무엇인가?

(A) 요구된 자료를 포함시키지 못했다.

(B) Carter 씨 개인에 의해 선정되었다.

(C) 5월 15일에 프레젠테이션을 했다.

(D) Utica Manufacturing의 프로젝트에 참여하고 싶어한다.

Dynamo Construction라는 명칭은 두 번째 지문에서 신규 공장을 건설할 최종 후보 업체 리스트에서 찾을 수 있다. 첫 번째 지문인 편지의 내용으로 미루어 볼 때, 이들 최종 후보들은 프로젝트 참여 신청서를 제출했을 것이므로 (D)가 추론할 수 있는 내용이다. 제출되지 않은 자료가 있다면 최종 후보가 되지 못했을 것이기 때문에 (A)는 오답이며, (B)에서 언급된 개인에 의한 후보 선정 방식은 전혀 찾아볼 수 없는 내용이다. (C)의 '5월 15일'은 프레젠테이션이 열리는 날이 아니라 최종 후보자에게 통지가 이루어지는 날이다.

fail to ~하는데 실패하다, ~하지 못하다

5. 회람에 의하면 Cox 씨는 무엇을 하고 싶어하는가?

(A) 프로젝트를 완수할 업체를 선택한다

(B) 공사 현장을 방문한다

(C) 체결된 계약에 대해 재협상을 한다

(D) 각 회사를 대표하는 사람들과 직접 만난다

회람 마지막 부분에서 Cox 씨가 원하는 것은 '만나서 최종 결정을 내리는 것'(need to meet soon to come to a final decision)인데, 여기에서의 최종 결정은 문맥상 건설사를 선정하는 일이다. 따라서 보기 중 그가 원하는 것은 (A)이다.

지문을 읽고 문제에 답하시오.

[1-5]

To: Dustin Nelson
From: Jennifer Reeves
Subject: Today
Date: March 11

Dustin,

The software we use to assign deliveries to everyone has a virus, which has resulted in us shutting it down until Tom Parker has enough time to figure out what's going on and solves the problem. As a result, I'm sending out assignments by e-mail today. These are the deliveries you need to make:

Address	Contact Person/Number
85 Longman Drive	Greg Chiu (329-8373)
192 5th Street	Sally Gray (723-0012)
987 Washington Road	Marcus Shelby (629-7222)
71 Hampton Avenue	Kate Murphy (237-1723)
17 Whitman Street	Douglas Jones (831-9202)

The packages and envelopes you have to deliver are already on your desk and are clearly labeled. Please be sure to deliver everything in the order listed above. Once you complete this task, let me know. I'll have another assignment for you prepared by then.

Regards,

Jennifer

result in (결과로서) ~이 되다
shut down ~의 가동을 중지하다
figure out ~을 알아내다
envelope 봉투
label 라벨; 라벨을 붙이다

To:	Jennifer Reeves
From:	Dustin Nelson
Subject:	[Re] Today
Date:	March 11

Jennifer,

It's 1:30 in the afternoon, and I just finished visiting every place on my list. I was able to deliver all of the items except for the one going to 987 Washington Road. I called the number listed in the e-mail you sent me, but nobody answered. When I visited, there wasn't anybody at home, and according to the instructions on the package, I have to receive a signature from the recipient. I guess I can try again later today or tomorrow.

I'll be back in the office in about twenty minutes. You mentioned me needing to do something else. I'll find you when I return so that you can discuss that matter with me.

See you in a bit.

Dustin

be able to ~할 수 있다
instruction 지시 사항
signature 서명
recipient 수신인, 수령인
in a bit 잠시 후에

1 Why did Ms. Reeves send the first e-mail?

(A) To ask Mr. Nelson for assistance
(B) To tell Mr. Nelson to give her an update
(C) To inform Mr. Nelson of some missing items
(D) To give Mr. Nelson a work assignment

give ~ an update
~에게 최신 정보를
알려 주다

2 Who most likely is Mr. Parker?

(A) A computer expert
(B) A client
(C) A deliveryman
(D) An outside consultant

3 What was placed on Mr. Nelson's desk?

(A) An instruction booklet
(B) Some packages
(C) A letter from the CEO
(D) A new laptop

4 According to Mr. Nelson, which person was he unable to speak with?

(A) Greg Chiu
(B) Sally Gray
(C) Marcus Shelby
(D) Douglas Jones

5 What will Mr. Nelson probably do next?

(A) Make a final delivery
(B) Return to the office
(C) Call Ms. Reeves on the phone
(D) Complete a second assignment

정답 및 해설 p.44

3중 지문 I

삼중 지문이 제시되더라도 크게 부담을 느낄 필요는 없다. 삼중 지문 내의 각각의 지문들은 상대적으로 길이가 짧은 편이기 때문에, 이중 지문의 경우보다 풀이 시간이 크게 늘어나지는 않는다.

예제   **Questions 1-5** refer to the following advertisement and e-mails.

The Daily Economics Journal

is offering everyone the following deals on subscriptions this month only

Daily print subscription: $30/month
Daily online subscription: $15/month
Monday-Friday print subscription: $25/month
Saturday & Sunday print subscription: $10/month

All print subscriptions come with free access to our online content

All subscribers will also receive a complimentary copy of

The Smart Investor's Guide to Stock and Bonds

Visit our Web site at www.dej.com/subscription

or call 1-888-403-2766 to subscribe 24 hours a day

You'll love our in-depth coverage of financial news

To: fredroth@grandmail.com
From: subscription@dej.com
Subject: Thank You
Date: March 11

Dear Mr. Roth,

Thank you for signing up for a one-year subscription to the *Daily Economics Journal*. Your credit card will be billed $25 a month, a price that simply can't be beat, each of the following twelve months.

You should receive your first issue of the *Daily Economics Journal* on Monday, March 15. Deliveries are made in the morning before 7:00 A.M. If your paper does not arrive, please contact Lisa Bloom at lisab@dej.com.

In addition, you can start reading the *Daily Economics Journal* online now. Your user name is fredroth, and your temporary password is LTKREj13Wp. You must change your password within 24 hours of logging in the first time.

We hope you enjoy reading the *Daily Economics Journal*.

Regards,

Subscription Office

Daily Economics Journal

To:	lisab@dej.com
From:	fredroth@grandmail.com
Subject:	My Subscription
Date:	March 26

Dear Ms. Bloom,

My name is Fred Roth, and I'm a recent subscriber to the *Daily Economics Journal*. I must admit I'm pleasantly surprised by the quality of the writing. I had read a few articles in the past, but now that I'm reading the paper regularly, I'm being exposed to more writing, and it's excellent.

While I find the paper satisfying, I wonder when I will receive the present I was supposed to be given along with my subscription. Nothing has arrived yet, and I paid for my subscription more than two weeks ago. If you could look into this matter for me, I would be pleased.

Regards,

Fred Roth

1. In the advertisement, what is indicated about the *Daily Economics Journal*?

   (A) All subscribers to it can read the paper online.
   (B) It is the leading financial newspaper in the country.
   (C) The paper recently started its own Web site.
   (D) Some new reporters were recently hired.

2. Which subscription did Mr. Roth get?

   (A) The daily print subscription
   (B) The daily online subscription
   (C) The Monday to Friday print subscription
   (D) The Saturday and Sunday print subscription

3. In the first e-mail, what is Mr. Roth instructed to do?

   (A) Change his password after logging in
   (B) Call to report his new address
   (C) Reply to the e-mail to start delivery
   (D) Set up a meeting with Ms. Bloom

4. What is Mr. Roth's opinion of the *Daily Economics Journal*?

   (A) The analysts have interesting opinions.
   (B) The price of the content is excellent.
   (C) The paper is a bit too short.
   (D) The articles are well written.

5. What does Mr. Roth request from Ms. Bloom?

   (A) A reduced bill
   (B) A book
   (C) Earlier delivery
   (D) Online access

Daily Economics Journal

이번 달 한정으로 모든 분들께 다음과 같은 구독 혜택을 드립니다.

인쇄 신문 일간 구독: 월 30달러
온라인 신문 일간 구독: 월 15달러
인쇄 신문 월요일-금요일 구독: 월 25달러
인쇄 신문 토요일 및 일요일 구독: 월 10달러

인쇄물 구독을 선택하시면 온라인 기사는 무료로 보실 수 있습니다.

또한 구독자분들께서는 다음 도서를 무료로 받게 되실 것입니다.

똑똑한 주식 및 채권 투자 가이드

저희 웹 사이트인 www.dej.com/subscription을 방문하시거나

24시간 운영되는 1-888-403-2766로 전화하셔서 구독 신청을 하십시오.

심도 있게 경제 뉴스를 다루는 저희 기사가 마음에 드실 것입니다.

subscription 구독 **content** 내용물 **complimentary** 무료의 **in-depth** 상세한, 깊이 있는 **coverage** 범위; 보도

- -

수신: fredroth@grandmail.com
발신: subscription@dej.com
제목: 감사합니다
날짜: 3월 11일

친애하는 Roth 씨께,

*Daily Economics Journal*을 1년간 구독하시겠다고 결정해 주셔서 감사합니다. 귀하의 신용 카드로 한 달에 25달러가 청구될 것이며, 이는 매우 저렴한 가격으로, 이후 12개월 동안 매월 청구될 것입니다.

첫 번째 *Daily Economics Journal*은 3월 15일 월요일에 받게 되실 것입니다. 배달은 오전 7시 전에 이루어집니다. 신문이 도착하지 않는 경우에는 lisab@dej.com으로 Lisa Bloom에게 연락을 주시기 바랍니다.

추가로, 이제 *Daily Economics Journal*을 온라인으로 보실 수 있습니다. 귀하의 사용자 이름은 fredroth이며 임시 패스워드는 LTKREj13Wp입니다. 첫 로그인 후 24시간 이내에 패스워드를 변경하셔야 합니다.

*Daily Economics Journal*와 함께 즐거운 시간 보내시기를 빌겠습니다.

구독 신청 담당자 드림
Daily Economics Journal

bill 청구서; 청구하다 **issue** 화제; 판, 호 **temporary** 임시의, 일시적인

- -

수신: lisab@dej.com
발신: fredroth@grandmail.com
제목: 구독
날짜: 3월 26일

친애하는 Bloom 씨께,

제 이름은 Fred Roth이고 저는 최근에 *Daily Economics Journal*을 구독 신청한 사람입니다. 제가 기사의 수준에 크게 놀라고 있다는 점은 인정해야만 할 것 같습니다. 전에 몇 편의 기사를 읽어 보기는 했지만, 정기적으로 신문을 받아서 더 많은 기사를 읽게 되니 기사가 정말 좋더군요.

신문이 만족스럽다는 점은 알게 되었지만, 구독을 하면 같이 오기로 되어 있던 사은품은 언제 받을 수 있는지 궁금합니다. 아직까지 도착한 것은 없으며, 저는 2주 전에 구독료를 납부했습니다. 이에 대해 알아봐 주시면 기쁘겠습니다.

Fred Roth 드림

admit 인정하다 **pleasantly** 기쁘게 **quality** 질, 품질 **article** 기사, 글 **regularly** 정기적으로
be exposed to ~에 노출되다 **satisfying** 만족스러운 **look into** ~을 조사하다

1. 광고에서 *Daily Economics Journal*에 대해 알 수 있는 것은 무엇인가?

(A) 모든 구독자들은 온라인으로 신문을 읽을 수 있다.

(B) 국내에서 선도적인 경제 신문이다.

(C) 신문사가 최근에 웹 사이트를 개설했다.

(D) 최근에 신입 기자들이 고용되었다.

인터넷 구독 신청을 한 사람은 당연히 인터넷으로 신문을 볼 수 있을 것이며, All print subscriptions come with free access to our online content라는 문구에서 인쇄 신문 구독자들 역시 온라인으로 신문을 볼 수 있음을 알 수 있다. 따라서 (A)가 정답이다.

2. Roth 씨는 어떤 방식의 구독을 신청했는가?

(A) 인쇄 신문 일간 구독

(B) 온라인 신문 일간 구독

(C) 인쇄 신문 월요일–금요일 구독

(D) 인쇄 신문 토요일 및 일요일 구독

두 번째 지문인 이메일의 첫 번째 단락에서 Roth 씨는 월 25달러의 구독료를 내야 한다는 점을 알 수 있다. 따라서 첫 번째 지문에서 매달 25달러의 구독료를 내야 하는 경우를 찾으면 Roth 씨의 구독 방식은 (C)의 '월요일부터 금요일까지 인쇄 신문을 구독하는 경우'일 것이다.

해설

3. 첫 번째 이메일에서 Roth 씨는 무엇을 하라는 안내를 받는가?

(A) 로그인을 한 후에 패스워드를 변경한다

(B) 전화로 새로운 주소를 알려 준다

(C) 배달을 시작할 수 있도록 이메일에 답신을 한다

(D) Bloom 씨와 만날 약속을 한다

이메일의 후반부에서 신문사 측은 Roth 씨에게 아이디 및 임시 패스워드를 알려 준 후 'You must change your password within 24 hours of logging in the first time.'이라고 안내한다. 따라서 보기 중 그가 안내 받은 사항은 (A)의 '패스워드 변경'이다.

4. *Daily Economics Journal*에 대한 Roth 씨의 의견은 무엇인가?

(A) 애널리스트들의 의견이 흥미롭다.

(B) 컨텐츠의 가격이 저렴하다.

(C) 신문의 분량이 다소 적다.

(D) 기사가 잘 쓰여 있다.

세 번째 지문 중 I'm pleasantly surprised by the quality of the writing이라는 표현에서 Roth 씨는 신문 기사에 대해 만족하고 있다는 사실을 알 수 있다. 따라서 (D)가 정답이다.

analyst 분석가, 애널리스트

5. Roth 씨는 Bloom 씨로부터 무엇을 요구하는가?

(A) 할인 가격의 청구서

(B) 책

(C) 더 빠른 배송

(D) 온라인 서비스 이용

마지막 지문의 두 번째 단락에서 Roth 씨는 '구독을 하면 받게 되는 사은품'(the present I was supposed to be given along with my subscription)을 아직 받지 못했다고 말한 후, Bloom 씨에게 이 문제를 해결해 달라고 요청한다. 한편 첫 번째 단락에서 사은품은 *The Smart Investor's Guide to Stock and Bonds*라는 '무료 증정 도서'(a complimentary copy)로 소개되어 있으므로 결국 그가 요청한 것은 (B)의 '책'이다.

지문을 읽고 문제에 답하시오.

[1-5]

Summer Classes at the
Norfolk Community Center

The Norfolk Community Center will once again be offering summer classes starting on June 1. Classes will run until August 15. Every class taught last summer is being offered, and the following classes are being introduced for the first time: Basic Economics, Algebra in Daily Life, How to Write Software Programs, and Repairing Electronic Items. To register for classes, call 873-1292 and ask to speak with Greg or Cindy. Returning students will receive a discount of 20% on every class they sign up for.

for the first time
처음으로, 최초로

Norfolk Community Center
Increases Its Appeal

by local news reporter Janine Carter

Norfolk (May 25) – The Norfolk Community Center has become one of the most popular places in town thanks to the large number of special activities taking place there. The center not only holds numerous classes throughout the year but also sponsors various sports leagues, such as baseball, soccer, and swimming.

The sports leagues attract both children and adults in large numbers. But it is the classes which have made the center so popular with locals. "We offer as many classes as we can find teachers and students for," said center manager Nancy Hoffman. "We recruit the best instructors as well. For instance, this summer, Peter Craig, a computer science professor at Norfolk University, will be teaching a new class. Mr. Craig is one of the top experts in his field in the country."

So far, more than 1,200 people have signed up for summer classes. There are only a few more days until classes begin, but it's highly likely that every seat there will be filled.

thanks to ~ 덕분에
not only ~ but also
~뿐만 아니라 ~도
sponsor 후원하다
attract 끌다, 유인하다
recruit 채용하다
instructor 강사
expert 전문가
filed 분야
only a few 소수의,
얼마 되지 않는
highly 매우

To:	Sandra Jones <sandra_jones@personalmail.com>
From:	Yvette Butler <ybutler@ncc.org>
Subject:	Class Registration
Date:	May 27

Dear Ms. Jones,

You have successfully signed up for two classes at the Norfolk Community Center. You are now enrolled in the following:

Arts and Crafts I (Monday & Wednesday from 10:00 A.M. to 12:00 P.M.)

Beginning Statistics (Thursday from 1:00 P.M. to 4:00 P.M.)

You may purchase the textbooks for each course at the center before the first day of class. You must make the full class payment of $120 for each class before June 1. Cash, checks, and credit cards are accepted.

Sincerely,

Yvette Butler
Norfolk Community Center

PART 7

Type 13 3종 지문 I

enroll 등록하다
textbook 교과서, 교재

cease 중단하다
existing 존재하는

prior to ~에 앞서
tuition 수업료
bank transfer 계좌 이체

1 In the announcement, what is mentioned about the Norfolk Community Center?

(A) It gives all students a discount.

(B) It added classes to its summer schedule.

(C) It accepts registrations online.

(D) It ceased offering some existing classes.

2 According to the article, what is NOT true about the Norfolk Community Center?

(A) People go there to play various sports.

(B) It expects to have no empty spots in its classes.

(C) The classes it teaches have made it popular.

(D) Some of its funding is provided by the town.

3 What class does Mr. Craig most likely teach?

(A) Basic Economics

(B) Algebra in Daily Life

(C) How to Write Software Programs

(D) Repairing Electronic Items

4 In the e-mail, what is Ms. Jones recommended to do?

(A) Buy some books prior to attending class

(B) Sign up for classes before they are full

(C) Apply for her tuition to be reduced

(D) Make her payment by bank transfer

5 What is suggested about Ms. Jones?

(A) She has a university degree with a major in statistics.

(B) She is taking classes at the community center for the first time.

(C) She recently moved to the Norfolk area.

(D) She intends to sign up to play a sport at the community center.

정답 및 해설 p.45

3중 지문 II

복수 지문 중에 표가 포함되어 있는 지문이 있을 수 있다. 이러한 경우에는 문제와 관련된 항목 위주로 지문을 읽도록 하며, 해당 지문을 제일 마지막에 읽는 것도 시간을 줄일 수 있는 한 가지 방법이다.

예제 **Questions 1-5** refer to the following advertisement, invoice, and e-mail.

SPECIAL SUMMER SALE AT DAWSON SPORTING GOODS

Dawson Sporting Goods is holding its fifth annual special summer sale from June 1 to June 20. All items related to summer sports, including baseball, soccer, tennis, and football, are 30% off. If you're hoping to buy equipment for winter sports such as skiing, hockey, snowboarding, and ice skating, don't worry. Winter-related sporting goods are 20% off. Spend more than $150 at the store, and you'll receive your choice of a free item: a baseball, a container of Ping-Pong balls, a package of tennis balls, or shin guards for soccer. Visit our store at 90 Peterman Avenue. We're open every day of the week except Sunday from 9:00 A.M. to 8:00 P.M.

Thank you for shopping at Dawson Sporting Goods.

Customer: Ted Lawrenson
Date: June 15

Item	Item Number	Quantity	Price
Running Shoes, Size 12	HGTK55	1	$89.99
Tennis Racket	MMTR13	1	$49.99
Hockey Stick	TORU85	1	$19.99
Baseball Glove	KIDF19	1	$29.99
Subtotal			**$189.96**
Tax			**$9.50**
Total			**$199.46**

This order was paid in full with cash.

Items bought at the store may be refunded within 6 days of purchase but must be returned in their original packaging.

To: customerservice@dawsonsg.com
From: tedlawrenson@metroblix.com
Subject: Purchase
Date: June 22

Dear Sir/Madam,

I recently purchased a few items at your store, and I want to let you know that I'm pretty impressed with their quality. I'd never been to your store before but was encouraged to go by one of my coworkers. I'm really glad that I listened to her advice.

I wonder if I can make a purchase online since I don't have time to visit your store in person this week. I'd love one more pair of item HGTK55 in black and blue. If you have this item in stock and can send it to me, I'd appreciate it. Please let me know if this is possible.

Regards,

Ted Lawrenson

1. In the advertisement, what is indicated about Dawson Sporting Goods?

   (A) It is offering the same discount on all products.
   (B) It is having a sale at its online shop.
   (C) It has held the same sale for several years.
   (D) It gives a free gift to all of its customers.

2. According to the invoice, what is NOT true about Mr. Lawrenson?

   (A) He made his purchase during a sale period.
   (B) He received 30% off the tennis racket.
   (C) He qualified to receive a free soccer ball.
   (D) He was given a discount on item TORU85.

3. How can a customer get money back from Dawson Sporting Goods?

   (A) By taking the item to the store within seven days of purchase
   (B) By bringing the item along with its packaging
   (C) By mailing the item, the packaging, and the receipt
   (D) By showing up with the item and the receipt

4. What is one reason Mr. Lawrenson sent the e-mail?

   (A) To ask for directions to a store
   (B) To make a compliment about some items
   (C) To ask about exchanging an item
   (D) To recommend a coworker for employment at a store

5. What item would Mr. Lawrenson like to purchase again?

   (A) The running shoes
   (B) The tennis racket
   (C) The hockey stick
   (D) The baseball glove

Dawson 스포츠용품점의 여름 특별 세일

Dawson 스포츠용품점이 6월 1일부터 6월 20일까지 다섯 번째 여름 특별 세일을 실시합니다. 농구, 축구, 테니스, 그리고 축구 등 하계 스포츠와 관련된 모든 제품들을 30% 할인해 드립니다. 스키, 하키, 스노우보드, 그리고 아이스스케이트 등의 동계 스포츠용 장비를 구입하고자 하시는 경우에도 걱정하지 마십시오. 동계 스포츠용품은 20% 할인해 드립니다. 매장에서 150달러 이상을 결제하시는 경우, 다음 중 한 가지 상품을 무료로 받으실 수 있습니다: 야구공, 탁구공 케이스, 테 니스공 세트, 혹은 축구용 정강이 보호대 중 하나입니다. Peterman 가 90에 있는 저희 매장을 방문해 주십시오. 일요일을 제외하고 매일 오전 9시부터 오후 8시까지 영업합니다.

such as ~과 같은 **shin guard** 정강이 보호대

....

Dawson 스포츠용품점을 이용해 주셔서 감사합니다.

고객: Ted Lawrenson
날짜: 6월 15일

제품	제품 번호	수량	가격
러닝화, 사이즈 12	HGTK55	1	$89.99
테니스 라켓	MMTR13	1	$49.99
하키 스틱	TORU85	1	$19.99
야구 장갑	KIDF19	1	$29.99
소계			$189.96
세금			$9.50
총계			$199.46

이 주문은 전액 현금으로 결제되었습니다.

매장에서 구입하신 물품은 구입 후 6일 내에 환불을 받으실 수 있지만, 원래의 포장 상태로 반품되어야 합니다.

....

수신: customerservice@dawsonsg.com
발신: tedlawrenson@metroblix.com
제목: 구입
날짜: 6월 22일

담당자님께,

저는 최근에 귀하의 매장에서 몇 개의 제품을 구입했으며 제가 제품의 품질에 꽤 깊은 인상을 받고 있다는 점을 알려 드리고 싶습니다. 저는 귀하의 매장을 방문한 적이 한 번도 없었지만, 제 동료 중 한 명이 방문할 것을 권했습니다. 제가 그녀의 충고를 따른 것은 정말 다행이었습니다.

이번 주에는 직접 귀하의 매장을 방문할 수 있는 시간이 없기 때문에 온라인 구매가 가능한지 궁금합니다. 검정 및 파란색의 HGTK55를 한 켤레 더 구입하면 좋을 것 같습니다. 재고가 있어서 제게 보내 주실 수 있으시면 고맙겠습니다. 가능한 일인지 알려 주시기 바랍니다.

Ted Lawrenson 드림

have been to ~에 갔다 오다 **encourage** 격려하다 **coworker** 동료 직원 **in stock** 재고로, 비축되어

해 석

해설

1. 광고에서 Dawson 스포츠용품점에 대해 알 수 있는 것은 무엇인가?
(A) 모든 제품에 동일한 할인을 적용할 것이다.
(B) 온라인 매장에서 세일을 할 것이다.
(C) 몇 년 동안 똑같은 세일을 하고 있다.
(D) 모든 고객에게 무료로 사은품을 주고 있다.

광고의 시작 부분에서 이번 세일을 its fifth annual special summer sale로 표현한 것으로 보아 Dawson 스포츠용품점의 세일은 5년 동안 해마다 반복되고 있는 행사일 것으로 짐작할 수 있다. 따라서 (C)가 정답이다. 하계 스포츠용품과 동계 스포츠용품에 대한 할인율은 각각 30%와 20%로 서로 다르기 때문에 (A)는 사실이 아니다.

2. 영수증에 의하면 Lawrenson 씨에 대해 사실이 아닌 것은 무엇인가?
(A) 그는 세일 기간 동안 구매를 했다.
(B) 그는 테니스 라켓에서 30%의 할인을 받았다.
(C) 그는 무료로 축구공을 받을 자격이 있었다.
(D) 그는 TORU85 제품에 대한 할인을 받았다.

영수증 상의 구입 날짜가 6월 15일이고, 첫 번째 지문에서 알 수 있는 세일 기간이 6월 1일부터 6월 20일까지이므로 (A)는 사실이다. 첫 번째 지문에서 테니스와 같은 하계 스포츠용 물품은 30% 할인이 적용된다고 했기 때문에 (B) 또한 사실이며, (D)의 TORU85은 동계 스포츠인 하키의 장비이므로 이 역시 할인 대상이다. 하지만 첫 번째 지문에서 축구공은 사은품 리스트에 빠져 있으므로 (C)가 사실이 아니다.

3. 고객은 어떻게 Dawson 스포츠용품점으로부터 환불을 받을 수 있는가?
(A) 구입 후 7일 이내에 매장에 제품을 가지고 감으로써
(B) 제품을 원래의 포장 상태로 가지고 감으로써
(C) 제품, 포장 상자, 그리고 영수증을 우편으로 보냄으로써
(D) 제품과 영수증을 가지고 찾아 옴으로써

영수증 하단의 문구 'Items bought at the store may be refunded within 6 days of purchase but must be returned in their original packaging.'에서 환불의 조건을 확인할 수 있다. 6일 이내에 원래의 포장 상태로 제품이 있는 경우 환불이 가능하다고 했으므로 이러한 조건에 부합하는 (B)가 정답이다.

show up 모습을 드러내다, 나타나다

4. Lawrenson 씨가 이메일을 보낸 이유 중 하나는 무엇인가?
(A) 매장으로 가는 길을 묻기 위해
(B) 제품에 대한 칭찬을 하기 위해
(C) 제품 교환에 관해 문의하기 위해
(D) 매장에서 동료를 고용할 것을 추천하기 위해

Lawrenson 씨가 작성한 이메일의 전반부는 제품의 품질에 대한 칭찬으로, 후반부는 온라인으로 제품을 구입할 수 있는지에 대한 문의로 이루어져 있다. 따라서 이메일을 작성한 이유 중 하나는 (B)로 볼 수 있다.

5. Lawrenson 씨는 어떤 제품을 다시 사고 싶어하는가?
(A) 러닝화
(B) 테니스 라켓
(C) 하키 스틱
(D) 야구 글러브

세 번째 지문인 이메일의 마지막 단락에서 Lawrenson 씨가 추가로 구매하고 싶은 제품의 번호는 HGTK55임을 알 수 있다. 이를 두 번째 단락인 영수증에서 찾으면 이 제품 번호에 해당되는 (A)의 '러닝화'가 정답임을 쉽게 알 수 있다.

연습 문제

지문을 읽고 문제에 답하시오.

[1-5]

Randolph Bus System

Due to road construction in the Newton neighborhood, several bus routes are being affected. The following changes will be in effect from September 10 to 25.

Bus 43	will no longer drive on Sylvan Street but will go on Mercer Street to the Freemont Building
Bus 99	will cease operations
Bus 124	will stop running at the Samwise Shopping Mall and will not go to Anderson Stadium
Bus 177	will drive straight up and down Grover Street from the bus terminal to the aquarium

On September 26, all buses will return to their original routes.

Passengers with question should feel free to speak with bus drivers to learn the best way to get to their destinations.

affect 영향을 미치다
in effect 효력이 있는
cease 중지하다
aquarium 수족관
original 원래의,
본래의; 독창적인
feel free to 마음껏
~하다, 자유롭게 ~하다
get to ~에 도착하다

Randolph Bus System Notice

As of September 28, no more buses will drive down Grover Street. Drivers have mentioned multiple times that they have had only a single rider on the entire route. On account of such low interest, the city has no choice but to suspend service to that area. For more information, call 837-8373.

as of ~ 일자로
multiple times
여러 차례
on account of
~ 때문에
have no choice
but to ~할 수밖에 없다
suspend 보류하다,
연기하다

150

To: Chet Ayers, Glenda Rose, Muriel Simpson
From: Addison Jenkins
Subject: Cancelations
Date: 10:00 A.M., September 30

We may have to reconsider our recent decision regarding some bus routes. We have received a large number of complaints from local residents regarding the cancelations. Not only have the phone lines been inundated with callers filing complaints all week long, but there is also a letter-writing campaign going on. Some residents even starting protesting at city hall outside the mayor's office yesterday morning, and they haven't stopped today.

We've been instructed to do something about this before it gets too serious. We are holding an emergency meeting at 11:30 A.M. today. Expect it to last until at least 2:00 P.M. Cancel everything you have scheduled during that time and make sure you're in the conference room on time.

reconsider
다시 생각하다, 재고하다
complaint 불평, 불만
inundate 범람시키다,
쇄도하다
protest 항의하다
instruct 알려 주다;
지시하다
emergency meeting 긴급 회의

1 What is the main purpose of the announcement?

(A) To point out where construction is going on

(B) To provide information on hiring of drivers

(C) To show some temporary changes in bus routes

(D) To explain why bus fares are expected to rise

2 What does the announcement recommend that passengers do?

(A) Avoid taking buses late at night

(B) Use transportation cards to take buses

(C) Ask bus drivers questions

(D) Confirm bus schedules online

3 What bus service will be canceled on September 28?

(A) Bus 43

(B) Bus 99

(C) Bus 124

(D) Bus 177

4 What is indicated about the protests at city hall?

(A) They began after some bus routes were canceled.

(B) They disturbed the mayor during a meeting.

(C) They were started by bus drivers who lost their jobs.

(D) They are expected to last for at least one week.

5 What does Mr. Jenkins instruct the memo recipients to do?

(A) Attend the meeting he has called for later in the day

(B) Speak with some of the protesters in person

(C) Gather information on the canceled bus routes

(D) Visit the mayor's office for an emergency meeting

정답 및 해설 p.46

3중 지문 III

복수 지문 문제에서 이메일이 등장하면 발신자 및 수신자의 이름과 함께 제목을 특히 눈여겨보도록 하자. 제목만으로도 이메일의 주제를 짐작할 수 있는 경우가 있다.

예제 **Questions 1-5** refer to the following memo and e-mails.

MEMO

To: Hattie Peters, Melinda Gray, George Thrush, Morgan Tess
From: Ashley Fried
Subject: Employees
Date: April 11

Each Friday, I check the suggestion box in the front lobby. There are typically around five anonymous comments each week. Most are simple comments about wanting to change the menu in the cafeteria or asking for longer breaks.

However, in the past three weeks, we've been averaging twenty-two comments a week, and many are rather critical. Employees have started complaining about their salaries and benefits. We've also had complaints about the working conditions and the lack of transfer opportunities. I believe we've got a serious crisis, and if we don't do something soon to solve things, employee morale will decline considerably.

Your suggestions on what we should do to rectify this matter would be greatly appreciated.

To: Ashley Fried <afried@sanderson.com>
Cc: Hattie Peters <hattie1@sanderson.com>, Melinda Gray <melindagray@sanderson.com>, Morgan Tess <mt@sanderson.com>
From: George Thrush <g_thrush@sanderson.com>
Subject: Your Memo
Date: April 12

Dear Ashley,

I've given considerable thought to the matter you brought up in yesterday's memo. I too have heard uncomplimentary remarks from employees. We are definitely in the middle of a bad situation regarding the relationship between employees and management that must be solved.

Since the company just recorded its highest profits ever, we should share them with our workers. That is a major source of discontent. I suggest an immediate 5% raise for all full-time and part-time employees. We should also institute flextime and let our workers choose when to come in to and depart from the office. Furthermore, I am in favor of adding more vacation days and changing the pension plan.

I think those suggestions should cover everything you discussed in your memo.

Regards,

George Thrush

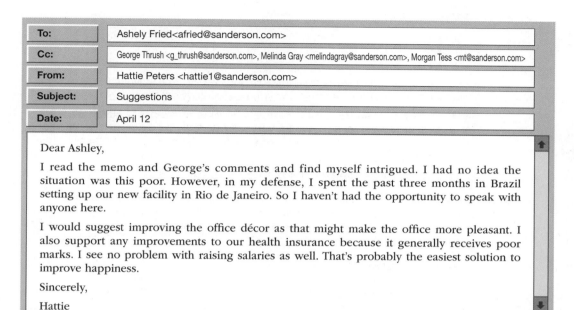

To:	Ashely Fried<afried@sanderson.com>
Cc:	George Thrush <g_thrush@sanderson.com>, Melinda Gray <melindagray@sanderson.com>, Morgan Tess <mt@sanderson.com>
From:	Hattie Peters <hattie1@sanderson.com>
Subject:	Suggestions
Date:	April 12

Dear Ashley,

I read the memo and George's comments and find myself intrigued. I had no idea the situation was this poor. However, in my defense, I spent the past three months in Brazil setting up our new facility in Rio de Janeiro. So I haven't had the opportunity to speak with anyone here.

I would suggest improving the office décor as that might make the office more pleasant. I also support any improvements to our health insurance because it generally receives poor marks. I see no problem with raising salaries as well. That's probably the easiest solution to improve happiness.

Sincerely,

Hattie

1. Why did Ms. Fried send the memo?

(A) To advise quick action on her solutions

(B) To pass on some complaints by management

(C) To warn people of some problems

(D) To oppose some upcoming changes

2. In the memo, what does Ms. Fried ask the recipients to do?

(A) Provide her with some solutions

(B) Meet her in her office soon

(C) Speak personally with employees

(D) Read complaints in the suggestion box

3. Which complaint mentioned by Ms. Fried does Mr. Thrush NOT address in the first e-mail?

(A) The need to let employees transfer

(B) The importance of solving the problems

(C) The need to improve working conditions

(D) The bettering of employee benefits

4. In the second e-mail, the word "marks" in paragraph 2, line 3, is closest in meaning to

(A) ratings

(B) spots

(C) results

(D) symbols

5. What do Mr. Thrush and Ms. Peters agree about?

(A) Improving the company's pension plan

(B) Upgrading the health insurance offered

(C) Increasing the money employees are paid

(D) Renovating the office interior

MEMO

수신: Hattie Peters, Melinda Gray, George Thrush, Morgan Tess
발신: Ashley Fried
제목: 직원들
날짜: 4월 11일

저는 금요일마다 프론트 로비의 제안함을 확인하고 있습니다. 보통은 익명으로 작성된 의견이 매주 5건 정도 들어 있습니다. 대부분은 구내 식당의 메뉴가 변경되기를 바란다던가, 쉬는 시간이 더 길었으면 좋겠다는 단순한 의견들입니다.

하지만 지난 3주 동안 일주일에 평균 22개의 의견을 받았는데, 다수가 다소 비판적인 것입니다. 직원들이 급여 및 수당에 대해 불평을 하기 시작했습니다. 또한 근무 조건과 부서 이동의 기회가 없다는 점에 대해서도 불만이 있었습니다. 저는 우리가 심각한 위기 상황을 겪고 있다고 생각하며, 문제를 해결하기 위한 조치를 신속히 취하지 못하는 경우, 직원들의 사기가 현저히 떨어질 것이라고 생각합니다.

이러한 문제를 어떻게 해결해야 하는지에 관해 의견을 주시면 정말 고맙겠습니다.

suggestion box 건의함 **typically** 전형적으로; 보통 **anonymous** 익명의 **break** 휴식 **averaging** 평균의 **critical** 비판적인; 중대한 **working condition** 근로 조건, 근무 조건 **transfer** 이동; 전근 **crisis** 위기 **morale** 사기 **decline** 감소하다, 쇠퇴하다 **considerably** 상당히 **rectify** 바로 잡다

수신: Ashley Fried 〈afried@sanderson.com〉
참조: Hattie Peters 〈hattie1@sanderson.com〉, Melinda Gray 〈melindagray@sanderson.com〉,
　　　Morgan Tess 〈mt@sanderson.com〉
발신: George Thrush 〈g_thrush@sanderson.com〉
제목: 회람
날짜: 4월 12일

Ashley에게,

어제 회람에서 당신이 제기한 문제에 대해 깊이 생각해 보았어요. 저 또한 직원들로부터 불만에 찬 말들을 들었어요. 우리가 분명, 직원들과 경영진 간의 관계에 있어서, 반드시 타개해야 하는 좋지 못한 상황 속에 처해 있는 것 같아요.

회사가 그 어느 때보다 높은 수익을 기록했기 때문에 직원들과 수익을 공유해야 할 거예요. 불만의 주된 이유가 바로 그것이죠. 저는 모든 정규직 및 임시직 직원들의 급여를 5% 인상시킬 것을 제안해요. 또한 유연 근무제를 도입해서 직원들이 출퇴근 시간을 선택하도록 해야 할 거예요. 아울러 저는 휴가를 늘리고 연금 제도를 수정하는데도 찬성이에요.

회람에서 당신이 언급한 모든 문제에 이러한 제안들이 반영될 수 있을 거예요.

George Thrush로부터

uncomplimentary 비난하는; 무례한 **definitely** 분명히 **in the middle of** ～의 한 가운데에 **relationship** 관계 **share** 공유하다 **source** 원천, 근원 **discontent** 불만 **institute** 기관, 제도; 설치하다, 마련하다 **flextime** 근무 시간 자유 선택제, 유연 근무제 **in favor of** ～을 찬성하는 **pension plan** 연금 제도

수신: Ashley Fried 〈afried@sanderson.com〉
참조: George Thrush 〈g_thrush@sanderson.com〉, Melinda Gray 〈melindagray@sanderson.com〉,
　　　Morgan Tess 〈mt@sanderson.com〉
발신: Hattie Peters 〈hattie1@sanderson.com〉
제목: 제안
날짜: 4월 12일

Ashley에게,

회람과 George의 의견을 읽어 보고 관심을 갖게 되었어요. 저는 상황이 그처럼 나쁜지 전혀 몰랐어요. 하지만, 변명을 하자면, 저는 리우 데 자네이루에서 새로운 시설을 건설하느라 지난 석 달 동안 브라질에 있었어요. 그러니 이곳의 누군가와 이야기할 수 있는 기회가 없었죠.

저는 사무실이 보다 쾌적해 보일 수 있도록 사무실 인테리어를 바꿀 것을 제안하고 싶어요. 또한, 전반적으로 낮은 평가를 받고 있기 때문에, 건강 보험 제도를 개선시키는 것에도 찬성이에요. 그리고 급여를 인상시키는 것에도 아무런 문제는 없어 보여요. 아마도 그것이 만족감을 높일 수 있는 가장 손쉬운 해결책일 거예요.

Hattie로부터

intrigue 호기심을 자극하다, 궁금하게 하다 **in one's defense** 변명을 하자면 **opportunity** 기회 **décor** 장식, 실내 인테리어 **health insurance** 건강 보험

1. Fried 씨는 왜 회람을 보냈는가?

(A) 자신의 해결 방안을 빨리 실시할 것을 권고하기 위해

(B) 경영진의 불만 사항을 전달하기 위해

(C) 사람들에게 문제점을 경고하기 위해

(D) 앞으로 있을 변경 사항에 대해 반대하기 위해

회람에서 Fried 씨는 이전과 달리 직원들의 불만이 심각해지고 있다는 점을 알린 후, 수신자들에게 이러한 상황을 벗어날 수 있는 방안을 제시해 달라고 요청한다. 따라서 회람을 보낸 이유는 (C)로 볼 수 있다.

action 행동; 조치 **pass on** ~을 전달하다 **warn A of B** A에게 B를 경고하다

2. 회람에서 Fried 씨는 수신자들에게 무엇을 할 것을 요청하는가?

(A) 해결책을 제시한다

(B) 조만간 사무실에서 만난다

(C) 직원들과 개인적으로 이야기를 나눈다

(D) 건의함의 불만 사항들을 읽는다

회람의 마지막 문장 'Your suggestions on what we should do to rectify this matter would be greatly appreciated.'를 통해 Fried 씨가 요청하는 것은 문제 해결 방안임을 알 수 있다. 따라서 (A)가 정답이다.

3. Fried 씨가 언급한 불만 사항 중 Thrush 씨가 첫 번째 이메일에서 다루지 않은 것은 무엇인가?

(A) 부서 이동의 필요성

(B) 문제 해결의 중요성

(C) 근무 조건을 개선시킬 필요성

(D) 직원 수당 제도 개선

회람에서 지적된 불만 사항의 주제는 '급여 및 수당'(their salaries and benefits), '근로 조건'(working conditions), 그리고 '자리 이동의 기회'(transfer opportunities)이다. 한편 두 번째 지문에서 Thrush 씨가 제안한 것은 '5%의 급여 인상'(a 5% raise), '유연 근무제'(flextime), 그리고 '휴가 일수 조정과 연금 제도 개선'(adding more vacation days and changing the pension plan)이다. 여기에서 빠진 것은 자리 이동과 관련된 해결 방안임을 알 수 있으므로 (A)가 정답이다.

better 개선하다, 향상시키다

해설

4. 두 번째 이메일에서 두 번째 단락 두 번째 줄의 "marks"라는 단어와 가장 의미가 유사한 것은

(A) ratings

(B) spots

(C) results

(D) symbols

receive poor marks라는 표현은 '낮은 점수를 받다'라는 뜻이다. 따라서 (A)의 ratings(등급; 평점)가 remark와 가장 의미가 유사한 단어이다.

rating 등급; 평점 **spot** 지점; 점, 반점

5. Thrush 씨와 Peters 씨는 무엇에 의견이 일치하는가?

(A) 회사의 연금 제도 개선

(B) 제공되는 건강 보험 제도의 개선

(C) 직원들에게 지급되는 급여의 인상

(D) 사무실 인테리어 개선

두 번째 지문인 이메일과 마지막 지문인 이메일의 내용을 서로 비교해 보고 공통되는 의견을 찾도록 한다. 두 번째 지문에서 Thrush 씨는 5%의 급여 인상을 주장했고, 세 번째 지문에서 Peters 씨는 '급여 인상에 문제가 없을 것'(I see no problem with raising salaries as well.)이라고 언급한다. 따라서 두 사람 모두 급여 인상에 찬성하는 입장을 보이고 있으므로 (C)가 정답이다. 참고로 (A)는 Thrush 씨가, (C)와 (D)는 Peters 씨가 제안한 내용이다.

지문을 읽고 문제에 답하시오.

[1-5]

Come and See the Peoria Tigers!

Here is the home schedule for the Tigers for the next two weeks.

Tuesday, December 10	Springfield vs. Peoria	7:30 P.M.
Friday, December 13	Nashville vs. Peoria	7:30 P.M.
Saturday, December 14	Chicago vs. Peoria	2:00 P.M.
Monday, December 16	St. Louis vs. Peoria	4:00 P.M.
Thursday, December 19	Nashville vs. Peoria	6:00 P.M.

All home games are played at the Peoria Arena.

Visit www.peoriatigers.com/tickets to make an online reservation. Or buy tickets at the ticket office outside the arena on the day of a game.

Go Tigers!

MEMO

To: Stanley Watts, Jeremy Stone, Kaye Karter, Wesley Robinson
From: Jasmine Ladd
Subject: Peoria Tigers Tickets
Date: December 3

This is a reminder that we at Montrose Tech have four season tickets for Peoria Tigers home games. The Tigers are the local professional basketball team, and their season begins next week. The tickets are available for free on a first-come, first-served basis. Any employee is welcome to take them; however, an employee can only get free tickets once a month. Employees are encouraged to take their clients or family members to the games.

Let your employees know to contact me if they are interested in tickets. All requests must be made by e-mail at jasmineladd@montrosetech.com.

reminder
상기시켜 주는 것
first-come,
first-served basis
선착순 원칙
take A to B
A를 B로 데리고 가다

To: Peter Harper
From: Blaine Thomas
Subject: Thank You
Date: December 20

Dear Mr. Harper,

Thank you for taking me to the game last week. I had a great time even though the Tigers lost to the team from St. Louis. I had so much fun that I'm planning to buy tickets to take my family to see a game sometime next month. You're lucky that your company provides you with tickets for free.

As for the matter that we discussed during the game, my boss really likes the idea you came up with. Why don't we get together in my office in the next day or two? I'll make sure Mr. Chambers is there so that we can all come to an agreement that's mutually beneficial to both of our firms.

I'll wait for your call.

Regards,

Blaine Thomas

Jericho, Inc.

mutually beneficial
상호 이익이 되는

1   According to the schedule, what is true about the Peoria Tigers?

  (A) They offer discounts to some home games.

  (B) They have no home games on the weekend.

  (C) They only play home games in the evening.

  (D) They play every home game in the same place.

2   What is indicated about the game the Peoria Tigers play against Springfield?

  (A) Only the ticket office has tickets available.

  (B) It is the first game of the season.

  (C) It is the only night game of the week.

  (D) No more tickets are available.

3   According to the memo, how can employees get free tickets?

  (A) By submitting an e-mailed request

  (B) By talking to Ms. Ladd in person

  (C) By contacting the HR Department

  (D) By asking a company receptionist

4   What is most likely true about Mr. Harper?

  (A) He frequently watches the Peoria Tigers.

  (B) He is an employee in the R&D Department.

  (C) He often goes on business trips.

  (D) He works at Montrose Tech.

5   What does Mr. Thomas request Mr. Harper do?

  (A) Invite his boss to a meeting

  (B) Set up a product demonstration

  (C) Schedule a time to meet

  (D) Agree to some contract terms

정답 및 해설 p.47

지문을 읽고 문제에 답하시오.

Questions 1-2 refer to the following announcement.

Announcement for Wimberly District

The Wimberly District, the historic neighborhood in Chandler, will see extensive renovations in the coming weeks. A new system of sewage pipes will be installed in a five-block area. Work is scheduled to begin on June 13 and is expected to last for six weeks but may take longer. As a result, drivers should expect major delays in the area during this time period. The city requests that drivers avoid the Wimberly District as much as possible. In addition, bus routes servicing the neighborhood will undergo slight adjustments. The subway system will be unaffected by the repair work, so there will be no closings or changes in the schedule at Porterhouse Station.

1. According to the announcement, what is NOT mentioned about the renovations?

(A) They will result in buses going to different places.

(B) They will take place during the day and night.

(C) They might require more than six weeks of work.

(D) They will take place on several city streets.

2. What is suggested about Porterhouse Station?

(A) It provides subway and train service.

(B) It will be closed during the renovations.

(C) It is located in the Wimberly District.

(D) It is considered a historic building.

Questions 3-4 refer to the following text message chain.

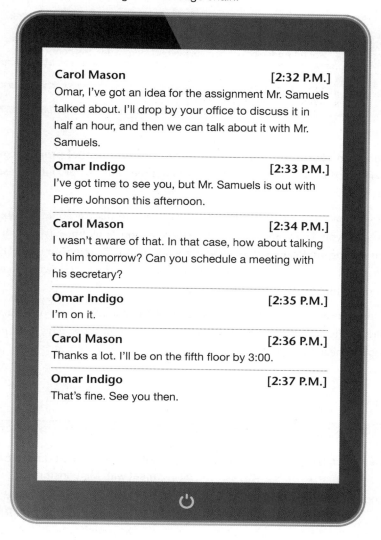

Carol Mason [2:32 P.M.]
Omar, I've got an idea for the assignment Mr. Samuels talked about. I'll drop by your office to discuss it in half an hour, and then we can talk about it with Mr. Samuels.

Omar Indigo [2:33 P.M.]
I've got time to see you, but Mr. Samuels is out with Pierre Johnson this afternoon.

Carol Mason [2:34 P.M.]
I wasn't aware of that. In that case, how about talking to him tomorrow? Can you schedule a meeting with his secretary?

Omar Indigo [2:35 P.M.]
I'm on it.

Carol Mason [2:36 P.M.]
Thanks a lot. I'll be on the fifth floor by 3:00.

Omar Indigo [2:37 P.M.]
That's fine. See you then.

3. Why did Ms. Mason contact Mr. Indigo?

(A) To ask him where Mr. Samuels is
(B) To discuss a work project with him
(C) To schedule a meeting with Mr. Johnson
(D) To ask for a secretary's phone number

4. At 2:36 P.M., what does Ms. Mason mean when she writes, "I'll be on the fifth floor by 3:00"?

(A) She will visit Mr. Indigo at that time.
(B) She is currently out of her office now.
(C) She has to take the elevator up.
(D) She wants to meet in a conference room.

Questions 5-6 refer to the following e-mail.

To:	Harry Winston <hwinston@westinconstruction.com>
From:	Robert Anderson <robert-anderson@murphydesigns.com>
Subject:	Your New Job
Date:	Monday, September 3

Dear Mr. Winston,

Congratulations on your recent appointment as the vice president of project acquisitions at Westin Construction. You've worked there a long time, and you definitely deserved to get the job.

I wonder if you have some time to get together to meet to discuss some possible future business. Just so you know, I'm no longer at Rogers and Sons but have obtained new employment at Murphy Designs. I'm presently working on the redesign of the Harmony Theater. We're just about ready to accept bids for construction. The owners have given me permission to hire the firm that will do the work.

I'm free in the morning on Wednesday the fifth and in the afternoon on Thursday the sixth and Friday the seventh. If you're able to meet on one of those days, give me a call, please. I hope to hear from you soon.

Regards,

Robert Anderson

5. What is one reason Mr. Anderson sent the e-mail?

(A) To arrange a tour of the Harmony Theater
(B) To inquire about a future work project
(C) To ask Mr. Winston to apply for a new position
(D) To discuss the details of some new construction

6. When would Mr. Anderson be available to meet with Mr. Winston?

(A) On Tuesday at 11:00 A.M.
(B) On Wednesday at 2:00 P.M.
(C) On Thursday at 9:00 A.M.
(D) On Friday at 1:00 P.M.

Questions 7-8 refer to the following information.

Roses on a Table

Roses on a Table, by Francois Desmond, 1897, oil on canvas

While not as well-known as other Impressionists of his time, Francois Desmond built a solid body of work in a short period of time. *Roses on a Table* is arguably his most famous painting. Completed in 1897, the simplicity of the wooden table upon which three red roses are lying captured the attention of many. Mr. Desmond sold the work to the wealthy Mitterrand family of Nantes in 1898. It remained in their private collection until 1934, when it was acquired by the Walters Museum in Strasbourg. It was later sold to Emile Cartier in 1998, and it is on temporary loan here at the Faris Gallery until next March.

7. Which of the following is NOT true of *Roses on a Table*?

(A) It is a work of Impressionism.
(B) Some consider it Francois Desmond's most noted work.
(C) Francois Desmond created it with oil paint.
(D) The painting shows two people at a table with roses on it.

8. Who is the current owner of *Roses on a Table*?

(A) The Walters Museum
(B) The Faris Gallery
(C) Emile Cartier
(D) The Mitterrand family

MEMO

To: All Staff
From: Susan Porter, Human Resources
RE: Company Annual Spring Picnic
Date: April 5

The company's annual spring picnic has been scheduled to be held on Saturday, May 10, from 11:00 A.M. to 4:00 P.M. As always, it will take place in Harkness Park in the area located to the west of the lake.

Normally, Emma Connelly in HR organizes the picnic with the assistance of a few dedicated volunteers. However, Ms. Connelly transferred to our uptown office one month ago. We therefore need someone who is willing to take on the task of replacing Ms. Connelly and serving as the spring picnic organizer.

The ideal person must have an outgoing personality and a take-charge attitude. Experience organizing large events is necessary. Please be advised that whoever does this will be required to spend extra time in the office on weekdays and also spend some time working on weekends. At the conclusion of the event, the organizer will receive three paid days off. Those interested should call Mike Pearson in Human Resources at extension 2578.

9. What is mentioned about the spring picnic?

   (A) It will start and end in the afternoon.
   (B) It requires the payment of a fee to attend.
   (C) It is held in the same place every year.
   (D) It will include both games and food.

10. Why is Ms. Connelly unable to work as the picnic organizer?

   (A) She retired one month ago in March.
   (B) She no longer works in the office.
   (C) She has no time to do the work.
   (D) She is not interested in volunteering again.

11. Which of the following is NOT required of the new picnic organizer?

   (A) A willingness to work overtime
   (B) The ability to be a leader
   (C) Past work doing something similar
   (D) The ability to get along well with others

Questions 12-14 refer to the following advertisement.

Preston College
The Top Junior College in the State

With more than fifty degree programs for students to select, Preston College provides a wide range of options for students looking to receive a two-year associate's degree. –[1]–. Among the fields in which degrees are offered are chemical technology, civil engineering, nursing, business administration, accounting, sports medicine, childhood education, and computer programming. Our students have a 98% success rate at finding full-time work within six months of graduating. –[2]–.

Classes are offered during the day and night as well as on weekends for individuals whose work schedules do not permit them to study during the week. We accept students on full-time and part-time bases. --[3]--. Scholarships are offered for outstanding academic performance, and student loans are available to individuals in need of tuition assistance.

Check out our programs, faculty, and facilities by visiting our Web site at www.prestoncollege.edu. Or even better, visit our administration building at 68 Oak Avenue to speak with one of our career advisors. –[4]–.

12. Which of the following individuals would most likely be interested in studying at Preston College?

(A) A person who would like to work at a hospital
(B) A person who wants to take care of animals
(C) A person who enjoys playing sports
(D) A person who likes to repair computers

13. How can a student receive money for school?

(A) By having a low income
(B) By participating in extracurricular activities
(C) By playing a sport well
(D) By getting good grades

14. In which of the positions marked [1], [2], [3], and [4] does the following sentence best belong?
"No other school in the state can boast about such a high number."

(A) [1]
(B) [2]
(C) [3]
(D) [4]

Call for Papers

The International Society of Civil Engineers (ISCE) will be hosting its annual conference next year from May 4 to 7. The conference will be held once again in the main ballroom at the Grand Harper Hotel in Los Angeles, California. Those wishing to present papers at the conference must submit outlines no later than February 28 of next year. All outlines must be submitted to Dr. Bernard Langer at blanger@isce.org. A panel of engineers will select which papers can be presented. Notice will be given to those selected no later than March 10. Individuals chosen must then submit their complete papers by March 31 and note which types of presentation materials, such as laptops and screens, will be required for their talk. Presenters at the conference will have their registration fee waived but will not receive any financial compensation. To learn about which types of papers were presented in the past, please visit the ISCE Web site at www.isce.org/pastpresentations. Questions may be addressed to George Kelly at george@isce.org.

15. What is NOT true about the ISCE conference?

(A) It has been held at the Grand Harper Hotel before.
(B) It is happening several months in the future.
(C) Its theme is based on new trends in the industry.
(D) It is scheduled to take place for several days.

16. By when must a person send a copy of an outline of a paper to be presented?

(A) February 28
(B) March 10
(C) March 31
(D) May 4

17. What will presenters at the conference receive?

(A) Transportation funds
(B) A sum of money
(C) A coupon for a stay at a hotel
(D) Free admission to the conference

Questions 18-21 refer to the following article.

New Lives as Farmers
by staff reporter Lloyd Duncan

Lexington (July 11) – I recently paid a visit to Welcome Farm, which is owned by Keith and Wendy Gates. The farm is about a ten-minute drive east of Lexington on Maple Tree Drive. While there are numerous farms around Lexington, this one is different from the others, most of which are owned by people who have been farming their entire lives.

As for Keith and Wendy, they're new to farming. Prior to purchasing Welcome Farm last year, both of them led successful lives in other industries. Keith was a corporate attorney while his wife worked as a real estate agent. When I asked why they decided to abandon their lucrative positions, Keith remarked, "I got tired of dealing with the stress at work. There was too much travel, and I didn't like spending time away from my family." Wendy stated, "I would rather my children grow up in the countryside than in a big city."

While they have no prior experience as farmers, when I toured their farm, their crops—corn, tomatoes, and cucumbers—were growing well on their eighty acres of land. They're also raising pigs and chickens and even own a few dairy cows. Wendy said the crops they're growing are organic with no chemicals added. "It's hard work, but we have some farmhands who provide assistance and tell us what we're doing wrong."

Look for Welcome Farm produce at local farmers' markets in the future. Meat and vegetables from the farm will also be sold at local supermarkets within the next couple of months.

---

18. In paragraph 1, line 1, the word "paid" is closest in meaning to

    (A) attempted
    (B) spent
    (C) considered
    (D) made

19. What was Mr. Gates's job before he became a farmer?

    (A) Salesman
    (B) Lawyer
    (C) Real estate agent
    (D) Accountant

20. Which of the following is NOT mentioned as a reason Mr. and Mrs. Gates bought a farm?

    (A) They wanted to live in a rural area.
    (B) They preferred to spend time together.
    (C) They wanted to live a simpler lifestyle.
    (D) They did not like to deal with stress.

21. Which is true about Welcome Farm?

    (A) It is entirely run by Mr. and Mrs. Gates.
    (B) Crops are grown there using chemical fertilizers.
    (C) There are both plants and animals on the farm.
    (D) Fruits are the primary products being grown.

Questions 22-25 refer to the following online chat discussion.

Irene Mercer [9:15 A.M.]	The demonstration for Walter Petrochemicals is only two days from now. How are the preparations going?
Harry Glade [9:17 A.M.]	The engineers assure me that the product will work perfectly. Eric Bowman will be accompanying us in case there are any mechanical problems he needs to look at.
Angela Bean [9:18 A.M.]	The script we intend to follow for the presentation is prepared. We haven't practiced it though.
Irene Mercer [9:19 A.M.]	That's not ideal. Let's get together at 10:30 to go over what we're planning to say and do.
Harry Glade [9:20 A.M.]	That's fine. I'll go downstairs, get Eric, and pick up the product in a bit.
Wilma Reed [9:21 A.M.]	I'm meeting Mr. Thorpe then. Can we do it after lunch?
Irene Mercer [9:22 A.M.]	That doesn't work for me. You have a minor role, Wilma. Just talk to Harry later in the day to see what we discussed. Oh, do we have transportation to Dayton?
Angela Bean [9:24 A.M.]	I've arranged to borrow a company van. There will be plenty of room for everyone and our equipment.

Send

22. Why did Ms. Mercer start the online chat discussion?

(A) To ask about progress on an invention
(B) To inquire about some preparations
(C) To announce a change in a schedule
(D) To mention a possible new customer

23. Who most likely is Mr. Bowman?

(A) A client
(B) A chemist
(C) A designer
(D) An engineer

24. At 9:21 A.M., what does Ms. Reed mean when she writes, "I'm meeting Mr. Thorpe then"?

(A) She is already at Walter Petrochemicals.
(B) She will practice her role by herself.
(C) She cannot meet the others in her group.
(D) She will talk to Mr. Glade about anything important.

25. What is suggested about Walter Petrochemicals?

(A) Its headquarters is located in the city of Dayton.
(B) It has already signed a contract with the writers' firm.
(C) It is within driving distance of the writers' company.
(D) It recently opened a new factory in the state.

Questions 26-29 refer to the following letter.

Wendy Carlson
289 W. Rudolph Street
Charlotte, NC 28280

Dear Ms. Carlson,

I regret to inform you that you were not selected for employment as a graphics designers at the Seattle office of Radon Technology. This had nothing to do with your qualifications. The members of the hiring committee were impressed with your qualifications and the portfolio of your work you sent us. --[1]--. Unfortunately, your application arrived past the deadline, so the position had already been filled when we received it.

However, I would like to inform you of some good news. As you are likely aware, Radon Technology has offices around the country. --[2]--. We are also opening several new offices, all of which will require a graphics designer. In the next three months, we'll open offices in Portland, Oregon, Dallas, Texas, Chicago, Illinois, and your own city of residence. --[3]--. I highly suggest you apply there. You indicated you had lived there your entire life, so you could work for us but not have to move.

If you are interested, I can forward your application. --[4]--. Simply let me know by calling me at 839-281-9262 during regular business hours. For your information, the salary and benefits at each of the open positions are the same as those listed for the job in Seattle.

Regards,

Sidney Roth

Hiring Manager
Radon Technology

---

26. Why did Mr. Roth send the letter to Ms. Carlson?

(A) To provide information on a salary and benefits
(B) To offer her a position at his company
(C) To invite her to interview for a job
(D) To reject her application of employment

27. What is suggested about Radon Technology?

(A) It is opening an office in Charlotte, North Carolina.
(B) It operates several offices in foreign countries.
(C) It is considered one of the country's top firms.
(D) It often hires outside consultants to do work.

28. What does Mr. Roth request Ms. Carlson do?

(A) Call his boss to ask for her opinion
(B) Apply for a job at another branch
(C) Contact one of his colleagues
(D) Take a tour of the Portland office

29. In which of the positions marked [1], [2], [3], and [4] does the following sentence best belong?

"I worked together with the manager at that office a few years ago."

(A) [1]
(B) [2]
(C) [3]
(D) [4]

To:	Peter Brant <pbrant@kinghotel.com>
From:	Sue Murphy <smurphy@kinghotel.com>
Date:	March 28
Subject:	Customer Survey
Attachment:	survey_results

Dear Mr. Brant,

I received the results of the customer survey of our hotels around the world. The information was compiled by Janus Consulting, which ran the online survey and anonymized the comments by our guests.

Overall, guests expressed satisfaction with their experiences. The cleanliness of our hotels was rated extremely high. In addition, we received top grades on our Internet service, health clubs, and swimming pools. For the most part, the quality of the food at our restaurants received high marks.

Unfortunately, we failed in one crucial area: customer service. We received numerous complaints about staff members failing to respond to guests' needs in a timely manner. There were also negative comments about rudeness by members of the restaurant staff at several hotels, most of which are in Europe. It would be ideal for us to initiate a training program to improve that aspect of our hotels.

I have attached some brief results to this e-mail. I'll provide you with the full packet in person tomorrow.

Regards,

Sue Murphy

Director, Human Resources

King Hotel

Survey Results for King Hotel
by Janus Consulting

The following are the average results of a survey of 128 hotels in North America, Europe, and Asia.

	Highly Satisfied	Satisfied	Acceptable	Unsatisfied	Highly Unsatisfied
Cleanliness	✓				
Staff Service					✓
Internet Service			✓		
Swimming Pool		✓			
Health Club		✓			
Check-in Staff		✓			

Selected Comments:

"I would definitely stay again. This is my favorite hotel chain."

"Great room but horrible staff. I can't believe how poorly I was treated. Will not return."

"The prices are a bit high, but the facilities are top notch."

"I loved the food when I ordered room service. I also liked the pool a lot."

30. Why did Ms. Murphy send the e-mail?

   (A) To provide an explanation of some data
   (B) To request immediate changes at a hotel
   (C) To announce the completion of a survey
   (D) To complain about her treatment at a hotel

31. What did Ms. Murphy indicate about the hotel staff?

   (A) They often act in a professional manner.
   (B) They received the highest marks.
   (C) They were slow in assisting guests.
   (D) They often transfer to other locations.

32. What is suggested about Ms. Murphy?

   (A) She works for Janus Consulting.
   (B) She will meet Mr. Brant on March 29.
   (C) She intends to lead a training session.
   (D) She used to work at a reception desk.

33. According to the survey, which information did Ms. Murphy report incorrectly?

   (A) Cleanliness
   (B) Internet Service
   (C) Swimming Pool
   (D) Health Club

34. Which of the following is true according to the survey comments?

   (A) A stay at the hotel can be expensive.
   (B) Several hotels are undergoing renovations.
   (C) Room service is offered twenty-four hours a day.
   (D) The staff treats the guests with respect.

www.hometown.com/invoice

Hometown Online Shopping
Customer Invoice

Arlene Hollis
14 Elm Street
Gary, Indiana

Date Ordered: July 10   **Date Delivered:** July 14

Item	Quantity	Price
blue jeans, size 34	1	$34.99
T-shirt, white, medium	2	$21.98
baseball hat, size 7	1	$15.99
sneakers, pair, size 9	1	$49.99
	Subtotal	$122.95
	Sales Tax 10%	$12.30
	Shipping	$10.00
	Total	$145.25

Payment Method: Check ☐ Credit Card ☑ Money Order ☐ Bank Transfer ☐
Credit Card Number: XXXX-XXXX-XXXX-2078
Payment Received: July 10

Thank you for shopping with us. Please contact us at cs@hometown.com if you have any problems or questions.

To:	cs@hometown.com
From:	arlene_h@goldmail.com
Subject:	My Order
Date:	July 18
Attachment:	picture1, picture2, picture3

Dear Sir/Madam,

I purchased some items (order number 8559AJ43) from your store a few days ago. They just arrived a few moments ago. I was so excited because I had been planning to wear some of the items to a picnic my family is going on this coming weekend.

Unfortunately, there is a huge problem with the shoes I received. As you can clearly see from the pictures I have attached, they are in poor condition. There are several tears in them, and I simply cannot wear them. Please refund the money I paid for them to my credit card. I will dispose of them since they are worthless.

I've been making purchases from you for several years, and this is not the only time that such a thing has occurred. Please see to it that nothing like this ever happens again.

Regards,

Arlene Hollis

35. Which of the following information is NOT included on the invoice?

(A) The customer's address
(B) The method of payment
(C) The order number
(D) The price of shipping

36. What is indicated on the invoice?

(A) The items shipped the day after they were ordered.
(B) Hometown Online Shopping is based in Indiana.
(C) The order was paid for on the day it was made.
(D) Tax was not applied to the total amount of the order.

37. According to the e-mail, what is the problem with an item?

(A) It was damaged.
(B) It was the wrong color.
(C) It was too large.
(D) It was the incorrect brand.

38. How much does Ms. Hollis request be refunded?

(A) $15.99
(B) $21.98
(C) $34.99
(D) $49.99

39. What is suggested about Ms. Hollis?

(A) She paid extra for two-day express shipping.
(B) She had a problem with the company in the past.
(C) She prefers to shop at physical stores.
(D) She has a membership at Hometown Online Shopping.

Notice of Temporary Closure

The Montana State Museum will be closed from November 8 to 12. During this period, we will rearrange our exhibits. Due to the popularity of the dinosaur fossil exhibit, we will be adding additional pieces to the collection, making it 30% greater in size. As such, it will be relocated from Exhibit Hall C to Exhibit Hall A. The display on the history of westward expansion, currently located in Exhibit Hall A, will move to Exhibit Hall D. The astronomy exhibit will transfer to Exhibit Hall B while the remaining hall will be used for temporary exhibits, the first of which will be on Native American artifacts. We hope these changes enhance our visitors' experiences here.

To:	Sylvia Rose <srose@msm.org>
From:	George Jacobs <georgejacobs@msm.org>
Subject:	Exhibits
Date:	November 8

Sylvia,

Everyone has been busy packing the display pieces to prepare to move them over the next couple of days. Unfortunately, we had a slight accident in Exhibit Hall A when Chris Carter slipped and fell while carrying an item. It wasn't destroyed, but it suffered a major crack. We'll be sending it to a restorer. I don't believe we'll have to pay for the repairs because the entire exhibit is insured, but you should check with the legal team to confirm that. Please let me know what Tim Robertson says when you get a chance.

I'll let you know how everything else is going at the end of the day.

Regards,

George

Montana State Museum Reopens to Huge Crowd

by reporter Tina Yee

Helena (November 15) – Yesterday, the Montana State Museum reopened after having been closed for several days. A record crowd of thousands braved the cold, snowy weather to see the exhibits. The attendees widely considered the museum's changes to be for the better.

"I'm a big supporter of the museum and have donated to it over the years," said local resident Leslie O'Neil. "I love what they've done with it." Another Helena resident, Arch Riley, commented, "This was my first visit here, but I definitely intend to return. I particularly loved the fossils."

Museum officials were pleased with the positive reception. "It was a risky move to change the appearance of the museum," remarked Sylvia Rose, the curator. "But I'd say everything has turned out well."

40. According to the notice, why is the museum rearranging its exhibits?

(A) Visitors have made some complaints.
(B) Some new pieces are being added.
(C) Renovations expanded the size of the museum.
(D) A temporary exhibit is about to close.

41. What is suggested about Exhibit Hall A?

(A) It is used for temporary exhibits.
(B) It is located in the front of the museum.
(C) It attracts the most visitors.
(D) It is larger than Exhibit Hall C.

42. Which exhibit had an item damaged?

(A) The astronomy exhibit
(B) The dinosaur fossil exhibit
(C) The Native American artifact exhibit
(D) The history of westward expansion exhibit

43. What is suggested about the Montana State Museum?

(A) The changes made to it took longer than planned.
(B) It recently increased the price of admission.
(C) Its employees actively seek donors to the museum.
(D) Some special classes are held there each year.

44. According to the article, what was the response to the appearance of the museum?

(A) It was mostly positive.
(B) It was neutral.
(C) It was somewhat negative.
(D) It was highly negative.

Questions 45-49 refer to the following e-mail, advertisement, and memo.

To: chadwalker@toprealty.com
From: peterm@overdrive.com
Subject: Hello
Date: May 11

Dear Mr. Walker,

My name is Peter McNeil. I was given your name by Alicia Skeeter, for whom you found a residence about a year ago. She speaks highly of you and your dedication to your job.

My company is transferring me to the Jacksonville office in June. This will be a long-term assignment, so I need to buy a place for my family. I'm married and have three children between the ages of two and ten. We require a large home with three bedrooms and two bathrooms. Ideally, the house would have a large yard. It must be in the Hayfield neighborhood so that I can be close to my workplace. I will be in Jacksonville from May 18 to 20, so I hope you can show me some places then.

Regards,

Peter McNeil

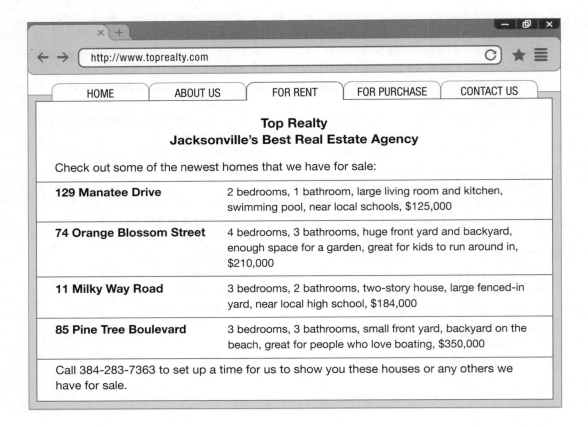

http://www.toprealty.com

| HOME | ABOUT US | FOR RENT | FOR PURCHASE | CONTACT US |

Top Realty
Jacksonville's Best Real Estate Agency

Check out some of the newest homes that we have for sale:

129 Manatee Drive	2 bedrooms, 1 bathroom, large living room and kitchen, swimming pool, near local schools, $125,000
74 Orange Blossom Street	4 bedrooms, 3 bathrooms, huge front yard and backyard, enough space for a garden, great for kids to run around in, $210,000
11 Milky Way Road	3 bedrooms, 2 bathrooms, two-story house, large fenced-in yard, near local high school, $184,000
85 Pine Tree Boulevard	3 bedrooms, 3 bathrooms, small front yard, backyard on the beach, great for people who love boating, $350,000

Call 384-283-7363 to set up a time for us to show you these houses or any others we have for sale.

MEMO

To: All Staff
From: Warren Grubbs
Subject: Peter McNeil
Date: June 6

Next Monday, June 9, Peter McNeil will be joining our office here at Fullerton Engineering. Mr. McNeil is coming to us from Portland, Oregon, so he's making a move across the entire country. We're having a welcome luncheon for him on his first day here. I hope all of you make him feel comfortable. He'll be living right down the street from the office, so his commute won't be a problem. He's got a big family, so those of you with kids should make an extra effort to befriend him to help his children make the adjustment to life here.

45. Why did Mr. McNeil send the e-mail?

(A) To explain his future job plans
(B) To request assistance finding a home
(C) To discuss an arrangement with Ms. Skeeter
(D) To make an offer on a residence

46. When most likely did Mr. McNeil meet Mr. Walker in person?

(A) On May 11
(B) On May 19
(C) On June 6
(D) On June 9

47. How much did Mr. McNeil probably pay for a house?

(A) $125,000
(B) $184,000
(C) $210,000
(D) $350,000

48. According to the memo, what will happen on June 9?

(A) A house will be purchased.
(B) A new department will be formed.
(C) A colleague will be introduced.
(D) A dinner party will be held.

49. What is indicated about Fullerton Engineering?

(A) It is located in the Hayfield neighborhood.
(B) It employs more than 200 people.
(C) It is the largest engineering firm in Jacksonville.
(D) It provides a housing stipend for its employees.

Questions 50-54 refer to the following memo, form, and receipt.

To: All Staff
From: Accounting Department
Re: Reimbursement Policy
Date: March 25

As of the first of next month, our reimbursement policy will undergo some alterations. Rather than submitting paper forms as we have done for years, submissions must be made electronically through the company intranet. All receipts must be scanned onto a computer and attached to the reimbursement form file as well. As always, the forms and supporting documents should be sent to the Accounting Department. The company will still only pay for purchases made in the line of business. Money spent for personal use will not be reimbursed. All original paper receipts must also be submitted to the Accounting Department. All staff must submit their reimbursement forms no later than the tenth of the month to be compensated for expenses on that month's paycheck on the twenty-fifth. Questions regarding this new policy should be directed to Karen Hollister at extension 595.

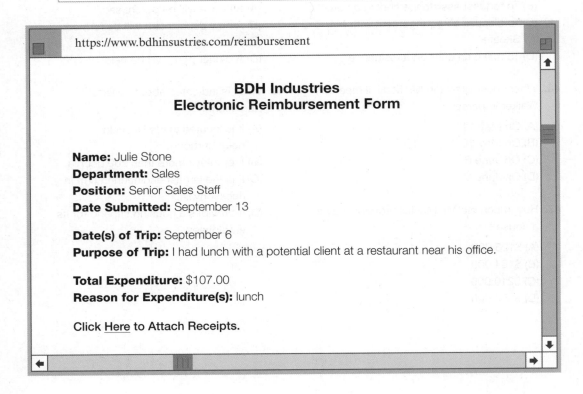

https://www.bdhinsustries.com/reimbursement

BDH Industries
Electronic Reimbursement Form

Name: Julie Stone
Department: Sales
Position: Senior Sales Staff
Date Submitted: September 13

Date(s) of Trip: September 6
Purpose of Trip: I had lunch with a potential client at a restaurant near his office.

Total Expenditure: $107.00
Reason for Expenditure(s): lunch

Click Here to Attach Receipts.

```
         Thank you for dining at Ortega's!
```

Item	Quantity	Price
Meat Nachos	1	$18.00
Steak Fajita	1	$22.00
Taco Set	1	$25.00
Cola	2	$8.00
Cookbook	1	$20.00
Subtotal		$93.00
Tip		$14.00
Total		$107.00

```
Paid in full by Julie Stone.
Please come again!
```

50. How is the reimbursement policy NOT being changed?

(A) Forms must be submitted to the Accounting Department.

(B) Original receipts need to be turned in.

(C) Requests must be made two days after trips are made.

(D) All supporting documents need to go to an accountant.

51. In the memo, the word "directed" in line 14 is closest in meaning to

(A) portrayed

(B) asked

(C) instructed

(D) considered

52. Why did Ms. Stone go on a trip?

(A) To recruit a new customer

(B) To discuss a past deal

(C) To demonstrate a product

(D) To renegotiate a contract

53. When will Ms. Stone be reimbursed?

(A) On September 25

(B) On October 10

(C) On October 25

(D) On November 10

54. What is true according to the receipt?

(A) Ms. Stone and her lunch partner split the bill.

(B) Tax was applied separately to the bill.

(C) Ms. Stone will not get back all of the money she spent.

(D) The time when the receipt was issued is listed on it.

정답 및 해설 p.49

RC

실전 모의고사

READING TEST

In the Reading test, you will read a variety of texts and answer several different types of reading comprehension questions. The entire Reading test will last 75 minutes. There are three parts, and directions are given for each part. You are encouraged to answer as many questions as possible within the time allowed.

You must mark your answers on the separated answer sheet. Do not write your answers in your test book.

PART 5

Directions: A word or phrase is missing in each of the sentences below. Four answer choices are given below each sentence. Select the best answer to complete the sentence. Then mark the letter (A), (B), (C), or (D) on your answer sheet.

101. Whitfield Heavy Industries reported a ------- increase in its profits during the first two quarters of the year.

(A) substance
(B) substantial
(C) substantiated
(D) substantially

102. Because the heavy snow caused problems with traffic throughout the city, ------- had trouble getting to their destinations on time.

(A) commuting
(B) commuted
(C) commuters
(D) commute

103. Pavarotti Consulting was awarded a contract by the French government to research the causes of the ------- economic crisis there.

(A) late
(B) later
(C) lately
(D) latest

104. Ms. Parker expressed her desire to attend the seminar in St. Louis, so she ------- permission to go.

(A) granted
(B) was granted
(C) will have granted
(D) be granted

105. MRT, Inc. constantly ------- potential customers with free samples of any of its products upon request.

(A) sells
(B) awards
(C) presents
(D) donates

106. Several employees volunteered to help organize the annual awards ceremony, but ------- of them were needed.

(A) every
(B) much
(C) few
(D) each

107. Government officials are ------- that the extra funds for repairing the city's roads will be approved soon.

(A) hopeful
(B) known
(C) considered
(D) reported

108. There was a problem with the computer system, so no e-mails sent ------- eight A.M. and noon were received.

(A) from
(B) between
(C) toward
(D) beyond

109. Please try to complete your annual reviews by this Thursday so that Mr. Arnold can review ------- on Friday.

(A) they
(B) their
(C) them
(D) themselves

110. George Parker is strongly ------- to the success of the project and expects to complete it within three days.

(A) committed
(B) agreed
(C) decided
(D) convinced

111. Dr. Meyers decided ------- his new clinic on the third floor of the Harrington Shopping Center.

(A) opening
(B) will open
(C) to open
(D) has opened

112. The train bound for Madison will depart late on account of a minor ------- problem it just suffered.

(A) mechanic
(B) mechanism
(C) mechanical
(D) mechanically

113. A visit to Mecha Dyne's new manufacturing plant in Toronto has been ------- for the visitor coming from Dublin.

(A) reserved
(B) programmed
(C) navigated
(D) arranged

114. The Perkins Gallery announced it will be holding an ------- of works by Claude Monet for the following two months.

(A) exhibition
(B) exhibited
(C) exhibits
(D) exhibiting

115. ------- more than fifty individuals indicated that they would attend the seminar, only thirty-five actually showed up.

(A) However
(B) Because
(C) Although
(D) Moreover

116. The contract should be ------- by the firm's attorneys this week, so the CEO can likely sign it anytime afterward.

(A) attempted
(B) reviewed
(C) visited
(D) portrayed

117. Until the bridge is ------- inspected for damage, no vehicles or pedestrians will be allowed to cross it.

(A) thoroughly
(B) apparently
(C) reservedly
(D) imperatively

118. The sale, which was scheduled to last for three days, was ------- by a week due to its popularity.

(A) extension
(B) extendable
(C) extensive
(D) extended

119. Most of the files from cases more than five years ago ------- to a storage facility in Camden.

(A) will be sent
(B) have been sending
(C) will have been sending
(D) was sent

120. Each departmental supervisor is ------- to complete a comprehensive budget estimate at the beginning of each quarter.

(A) submitted
(B) rewarded
(C) required
(D) detected

GO ON TO THE NEXT PAGE

121. The new regulations ------- air pollution quickly resulted in the quality of the air improving tremendously.

(A) regarding
(B) regards
(C) to regard
(D) regarded

122. Rudolph Messier has worked as an automobile mechanic at the same shop for ------- twelve years.

(A) fairly
(B) since
(C) quite
(D) nearly

123. Despite being offered the opportunity to transfer ------- the London office, Ms. Owens rejected it to remain in her present position.

(A) on
(B) to
(C) with
(D) over

124. The conference call with major investors was moved to Friday ------- several key employees could be present for it.

(A) as a result
(B) in addition to
(C) so that
(D) due to

125. International transfers can be made by ------- of the bank's tellers during regular business hours.

(A) any
(B) much
(C) every
(D) nobody

126. Interviews of candidates hoping to ------- Ms. Roosevelt are scheduled to begin at nine and will last for several hours.

(A) substitute
(B) hire
(C) notify
(D) replace

127. ------- than arranging to drive a rental car, Mr. Wembley opted to use public transportation while in Munich on business.

(A) Willingly
(B) Instead
(C) Sooner
(D) Rather

128. Traffic is moving slowly in the downtown area ------- the construction work going on around the aquarium.

(A) therefore
(B) since
(C) because of
(D) with respect to

129. Manfred Groceries has a policy of not accepting returns of any ------- items which it follows strictly.

(A) perished
(B) perishable
(C) perishing
(D) perishes

130. It was decided that the Golden Corral was the most ------- place to hold Kenmore Tech's tenth anniversary celebration.

(A) impressed
(B) best
(C) ideal
(D) expansive

PART 6

Directions: Read the texts that follow. A word, phrase, or sentence is missing in parts of each text. Four answer choices for each question are given below the text. Select the best answer to complete the text. Then mark the letter (A), (B), (C), or (D) on your answer sheet.

Questions 131-134 refer to the following e-mail.

To: hrogers@photomail.com

From: p_lee@hikingtoday.com

Date: September 18

Subject: Pictures

Dear Mr. Rogers,

-----------. We have decided to publish three of them in next month's issue. Two will appear
    131.
with an article that was written by Meredith Jones. The other has been chosen ----------- as the
                           132.
cover photo for the entire magazine. Congratulations on this achievement.

You will receive our standard rate of $150 per regular photo and $400 for a cover photograph.
As always, the ----------- will be made two days after the issue is printed.
           133.

Please feel free to submit more photographs in the future. We are always ----------- with your
                                  134.
work.

Sincerely,

Priscila Lee

Editor-in-Chief

Hiking Today

131. (A) It was a real pleasure to hear from you recently.
    (B) It's my pleasure to offer you a job at our company.
    (C) I'm glad that you decided to ask about a subscription.
    (D) Thank you for the pictures that you submitted.

132. (A) serving
    (B) will serve
    (C) to be served
    (D) to serve

133. (A) salary
    (B) fee
    (C) payment
    (D) check

134. (A) impressed
    (B) aware
    (C) considerate
    (D) approved

GO ON TO THE NEXT PAGE ➡

Questions 135-138 refer to the following notice.

Bus Routes to Be Added

Due to increasing demand, Detweiler Bus Lines is adding three new routes starting on March 1. The routes will start in front of the Mercury Shopping Center and head in eastward, southward, and westward ----------. One will wind up in the suburb of Hampton, another at the sports stadium,
135.
and ---------- in the town of Oswego. ----------. This is a slight increase in comparison to
136.   **137.**
the other routes operated by Detweiler. The complete routes can be viewed at www.detweiler.com/newroutes. Buses will start running at 5:30 A.M. The last bus ---------- at
138.
11:30 P.M. Buses will run approximately every fifteen minutes.

---

135. (A) directions
(B) roads
(C) vehicles
(D) instructions

136. (A) each other
(B) the other
(C) one another
(D) some other

137. (A) Many people from Oswego insisted on the new route.
(B) The price for taking each bus will be $1.50.
(C) More routes will be added if necessary.
(D) These buses will help the people in those neighborhoods.

138. (A) departed
(B) will have departed
(C) has departed
(D) will depart

Dear Mr. Vernon,

This is a ---------- reminder that it's time for your six-month checkup at the White Teeth Clinic. You
         139.
can call us at 598-4837 during regular business hours to schedule an appointment.

-----------. Her name is Emily Rosewood. She has more than twelve years of experience working as
      140.
a dentist and is quite popular with our patients. If you would like to see her, we can ----------- that
                                                                                    141.
easily.

We are still located at 78 Weston Avenue. But we have undergone some ----------- since you were
                                                                            142.
here the last time. I'm sure you'll be impressed when you visit.

We hope to see you soon.

Regards,

Horace Steele

Staff Assistant

White Teeth Clinic

---

139. (A) friendship
(B) friendly
(C) friendliest
(D) friends

140. (A) Please be advised that we have added a new dentist to the staff.
(B) You had a couple of cavities the last time you visited us.
(C) I hope you have been taking good care of your teeth.
(D) It's important to remember to brush and floss daily.

141. (A) arrange
(B) report
(C) approach
(D) remove

142. (A) renovates
(B) renovations
(C) renovated
(D) renovate

GO ON TO THE NEXT PAGE

Questions 143-146 refer to the following customer review.

This vacation, I chose to head ---------- the mountains to do some skiing. I made a reservation
143.

at the Claymore Resort, which recently opened. I had heard several positive comments about it.

----------. The room was clean, spacious, and bright. I ordered room service a couple of times, and
144.

the food was not only delicious ---------- inexpensive as well. The staff there is professional and
145.

helpful. Finally, the resort is located right next to the ski slope, so I didn't have to travel far to start

skiing down the mountain. I'll definitely be ---------- there again soon.
146.

---

143. (A) to
(B) at
(C) in
(D) on

144. (A) As such, I decided to get a room at
another place.
(B) I'm writing this review to oppose their
viewpoint.
(C) It was shocking to read all of their
comments.
(D) Those people could not have been
more correct.

145. (A) and
(B) or
(C) but
(D) so

146. (A) reserving
(B) touring
(C) staying
(D) registering

PART 7

Directions: In this part you will read a selection of texts, such as magazine and newspaper articles, e-mails, and instant messages. Each text or set of texts is followed by several questions. Select the best answer for each question and mark the letter (A), (B), (C), or (D) on your answer sheet.

Questions 147-148 refer to the following letter.

Charles Gaston
493 Pewter Lane
Moline, WI

Dear Mr. Gaston,

Congratulations. Your application for a new Silver Millennium credit card has been accepted. Please find your card in this envelope, sign it, and follow the instructions on the sticker on the card to activate it.

We would like to briefly acquaint you with the benefits and services your card provides. First, you have a credit limit of $15,000 and a cash advance limit of $3,500. Second, for every ten dollars you spend, you will receive one air mile. These air miles never expire and can be redeemed at any time. Third, should you require assistance, please contact a customer service representative 24 hours a day at 234-985-7777. If you need to report a lost or damaged card, call 234-985-7778.

Sincerely,

Marjorie Moss
Customer Service Manager

147. How can Mr. Gaston use his credit card?

(A) By calling a number to activate it
(B) By responding to an e-mail
(C) By reading some directions on a card
(D) By visiting a local bank in person

148. Which of the following is true about the credit card?

(A) It allows Mr. Gaston to take out $15,000 in cash.
(B) It gives Mr. Gaston air miles when he makes purchases.
(C) It provides Mr. Gaston with fraud insurance in case of theft.
(D) It lets Mr. Gaston use his card anywhere in the world.

GO ON TO THE NEXT PAGE

Questions 149-150 refer to the following text message chain.

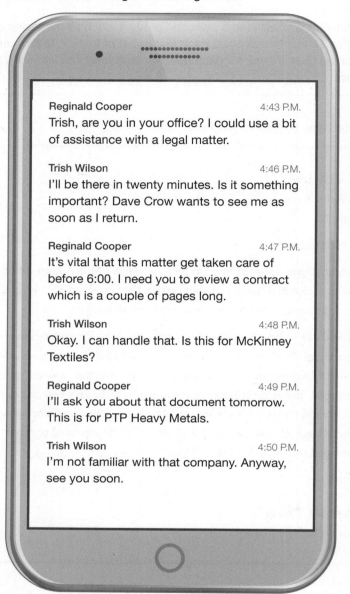

Reginald Cooper   4:43 P.M.
Trish, are you in your office? I could use a bit of assistance with a legal matter.

Trish Wilson   4:46 P.M.
I'll be there in twenty minutes. Is it something important? Dave Crow wants to see me as soon as I return.

Reginald Cooper   4:47 P.M.
It's vital that this matter get taken care of before 6:00. I need you to review a contract which is a couple of pages long.

Trish Wilson   4:48 P.M.
Okay. I can handle that. Is this for McKinney Textiles?

Reginald Cooper   4:49 P.M.
I'll ask you about that document tomorrow. This is for PTP Heavy Metals.

Trish Wilson   4:50 P.M.
I'm not familiar with that company. Anyway, see you soon.

149. At 4:46 P.M., what does Ms. Wilson imply when she writes, "I'll be there in twenty minutes"?

(A) She cannot find Mr. Cooper's office.
(B) She is stuck in traffic.
(C) She is not in the office now.
(D) She is late for an appointment.

150. What does Mr. Cooper want Ms. Wilson to do?

(A) Visit PTP Heavy Metals with him
(B) Help with a negotiation
(C) Call someone at McKinney Textiles
(D) Look over a document

Questions 151-152 refer to the following itinerary.

Jet Way Travel Agency
Itinerary for Mr. Robert W. Harrison

Flight and Hotel Details

Date	Flight Number	Departing	Arriving
Departure Tues., April 11	Easy Air EA367 Duration: 6 hours 35 minutes	Montreal, CA Tues, April 11 1350 hours (1:50 P.M.)	London, GB Tues., April 11 2325 hours (11:25 P.M.)
Return Sat., April 15	Easy Air EA368 Duration: 6 hours 10 minutes	London, GB Sat., April 15 0830 hours (8:30 A.M.)	Montreal, CA Sat., April 15 1040 hours (10:40 A.M.)

Hotel	Dates	Room	E-mail
Excelsior Hotel	April 11 to 15	single room	excelsior@hotels.uk

*Please call Helen Smith at 895-9484 if you need to make any changes.
*Your tickets and hotel reservation have been charged to your corporate account.

151. According to the itinerary, what is true about Mr. Harrison's trip?

(A) It requires him to rent a car.
(B) It includes two stopovers.
(C) It is a domestic trip.
(D) It will last for five days.

152. Who most likely is Ms. Smith?

(A) A hotel employee
(B) A colleague of Mr. Harrison's
(C) A travel agent
(D) An airline worker

GO ON TO THE NEXT PAGE

A New Album for an Old Band
by reporter Mike Gullage

The Silver Tones have just released *Blue Days*, their latest album. These rockers from Denver, Colorado, have been around for more than ten years, but they were relatively unknown for most of that time. Only in the past couple of years have they become more mainstream.

This has never been clearer than with the songs on *Blue Days*. The first single on the album, "Keep on Rocking," is a powerful rock song with a catchy tune. Several of the twelve songs on the album are similar to it, including "The Hurricane." However, there are also a few slow ballads, such as "Don't Forget Me" and "That's All Right." "Keep on Rocking" has already gotten plenty of airplay and should break into the top forty charts next week.

Drummer Paul Waxman, the main songwriter, has done a masterful job with his lyrics and drumming. The rest of the group—bassist Patrick Jones, lead singer and guitarist Bruce Weaver, and keyboardist Emmitt Banks—pour their hearts and energy into every song. Be sure to get Blue Days, which is for sale in CD form as well as on streaming services.

153. What is suggested about the Silver Tones?

(A) They are preparing to go on a concert tour.
(B) Most of the songs they sing are slow ballads.
(C) Few people knew about them three years ago.
(D) All of the members were childhood friends.

154. What is probably true about "The Hurricane"?

(A) It was written by Paul Waxman.
(B) It made a top forty list.
(C) It is a slow tune.
(D) It is the first release from *Blue Days*.

155. What is the writer's opinion of *Blue Days*?

(A) Several of the songs could have been better.
(B) It will be the Silver Tunes' most popular album.
(C) It is an album that people ought to purchase.
(D) No other album released this year is better than it.

Volunteers Needed

The Sunset Lake Community Center is looking for volunteers for the summer season. We could use volunteers for the following positions:

1. two lifeguards for the swimming pool
2. three tennis instructors
3. two arts and crafts teachers
4. one computer center supervisor
5. one scheduling supervisor

Volunteers must be at least eighteen years of age. Those who wish to serve as lifeguards must have experience and be certified in first aid. All applicants should visit www.sunsetcomcenter.org and fill out the application form. The deadline for applications is May 20. Those with questions should call Mary Thompson at 324-4584.

156. What is true about the Sunset Lake Community Center?

(A) It charges a membership fee.
(B) It is located in a suburb.
(C) It has an outdoor track for running.
(D) It offers a variety of activities.

157. Which of the following is NOT a requirement to be a lifeguard?

(A) Knowledge of how to take care of injured people
(B) Past employment as a lifeguard
(C) Being eighteen or older
(D) A willingness to work on weekends

GO ON TO THE NEXT PAGE

To:	Dale Carter <dcarter@quarkmail.com>
From:	Andrew Wisler <andrew_w@protech.com>
Subject:	Assistant Manager Position
Date:	August 3

Dear Mr. Carter,

Both Jacqueline Sullivan and I had a favorable impression of you at the second interview you conducted yesterday. --[1]--. In fact, you stood head and shoulders above the competition. We would therefore like you to know that the assistant manager position is yours.

At the interview, you indicated that you felt the starting salary was a bit low. I am pleased to inform you that my boss permitted me to increase your salary by $6,000. --[2]--. This would bring your total compensation to $45,000 a year, which is in line with the number you suggested was fair. You will receive full benefits, including two weeks of paid vacation, membership in our pension plan, and comprehensive health insurance, among others. --[3]--.

Before you can start working with us, you have to attend a one-week training course. --[4]--. You will receive financial compensation during that time. The next program starts on August 28. We hope you will attend it and then begin your employment here a week later.

Please let me know your decision within the next three days.

Sincerely,

Andrew Wisler

Protech, Inc.

---

158. Why did Mr. Wisler send the e-mail?

(A) To approve Mr. Carter's application for a course
(B) To make an offer of employment
(C) To give an employee a raise
(D) To respond to a request for a transfer

159. What did Mr. Carter talk about at a previous meeting?

(A) Travel opportunities
(B) Work hours
(C) Educational courses
(D) Financial compensation

160. In which of the positions marked [1], [2], [3], and [4] does the following sentence best belong?
"You'll be taught everything you need to know about how to conduct your duties in an appropriate manner."

(A) [1]
(B) [2]
(C) [3]
(D) [4]

Questions 161-164 refer to the following article.

Good Times in Richmond

by senior staff reporter Greta Weiss

Richmond (May 22) – One month ago, the city of Richmond opened its most recent public building, the senior citizens center located at 89 Rosewood Drive. At that time, nobody was sure how popular it would be. Now, city council members are contemplating opening a second center on the other side of town.

Fran Kuykendall, who runs the center, commented, "I had expected to see around twenty to thirty people here each day. But astonishingly, we're averaging more than a hundred on weekdays and two hundred fifty on weekends." Ms. Kuykendall remarked that she has already asked the city to increase

the center's budget to enable her to offer more activities.

For now, the center focuses primarily on serving as a meeting place for senior citizens. It runs classes on various topics, including computer literacy, cooking, and basic financial skills. According to Ms. Kuykendall, the classes are full every time they're held. She hopes more people will volunteer so that she can offer even more classes.

Donors willing to help out are actively being sought. Those individuals interested in contributing to the well-being of Richmond's senior citizen community should call 875-4837.

161. When did the senior citizens center open?

(A) In February
(B) In March
(C) In April
(D) In May

162. Why was Ms. Kuykendall surprised?

(A) The center is able to remain open all day and night,
(B) Attendance at the senior citizens center is high.
(C) Her budget has been increased by the city.
(D) She has gotten more volunteers than expected.

163. Which of the following activities is NOT offered at the senior citizens center?

(A) Cooking classes
(B) Economics classes
(C) Computer classes
(D) Language classes

164. What are people being asked to do?

(A) Give money
(B) Apply for the classes
(C) Drive senior citizens to the center
(D) Act as security guards

GO ON TO THE NEXT PAGE

Questions 165-167 refer to the following memo.

To: Jessica Crowder, Stefan Moore, Carl Montrose
From: Melissa Williamson
Date: October 3
Subject: Dates

Please be advised that the dates of the training program on the new machinery we're installing have been determined. The installation should be complete by tomorrow. The day afterward, inspectors will look over everything to ensure the equipment will work as planned.

As for the training program, it's set for next week:

Monday, October 8	Team 1 (Crowder)
Tuesday, October 9	Team 2 (Moore)
Wednesday, October 10	Team 3 (Montrose)

Training will take five hours to complete. It will run from 9:00 A.M. to 12:00 P.M., when we will break for lunch. Then, we'll complete the course from 1:00 to 3:00 P.M. Stefan, you know the most about the machinery, so you'll lead each session. Once the training is complete, I want the employees to spend the next three hours working with it to guarantee they can operate it. We'll go fully functional on October 11.

165. What is the memo mainly about?

(A) Problems with some machinery
(B) An upcoming training course
(C) The materials needed to teach a class
(D) The schedule for installing equipment

166. When will the machinery be inspected?

(A) On October 3
(B) On October 4
(C) On October 5
(D) On October 6

167. According to the memo, who will train the employees?

(A) Ms. Crowder
(B) Mr. Moore
(C) Mr. Montrose
(D) Ms. Williamson

Questions 168-171 refer to the following online chat discussion.

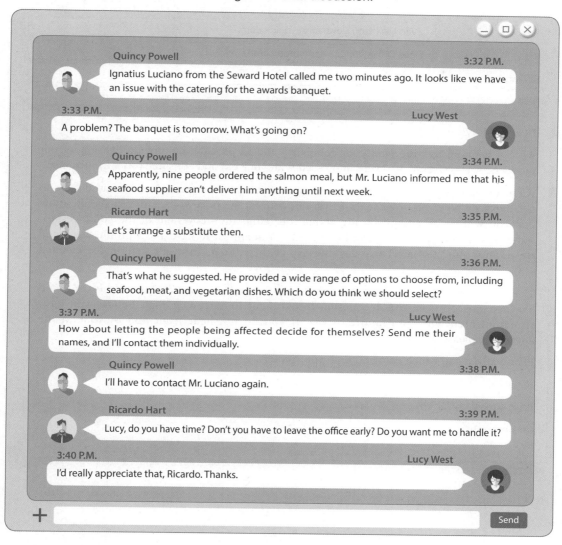

Quincy Powell   3:32 P.M.
Ignatius Luciano from the Seward Hotel called me two minutes ago. It looks like we have an issue with the catering for the awards banquet.

3:33 P.M.   **Lucy West**
A problem? The banquet is tomorrow. What's going on?

Quincy Powell   3:34 P.M.
Apparently, nine people ordered the salmon meal, but Mr. Luciano informed me that his seafood supplier can't deliver him anything until next week.

Ricardo Hart   3:35 P.M.
Let's arrange a substitute then.

Quincy Powell   3:36 P.M.
That's what he suggested. He provided a wide range of options to choose from, including seafood, meat, and vegetarian dishes. Which do you think we should select?

3:37 P.M.   **Lucy West**
How about letting the people being affected decide for themselves? Send me their names, and I'll contact them individually.

Quincy Powell   3:38 P.M.
I'll have to contact Mr. Luciano again.

Ricardo Hart   3:39 P.M.
Lucy, do you have time? Don't you have to leave the office early? Do you want me to handle it?

3:40 P.M.   **Lucy West**
I'd really appreciate that, Ricardo. Thanks.

+   [   ]   Send

168. What is the online chat discussion mainly about?

(A) The winners of some company awards
(B) Menu options for a company event
(C) Reservations for an upcoming banquet
(D) The prices of some dishes at a dinner

169. What solution to the problem does Ms. West recommend doing?

(A) Having attendees select a replacement
(B) Making the event start a bit earlier
(C) Asking people to order when they arrive
(D) Postponing the event until a later day

170. At 3:38 P.M., why does Mr. Powell write, "I'll have to contact Mr. Luciano again"?

(A) He forgot to get a copy of a price list.
(B) He cannot remember a worker's number.
(C) He does not have a list of names.
(D) He does not know what the choices are.

171. What does Mr. Hart offer to do?

(A) Visit Mr. Ignatius in person
(B) Speak with his supervisor
(C) Attend a meeting with Ms. West
(D) Contact some employees

GO ON TO THE NEXT PAGE →

To:	Evan Davidson <evand@reynolds.com>
From:	Rose Cross <rcross@compton.com>
Subject:	Your Bid
Date:	June 8

Dear Mr. Davidson,

We at Compton, Inc. received your company's bid to provide nationwide delivery of our products. --[1]--. Overall, we were impressed with your bid and consider you a frontrunner.

We would like you to visit our office next week, preferably on June 13 or 14, and discuss in detail exactly how you propose to deliver our items at the price you cited. You should know that you will be asked specifically about your company's coverage of the southwestern states of Arizona, New Mexico, and Utah. --[2]--. You appear to have a low profile there, and we promise our customers two-day delivery of their orders in every state in the country. --[3]--.

There are also a few financial documents my company requires. You will be contacted by Glen Roscoe from the Accounting Department tomorrow. I don't believe you have communicated with him before. --[4]--. If you do not hear from him by four in the afternoon, please let me know at once.

Please advise me which date and time your prefer.

Regards,

Rose Cross

Compton, Inc.

172. What is one reason Ms. Cross sent the e-mail?

(A) To invite a person to a meeting
(B) To offer a contract to a company
(C) To request that some documents be signed
(D) To recommend a person for employment

173. What is Ms. Cross concerned about?

(A) A price that a firm intends to charge
(B) A company's ability to fulfill a promise
(C) How a firm will be able to make goods on time
(D) How a company will increase its workforce

174. The word "profile" in paragraph 2, line 4, is closest in meaning to

(A) outline
(B) appearance
(C) record
(D) presence

175. In which of the positions marked [1], [2], [3], and [4] does the following sentence best belong?

"We would like to hear how you propose to do so."

(A) [1]
(B) [2]
(C) [3]
(D) [4]

GO ON TO THE NEXT PAGE

To: Stella Carpenter <scarpenter@merlon.com>
From: Caroline Hawthorne <caroline_h@merlon.com>
Subject: Parker Publishing Merger
Date: December 2

Dear Ms. Carpenter,

As you're probably well aware, I'm busy preparing for the big meeting with the board of directors this Wednesday. The main topic of discussion will be the merger with Parker Publishing. I need you to quickly write up a summary of the merger agreement. Simply provide me with the main points and write them in a way that's easy to understand. Make it something which I can give them so that they'll grasp the complete picture without requiring too many details. I also need you to send me every document related to the Parker merger. Our lawyers have to go over the fine print a final time before the contract gets signed. Thanks.

Caroline Hawthorne

To: Caroline Hawthorne <caroline_h@merlon.com>
From: Kenneth Murray <kenmurray@merlon.com>
Subject: Merger
Date: December 5

Ms. Hawthorne,

Your presentation at yesterday's meeting was outstanding. The report you provided for all of us was well done and really focused on the vital points of the agreement. It was done well enough that we didn't have to ask too many questions. Well, I suppose Chuck Thomas and Cecily Peters made some inquiries, but that's their style. As for the rest of us, we were content to rely upon the information you provided us with. I'll be putting a letter in your file, which should be of considerable benefit to you next year when it's time to think about promotions.

Regards,

Kenneth Murray

176. In the first e-mail, what does Ms. Hawthorne ask Ms. Carpenter to do?

(A) Take some pictures
(B) Give a presentation
(C) Write a report
(D) Sign a contract

177. What will Ms. Hawthorne probably give the company lawyers?

(A) A template of a contract
(B) Some official papers
(C) The terms of an agreement
(D) A notarized copy of a report

178. Why was the second e-mail sent?

(A) To compliment a performance
(B) To ask for a letter of recommendation
(C) To provide an update on a merger
(D) To make a clarification

179. Who most likely is Mr. Murray?

(A) Ms. Hawthorne's intern
(B) An executive at Parker Publishing
(C) A lawyer at Merlon
(D) A member of the board of directors

180. In the second e-mail, what is suggested about Ms. Hawthorne?

(A) She is responsible for the merger negotiations.
(B) She may get a better position next year.
(C) She was not in attendance at the meeting.
(D) She will become an executive at Parking Publishing.

GO ON TO THE NEXT PAGE

Come to the Hava Java Café as we celebrate our fifth anniversary

We'll be offering amazing deals all week long

Enjoy 40% off all coffees, teas, and soft drinks this week

Don't forget about our baked goods, such as cookies, muffins, pies, and cakes, which are 25% off

All of our tables have electric outlets for your devices

And we have the fastest Wi-Fi Internet service available

Come for the outstanding drinks and pleasant atmosphere here

We're located at 35 Windsor Avenue in the heart of downtown

We're open daily from 6:00 A.M. to 10:00 P.M.

Hava Java Café: A Review
by reporter Jeremy Walker

I decided to pay a visit to the Hava Java Café last week since it was celebrating its fifth anniversary and offering some special deals. Besides, I hadn't been there in a couple of years, so I wanted to see how it had changed during that time.

The décor was similar to what I remember having seen, but the quality of the drinks and food has improved tremendously. My fellow visitors and I ordered an assortment of hot coffees and teas, and nobody was disappointed. I personally ordered an espresso made with coffee beans imported from Ethiopia, and I was impressed with the taste.

As for the food, I had an English muffin that was toasted to perfection, a delicious slice of pecan pie, and a chocolate chip cookie. The cookie was a bit too hard, but it tasted all right. Everyone else in my group tried a variety of cupcakes, cakes, and muffins and really liked them.

The only complaint I had was that I was only given a 30% discount on my drink, but that was probably an honest mistake. The café was packed, and the cashier looked somewhat overwhelmed. You should definitely drop by the Hava Java Café if you have a chance. You won't regret it.

181. According to the advertisement, what is NOT true about the Hava Java Café?

(A) It is open every day of the year.
(B) It has an atmosphere that people enjoy.
(C) It has been in business for five years.
(D) It added some pastries to its menu recently.

182. Which of the following people would likely visit the Hava Java Café?

(A) Someone who wants to listen to live music
(B) Someone who wants to enjoy a coffee and a sandwich
(C) Someone who wants to work on a laptop computer
(D) Someone who wants to take a class on becoming a barista

183. What does Mr. Walker indicate about his visit to the Hava Java Café?

(A) It was not as good as he had remembered it.
(B) He was accompanied by some other people.
(C) He went there during the morning hours.
(D) It was his first time there in three years.

184. Which item was Mr. Walker NOT impressed with?

(A) The pie
(B) The coffee
(C) The muffin
(D) The cookie

185. How much of a discount should Mr. Walker have received?

(A) 25% off
(B) 30% off
(C) 35% off
(D) 40% off

GO ON TO THE NEXT PAGE

Employee Dress Code

As of November 1, all Briggs workers must wear a uniform. This includes a white button-down shirt and black slacks for men and a white blouse and either black slacks or a black skirt for women. Workers must also wear black dress shoes. The company will pay for every employee to have two of each clothing items. Any extra items purchased must be paid for by individual workers. Employees will receive a discount of 25% on all items they purchase before November 10. Please complete an order form and give it to your immediate supervisor no later than October 20.

Kitty Hawk Styles
Order Form

Customer Name: Alisson Lee
Company Name: Briggs
Address: 8555 North Hampton Avenue, Baltimore, MD

Order Date: October 18

Item	Size	Quantity	Price per Unit (Includes Discount)
White Blouse	S	2	$40.00
Black Skirt	S	1	$30.00
Black Slacks	S	3	$50.00
Black Dress Shoes	7	2	$90.00

Bill To: Briggs
Signature: *Alisson Lee*

To: Calvin Smith <calvinsmith@briggs.com>
From: Allisson Lee <alee@briggs.com>
Subject: Blouse
Date: November 15

Dear Mr. Smith,

Last night, while I was working the evening shift, a customer spilled some coffee on my blouse. I washed it twice today but was unable to remove the stain. I then took the item to my local dry cleaner, but the attendant remarked that the stain was likely permanent.

It appears as though I need to acquire a new blouse. Could you please provide me with another order form so that I can do that? In addition, will I be responsible for paying for the replacement? The senior staff member on duty last night commented that he wasn't sure what the company's policy is. I hope Briggs will compensate me because the accident happened while I was working and didn't occur because of anything I did wrong.

I would like the order to be expedited because I only have one other blouse to wear, and I'm scheduled to work the next six days in a row.

Best,

Allisson Lee

186. What is the main purpose of the announcement?

(A) To advise employees to wear nicer clothes
(B) To describe how to treat customers
(C) To explain a change in a work policy
(D) To point out an adjustment in a schedule

187. According to the announcement, what must employees do by October 20?

(A) Provide their sizes to their supervisors
(B) Begin wearing their uniforms
(C) Submit an order form
(D) Pay for some items

188. What is suggested on the order form?

(A) Ms. Lee must pay $50.00 of the total payment.
(B) The order will arrive before November 1.
(C) One item was ordered with monogramming.
(D) Everything is being paid for by credit card.

189. In the e-mail, what problem does Ms. Lee mention?

(A) She ordered the wrong size pants.
(B) An item of clothing was stained.
(C) She tore one of her blouses.
(D) A part of her uniform no longer fits.

190. What is true about Ms. Lee?

(A) She does not qualify for a discount for a replacement item.
(B) She will be reprimanded for her performance at work.
(C) She failed to follow the company's policy while working.
(D) She is the senior staff member at Briggs.

GO ON TO THE NEXT PAGE

Questions 191-195 refer to the following e-mails and memo.

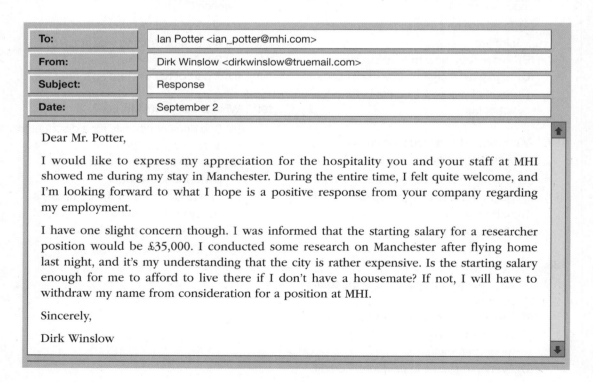

To:	Dirk Winslow <dirkwinslow@truemail.com>
From:	Petunia Grierson <pgrierson@mhi.com>
Subject:	Mountebank Heavy Industries
Date:	August 19

Dear Mr. Winslow,

It is with great pleasure that I'm writing to inform you that your application for a position at Mountebank Heavy Industries has passed the first stage. We want to interview you at our company headquarters in Manchester. The date of your interview is scheduled for Friday, August 29. This will be an all-day affair starting at 9:00 A.M.

Should you accept this offer, we will make your travel and hotel arrangements. You will fly here on Thursday evening, where you will check into a local hotel. After interviewing with us, you can choose to remain in Manchester over the weekend in case you would like to explore the city where you might be moving to. Let me know your intentions so that your bookings can be made.

Please let me know your answer by e-mail within the next twenty-four hours.

Regards,

Petunia Grierson

To:	Ian Potter <ian_potter@mhi.com>
From:	Dirk Winslow <dirkwinslow@truemail.com>
Subject:	Response
Date:	September 2

Dear Mr. Potter,

I would like to express my appreciation for the hospitality you and your staff at MHI showed me during my stay in Manchester. During the entire time, I felt quite welcome, and I'm looking forward to what I hope is a positive response from your company regarding my employment.

I have one slight concern though. I was informed that the starting salary for a researcher position would be £35,000. I conducted some research on Manchester after flying home last night, and it's my understanding that the city is rather expensive. Is the starting salary enough for me to afford to live there if I don't have a housemate? If not, I will have to withdraw my name from consideration for a position at MHI.

Sincerely,

Dirk Winslow

To: All R&D Staff
From: Allen Scofield, Head, R&D Department
Subject: New Employees
Date: September 17

Please be advised that we will have some new employees joining us in the R&D Department this coming Thursday, September 20. Each of them will be employed as researchers. Here are their names:

Brian Caldwell
Christina Kite
Eve Watkins
Marcus Boswell
Dirk Winslow

Let's be sure to give them a warm welcome upon arrival. They're all new to Manchester, so it would be wonderful if a few of you helped them get oriented here.

191. In the first e-mail, which of the following is NOT mentioned?

(A) Ms. Grierson expects a response to her e-mail.
(B) Mr. Winslow must make his own travel arrangements.
(C) Ms. Grierson invites Mr. Winslow to stay after his interview ends.
(D) Mr. Winslow applied for a job at Mountebank Heavy Industries.

192. What is one reason Mr. Winslow sent the second e-mail?

(A) To thank a person for his kindness
(B) To inquire about some job duties
(C) To accept the terms of a job offer
(D) To ask about taking a tour of Manchester

193. In the second e-mail, what is indicated about Mr. Winslow?

(A) He has some prior work experience in the industry.
(B) He stayed in Manchester for an entire weekend.
(C) He expects to live with a roommate in Manchester.
(D) He is willing to conduct a second interview anytime.

194. What is suggested about Mr. Winslow?

(A) He already knows his fellow new employees.
(B) His move is being paid for by MHI.
(C) He will be required to travel for his new position.
(D) His salary concerns were handled by MHI.

195. What does Mr. Scofield request the members of his department do?

(A) Show some new workers around town
(B) Demonstrate to the new workers how to use some machinery
(C) Invite some new employees to have lunch with them
(D) Act as mentors to the new employees

GO ON TO THE NEXT PAGE

Silas Manufacturing Experiences Difficult Times
by Adam Dean, economics reporter

Fredericksburg (April 11) – Two years ago, Silas Manufacturing was the talk of the town. That was when the company decided to open a factory here in Fredericksburg and then went on a hiring spree, employing more than 550 local residents earning impressive salaries.

Things have changed recently though. On account of the poor economy, Silas has gone from earning a profit to losing money. According to one financial analyst, Jim Williams, Silas has experienced a decrease in revenues of more than forty percent this year due mainly to the cancelation of orders by various clients. This indicates that layoffs are likely in the future. The Fredericksburg facility is likely to see a reduction in its staff of up to fifty percent.

If that happens, tough times could be ahead for the entire city. The facility manager, Timothy Freeman, was contacted but had not responded at the time this article was printed. A press conference has been scheduled for April 14, and it is likely that these and other issues will be covered at it.

To: letterstotheeditor@fredpress.com
From: tfreeman@silasman.com
Date: April 12
Subject: Adam Dean

To the Editor,

I read Adam Dean's recent article, entitled "Silas Manufacturing Experiences Difficult Times," and I was shocked by how many incorrect statements it contained.

For one, there are no plans to lay off any individuals at the Fredericksburg facility. In fact, we have plans to bring on more workers next month. Nor has the company lost money recently. Silas is proud of having earned an operating profit every quarter for the past ten consecutive years. Finally, we have not seen a decrease in revenues but an increase in them.

I insist on a full retraction of the article and that the writer be reprimanded for his irresponsible and factually inaccurate article.

Regards,

Timothy Freeman

Silas Manufacturing Facility Manager, Fredericksburg

Fredericksburg Press
Seeking New Reporter

The *Fredericksburg Press* is in urgent need of a new economics reporter. The ideal candidate needs at least three years of reporting experience and must be able to work with short deadlines. The new reporter will be expected to file at least two short stories a day and one long feature story each week. A competitive salary and benefits will be provided. The reporter must start sometime in April. For more information, contact Trisha Mercer at 584-3884.

196. According to the article, what did Silas Manufacturing do in Fredericksburg?

(A) It opened a manufacturing plant.
(B) It hired more than six hundred employees.
(C) It constructed a new facility.
(D) It helped solve the city's unemployment problem.

197. In the article, the word "impressive" in paragraph 1, line 8, is closest in meaning to

(A) inspiring
(B) high
(C) famous
(D) adequate

198. Which claim made in the article does Mr. Freeman NOT address?

(A) The company's plans to fire employees
(B) The company's decrease in revenues
(C) The company's failure to earn a profit
(D) The company's loss of existing clients

199. What does Mr. Freeman indicate in the letter?

(A) There are plans to expand the size of his facility.
(B) His company has been profitable for a decade.
(C) Silas Manufacturing will hire new workers next year.
(D) He will no longer advertise in the *Fredericksburg Press*.

200. What most likely happened to Mr. Dean?

(A) He was given a tour of Silas Manufacturing.
(B) He was given a promotion.
(C) He was transferred to another country.
(D) He was removed from his position.

Stop! This is the end of the test. If you finish before time is called, you may go back to Parts 5, 6, and 7 and check your work.

★ 기초부터 실전까지 ★

300

= 문제로 끝내는 =

토익

RC

· MICHAEL A. PUTLACK ·
· STEPHEN POIRIER ·
· TONY COVELLO ·
&
· 다락원 토익 연구소 공저 ·

해설집

다락원

PARTS 5&6

Type 01 동사 I

p.14

1. (B)	**2.** (A)	**3.** (A)	**4.** (C)	**5.** (B)

1

Jenkins 씨는 직원 중 한 명이 최신 제품의 사용자 매뉴얼을 수정해야 한다고 주장했다.

(A) request
(B) requested
(C) requesting
(D) requestor

user's manual 사용자 매뉴얼

Mr. Jenkins라는 주어가 있고 목적어 역할을 하는 that 절이 있지만 동사가 빠져 있다. 따라서 빈칸에는 동사가 들어가야 한다. 보기 중 동사는 (A)와 (B)인데, 주어가 3인칭 단수이므로 (A)는 정답이 될 수 없고 동사 request의 과거형인 (B)가 정답이다.

2

회사의 대표 이사인 Edwards 씨는 올해 몇 차례의 출장을 떠날 예정이다.

(A) intends
(B) intention
(C) intentional
(D) intentionally

intend 의도하다   intention 의도, 의향   intentional 의도적인

주어가 Mr. Edwards라는 사람이고 the CEO of the company는 주어와 동격을 나타내는 삽입 구문이다. 주어진 문장에서 주어에 알맞은 동사를 찾아볼 수 없으므로 빈칸에는 문장의 동사 역할을 할 수 있는 (A)의 intends가 들어가야 한다. 참고로 intend to는 '~할 의도이다'라는 의미를 나타낸다.

3

우리는 모든 배송물이 24시간 이내에 목적지까지 도착할 수 있도록 배송을 해야 한다.

(A) deliver
(B) delivered
(C) delivery
(D) delivering

package 포장물, 소포   destination 목적지   deliver 배송하다, 배달하다

빈칸 앞에 조동사 should가 있으므로 빈칸에는 동사 원형인 (A)가 들어가야 한다.

4

실험실에서 연구를 하던 도중에 과학자들이 질병을 치료할 수 있는 새로운 방법을 발견했다.

(A) discovers
(B) discovery
(C) discovered
(D) discovering

treat 다루다; 치료하다   disease 질병   laboratory 실험실

주어인 the scientists를 받을 수 있는 동사가 없으므로 빈칸에는 동사가 들어가야 한다. 보기 중 동사는 (A)와 (C)인데, 주어가 복수이므로 (A)가 아닌 (C)가 정답이다.

5

그 회사의 주가는 이후 6개월 동안 상승할 것으로 모두가 기대하고 있다.

(A) expectations
(B) expects
(C) expecting
(D) expectant

stock 주식; 재고   expectation 기대, 예상   expectant 기대하는

3인칭 단수인 everyone을 주어로 삼을 수 있는 동사가 필요하다. 따라서 (B)의 expects(기대하다, 예상하다)가 정답이다.

Type 02 동사 II

p.16

1. (B)	**2.** (C)	**3.** (A)	**4.** (C)	**5.** (B)

1

비행기가 제때에 도착한다면 Samuels 씨는 기조 연설을 들을 수 있을 것이다.

(A) arrival
(B) arrives
(C) arriving
(D) arrived

on time 정시에, 제때에   keynote speech 기조 연설   arrival 도착

if가 이끄는 부사절 내의 동사를 찾아볼 수 없으므로 빈칸에는 동사가 들어가야 한다. 보기 중 (B)와 (D)가 동사인데, 주절의 시제가 미래이므로 과거형인 (D)는 정답이 될 수 없다. 따라서 (B)의 arrives가 정답이다.

2

비록 Richards 씨가 그때 받을 것으로 기대하고 있지는 않지만, 배송은 오늘 오후에 예정되어 있다.

(A) doubtable

(B) doubter

(C) doubts

(D) was doubted

---

doubtable 의심할만한, 불확실한

although가 이끄는 부사절 내의 동사가 빠져 있다. 따라서 빈칸에는 동사인 (C)가 들어가야 한다.

3

Eric Bender는 20년 동안 그 부서에서 일을 했지만 관리자로 승진하지 못했다.

(A) worked

(B) worker

(C) was worked

(D) working

---

department 부서 **promote** 승진시키다 **senior management** 간부직

even though가 이끄는 부사절에서 Eric Bender라는 사람을 주어로 삼을 수 있는 동사가 필요하다. 따라서 (A)가 정답이다.

4

창고 직원들이 차량에 짐을 싣는 동안 작업반장은 그들이 일하는 것을 감독했다.

(A) observe

(B) observation

(C) observed

(D) observing

---

warehouse 창고 **load** 짐을 싣다 **foreman** 십장, 작업반장 **observe** 관찰하다, 감시하다; 준수하다 **at work** 근무하는 **observation** 관찰, 감시

while이 이끄는 부사절 내에 동사가 생략되어 있으므로 빈칸에는 동사의 과거형인 (C)의 observed가 들어가야 한다.

5

인쇄업체가 실수를 했기 때문에 포스터를 폐기하고 새로 제작해야 한다.

(A) makes

(B) made

(C) making

(D) was made

---

printer 프린터; 인쇄업자, 인쇄업체 **make a mistake** 실수하다 **throw away** 버리다 **create** 만들다, 제작하다

빈칸에는 the printer를 주어로 삼고 a mistake를 목적어로 삼을 수 있는 동사가 들어가야 한다. 동사의 현재형인 (A)는 문장의 의미를 자연스럽게 만들지 못하고, 수동형인 (D)는 어법에 맞지 않는 표현이다. 정답은 (B)로, make a mistake가 '실수를 하다'라는 뜻으로 사용된다는 점을 알면 쉽게 정답을 찾을 수 있다.

Type 03 시제

p.18

| **1.** (A) | **2.** (D) | **3.** (B) | **4.** (C) |

수신: Aaron Crawford

발신: Bill Sherman

제목: 만남

날짜: 8월 11일

친애하는 Crawford 씨께,

며칠 전 사무실에서 귀하를 만나 기뻤습니다. 저를 만나기 위해 잭슨빌까지 먼 길을 와 주신 점에 감사를 드립니다.

귀하께서 제 상사와 저에게 보여 주신 제품은 상당히 인상적이었습니다. 저희는 대량으로 구매할 의사가 있습니다. 하지만 귀하께서 언급하신 가격은 너무 높습니다. 귀하로부터 1,000개의 수량을 구입하는 경우, 10%의 할인을 받는 것이 가능할까요? (이러한 점이 받아들여지면 주문 절차를 밟을 수 있습니다.) 이 문제에 대한 답변을 곧 듣게 되길 바랍니다. 언제라도 전화를 주십시오.

Bill Sherman 드림

---

the other day 며칠 전에 **all the way** 줄곧 **demonstrate** 시위하다; 시연하다 **impressive** 인상적인 **regarding** ~에 관하여 **anytime** 언제라도

1 (A) appreciate

(B) request

(C) approve

(D) report

본인을 만나러 와 준 것에 대한 감사의 인사를 전하고 있다. 따라서 (A)의 appreciate(감사하다)가 정답이다.

2 (A) will mention

(B) have been mentioned

(C) are mentioning

(D) mentioned

내용상 '(지난 번 만났던 자리에서) Crawford 씨가 언급했던 가격'이라는 의미가 완성되어야 하므로 빈칸에는 동사의 과거형이 들어가야 한다. 따라서 정답은 (D)이다. 참고로 the price 다음에는 관계대명사 that이 생략되어 있다.

3 (A) however

(B) if

(C) because

(D) although

1,000개를 구매한다는 가정하에 할인을 받을 수 있는지 묻고 있다. 따라서 빈칸에는 가정법에 사용되는 접속사인 (B)의 if가 들어가야 한다. 빈칸 다음에 we의 be동사로 were가 쓰인 것을 통해

서도 이 문장이 가정법 문장이라는 점을 알 수 있다.

4 (A) 저는 다음 주 중에 선적물을 받게 되기를 기대하고 있습니다.
(B) 계약서에 이미 서명이 이루어져 등기 우편으로 발송되었습니다.
(C) 이러한 점이 받아들여지면 주문 절차를 밟을 수 있습니다.
(D) 급한 상황이었기 때문에 지난 주까지 제품이 필요했습니다.

registered mail 등기 우편   in a hurry 급한, 서두르는

빈칸 바로 앞에서 대량 주문 시 할인 혜택을 받을 수 있는지 물었으므로 빈칸에는 '조건이 수락된다면 주문을 하겠다'는 의미를 담은 (C)가 들어가야 가장 자연스러운 문맥이 완성된다.

Type 04 태

1. (C)   **2.** (C)   **3.** (C)   **4.** (B)   **5.** (A)

1
공석이 발표되고 5주가 지난 후, 단 세 명만이 그 자리에 지원했다.

(A) has been announced
(B) will be announced
(C) was announced
(D) announced

job opening 공석

빈칸에 들어갈 동사의 주어가 job opening(공석)이므로 announce(알리다, 발표하다)가 사용되기 위해서는 수동태 문장이 만들어져야 한다. 아울러 주절의 시제가 과거이므로 이 두 가지 조건을 동시에 만족시키는 (C)가 정답이다.

2
신분증에 문제가 있기 때문에 며칠 내에 새로운 신분증이 발급될 것이다.

(A) are issued
(B) will issue
(C) will be issued
(D) have been issued

ID card 신분증   issue 발급하다; 화제, 이슈

issue는 '발급하다'라는 뜻의 동사이므로 new ones(새 신분증)를 주어로 삼기 위해서는 수동태 형식이 필요하다. 한편 within the next few days(며칠 내로)라는 부사구에 유의하면 동사의 시제는 미래여야 한다는 점을 알 수 있으므로 정답은 이 두 가지 조건을 모두 만족시키는 (C)이다.

3
Kimball 씨는 어렸을 때 몇 가지 악기를 연주하는 법을 배웠다.

(A) was learned
(B) is learned
(C) learned
(D) has been learned

musical instrument 악기   youth 어린 시절

learn(배우다, 학습하다)의 주어가 Mr. Kimball이라는 인물이므로 이 문장은 능동태 문장이 되어야 한다. 보기 중 능동형인 것은 (C)뿐이다.

4
창문이 제대로 설치되면 추운 겨울에도 단열이 잘 될 것이다.

(A) installed
(B) are installed
(C) have been installed
(D) will install

install 설치하다   insulation 단열, 전열

동사 install(설치하다)의 알맞은 형태를 묻고 있다. 주어가 the windows(창문)라는 사물이므로 수동태 형식이 사용되어야 한다. 아울러 주절의 시제가 미래이기 때문에 조건절 내의 빈칸에는 현재 시제가 사용되어야 한다. 보기 중에서 이 두 가지 조건을 만족시키는 것은 (B)이다.

5
Harper 씨가 자신의 발언을 사과하지 않는다면 그녀의 직장 동료들은 계속 감정이 상해 있을 것이다.

(A) apologizes
(B) will apologize
(C) is apologized
(D) has been apologized

apologize for ~에 대해 사과하다   comment 주석, 논평   officemate 사무실 동료   upset 화가 난, 기분이 상한

빈칸의 주어가 Ms. Harper라는 사람이므로 능동태 문장이 완성되어야 한다. 또한 시간이나 조건을 나타내는 부사절에서는 현재 시제가 미래 시제를 대신하기 때문에 정답은 (A)가 된다.

Type 05 to부정사

1. (C)   **2.** (D)   **3.** (B)   **4.** (A)   **5.** (C)

1
그 칼럼니스트는 자신의 글이 게재를 거절당한 것을 알고 실망을 했다.

(A) learned
(B) learning
(C) to learn

(D) has learned

columnist 칼럼니스트   article 글, 기사   publication 출판, 발행; 발표, 공개

빈칸 앞에 was disappointed(실망하다)라는 감정을 나타내는 표현이 있으므로 빈칸에는 감정의 원인을 나타낼 수 있는 to부정사가 들어가야 한다. 따라서 정답은 (C)로, 이때의 to부정사는 부사적 용법으로 사용되었다.

2

문제를 더 잘 이해하기 위해 그 팀은 하루 종일 기기를 면밀히 살펴볼 것이다.

(A) Understands
(B) Will understand
(C) To understanding
(D) To understand

closely 가까이; 면밀히   machinery 기계(류)

내용상 '문제를 더 잘 이해하기 위해서'라는 목적의 의미가 완성되어야 한다. 따라서 to부정사인 (D)가 정답이다.

3

Cross 씨는 곧 주택 및 개인 차량에 관한 보험 상품에 가입할 것이다.

(A) will purchase
(B) to purchase
(C) purchasing
(D) be purchased

insurance 보험   both A and B A와 B 모두   personal 개인의

동사 hopes(바라다)의 목적어가 필요하다. 따라서 명사적 용법의 to부정사인 (B)가 정답이다. 동사 hope이 to부정사만을 목적어로 취하는 동사라는 점을 알면 보다 쉽게 정답을 찾을 수 있다.

4

Chambers 박사는 의료계의 최근 발전 사항에 관한 컨퍼런스에서 연설할 내용을 글로 작성했다.

(A) to give
(B) giving
(C) will give
(D) will be given

medical 의료의, 의학적인   advance 발전, 진보

주요 문장 성분들이 모두 있기 때문에 빈칸에는 speech를 수식할 수 있는 형용사절을 이끄는 표현이 들어가야 한다. 보기 중 형용사절을 이끌 수 있는 것은 to부정사인 (A)와 현재분사인 (B)인데, 내용상 미래의 의미를 내포하고 있는 (A)가 빈칸에 들어가는 것이 적절하다.

5

열악한 기상 상태로 인해 10시간 이상 공항에 남아 있게 될 것이라고는 아무도 예상하지 못했다.

(A) remained
(B) remaining
(C) to remain
(D) had remained

due to ~ 때문에   weather condition 기상 상황

보기 중 동사 expected(기대하다, 예상하다)의 목적어가 될 수 있는 것은 to부정사인 (C)뿐이다. 참고로 expect 역시 to부정사만을 목적어로 취하는 동사이다.

Type 06 현재분사와 과거분사
p.24

1. (B)　　**2.** (D)　　**3.** (A)　　**4.** (B)

수신: 전 직원
발신: Sheila Easterwood
날짜: 9월 3일
제목: 사무실 방침

9월 7일 월요일 부로 이곳 Ralston 출판사에서의 근무 시간이 보다 유연해질 것입니다. 직원들은 더 이상 오전 9시까지 출근해서 오후 6시에 퇴근하지 않아도 됩니다.

그 대신, 직원들은 하루치 근무 시간을 충족시키는 한, 원하는 대로 출퇴근 시간을 정할 수 있습니다. 직원들은 관리자에게 새로운 근무 시간에 대해 알려 주어야 합니다. (이로써 혼란을 예방하게 될 것입니다.) 또한 필요한 참석자들이 모두 사무실에 있을 때 관리자들이 회의를 소집할 수 있을 것입니다.

더 많은 정보가 필요하신 경우, 내선 번호 22로 제게 연락을 주십시오. 개인적인 사정에 가장 잘 맞는 새로운 스케줄을 생각해 낼 수 있도록 제가 도움을 드릴 수 있습니다.

flexible 유연한   no longer 더 이상 ~ 않다   so long as ~하는 한   worth 가치가 있는   inform A of B A에게 B에 대해 알리다   supervisor 감독관, 관리자   come up with ~을 떠올리다   fit 맞다, 적합하다

1　(A) worker
　(B) working
　(C) workable
　(D) worked

workable 실행 가능한

빈칸에는 명사 hours를 수식할 수 있는 형용사가 필요하다. 따라서 (A)를 제외한 나머지 보기들이 정답 후보인데, (C)는 단어의 의미상 hours를 수식하기 힘들며, (D)의 worked는 수동의 의미를 나타내므로 이 또한 정답이 될 수 없다. 따라서 정답은 (B)로, '근무 시간'은 보통 working hours 혹은 work hours로 나타낸다.

2 (A) in
(B) at
(C) for
(D) of

worth는 형용사로 쓰이는 경우 「worth + -ing」 형태로 사용되며, 명사로 쓰이는 경우에는 「worth of + (동)명사」로 사용된다. 이 문제의 경우 빈칸 앞에 소유격이 있으므로 여기에서의 worth는 명사임을 알 수 있다. 따라서 그 뒤에는 (D)의 전치사 of가 이어져야 한다.

3 (A) 이로써 혼란을 예방하게 될 것입니다.
(B) 그렇게 해 주셔서 감사합니다.
(C) 관리자들이 여러분의 계획을 확인할 것입니다.
(D) 모든 것이 계획대로 이루어지고 있습니다.

빈칸 다음의 also가 정답의 단서이다. 빈칸 다음 문장에서 관리자에게 근무 시간을 통보하는 경우 생기게 될 효과에 대해 이야기하고 있으므로 빈칸에도 그러한 효과 및 이점에 대해 안내하는 문장이 들어가야 자연스러운 흐름이 이어진다. 보기 중 근무 시간 통보의 효과로 볼 수 있는 것은 (A)뿐이다.

4 (A) routine
(B) schedule
(C) itinerary
(D) route

routine 일상 itinerary 여행 일정 route 길, 경로

빈칸에 들어갈 말은 that의 선행사로서 best fits your personal needs의 주어가 될 수 있는 단어여야 한다. 보기 중 이러한 조건을 만족시키는 명사는 (B)의 schedule(일정)이다.

Type 07 동명사   p.26

1. (A)   **2.** (D)   **3.** (D)   **4.** (B)   **5.** (C)

1

배관공이 수리를 하자 물이 새는 파이프에서 나던 큰 소음이 금방 사라졌다.

(A) making
(B) make
(C) to make
(D) made

leaky 물이 새는 make noise 소리를 내다. 소음이 나다 plumber 배관공

동사 quit의 목적어가 필요하다. quit은 동명사를 목적어로 취하는 동사이기 때문에 동명사인 (A)가 정답이다.

2

해외의 일자리를 수락한 것은 Stephanie Miller가 내린 가장 중요한 결정 중 하나였다.

(A) Acceptable
(B) Accepted
(C) Accepts
(D) Accepting

decision 결정 acceptable 받아들일 수 있는, 수락할 수 있는

문장의 주어가 없으므로 주어 역할을 할 수 있는 명사나 동명사가 필요하다. 빈칸 다음의 a job에 유의하면 이를 목적어로 취할 수 있는 동명사, 즉 (A)의 Accepting이 빈칸에 들어가야 한다.

3

Hoover 씨는 인턴 사원에게 졸업 후 자신의 부서에 정규직으로 지원하는 것을 생각해 보라고 조언했다.

(A) apply
(B) applies
(C) application
(D) applying

advise 충고하다 full-time job 정규직 graduate 졸업하다

consider(고려하다; 간주하다)는 동명사를 목적어로 취하는 동사 중 하나이다. 따라서 빈칸에 들어갈 단어는 동명사인 (D)이다.

4

그 승객은 승무원에게 먹을 것과 마실 것을 가져다 줄 수 있는지 물었다.

(A) to get
(B) getting
(C) gets
(D) got

flight attendant 비행기 승무원

mind는 본래 '꺼리다'라는 뜻으로, 동명사만을 목적어로 취하는 동사이다. 따라서 빈칸에 들어갈 get의 알맞은 형태는 (B)이다.

5

그 캐릭터를 무대에서 표현하는 것은 Andrew Thompson이 했던 역할 중에서 가장 어려운 것 중 하나였다.

(A) Portrayed
(B) Portrays
(C) Portraying
(D) Be portrayed

portray 묘사하다, 나타내다 role 역할

문장의 주어가 빠져 있으므로 빈칸에는 주어를 이끌 수 있는 단어가

들어가야 한다. 보기 중에서 주어 역할을 할 수 있는 것은 동명사인 (C)의 Portraying뿐이다.

Type 08 명사 I

p.28

1. (D)   **2.** (C)   **3.** (A)   **4.** (B)   **5.** (B)

1

보고서에 따르면 조선업의 수익성은 내년에 보다 높아질 것이다.

(A) industrial
(B) industrialization
(C) industrialize
(D) industry

profitable 수익성이 높은   industrial 산업의   industrialization 산업화

빈칸 다음에 조동사 will이 있으므로 빈칸에는 주어 역할을 할 수 있는 명사가 들어가야 한다. (B)의 industrialization도 명사이기는 하지만, 이는 '산업화'라는 의미로서 문장의 전체적인 의미와는 부합되지 않는 뜻을 나타낸다. 따라서 정답은 (D)의 industry로, shipping industry는 '조선업'이라는 의미를 나타낸다.

2

모든 방문객들은 건물 내부로의 출입을 허가 받기에 앞서 신분증을 제시해야 한다.

(A) identity
(B) identified
(C) identification
(D) identifiable

identification 신원, 신분(증)   permit 허락하다, 허가하다   identity 정체성   identify (신원 등을) 확인하다

동사 show의 목적어가 될 수 있는 명사가 필요하다. 보기 중 명사는 (A)와 (D)인데, 자연스러운 의미의 문장을 완성시킬 수 있는 단어는 (C)의 identification(신원, 신분증)이다.

3

증인들은 운전자가 정지 신호를 무시하고 달렸기 때문에 사고가 일어났다고 주장했다.

(A) Witnesses
(B) Witnessed
(C) Witness
(D) Witnessing

witness 증인, 목격자   claim 주장하다   run a red light 정지 신호를 무시하고 달리다

문장에 주어가 빠져 있으므로 빈칸에는 주어 역할을 할 수 있는 명사가 들어가야 한다. 보기 중 명사의 형태를 갖추고 있는 것은 (A)와 (C)이지만, 빈칸 앞에 관사 등이 없으므로 (C)보다는 복수형인 (A)가

빈칸에 들어가는 것이 자연스럽다.

4

도시를 방문하는 사람들이 접할 수 있는 다양한 형태의 즐길 거리들이 존재한다.

(A) entertainer
(B) entertainment
(C) entertaining
(D) entertained

a variety of 다양한   entertainment 오락 거리, 여흥   available 이용할 수 있는   entertain 즐겁게 하다

빈칸 앞에 전치사가 있으므로 빈칸에는 전치사의 목적어가 될 수 있는 명사나 동명사가 들어가야 한다. 보기 중 명사는 (A), (B), (C)인데, (A)는 '연예인'이라는 뜻으로 문장의 내용과 어울리지 않으며, (C)는 형용사인 available의 수식을 받을 수 없는 동명사이다. 따라서 정답은 '즐길 거리' 혹은 '오락'이라는 뜻을 나타내는 명사인 (B)의 entertainment이다.

5

그 책은 다가오는 7월에 출판될 예정이다.

(A) publisher
(B) publication
(C) published
(D) publish

publication 출판   be scheduled to ~할 예정이다   take place 일어나다, 발생하다   publisher 출판인, 출판사

빈칸에는 주어 역할을 하면서 전치사 of의 수식을 받을 수 있는 명사가 들어가야 한다. (A)도 명사이기는 하나 publisher는 '출판인' 또는 '출판사'라는 의미를 나타내므로 이는 문장의 전체적인 의미와 어울리지 않는다. 따라서 정답은 (B)의 publication(출판)이다.

Type 09   명사 II

p.30

1. (C)   **2.** (B)   **3.** (A)   **4.** (D)

지역 극장이 문을 닫다
Theo Rose 기자

갑작스러운 발표를 통해 Harding 극장의 소유주는 다가 오는 토요일 밤에 극장 문을 닫을 것이라고 밝혔다. 연극 *햄릿*이 상영된 이후 극장은 더 이상 일반 관객들에게 문을 열지 않을 것이다.

극장의 소유주인 Xavier Daniels는 극장의 관객수가 감소해서 수익성이 악화되었다고 주장했다. 따라서 더 이상 극장을 운영할 수 없게 되었다. 그는 40년 전에 극장을 설립했고, 그 동안 수천 건의 공연을 주최해 왔다.

(Daniels 씨는 건물이 매각되기를 희망한다고 밝혔다.) 인수에 관심이 있는 사람들은 Grover 가의 Simpson Realty에 연락을 하면 된다.

---

attendance 출석, 출석률   unprofitable 수익을 내지 못하는
acquire 얻다, 획득하다

---

1 (A) announce
(B) announcer
(C) announcement
(D) announcing

빈칸 앞의 전치사, 관사 및 형용사에 유의하면 빈칸에는 명사가 들어가야 함을 알 수 있다. 따라서 명사인 (C)가 정답이다.

2 (A) what
(B) that
(C) which
(D) when

동사 stated의 목적어 역할을 할 수 있는 명사절이 필요하다. 따라서 빈칸에는 명사절을 이끌 수 있는 접속사인 (B)의 that이 들어가야 한다.

3 (A) has hosted
(B) will host
(C) has been hosted
(D) was hosted

내용상 '40년 전부터 현재까지 수천 건의 공연을 주최해 왔다'는 의미가 완성되어야 한다. 따라서 과거에 시작되어 현재까지 영향을 미치고 있는 행위를 나타내는 시제, 즉 (A)의 현재완료가 가장 적절한 시제이다. 주어가 '극장'을 가리키는 it이고 thousands of performances라는 목적어가 존재하기 때문에 수동태 형식의 (C)는 정답이 될 수 없다.

4 (A) 소유주는 조만간 은퇴해서 다른 도시로 갈 계획이다.
(B) 그곳에서 더 많은 공연이 열릴 수 있는 가능성은 여전히 존재한다.
(C) 부지는 이미 한 투자가에 의해 매입되었다.
(D) Daniels 씨는 건물이 매각되기를 희망한다고 밝혔다.
property 재산, 부동산   investor 투자가

빈칸 바로 다음의 문장에서 정답의 단서를 찾을 수 있다. 글쓴이는 다음 문장에서 부동산 매입을 희망하는 사람들에게 연락처를 안내하고 있으므로, 빈칸에는 '극장 소유자가 매각을 원하고 있다'며 극장의 처분 소식에 대해 알리고 있는 (D)가 들어가는 것이 가장 자연스럽다.

Type **10** 형용사 I

1. (A)   **2.** (B)   **3.** (A)   **4.** (B)   **5.** (C)

1
용감한 소방관이 불에 타고 있는 건물 안으로 들어가서 갇혀 있던 아기를 구조했다.

(A) brave
(B) bravery
(C) bravado
(D) braving

---

brave 용감한; (용감하게) 맞서다, (위험을) 무릅쓰다   trap (덫에) 갇히다
bravery 용감(성)   bravado 허세

빈칸 뒤의 명사 firefighter를 수식할 수 있는 형용사가 필요하다. 따라서 형용사인 (A)의 brave(용감한)가 정답이다. (D)를 brave(용감하게 맞서다)의 현재분사형으로 보더라도 braving은 '~을 무릅쓰고'라는 의미를 나타내므로 이는 정답이 될 수 없다.

2
그 인턴 사원은 관리자의 질문에 신중하게 대답을 했다.

(A) thought
(B) thoughtful
(C) thinking
(D) thinker

---

give a response 대답하다   thoughtful 사려 깊은, 신중한

명사 response(응답, 대답)를 가장 자연스럽게 수식할 수 있는 형용사를 찾도록 한다. 정답은 '사려 깊은' 혹은 '신중한'이라는 뜻을 나타내는 (B)의 thoughtful이다.

3
그 인공 호수는 보트를 타는 사람, 낚시꾼, 그리고 수상 스키에 관심이 있는 사람들에게 인기가 높다.

(A) artificial
(B) artificially
(C) artifice
(D) artifices

---

artificial 인공의, 인공적인   artifice 책략, 계략

보기 중에서 명사인 lake를 가장 자연스럽게 수식할 수 있는 형용사는 (A)의 artificial(인공의, 인공적인)뿐이다.

4
적극적이고 열성적인 태도는 채용 결정을 내릴 때 고려해야 할 중요한 요인이다.

(A) enthusiasm

(B) enthusiastic

(C) enthusiastically

(D) enthusing

---

positive 긍정적인, 적극적인   enthusiastic 열성적인   attitude 태도
critical 중요한   enthusiasm 열광, 열성   enthuse 열변을 토하다

빈칸에는 명사 attitude(태도)를 수식할 수 있는 형용사가 들어가야
한다. 따라서 (B)가 정답이다. 참고로 and에 의해 연결되는 품사는
서로 같아야 한다는 병렬 구조의 특성을 알고 있으면 보다 쉽게 정답
을 찾을 수 있다.

5
FD Motors는 항상 대응이 빠르고 융통성이 있는 고객 서비스를 제
공하려고 노력한다.

(A) respond

(B) responding

(C) responsive

(D) responsively

---

highly 매우   responsive 즉각적으로 반응하는, 호응하는   flexible 유연한,
융통성이 있는   respond 대답하다, 반응하다

빈칸에 들어갈 단어는 customer service(고객 서비스)를 자연스럽
게 수식할 수 있고 부사 highly의 수식을 받을 수 있는 형용사여야 한
다. 보기 중 이러한 조건에 부합되는 단어는 (C)의 responsive(즉각
적으로 반응하는)이다.

Type 11 형용사 II
p.34

1. (D)   **2.** (C)   **3.** (D)   **4.** (B)   **5.** (B)

1
그 지역은 아름다운 자연으로 유명하지만, 너무 멀리 떨어져 있어서
그곳을 찾는 사람들이 거의 없다.

(A) fame

(B) fames

(C) famously

(D) famous

---

remote 먼, 멀리 떨어져 있는   fame 명성

be동사의 보어 역할을 할 수 있는 명사나 형용사가 필요하다. 빈칸
주위로 관사나 소유격 등이 보이지 않으므로 빈칸에는 형용사인 (D)
의 famous가 들어가는 것이 적절하다. be famous for(~으로 유명
하다)라는 표현을 알고 있으면 보다 쉽게 정답을 찾을 수 있다.

2
그 가격은 합리적으로 보였지만, Cater 씨는 제품 구입을 거부했다.

(A) reasoned

(B) reasoning

(C) reasonable

(D) reasons

---

reasonable 합리적인   reason 이유, 이성; 추론하다

빈칸에는 지각동사인 looked의 보어가 될 수 있는 형용사가 들어가
야 한다. 정답은 '합리적인'이라는 뜻을 나타내는 (C)의 reasonable
이다.

3
기기들이 매우 효율적이어서 생산성이 20% 향상되었다.

(A) effects

(B) effecting

(C) effect

(D) effective

---

effective 효과적인, 효율적인   productivity 생산성   effect 영향을 미치다

because가 이끄는 부사절 안에 보어가 없다는 점과 빈칸 앞에 부사
so가 있다는 점을 고려하면 빈칸에는 형용사가 들어가야 함을 알 수
있다. 정답은 형용사로서 '효과적인' 혹은 '효율적인'이라는 의미를
나타내는 (D)의 effective이다.

4
Channing 씨는 쉽게 친해질 수 있는 사람으로 보이며 항상 어린 동
료들에게 기꺼이 조언을 해 주려고 한다.

(A) approached

(B) approachable

(C) approaching

(D) approaches

---

approachable 쉽게 친해질 수 있는, 친근한   be willing to 기꺼이 ~하다
approach 접근하다, 다가가다

부사 quite의 수식어를 받으면서 의미상 기꺼이 조언을 해 주려는 성
격과 관련이 깊은 (B)의 approachable(쉽게 친해질 수 있는)이 빈칸
에 들어가야 가장 자연스러운 문장이 완성된다.

5
Orlando Brown은 야망이 큰 사람으로, 언젠가 자기 자신의 회사를
운영하고 싶어한다.

(A) ambition

(B) ambitious

(C) ambitiously

(D) ambitions

---

highly 매우   ambitious 야망이 있는   one day 언젠가   ambition 야망,
야심

부사 highly의 수식을 받으면서 보어 역할을 할 수 있는 형용사인
(B)의 ambitious(야망이 있는)가 정답이다.

Type 12 비교급과 최상급

p.36

1. (C) **2.** (A) **3.** (C) **4.** (A)

입주자들을 위한 공지

이번 주 토요일과 일요일에 전기 기술자들이 Dublin 빌딩에서 작업을 할 것입니다. 10층 전 층에서 전선을 완전히 교체할 예정입니다. 이로써 최근에 발생한 것과 같은 갑작스러운 정전은 일어나지 않을 것입니다.

5명의 작업자들이 건물 내에서 작업을 할 것입니다. 토요일에는 1층부터 5층까지 작업이 이루어질 것입니다. (일요일에는 나머지 층들의 작업이 완료될 것입니다.) 작업자들은 사무실 출입이 가능해야 합니다. 각 사무실의 입주자 혹은 직원분들께서는 작업이 진행되는 동안 자리에 계셔야 합니다. Dublin 빌딩을 입주자들에게 보다 편안한 곳으로 만들 수 있는 방안이 있으신 분은 누구라도 102호실의 건물 관리인에게 연락을 주시기 바랍니다.

---

electrician 전기 기술자 rewire 전선을 다시 감다, 배선을 새로 하다
prevent A from B A가 B하는 것을 예방하다, A가 B하는 것을 막다
electricity 전기 access 접근 urge 촉구하다 building manager 건물 관리인

1 (A) complete
(B) completion
(C) completely
(D) completed

생략된 문장 성분이 없으므로 빈칸에는 빈칸 앞의 동사(구)를 수식할 수 있는 부사인 (C)의 completely가 들어가야 한다.

2 (A) 일요일에는 나머지 층들의 작업이 완료될 것입니다.
(B) 그 후에는 다른 작업을 할 필요가 없게 될 것입니다.
(C) 그들은 토요일 밤까지 모든 일이 완료되기를 바랍니다.
(D) 각각의 작업 팀은 3명이나 4명으로 이루어질 것입니다.

지문의 전반적인 내용을 이해해야 정답을 찾을 수 있는 문제이다. 공지 초반에 작업은 토요일과 일요일, 이틀에 걸쳐 이루어질 것으로 안내되어 있다. 한편 빈칸 바로 앞에서 토요일 작업에 대해 설명되어 있으므로 빈칸에는 나머지 하루, 즉 일요일에 대한 작업을 안내하는 문장이 들어가야 자연스러운 문맥이 완성된다. 따라서 일요일 작업을 안내하는 (A)가 정답이다.

3 (A) contact
(B) interest
(C) access
(D) reveal

문맥상 '작업자들이 사무실에 들어갈 수 있어야 한다'는 의미가 만들어져야 한다. 어떤 것을 이용하거나 장소 등에 접근 및 출입할 수 있는 권한은 access로 나타내므로 (C)가 정답이다.

4 (A) more comfortable
(B) most comfortable
(C) the most comfortably
(D) more comfortably

빈칸 앞의 make에 유의하여 정답을 찾도록 한다. 여기에서 make는 목적어와 목적보어를 필요로 하는 5형식 동사로 사용되었기 때문에 빈칸에는 목적보어 역할을 할 수 있는 명사나 형용사가 들어가야 한다. 한편 해당 문장이 내용상 '해당 건물을 더욱 안락한 곳으로 만들 수 있는 제안'을 해 달라는 의미를 전하고 있으므로 이러한 두 가지 조건을 모두 만족시키는 (A)가 정답이다.

Type 13 부사

p.38

1. (C) **2.** (A) **3.** (D) **4.** (D) **5.** (B)

1
Chung 씨는 아마도 새로 문을 연 헬싱키 지점으로 전근을 신청할 것이다.

(A) probability
(B) probable
(C) probably
(D) probabilities

---

probability 가능성, 확률 probable 사실일 것 같은

빠져 있는 문장 성분이 없으므로 빈칸에는 동사 apply를 수식할 수 있는 부사가 들어가야 한다. 따라서 부사인 (C)의 probably가 정답이다.

2
Kline 씨는 몇몇 팀원들이 회의에 늦게 나타나자 화가 났다.

(A) late
(B) lately
(C) lateness
(D) later

---

show up 모습을 나타내다 lately 최근에 later 나중에

회의장에 어떻게 나타나야 기분이 상할지 생각해 보면 정답을 쉽게 찾을 수 있다. 정답은 (A)의 late(늦은)이다. 보기에서 볼 수 있는, 의미 및 형태가 헷갈릴 수 있는 단어들에 주의하도록 하자.

3
그들은 테이블에서 앉자마자 식당이 곧 문을 닫게 될 것이라는 소식을 들었다.

(A) hard
(B) harder
(C) hardest
(D) hardly

hardly ~ when ~하자마자 곧 inform 알리다

'~하자마자 곧'이라는 의미를 나타내는 hardly ~ when 혹은 hardly ~ before의 쓰임을 알고 있어야 풀 수 있는 문제이다. 정답은 (D)이다.

4

Andrea Carter가 여러 차례 점검했음에도 불구하고 그 기기는 작동 중에 계속 고장이 났다.

(A) repeating
(B) repeated
(C) repeater
(D) repeatedly

repeatedly 반복하여, 여러 차례 break down 고장이 나다

보기 중 checked라는 동사를 수식할 수 있는 것은 부사인 (D)의 repeatedly(되풀이하여, 반복해서)뿐이다.

5

David Smith는 오늘 저녁 시상식에 참석하지 않기로 결심한 것 같다.

(A) Apparent
(B) Apparently
(C) Appearance
(D) Appeared

apparently 겉보기에; 보아하니 awards ceremony 시상식 apparent 명백한 appearance 외모, 외형

빠져 있는 문장 성분이 없으므로 빈칸에는 문장 전체를 수식할 수 있는 부사인 (C)의 Apparently가 들어가야 한다.

Type 14 부정대명사 및 부정형용사 I p.40

| **1.** (B) | **2.** (C) | **3.** (A) | **4.** (C) | **5.** (B) |

1

그 쇼핑객은 냉동 식품을 찾고 있지만 어떤 것도 찾지 못한 것으로 보인다.

(A) some
(B) any
(C) each
(D) it

look for ~을 찾다 frozen food 냉동 식품

but 이후에 cannot이라는 부정어구가 사용되고 있다는 점과 빈칸의 단어가 frozen foods를 가리켜야 한다는 점을 이해해야 한다. 정답은 부정문에서 수량을 나타내는 대명사로 사용되는 (B)이다.

2

나머지 참석자들은 공연이 끝날 때까지 남아 있었다.

(A) half
(B) other
(C) rest
(D) some

attendee 참석자, 참가자

내용상 '참가자의 일부는 쇼가 끝나기 전에 자리에서 일어난 반면, 나머지 사람들은 쇼가 끝날 때까지 자리에 남아 있었다'는 의미가 완성되어야 한다. 따라서 정답은 '나머지'라는 의미를 나타내는 (C)의 rest이다. (A)의 half나 (D)의 some이 정답이 되기 위해서는 빈칸 앞에 the가 없어야 한다.

3

Richards 씨는 모든 상자들이 포장되어 배송 준비를 마쳤다고 말했다.

(A) all
(B) each
(C) every
(D) any

state 주장하다, 언급하다 pack (짐을) 싸다, 포장하다 be ready for ~할 준비가 되다

빈칸에 들어갈 말이 of the boxes의 수식을 받을 수 있어야 한다는 점과 were의 주어 역할을 할 수 있어야 한다는 점을 파악해야 한다. 보기 중에서 이러한 두 가지 조건을 모두 만족시키는 단어는 (A)의 all과 (D)의 any인데, 주어진 문장이 평서문이자 긍정문이므로 (D)는 정답이 될 수 없다. 따라서 (A)가 정답이다.

4

대부분의 엔지니어들은 업무를 하기 위해 수학에 능통해야 한다.

(A) Each
(B) Any
(C) Most
(D) Much

engineer 기술자 mathematics 수학

보기 중에서 빈칸 다음의 engineers를 가장 자연스럽게 수식할 수 있는 단어를 찾도록 한다. each는 단수로 취급하므로 (A)는 정답이 될 수 없고, 주어진 문장이 의문문이나 부정문은 아니므로 (B) 또한 오답이다. 셀 수 없는 명사를 수식하는 (D)의 Much 역시 적절하지 않는 단어이다. 정답은 '대부분'이라는 의미를 나타내는 (C)이다.

5

대표 이사는 Henning 씨에게 자신에게 주어진 모든 업무를 열심히 수행해야 한다고 조언했다.

(A) no
(B) every
(C) some
(D) many

advise 충고하다, 조언하다 assignment 과제, 업무

빈칸에는 단수 명사인 assignment를 수식할 수 있는 단어가 들어가야 한다. 따라서 복수 명사와 함께 쓰이는 (C)와 (D)는 정답이 될 수 없고, (A)의 no는 자연스러운 의미를 완성시키지 못하므로 이 또한 오답이다. 정답은 단수 명사를 수식하는 (B)의 every이다.

Type 15 부정대명사 및 부정형용사 II p.42

1. (C)   **2.** (A)   **3.** (C)   **4.** (C)

수신: Iris Chang ⟨ichang@ttm.com⟩
발신: Dave Hooper ⟨daveh@ttm.com⟩
제목: 신규 지점
날짜: 7월 30일
Iris에게,

Ernst 대표 이사님께서 올해가 끝나기 전에 당신 지역에서 두 개의 신규 지점을 오픈하기로 결심했다는 점을 알려 드리고자 해요. 한 곳은 리치몬드에 개설될 것이고 다른 한 곳은 브래드포드에 생길 예정이에요.

(아직 공식적으로 발표된 것은 아니에요.) 하지만 준비를 할 수 있도록 당신이 알고 있어야 한다고 생각했어요. Ernst 씨께서는 다음 주 중에 공식적으로 당신에게 알려 줄 것 같아요. 기자 회견은 다음 주 금요일 오전 10시로 예정되어 있어요.

더 많은 정보가 필요하면 제게 이야기하세요. 제 사무실에서 이야기를 나누는 것이 가장 좋을 것 같아요. 당신의 어떤 질문에도 제가 자세히 대답해 줄 수 있을 거예요.

Dave로부터

be located in ~에 위치하다 officially 공식적으로 prepare 준비하다 likely ~할 것 같은, 아마도 press conference 기자 회견 fill in ~에게 자세히 알리다

1 (A) others
(B) the one
(C) the other
(D) another

앞에서 '두 개의 지점'(two new branches)이 개설될 것이라는 사실을 언급했으므로 빈칸에는 '다른 하나'의 의미를 나타내는 (C)의 the other가 들어가야 한다.

2 (A) 아직 공식적으로 발표된 것은 아니에요.
(B) 승진을 축하해요.
(C) 리치몬드에서 일하는 것이 마음에 들 거예요.

(D) 당신이 떠난다는 소식을 듣게 되어 정말로 유감이에요.

빈칸 다음의 문장 'But I thought you should know now so that you can be prepared.'(하지만 준비를 할 수 있도록 당신이 알고 있어야 한다고 생각했어요.)에서 정답의 단서를 찾을 수 있다. but의 의미에 주목하면 빈칸에는 '아직 다른 사람들은 모른다' 또는 '아직 발표가 된 것은 아니다'라는 식의 문장이 들어가야 자연스러운 문맥이 완성된다. 보기 중 이러한 의미를 담고 있는 문장은 (A)이다.

3 (A) However
(B) Therefore
(C) If
(D) Despite

내용상 조건의 의미를 담고 있는 접속사가 들어가야 한다. 따라서 (C)가 정답이다. 참고로 if you have any questions, if you need more information 등으로 시작하는 문장은 편지의 마지막 부분에서 흔히 볼 수 있는 문장이다.

4 (A) filling
(B) fill
(C) to fill
(D) will fill

be able to(~할 수 있다)라는 표현을 알고 있으면 빈칸에는 (C)가 들어가야 한다는 점을 쉽게 알 수 있다.

Type 16 대명사 및 관계대명사 p.44

1. (B)   **2.** (D)   **3.** (B)   **4.** (C)   **5.** (A)

1
영업 사원들은 구매에 관심이 있는 사람들에게 전화보다 이메일로 연락을 줄 것을 요청했다.

(A) they
(B) them
(C) their
(D) theirs

interested 관심이 있는, 흥미가 있는 rather than ~보다는 오히려

고객들이 영업 사원에게 연락할 방법에 대해 이야기하고 있으므로 빈칸에는 the members of the sales staff를 가리키면서 동사 contact의 목적어가 될 수 있는 대명사가 들어가야 한다. 따라서 (B)가 정답이다.

2
소지한 티켓을 공연 시작 시간까지 사용하지 않은 사람은 환불을 받을 수 없을 것이다.

(A) what
(B) whom
(C) who
(D) whose

showtime 공연 시작 시간   get a refund 환불을 받다

빈칸에는 anyone을 선행사로 받으면서 tickets를 수식할 수 있는
관계대명사가 들어가야 한다. 따라서 관계대명사의 소유격 형태인
(D)의 whose가 정답이다.

3

Tina는 곧 있을 세미나에 참석하는 것이 정말로 도움이 되는 일인지
스스로에게 물어 보았다.

(A) she
(B) herself
(C) hers
(D) by herself

upcoming 다가 오는, 곧 있을   beneficial 이익이 되는, 유익한

asked가 목적어를 필요로 하는 타동사이므로 빈칸에는 asked의 목
적어인 동시에 Tina를 가리킬 수 있는 재귀대명사가 들어가는 것이
자연스럽다. 따라서 (B)가 정답이다.

4

Cooper 씨는, 제가 전에 직접 만났던 적이 있는 사람으로, 회사의 새
로운 잠재 고객입니다.

(A) what
(B) which
(C) whom
(D) whose

in person 직접, 몸소   potential 잠재적인

빈칸에는 an individual을 선행사로 삼으면서 have met의 목적어
가 될 수 있는 관계대명사가 들어가야 한다. 따라서 (C)가 정답이다.
참고로 an individual whom I have met in person은 삽입 구문이
다.

5

시내까지 갈 수 있는 더 좋은 방법을 알지 못한다면 Chambliss 씨는
버스를 타야 할 수도 있을 것이다.

(A) he
(B) his
(C) him
(D) himself

주절의 주어가 Mr. Chambliss이므로 unless가 이끄는 부사절에서
도 남성을 가리키는 주격 대명사가 필요하다. 따라서 빈칸에 들어갈
대명사의 올바른 형태는 (A)이다.

Type 17 수량 표현

p.46

1. (A)   **2.** (D)   **3.** (B)   **4.** (C)   **5.** (B)

1

인근 지역에 대해 잘 모르기 때문에 그들은 자신들을 이끌고 다니는
여행 가이드에게 의존하고 있다.

(A) much
(B) most
(C) many
(D) some

depend on ~에 의지하다   tour guide 여행 가이드

부정문에서 셀 수 없는 명사인 knowledge를 수식할 수 있는 수량
표현을 찾도록 한다. 이러한 조건에 부합되는 단어는 (A)의 much뿐
이다.

2

당신의 구직 활동을 돕기 위해 우리가 할 수 있는 일은 거의 없다.

(A) few
(B) some
(C) any
(D) little

in pursuit of ~을 쫓아서, ~을 추구하여

'~할 것이 (거의) 없다'는 의미를 나타내는 「There is little that ~.」
및 「There is nothing that ~.」과 같은 표현들을 알고 있어야 정답
을 찾을 수 있다. 정답은 (D)의 little이다.

3

그 매장에는 신선 식품이 없고 대신 냉동 식품만이 판매된다.

(A) many
(B) any
(C) most
(D) some

fresh produce 신선 식품

내용상 '신선 식품을 (전혀) 팔지 않고 냉동 식품만을 판매한다'는 의
미가 완성되어야 한다. 따라서 부정문에서 사용되는 (B)의 any가 빈
칸에 들어가는 것이 가장 적절하다.

4

의사로부터 대답을 듣고 싶은 몇 가지 질문들이 있다.

(A) a little
(B) another
(C) a few
(D) the others

13

questions라는 셀 수 있는 명사를 수식할 수 있는 수량 표현을 찾도록 한다. (A)의 a little은 셀 수 없는 명사와 어울려 사용되는 표현이고, (B)는 단수 명사와 함께 사용된다. (D) 또한 questions를 수식할 수 없으므로 이들 모두는 정답이 될 수 없다. 따라서 정답은 (C)인데, some과 같은 표현 등도 정답이 될 수 있다.

5
이곳의 공석에 지원하고자 하는 사람들이 많이 있다.

(A) much
(B) a lot of
(C) every
(D) any

---

open position 공석

–(e)s로 끝나지는 않지만 people은 단어의 의미상 복수로 취급한다. 따라서 셀 수 없는 명사와 어울려 사용되는 (A)와, 단수 취급을 받는 (C)는 정답이 될 수 없다. 주어진 문장이 의문문이나 부정문은 아니기 때문에 (D) 또한 오답이다. 정답은 셀 수 있는 명사와 셀 수 없는 명사 모두와 어울려 사용될 수 있는 (B)의 a lot of이다.

Type 18 접속사 및 접속부사
p.48

1. (C)   **2.** (A)   **3.** (C)   **4.** (A)

3월 24일

친애하는 Lindstrom 씨께,

이곳 Tempe 제철의 회계직에 대한 귀하의 입사 지원서가 접수되었다는 점을 알려 드리고자 합니다. 귀하께서는 뛰어난 자격 요건을 갖추고 계신 것으로 보입니다.

가급적 빨리 귀하의 면접 일정을 정하고 싶습니다. 귀하께서 4월 1일까지는 만날 수 있는 시간이 없다고 하셨습니다. 저희는 공석이 빨리 채워지기를 바라기 때문에 4월 2일 화요일에 이곳에서 면접을 보시는 것이 어떠신지요?

저희는 Jackson 로 584에 위치해 있습니다. (길 안내가 필요하신 경우, 제게 알려 주시기 바랍니다.) 저희의 위치를 정확히 안내해 주는 지도를 보내 드리도록 하겠습니다.

귀하로부터 긍정적인 답변을 들을 수 있기를 고대합니다.

Stephan Whitfield 드림

qualified 자격을 갖춘 as soon as possible 가능한 빨리 indicate 가리키다; 지시하다 be eager to ~하기를 열망하다 exactly 정확히 positive 긍정적인

---

1 (A) high
   (B) highest
   (C) highly

(D) higher

주요 문장 성분들이 모두 갖추어져 있으므로 빈칸에는 형용사 qualified(자격을 갖춘)를 가장 자연스럽게 수식할 수 있는 부사가 들어가야 한다. 정답은 '매우'라는 의미를 나타내는 (C)의 highly이다. (A)의 high를 부사로 볼 경우, 이는 '높게'라는 의미를 나타내므로 주어진 문장과는 어울리지 않으며, 내용상 비교급이나 최상급을 사용할 이유도 전혀 없기 때문에 (B)와 (D) 또한 오답이다.

2 (A) arrange
   (B) order
   (C) support
   (D) review

두 번째 단락은 주로 면접 일정에 대해 이야기하고 있다. 따라서 빈칸이 있는 문장 역시 '가능한 빨리 면접 일정을 잡고 싶다'라는 의미가 완성되어야 하므로 '준비하다', '(약속 등을) 정하다'라는 의미를 나타내는 (A)가 빈칸에 들어가야 한다.

3 (A) Therefore
   (B) However
   (C) Because
   (D) So

공석이 채워지기를 원한다는 점은 일종의 원인이고 빨리 면접을 보자는 제안은 그에 대한 결과로서 생각할 수 있다. 따라서 인과 관계를 나타내는 접속사인 (B)가 정답이다. (A)와 (B)는 관계부사로 정답이 될 수 없고, (D)의 so는 접속사로 사용될 경우, 문두에 위치할 수 없다.

4 (A) 길 안내가 필요하신 경우, 제게 알려 주시기 바랍니다.
   (B) 이미 제 전화 번호는 알고 계실 것입니다.
   (C) 비행기표가 귀하께 우편으로 발송될 것입니다.
   (D) 3월 3일에 일을 시작하시게 될 것입니다.

빈칸 다음의 문장에 주목하도록 한다. 회사의 위치가 표시된 지도를 보내 주는 경우는 길 안내가 필요한 상황일 것이다. 따라서 빈칸에는 (A)가 들어가야 가장 자연스러운 문맥이 완성된다.

Type 19 상관접속사 및 관용 표현 I
p.50

1. (B)   **2.** (D)   **3.** (A)   **4.** (D)   **5.** (B)

1
Kappa 주식회사뿐만 아니라 Iblis Tech의 직원들도 샌프란시스코에서 열리는 연례 국제 박람회에 참석할 것이다.

(A) between
(B) as well as
(C) in addition

(D) instead of

---

representative 대표, 대리인 **trade fair** 무역 박람회

Iblis Tech라는 회사와 Kappa, Inc.라는 회사를 가장 자연스럽게 연결해 줄 수 있는 표현을 찾으면 된다. 정답은 상관접속사인 (B)이다.

2

그 예산안은 대표 이사에게도, 그리고 이사회에서도 승인을 받지 못했다.

(A) either
(B) each
(C) both
(D) neither

---

approve 승인하다 **board of directors** 이사회

빈칸 뒤의 nor에 유의하면 정답은 (D)의 neither임을 쉽게 알 수 있다.

3

Tower 씨와 Grant 씨 중에서 누가 베를린으로 갈 대표단을 인솔할 것인지는 아직 결정되지 않았다.

(A) Whether
(B) Between
(C) Both
(D) Either

보기 중 or와 함께 명사절을 이끌 수 있는 접속사는 (A)의 Whether 뿐이다.

4

Dayton Tech에서 일하는 정규직 직원들은 월급과 다양한 수당들을 모두 받는다.

(A) each
(B) either
(C) neither
(D) both

---

monthly salary 월급 **various** 다양한 **benefit** 혜택, 이득; 수당

빈칸 뒤의 and에 유의하면 both A and B의 형태가 완성되어야 한다는 점을 쉽게 알 수 있다. 따라서 (D)가 정답이다.

5

축제에서 자원 봉사를 하려는 사람들이 연락해야 할 사람은 Tony Bryant가 아니라 Mark Waters이다.

(A) and
(B) but

(C) so
(D) or

not A but B(A가 아니라 B이다)라는 표현을 알고 있어야 정답을 찾을 수 있는 문제이다. 정답은 (B)이다.

Type 20 관용 표현 II

1. (A) **2.** (D) **3.** (B) **4.** (C) **5.** (A)

1

온라인 판매업체들과의 심각한 경쟁에도 불구하고 인근에 있는 쇼핑몰 매출은 증가했다.

(A) in spite of
(B) due to
(C) owing to
(D) along with

---

local 지방의, 지역의; 인근의 **competition** 경쟁 **vendor** 행상인; 판매업체

매출이 증가했다는 사실과 경쟁이 심하다는 사실은 서로 상반되는 의미를 나타낸다. 따라서 빈칸에는 '~에도 불구하고'라는 양보의 의미를 나타내는 (A)가 들어가야 한다.

2

7월 1일 날짜로 인사부에 제출된 지원서만이 채용 절차를 밟게 될 것이다.

(A) because of
(B) with regard to
(C) on behalf of
(D) as of

---

submit 제출하다 **process** 처리하다; 가공하다

빈칸 뒤에 날짜가 표시되어 있으므로 '~부로'라는 시점을 나타내는 (D)의 as of가 빈칸에 들어가야 자연스러운 의미가 완성된다.

3

Hamlet 호텔의 Roosevelt 실은 최대 500명까지 수용할 수 있다.

(A) as of
(B) up to
(C) due to
(D) along with

---

accommodate 수용하다

빈칸 뒤에 장소가 수용할 수 있는 최대 인원이 언급되고 있으므로 '~까지'라는 의미를 나타내는 (B)의 up to가 빈칸에 들어가야 한다.

4

그곳에 도착하기가 얼마나 힘든지 간에 Price 씨는 늦어도 내일 정오까지는 베이징에 도착해야 한다.

(A) In addition to
(B) On behalf of
(C) Regardless of
(D) On account of

---

no later than 늦어도 ~까지

베이징까지 도착하기가 어렵다는 점과 내일 12시까지 그곳에 도착해야 한다는 점을 가장 자연스럽게 연결시킬 수 있는 표현을 찾도록 한다. 정답은 '~에도 상관없이' 혹은 '아무리 ~하더라도'라는 의미를 나타내는 (C)의 Regardless of이다.

5

Orlando Watts는 부하 직원인 Rose Harper와 함께 면접을 진행할 것이다.

(A) along with
(B) despite
(C) with regard to
(D) owing to

---

conduct 실시하다   assistant 조수

Orlando Watts라는 사람과 Rose Harper라는 사람이 함께 면접을 진행할 것이라는 의미가 완성되어야 한다. 정답은 '~와 함께'라는 의미를 나타내는 (A)의 along with이다.

Type 21 동사 어휘 I

p.54

1. (A)   **2.** (A)   **3.** (B)   **4.** (D)

수신: 전 직원
발신: Lisa Woodruff
제목: 사용자 매뉴얼
날짜: 2월 11일

얼마 전에 구입한 새 노트북용 사용자 매뉴얼이 사무실 내 전 직원에게 배포되었습니다. 새로운 기기를 사용하기에 앞서 매뉴얼 내용을 숙지하시기 바랍니다.

노트북 컴퓨터로 다양한 프로그램을 사용하는 방법에 대한 교육이 이번 주 금요일 오후 2시부터 5시까지 예정되어 있습니다. 관심이 있으신 분들은 모두 제게 연락을 주시기 바랍니다. 25석의 자리가 마련되어 있으며 선착순으로 자리가 배정될 것입니다.

교육에 대한 관심이 높으면 교육을 한 차례 더 실시할 생각입니다. 그때까지 문제가 발생하는 경우에는 기술부의 Eric Highland에게 말씀을 해 주십시오. (내선 번호 398로 연락을 하시면 됩니다.)

---

manual 설명서, 매뉴얼   acquaint 익히다, 숙지하다   various 다양한
grant 주다, 수여하다   a first-come, first-served basis 선착순 원칙
add 더하다, 덧붙이다   encounter (우연히) 만나다, 조우하다

1 (A) purchased
(B) inquired
(C) reported
(D) awarded

inquire 문의하다   report 보고하다   award 수여하다; 상

수동태 형식으로 이루어진 관계대명사절에 들어갈 동사의 과거분사형을 찾아야 한다. '새로 구입한 노트북 컴퓨터'(new laptops)의 매뉴얼에 대해 안내하고 있으므로 빈칸에는 (A)가 들어가는 것이 가장 적절하다.

2 (A) prior to
(B) on account of
(C) in order to
(D) so long as

on account of ~ 때문에   in order to ~하기 위해   so long as ~하는 한

'노트북을 사용하기에 앞서' 매뉴얼을 잘 읽어 보아야 한다는 의미가 완성되어야 한다. 따라서 (A)의 prior to(~에 앞서)가 정답이다.

3 (A) will be scheduling
(B) has been scheduled
(C) has scheduled
(D) will schedule

문장의 주어가 a training course라는 점을 이해해야 정답을 찾을 수 있다. 주어가 사물이므로 동사 schedule(일정을 정하다)은 수동태 형식이 되어야 하며, 내용상 이미 일정이 잡혀져 있는 상황이므로 시제는 현재완료 시제가 적절하다. 정답은 이 두 가지 조건을 모두 만족시키는 (B)이다.

4 (A) 기꺼이 필요한 도움을 드리도록 하겠습니다.
(B) Eric은 더 이상 이곳 회사에서 일하지 않습니다.
(C) 기기를 원하시는 경우 제게 말씀해 주십시오.
(D) 내선 번호 398로 연락을 하시면 됩니다.

빈칸 바로 앞 문장에서 교육을 미처 받기 전에 컴퓨터와 관련된 문제가 생기는 경우, Eric Highland라는 직원에게 연락할 것을 당부하고 있다. 그의 부서만 소개되어 있으므로 빈칸에는 그에게 연락할 방법 등이 설명되어 있어야 한다. 보기 중 이러한 내용을 언급하고 있는 문장은 (D)뿐이다.

Type 22 동사 어휘 II
p.56

1. (C) **2.** (A) **3.** (D) **4.** (A) **5.** (B)

1

Rogers 씨는 직원들이 매일 자신들이 하는 일을 기록해야 한다고 주장한다.

(A) accuses
(B) relieves
(C) insists
(D) pleases

---

document 문서; (문서로) 기록하다 on a daily basis 매일 relieve 경감하다

보기들의 단어를 빈칸에 하나씩 대입해 보면서 가장 자연스럽게 문장을 완성시키는 동사를 찾도록 한다. 정답은 '주장하다'라는 뜻의 (C)의 insists이다.

2

행사 장소까지 교통편을 제공하겠다는 제안이 있었지만, 이는 Morrison 씨에 의해서 거절되었다.

(A) rejected
(B) announced
(C) supported
(D) repealed

---

transportation 교통 수단 announce 알리다, 발표하다 repeal 폐지하다

but에 유의하여 정답을 찾도록 한다. '제안이 이루어졌지만 거절되었다'는 식의 문장이 만들어져야 자연스러운 의미가 완성되므로 '거절[거부]하다'는 뜻의 (A)의 rejected가 정답이다.

3

올 한 해 동안 WDT 주식회사의 전자 제품 매출은 저조했다.

(A) involved
(B) attempted
(C) reported
(D) declined

---

electronic 전자의 attempt 시도하다 report 보고하다, 보도하다

문장의 주어인 sales(판매량, 매출)와 가장 잘 어울려 사용될 수 있는 동사를 찾도록 한다. 정답은 (D)의 declined(감소하다, 쇠퇴하다)이다.

4

입사 지원 시에는 침착한 태도를 유지하는 것이 중요하다.

(A) maintain
(B) respect
(C) understand
(D) appear

---

calm 침착한, 차분한 attitude 태도 respect 존경하다

'유지하다'라는 의미는 (A)의 maintain으로 나타낼 수 있다. 정답은 (A)이다.

5

Susan West는 *Economics Monthly*의 구독을 갱신하기로 결정했다.

(A) avoid
(B) renew
(C) negotiate
(D) repeat

---

subscription 구독 avoid 피하다 repeat 반복하다

계약이나 면허 등의 갱신은 동사 renew를 통해 나타낼 수 있다. 따라서 (B)가 정답이다.

Type 23 동사 어휘 III
p.58

1. (C) **2.** (D) **3.** (B) **4.** (A) **5.** (A)

1

큐레이터를 설득해서 박물관의 운영 시간을 연장시킬 수도 있을 것이다.

(A) examine
(B) appoint
(C) convince
(D) start

---

curator 큐레이터 opening hours 영업 시간 examine 검사하다 appoint 지명하다

convince A to B(A를 B하도록 설득시키다)라는 표현을 알고 있으면 쉽게 정답을 찾을 수 있다. 정답은 (C)이다.

2

출장 중인 개인들은 일일 지출 한도를 초과하지 않아야 한다.

(A) award
(B) order
(C) reserve
(D) exceed

---

spend 지출하다, 소비하다 allowance 비용; 용돈

보기의 동사들 중에서 their daily spending allowance(일일 지출 한도)를 가장 자연스럽게 목적어로 삼을 수 있는 동사는 (D)의 exceed(초과하다)이다.

3

Partridge 씨는 취업 박람회에서 재능이 뛰어난 대학생들을 채용하고 싶어한다.

(A) arrange
(B) recruit
(C) indicate
(D) supply

job fair 취업 박람회   talented 재능이 있는   supply 공급하다

job fair(취업 박람회)가 정답의 단서이다. 취업 박람회에서 우수한 대학생들을 대상으로 이루어질 수 있는 행위는 (B)의 recruit(채용하다, 모집하다)일 것이다.

4

웹 사이트에 대한 모든 수정 요청 사항을 처리하는데 10일 정도가 걸릴 것이다.

(A) implement
(B) recruit
(C) support
(D) suspend

take (시간이) 걸리다   request 요청하다, 요구하다

보기 중에서 all of the requested changes를 가장 자연스럽게 목적어로 삼을 수 있는 동사를 찾도록 한다. 정답은 '실행[시행]하다'라는 의미를 가진 (A)의 implement이다.

5

Yolanda Greenwood가 기조 연설을 할 것이며 그 다음에는 Audrey Pitt의 강연이 뒤따를 것이다.

(A) follow
(B) appear
(C) revise
(D) state

keynote speech 기조 연설   state 주장하다; 진술하다

연설의 순서에 대해 언급을 하고 있다. 따라서 빈칸에는 (A)의 follow(따르다)가 들어가는 것이 가장 적절하다.

Type 24 동사 어휘 IV

p.60

1. (B)	**2.** (C)	**3.** (A)	**4.** (D)

수신: Jim Warren
발신: Marvin Prince
제목: 아이디어
날짜: 1월 2일
친애하는 Warren 씨께,

(어제의 회의는 매우 유익했습니다.) 두 경쟁업체에 시장 점유율을 빼앗기고 있다는 점은 제가 전혀 모르고 있었습니다.

브레인스토밍을 해 보았는데, 저는 그들이 하고 있는 마케팅에 대응할 수 있는 방법을 생각해 냈습니다. 제 아이디어를 실행에 옮긴다면 우리가 잃은 것을 다시 찾아올 수 있을 것으로 저는 확신합니다.

오늘이나 내일 저를 만나실 수 있는 시간이 있으신가요? 저는 오늘 남은 시간과 내일 오전 2시까지 만날 수 있는 시간이 있습니다. 전화로 이야기를 하는 것보다는 직접 만나는 편이 더 좋을 것 같습니다. 가능한 빨리 답신을 주시기 바랍니다.

Marvin Prince 드림

educational 교육적인, 교육의   market share 시장 점유율   competitor 경쟁자, 경쟁업체   come up with (아이디어 등을) 생각해 내다   positive 긍정적인; 확신하는   regain 다시 찾다   get back to ~에게 답신[답장]을 하다

1 (A) 제가 맡아보고 싶은 새로운 프로젝트가 있습니다.
(B) 어제의 회의는 매우 유익했습니다.
(C) 처음 당신을 만나게 되어 기뻤습니다.
(D) 우리가 작년에 기록적인 수익을 냈다는 점을 알리게 되어 기쁩니다.

for the first time 처음으로, 최초로   record profits 기록적인 수익을 내다

이메일의 첫 문장으로 적합한 내용을 묻고 있다. 글쓴이는 빈칸 바로 다음 문장에서 시장 점유율에 대한 새로운 사실을 알게 되었다는 내용을 적고 있으므로 빈칸에 들어갈 문장에는 그러한 계기가 된 사건이 언급되어 있어야 한다. 따라서 the meeting we had yesterday(어제의 만남)라는 계기가 드러나 있는 (B)가 정답이다.

2 (A) attract
(B) involve
(C) counter
(D) approach

빈칸 이후의 the marketing that they are doing에서 they가 '두 개의 경쟁업체들'(two of our competitors)을 가리킨다는 점을 이해해야 정답을 찾을 수 있다. '경쟁사들의 마케팅에 대응할 수 있는' 방안을 생각해 냈다는 의미가 드러나야 자연스러운 문장이 완성될 수 있으므로 (C)의 counter(대응하다)가 정답이다.

3 (A) implement
(B) implemented
(C) will implement
(D) had implemented

시간이나 조건을 나타내는 부사절 안에서는 현재가 미래를 대신하기 때문에 빈칸에는 현재 시제를 나타내는 (A)가 들어가야 한다.

4
(A) I
(B) You
(C) He
(D) It

to부정사 이하가 진주어라는 점을 파악하면 문장의 주어는 가주어인 (D)의 It이어야 한다는 점을 쉽게 알 수 있다.

Type 25 동사 어휘 V
p.62

| **1.** (A) | **2.** (C) | **3.** (B) | **4.** (D) | **5.** (A) |

1
Anderson 씨는 고객들을 위해 8년 이상 주식 시장에 투자를 해 왔다.

(A) investing
(B) attempting
(C) creating
(D) dedicating

stock market 주식 시장 create 창조하다, 만들다

the stock market(주식 시장)과 어울릴 수 있는 동사를 찾도록 한다. 정답은 '투자하다'라는 뜻을 나타내는 (A)의 investing이다.

2
250달러 이상을 결제한 모든 고객들은 시내 무료 배송 서비스를 받을 수 있다.

(A) guaranteed
(B) promised
(C) entitled
(D) restored

be entitled to ~할 자격이 있다 metro 수도, 대도시; 지하철 restore 복구하다

일정 금액 이상을 지출한 고객들이 무료 배송 서비스를 받을 수 있다는 의미가 완성되어야 한다. 정답은 (C)로, be entitled to(~할 자격이 있다)라는 표현을 알고 있으면 보다 쉽게 정답을 찾을 수 있다.

3
그 건축가는 도면을 수정해서 테라스를 제거하고 채광창을 추가하기로 했다.

(A) anticipate
(B) alter
(C) impress
(D) expedite

blueprint 청사진, 도면 remove 제거하다 terrace 테라스 skylight 채광창

remove(제거하다)와 add(더하다)의 의미에 주의하여 정답을 고르도록 한다. 무언가를 삭제하고 추가하는 행위는 변경 혹은 수정과 관계된 일이므로 정답은 '변경하다' 혹은 '고치다'라는 의미를 나타내는 (B)의 alter이다.

4
그는 자신의 지원 상태에 변경 사항이 있는 경우 통지를 해 달라고 요청했다.

(A) conducted
(B) spoken
(C) removed
(D) notified

status 상태, 상황 conduct 실시하다, 실행하다

지원 상태에 변경 사항이 있으면 알려 달라는 의미의 문장이 완성되어야 한다. 따라서 보기 중 빈칸에 들어가기에 가장 알맞은 단어는 (D)의 notified(통지하다)이다.

5
대표 이사는 연례 주주 총회에서 자신의 계획을 발표할 생각이다.

(A) reveal
(B) attempt
(C) designate
(D) promise

stockholders' meeting 주주 총회 designate 지정하다, 지명하다

보기 중에서 his plans를 목적어로 삼을 수 있는 가장 적절한 동사를 찾도록 한다. 정답은 '드러내다' 혹은 '밝히다'라는 의미를 나타내는 (A)의 reveal이다.

Type 26 동사 어휘 VI
p.64

| **1.** (C) | **2.** (A) | **3.** (D) | **4.** (B) | **5.** (B) |

1
시 위원회 위원들은 마지막 순간에 회의 안건이 바뀌는 일에 익숙하다.

(A) permitted
(B) responsible
(C) accustomed
(D) participating

council 위원회 last-minute 마지막 순간의, 막바지의 agenda (회의의) 안건, 의제

빈칸 앞뒤의 be동사와 전치사 to에 유의하여 정답을 찾도록 한다. 정답은 be accustomed to(~에 익숙하다)라는 표현을 완성시키는 (C)이다.

2

투자 원금을 회수하기 전까지는 그 회사에 더 많은 금액을 투자하기가 꺼려진다.

(A) reluctant
(B) interested
(C) capable
(D) enthusiastic

original 원래의, 본래의; 독창적인   investment 투자

'투자 원금이 회수되기 전까지'(until I see a return on my original investment) 투자 대상에 대해 어떠한 태도를 보이는 것이 자연스러울지 생각해 본다. '~을 꺼리다' 혹은 '주저하다'라는 의미는 be reluctant to로 나타내므로 (A)가 정답이다.

3

그 회사의 자산으로는 사무용 건물 몇 채와 공장, 그리고 차량들이 있다.

(A) produce
(B) dispose
(C) depend
(D) consist

holding 자산, 재산

빈칸 다음의 전치사 of에 유의하도록 한다. 정답은 (D)로, consist of는 '~으로 구성되다'라는 뜻을 나타낸다.

4

미술관이 곧 직면하게 될 재정적인 위기 상황에 대해 아는 사람이 거의 없다.

(A) accepted
(B) aware
(C) approved
(D) alert

crisis 위기   face 마주하다, 직면하다; 얼굴   accept 승인하다, 받아들이다   alert 경고를 발하다

빈칸 앞뒤의 be동사와 전치사 of에 주목하면 정답은 be aware of(~을 알다)를 완성시키는 (B)임을 알 수 있다.

5

Hamilton 씨는 다음 달 근무 시간을 줄여 달라고 관리자에게 간청했다.

(A) requested
(B) appealed
(C) asked
(D) considered

working hours 근무 시간, 근로 시간   consider 고려하다; 여기다, 간주하다

보기 중에서 전치사 to와 어울려 사용되는 동사는 (B)의 appealed(호소하다, 간청하다)뿐이다.

Type 27 명사 어휘 I

1. (A)   **2.** (B)   **3.** (A)   **4.** (C)

쓰레기 수거가 중단되다

극심한 눈보라로 인해 몰린 시 전 지역에서 쓰레기 수거가 일시적으로 중단되고 있다. 거리에서 눈이 치워지고 안전한 통행이 가능해진 이후에야 작업이 재개될 것이다.

주민들은 수거 작업이 재개되기 전까지 쓰레기를 거리에 내놓아서는 안 된다. 또한 길을 막는 방해물이 없도록 해야 한다. 쓰레기 수거 차량은 쉽게 접근할 수 없는 장소를 우회해 갈 것이다.

현 상황에 대한 최신 소식을 들으려면 시의 웹 사이트를 방문하도록 한다. (하루 단위로 제공이 될 것이다.) 기상 예보에 따르면 눈은 토요일 정도에 그칠 것이다. 따라서 빠르면 다음 주 월요일부터 상황이 바뀔 것이다.

garbage 쓰레기   suspend 보류하다, 중지하다   severe 심한, 엄한   snowstorm 눈보라   temporarily 임시로, 일시적으로   resume 재개하다   resident 주민   bypass 우회하다   access 접근하다; 접근   update 최신 정보; 업데이트

1
(A) severe
(B) severely
(C) severer
(D) severity

severely 심하게, 엄하게   severity 엄격, 혹독함

단어의 올바른 형태를 묻는 문제이다. 빈칸 앞에 관사 the가 있고 빈칸 다음에 명사 snowstorm(눈보라)이 있으므로 빈칸에는 명사를 수식할 수 있는 형용사가 들어가야 한다. 따라서 형용사인 (A)의 severe가 정답이다.

2
(A) after
(B) until
(C) since
(D) therefore

쓰레기 수거 작업이 재개되기 전까지는 쓰레기를 외부에 배출하지 말라는 의미가 완성되어야 한다. 따라서 빈칸에는 (B)의 until이 들어가야 가장 자연스러운 문맥이 완성된다. 참고로 주어진 문장에서 not이 없는 경우에는 (A)의 after가 정답이 될 수 있을 것이다.

3 (A) obstacles
(B) concerns
(C) placements
(D) installments

바로 다음 문장에서 '진입이 불가능한 곳은 쓰레기 수거 차량이 (쓰레기를 수거하지 않고) 지나쳐 갈 것'이라고 했으므로 빈칸에는 차량 진입을 방해하는 물건, 즉 (A)의 obstacles(방해물)이 들어가는 것이 가장 자연스럽다.

4 (A) 관심에 감사를 드린다.
(B) 최선을 다하고 있다.
(C) 하루 단위로 제공이 될 것이다.
(D) 더 이상의 최신 소식은 제공되지 않고 있다.

be dedicated to ~하는데 전념하다

바로 앞 문장에서 최신 정보를 얻을 수 있는 방법에 대해 소개하고 있으므로 이에 대한 부연 설명을 하고 있는 (C)가 정답이다. 참고로 (C)의 they는 updates를 가리킨다.

Type 28 명사 어휘 II
p.68

1. (B) **2.** (D) **3.** (D) **4.** (B) **5.** (A)

1
여행객들에게는 공항에서 그들이 묵게 될 호텔까지 이동할 수 있는 교통 수단이 필요할 것이다.

(A) funds
(B) transportation
(C) functions
(D) clearance

from A to B A에서 B까지 **clearance** 청산, 제거

from the airport to the hotel이라는 문구에서 정답의 단서를 찾을 수 있다. 여행객들에게는 공항과 호텔 사이를 오고 가는 '이동 수단'이 필요할 것이므로 (B)가 정답이다.

2
모든 참석자들은 자기 소개 시간 동안 자신의 의사를 밝혀 달라는 요청을 받게 될 것이다.

(A) observers
(B) funds
(C) estimates
(D) intentions

self-introduction 자기 소개 **observer** 목격자; 참관인

가장 자연스럽게 동사 state(말하다, 진술하다)의 목적어가 될 수 있는 명사를 고르도록 한다. 정답은 (D)의 intentions(의도, 의향)이다.

3
능숙하게 실험실 장비를 다루는 Doug Norris의 능력은 관리자에게 깊은 인상을 남겼다.

(A) transfers
(B) questions
(C) standards
(D) proficiency

lab equipment 실험실 장비 **impress** 각인시키다; 인상을 남기다 **standard** 기준, 표준

실험실 장비와 관련해서 어떤 점이 관리자에게 깊은 인상을 남길 수 있는지 생각해 보면 정답을 쉽게 찾을 수 있다. 정답은 (D)의 proficiency(능숙함)이다.

4
카드식 열쇠로 문을 열지 못하는 경우가 빈번하기 때문에 카드식 열쇠에 대한 신뢰성이 의심을 받고 있다.

(A) clarity
(B) reliability
(C) appearance
(D) movement

electronic keycard 카드식 열쇠 **frequently** 종종, 빈번하게 **clarity** 명료성, 명확성

열쇠가 문을 열지 못하는 경우, 열쇠의 '신뢰성'이 의심을 받게 될 것이다. 따라서 '신뢰성'이라는 의미를 나타내는 (B)의 reliability가 정답이다.

5
그 회사는 거의 모든 자산을 채권자들에게 빼앗겼다.

(A) assets
(B) submissions
(C) occupations
(D) raises

strip A of B A에게서 B를 빼앗다 **nearly** 거의 **creditor** 채권자

보기 중에서 '채권자'(creditors)에게 빼앗길 수 있는 것은 (A)의 assets(자산, 재산)뿐이다.

Type 29 형용사 어휘
p.70

1. (A) **2.** (C) **3.** (D) **4.** (A) **5.** (D)

1
그 직책에는 기꺼이 장시간 근무를 하고자 하는 활기찬 사람만이 지원을 해야 할 것이다.

(A) energetic

(B) probable

(C) dependent

(D) temporary

willing to work long hours(기꺼이 장시간 동안 근무를 하고자 하는)와 가장 잘 어울릴 수 있는 형용사를 찾도록 한다. 정답은 '정력적인' 혹은 '에너지가 넘치는'이라는 뜻을 나타내는 (A)의 energetic이다.

2

확고한 명성에도 불구하고 그 밴드의 새 앨범은 큰 관심을 받지 못했다.

(A) hasty

(B) fragile

(C) solid

(D) relevant

---

reputation 명성 attention 관심 hasty 급한 fragile 부서지기 쉬운, 무른

전치사 despite에 유의하면 주어진 문장의 의미는 '밴드의 명성이 높지만 새 앨범은 실패했다'는 식이 되어야 한다. 따라서 빈칸에는 '확고한'이라는 의미를 나타내는 (C)의 solid가 들어가는 것이 적절하다.

3

Melanie Smith는 고향으로의 전근을 요청받았을 때 자신이 이상적인 상황에 처해 있다는 점을 알게 되었다.

(A) intelligent

(B) obvious

(C) individual

(D) ideal

---

situation 상황 hometown 고향 intelligent 지적인, 똑똑한 obvious 명백한

when she was asked to transfer to her hometown의 상황이 어떤 상황인지 생각해 보면 정답을 쉽게 찾을 수 있다. 고향에서 일할 수 있는 경우는 '이상적인' 상황일 것이므로 (D)의 ideal이 정답이다.

4

연례 모임 행사를 기획하는 일에 아무도 관심이 없다는 점은 명백하다.

(A) apparent

(B) slight

(C) legal

(D) hopeful

---

organize 조직하다 annual 연례의 get-together 모임 slight 작은, 사소한

it이 가주어이고 that 이하가 진주어이다. 보기 중에서 진주어와 어울려 가장 자연스럽게 문장을 완성시킬 수 있는 형용사는 (A)의 apparent(명백한)이다.

5

Richard Quest는 다른 사람들을 배려해서 라디오의 볼륨을 낮추었다.

(A) fair

(B) precious

(C) comfortable

(D) considerate

---

turn down (볼륨 등을) 낮추다 fair 공정한 precious 귀중한, 소중한

보기 중에서 타인을 위해 라디오 볼륨을 낮추는 행동을 가장 적절하게 설명할 수 있는 형용사는 (D)의 considerate(사려 깊은, 배려심이 있는)이다.

Type 30 부사 어휘 및 전치사 어휘 p.72

1. (A) **2.** (B) **3.** (D) **4.** (A)

10월 21일

담당자님께,

제 이름은 Teresa Cartwright로, 저는 지난 주에 귀하의 매장에서 몇 개의 제품을 주문했습니다. 저는 익일 배송을 원한다고 특별히 언급했습니다. 하지만 아직 아무것도 도착하지 않고 있습니다. 그리고 주문한지는 일주일이 넘었습니다.

따라서 저는 주문을 취소하고 싶습니다. 제가 구매했던 제품 중 어느 것도 더 이상 원하거나 필요로 하지 않습니다. 또한 귀하의 매장으로부터 받은 서비스의 질에 대해 불만을 표시하고 싶습니다.

지난 4개월 동안 제가 주문과 관련해서 문제를 겪은 것은 이번이 세 번째입니다. 따라서 더 이상 귀사에게서는 주문을 하지 않을 것입니다. (제 계정은 즉시 삭제해 주십시오.) 그리고 제 계정에 남아 있는 금액은 제 신용 카드 계좌로 환급해 주시기 바랍니다.

Teresa Cartwright 드림

---

state 진술하다, 주장하다 overnight delivery 익일 배송 cancel 취소하다 no longer 더 이상 ~ 않다 express 표현하다 refund 환불하다 at once 즉시, 당장 account 계좌; 계정

1 (A) specifically

(B) thoroughly

(C) fully

(D) tremendously

익일 배송을 요청했다는 점을 강조하는 동시에 동사 stated(말하다, 주장하다)를 자연스럽게 수식할 수 있는 부사를 찾도

록 한다. 보기 중에서 이러한 조건에 만족하는 부사는 (A)의 specifically(특히)이다.

2 (A) throughout
(B) over
(C) between
(D) toward

내용상 '주문한지 일주일이 넘었다'는 의미가 완성되어야 한다. 따라서 빈칸에는 수치나 기간 등과 어울려 '~을 넘어' 혹은 '~ 이상으로'라는 의미를 나타내는 전치사인 (B)의 over가 들어가야 한다.

3 (A) when
(B) where
(C) what
(D) that

빈칸에는 service를 선행사로 삼을 수 있는 목적격 관계대명사가 들어가야 한다. 따라서 (D)의 that이 정답이다.

4 (A) 제 계정은 즉시 삭제해 주십시오.
(B) 곧 주문품을 받게 되면 고맙겠습니다.
(C) 편하실 때에 제게 새 카탈로그를 보내 주십시오.
(D) 제 주소를 메모해 주십시오.
catalog 카탈로그   at one's convenience 편한 때에   make a note of ~을 메모하다

빈칸 바로 다음 문장에서 정답의 단서를 찾을 수 있다. 글쓴이는 자신의 계정에 대한 돈을 환급해 달라고 요청하고 있으므로 '계정을 삭제해 달라'고 요구한 (A)가 빈칸에 들어가는 것이 가장 자연스럽다. 이 글이 배송 지연으로 인한 불만을 표시하고 있는 편지라는 점을 감안할 때 나머지 보기들은 모두 정답이 되기 힘들다.

Type 31 문장 삽입 문제
p.74

1. (A)   **2.** (C)   **3.** (B)   **4.** (A)

수신: Stephanie Peterson 〈speterson@grandview.com〉
발신: Ross Murray 〈rossmurray@grandview.com〉
제목: 감사합니다
날짜: 4월 12일
Peterson 씨께,
지난 주 금요일에 열린 컨퍼런스를 준비하느라 수고해 줘서 정말 고마워요. 당신의 노고 덕분에 전 일정이 차질이나 문제 없이 진행되었어요.
당신은 지난 한 달 동안 정말로 열심히 일을 했어요. (당신의 노고에

보상을 해 드리고 싶군요.) 이번 주 목요일과 금요일에 휴가를 떠나세요. 유급 휴가이며 이번 휴가가 당신의 공식적인 휴가 일수에 영향을 미치지는 않을 거예요.
6월에 또 다른 특별 행사가 있어요. 당신이 책임지고 준비해 주면 좋겠어요. 다음 주 월요일 오전 9시에 필요한 모든 정보를 알려 드릴게요.
Ross Murray로 부터

organize 조직하다, 기획하다   on account of ~ 때문에   entire 전체의   extremely 매우   reward 보상하다   count against ~에 불리하게 작용하다   preparation 준비   fill in ~에게 정보를 알려 주다

1 (A) any
(B) other
(C) much
(D) neither

전치사 without이 부정의 의미를 포함하고 있으므로 빈칸에는 (A)의 any가 들어가는 것이 적절하다.

2 (A) 당신이 요청했던 승진은 받아들여졌어요.
(B) 이번 달에 당신에게 현금으로 보너스가 주어질 거예요.
(C) 당신의 노고에 보상을 해 드리고 싶군요.
(D) 내일 늦은 오전 시간에 오면 되어요.

빈칸 다음의 내용에서 정답의 단서를 찾을 수 있다. 목요일과 금요일 이틀간의 유급 휴가는 일종의 보상 혹은 혜택에 해당되므로 빈칸에는 이러한 구체적인 사례의 일반적인 진술이 될 수 있는 문장이 들어가야 한다. 따라서 정답은 (D)로, '노고에 대한 보상'(reward you for your effort)의 구체적인 예가 바로 휴가이다.

3 (A) officially
(B) official
(C) officiated
(D) officialize
officiate 공무를 수행하다   officialize 공표하다

빈칸 앞에 대명사가 있고 빈칸 다음에 vacation days(휴가 일수)라는 복합 명사가 있으므로 빈칸에는 이를 수식할 수 있는 형용사가 들어가야 한다. 정답은 '공식적인'이라는 의미의 (B)이다.

4 (A) charge
(B) custody
(C) over
(D) credit
custody 양육(권); 구류

take charge of(~을 맡다, 책임지다)의 쓰임을 알고 있어야 정답을 찾을 수 있는 문제이다. 정답은 (A)이다.

1. (B)	**2.** (C)	**3.** (A)	**4.** (C)	**5.** (D)
6. (B)	**7.** (A)	**8.** (D)	**9.** (C)	**10.** (B)
11. (C)	**12.** (A)	**13.** (A)	**14.** (C)	**15.** (C)
16. (C)	**17.** (D)	**18.** (A)	**19.** (B)	**20.** (D)
21. (A)	**22.** (B)	**23.** (C)	**24.** (C)	**25.** (C)
26. (A)	**27.** (D)	**28.** (B)	**29.** (D)	**30.** (A)
31. (C)	**32.** (A)	**33.** (B)	**34.** (B)	**35.** (A)
36. (A)	**37.** (D)	**38.** (D)	**39.** (A)	**40.** (C)
41. (B)	**42.** (A)	**43.** (A)	**44.** (D)	**45.** (A)
46. (A)				

1.

몇몇 개인들이 다가 올 겨울 동안 야근 및 주말 특근을 하는 것에 관심을 표시했다.

(A) concern
(B) interest
(C) preference
(D) decision

express 표현하다 work overtime 초과 근무를 하다, 야근하다 concern 우려, 걱정 preference 선호, 기호

야근 및 특근에 대한 '관심'이라는 의미가 들어가야 한다. 따라서 (B)가 정답이다. be interested in(~에 대해 관심이 있다)이라는 표현에서도 확인할 수 있듯이 명사 interest도 전치사 in과 어울려 사용되는 경우가 많다.

2.

Foster 씨는 시내 중심가에서 상점을 임대하고자 했으나 임대료가 너무나 비싼 것으로 드러났다.

(A) is proved
(B) has been proved
(C) proved
(D) was proving

acquire 얻다, 획득하다 storefront 상점, 점포 rent 임대(료) prove to ~으로 판명되다, 입증되다

prove가 '판명되다'라는 뜻의 자동사이고 but 앞의 시제가 과거이므로 정답은 (C)임을 쉽게 알 수 있다. prove to는 토익에서 자주 볼 수 있는 표현으로 '~으로 판명되다'라는 뜻이다.

3.

Davidson International과 계약이 체결되자마자 계약 사항은 효력을 발휘하게 될 것이다.

(A) effect
(B) effective
(C) effecting
(D) effects

go into effect 효력을 나타내다

go into effect는 '효력을 나타내다'라는 의미이다. 따라서 정답은 (A)이다. 빈칸 앞에 전치사 into가 있다는 사실을 통해서도 빈칸에는 명사인 effect가 들어가야 한다는 점을 확인할 수 있다.

4.

주최자인 Chamberlain 씨는 박물관의 특별 행사에 도착한 모든 사람들에게 직접 인사를 했다.

(A) personal
(B) personalize
(C) personally
(D) personalization

greet 인사하다 personal 개인적인 personalize 개인화하다 personally 개인적으로, 직접

문장 성분 중 빠져 있는 것이 없으므로 빈칸에는 부사인 (C)의 personally(개인적으로, 직접)가 들어가야 한다.

5.

Watkins 씨는 Glassman 프로젝트에 참여하는 것과 공장의 시찰 업무를 돕는 일 중에서 하나를 선택할 수 있었다.

(A) but
(B) so
(C) however
(D) or

be allowed to ~하는 것을 허락받다 assist 돕다 inspection 검사, 점검, 시찰

문장의 구조를 제대로 파악하지 않으면 어렵게 느껴질 수 있는 문제이다. assist 앞에 to가 생략되어 있으므로 빈칸에는 to work on the Glassman project와 to assist with the inspection of the factory를 자연스럽게 연결해 줄 수 있는 접속사가 들어가야 한다. 한편 choose라는 동사의 의미에 착안하면 빈칸에는 or가 들어가야 choose A or B(A와 B 사이에서 선택을 하다)라는 자연스러운 형태가 만들어지므로 정답은 (D)이다.

6.

관객들은 공연 도중에 말을 하거나 전자 기기를 사용해서는 안 된다는 주의를 다시 한 번 받았다.

(A) reminder
(B) reminded
(C) remind
(D) reminding

audience member 관객 remind 상기시키다, 기억나게 하다 electronic device 전자 기기

remind가 '상기시키다'라는 뜻의 타동사이고 주어가 사람이므로 이 문장은 수동태 형식이어야 한다. 따라서 정답은 remind의 과거분사형인 (B)이다.

7.

몇몇 선박들은 Richmond 항구를 우회해서 대신 Destin에 있는 더 큰 항만 시설로 향했다.

(A) instead
(B) thereby
(C) as such
(D) moreover

bypass 우회하다 docking facility 항만 시설, 항구 thereby 따라서, 그래서 as such 따라서

'Richmond라는 항구 대신에 Destin에 있는 항구로 갔다'는 뜻이 만들어져야 자연스러운 문장이 완성된다. 정답은 '대신에'라는 의미를 나타내는 부사인 (A)이다.

8.

Ragnar Catering의 주방장들은 어떤 경우에도 다양한 전통 음식들을 제공해 드릴 수 있습니다.

(A) reservation
(B) series
(C) style
(D) occasion

a variety of 다양한 ethnic food 전통 음식, 민속 음식 for any occasion 어떤 경우라도 reservation 예약 occasion 경우, 기회

for any occasion은 '어느 때라도', '어떤 경우라도'라는 의미로 자주 사용되는 관용어구이다. 정답은 (D)이다.

9.

Scarborough 씨는 바쁜 일정으로 인해 일주일 동안 직원들과의 몇몇 회의들을 연기해야 했다.

(A) between
(B) around
(C) throughout
(D) again

postpone 연기하다, 미루다 staff member 직원

전치사 throughout은 기간을 나타내는 명사와 어울려 '~하는 동안 계속', '내내'라는 의미를 나타낸다. 정답은 (C)이다.

10.

연회 준비는 순조롭게 진행된 반면, 연회가 진행되는 동안에는 몇 가지 문제가 발생했다.

(A) However

(B) While
(C) Thus
(D) In addition

banquet 연회 smoothly 매끄럽게, 부드럽게 in addition 게다가, 또한

'연회 준비가 순조롭게 이루어졌다'라는 내용과 '연회 때 문제가 발생했다'는 내용은 서로 상반되는 의미를 나타낸다. 따라서 빈칸에는 역접의 의미를 나타내는 접속사인 (B)의 While(~인 반면에)이 들어가야 한다. 참고로 (A), (C), (D)는 모두 부사(구)로서 문장 구조상 빈칸에 들어갈 수 없는 것들이다.

11.

예정상 건설 현장의 공사가 완공되기까지는 약 4개월이 남아 있다.

(A) completing
(B) complete
(C) to be completed
(D) has been completed

approximately 대략 remain 남아 있다 construction site 건설 현장, 공사 현장 be scheduled to ~할 예정이다

be scheduled to는 '~할 예정이다'라는 뜻이다. 한편 빈칸에 들어갈 complete(완성하다, 완성시키다)의 의미상의 주어는 the work on the construction site(건설 현장의 공사), 즉 사물이므로 complete가 빈칸에 들어가기 위해서는 수동형으로 바뀌어야 한다. 따라서 이 두 가지 조건을 모두 만족시키는 (C)가 정답이다.

12.

그 회사가 주요 경쟁업체를 인수했다는 발표는 외부 분석가들에게 충격으로 다가왔다.

(A) rival
(B) rivalry
(C) rivalries
(D) rivaled

acquire 얻다, 획득하다 come as a shock to ~에게 충격으로 다가오다 analyst 분석가, 애널리스트 rival 경쟁자; ~에 필적하다 rivalry 경쟁

빈칸에는 '경쟁업체'라는 의미의 단어가 들어가야 자연스러운 문장이 완성된다. 보기 중 '경쟁자', '경쟁업체'라는 뜻을 나타내는 명사는 (A)이다.

13.

출장 직원을 위해 비행기표를 예매하고 호텔을 예약하는 것은 비서의 책무이다.

(A) responsibility
(B) occupation
(C) appearance
(D) observation

secretary 비서 responsibility 책임, 책무 occupation 직업

observation 관찰

주어 자리의 it은 가주어이고 to부정사 이하가 진주어이다. 비행기표 예매와 호텔 예약은 비서의 담당 업무일 것이므로 보기 중 '책임' 또는 '책무'라는 의미의 (A)가 빈칸에 들어가야 자연스러운 문장이 완성된다.

14.

Sylvan Textiles의 합병 발표는 업계 전문가들에게 실책으로서 널리 간주되었다.

(A) wide
(B) wider
(C) widely
(D) widest

merger 합병   regard A as B A를 B로 간주하다   expert 전문가

빠져 있는 문장 성분이 없으므로 빈칸에는 regarded를 수식할 수 있는 부사인 (C)의 widely가 들어가야 한다.

15.

모든 입사 지원서는 늦어도 11월 말까지 도착해야 한다.

(A) we
(B) our
(C) us
(D) ourselves

application 지원, 지원서   open position 공석   no later than 늦어도 ~까지

대명사의 올바른 격을 찾아야 하는 문제이다. 빈칸 앞에 전치사 by가 있으므로 빈칸에는 대명사의 목적격이 들어가야 한다. 정답은 (C)이다.

16.

Grizzard Steakhouse는 사적인 모임과 기업 회식에 적합한 세 개의 룸을 갖추고 있다.

(A) privacy
(B) privacies
(C) private
(D) privately

private room 독실   perfect for ~에 완벽한   outing 야유회, 회식
privacy 사생활   private 사적인

빈칸에는 events를 수식할 수 있는 형용사가 들어가야 한다. 따라서 정답은 events와 어울려 '사적인 모임'이라는 뜻을 완성시키는 (C)이다.

17.

Nakatomi Industries에서 거의 30년 동안 근무한 후, Greene 씨는

은퇴하기로 결심했다.

(A) promotion
(B) attendance
(C) profession
(D) service

retire 은퇴하다   nearly 거의   promotion 승진; 홍보   attendance 출석   profession 직업   service 서비스; 복무

30년 동안 회사에서 무엇을 한 후에 은퇴를 하게 되는지 생각해 보면 정답을 쉽게 찾을 수 있다. 정답은 '복무' 혹은 '근무' 등의 의미를 나타내는 (D)이다.

18.

Reeves 씨는 회사의 웹 사이트 방문자들을 위한 컨텐츠를 개발하기 위해 특별히 고용되었다.

(A) specifically
(B) repeatedly
(C) creatively
(D) severely

in order to ~하기 위하여   content 내용물; 컨텐츠   specifically 특별히   creatively 창의적으로   severely 심하게, 엄하게

hired를 가장 자연스럽게 수식할 수 있는 부사를 찾도록 한다. 컨텐츠 개발이라는 특별한 목적을 위해 고용된 것이므로 의미상 hired를 가장 자연스럽게 수식할 수 있는 (A)의 specifically(특별히)가 정답이다.

19.

Gomez 씨는 3일 내에 회사의 새로운 로고로서 누구의 디자인을 선택할 것인지 결정하겠다고 말했다.

(A) when
(B) whose
(C) whom
(D) where

remark 언급하다   select 선정하다, 선택하다   logo 로고

빈칸에 들어갈 알맞은 의문사를 묻는 문제이다. 빈칸에는 명사인 design을 수식할 수 있는 의문사가 들어가야 하므로 who의 소유격인 (B)의 whose가 들어가야 한다.

20.

최근에 고용된 Antonio Mercer는 희귀 금속 분야에서 최고의 권위자 중 한 명으로 여겨진다.

(A) authority
(B) authorization
(C) authorized
(D) authorities

consider 여기다, 간주하다   leading 주도적인   exotic 이국적인, 특이한
authority 권위, 권위자   authorization 허가, 인가   authorized 권한을
받은

「one of + 복수 명사」의 쓰임을 알고 있으면 정답이 (D)라는 사실을
쉽게 알 수 있다. authority는 '권위(자)'라는 뜻으로, 복수형으로 쓰
일 경우 '관계 당국'이라는 뜻을 나타내기도 한다.

21.

Kensington 여행사의 전 직원들을 대표하여 신입 직원인 Angela
Dunn을 환영하고자 합니다.

(A) On behalf of
(B) In order to
(C) At once
(D) With regard to

on behalf of ~을 대표[대신]하여   at once 당장, 즉시   with regard to
~과 관련해서

내용상 '회사의 직원을 대표하여 신입 직원을 환영한다'는 의미가 만
들어져야 한다. 정답은 '~을 대표[대신]하여'라는 의미의 (A)이다.

22.

Anita Wilson이 진행한 워크숍은 대부분의 사람들에게 성공적인 것
으로 여겨졌기 때문에 그녀는 다음 달에 다시 와 달라는 요청을 받았
다.

(A) announced
(B) considered
(C) repeated
(D) known

generally 일반적으로, 보통   success 성공   consider 여기다, 간주하다
repeat 되풀이하다, 반복하다

빈칸 뒤의 a success(성공)를 보어로 받을 수 있는 동사를 찾아야
한다. 정답은 '~으로 간주하다' 혹은 '~으로 여기다'라는 뜻의 (B)이
다. 참고로 (D)의 known은 보통 be known as(~으로 알려져 있다)
혹은 be known for(~으로 유명하다) 형태 등으로 사용된다.

23.

3일 이내에 이 이메일에 답장을 함으로써 귀하께서 컨퍼런스에 참석
하고자 하신다는 점을 확인시켜 주시기 바랍니다.

(A) confirming
(B) confirms
(C) confirm
(D) to confirm

desire 바람, 갈망   respond to ~에 응답하다   confirm 확인하다

주어진 문장이 명령문이라는 것만 파악하면 빈칸에는 동사 원형인
(C)의 confirm이 들어가야 한다는 점을 쉽게 알 수 있다.

24.

새로운 식품 공급업체를 찾은 후 회사의 구내 식당의 음식 맛과 질이
모두 좋아졌다.

(A) either
(B) such
(C) both
(D) neither

company cafeteria 회사의 구내 식당, 사원 식당   quality 질

문장 안의 and에 주목하면 빈칸에는 both A and B(A와 B 모두) 형
식을 만족시키는 (C)의 both가 들어가야 한다.

25.

참석한 거의 모든 사람들이 회사의 부사장이 한 제안에 동의했다.

(A) response
(B) appearance
(C) attendance
(D) consideration

proposal 제안, 제의   vice president 부사장, 부회장   response 응답
appearance 외모, 외형   consideration 고려, 숙고

내용상 '참석한 모든 사람이 제안에 동의했다'라는 의미가 완성되어
야 하므로 정답은 '참석' 혹은 '출석'이라는 뜻의 (C)이다.

26.

Farnsworth 건설은 환경에 사소한 영향만 미치는, 품질이 우수한 자
재를 사용하는 것으로 유명하다.

(A) minor
(B) minors
(C) minority
(D) minorities

be known for ~으로 유명하다   high-quality 품질이 뛰어난   material
재료   impact 영향   environment 환경   minor 사소한   minority 소수

빈칸에는 명사인 impact를 수식할 수 있는 형용사가 들어가야 한다.
보기 중 형용사는 '사소한'이라는 의미를 지닌 (A)이다.

27.

일정 충돌로 인해 Thompson 씨는 Reynolds 씨와 만날 수 없게 되
어 본인 대신 Croft 씨를 보낼 것이다.

(A) schedule
(B) scheduler
(C) schedules
(D) scheduling

due to ~ 때문에   replacement 대신, 대체   scheduling conflict 일정
충돌

'일정 충돌'이라는 의미는 scheduling conflict로 나타낸다는 사실

을 알고 있어야 풀 수 있는 문제이다. 정답은 (D)이다.

28.

건설 현장을 점검하고자 하는 사람은 그 누구라도 안전모와 기타 필요한 안전 장비를 착용하고 나타나야 한다.

(A) given
(B) presented
(C) awarded
(D) borrowed

---

inspect 점검하다, 시찰하다   hardhat 안전모   safety gear 안전 장비, 보호 장비   present 출석하다, 참석하다; 발표하다   award 상을 주다   borrow 빌리다

문장의 주어가 사람을 나타내는 anyone이라는 점에 착안하여 정답을 찾도록 한다. 보기 중 수동태 형식으로 사람을 주어로 삼을 수 있는 동사는 (B)의 presented뿐이다. 참고로 '참석하다' 혹은 '출두하다'라는 의미는 present oneself로 나타낼 수 있다.

29.

수상 후보로 동료 직원을 추천하고자 하는 사람은 주말까지 추천서 양식을 제출해야 한다.

(A) they
(B) them
(C) themselves
(D) their

---

turn in 제출하다   nomination 지명, 추천

빈칸에는 nomination forms를 수식할 수 있는 대명사의 소유격 형태가 들어가야 한다. 따라서 정답은 (D)이다. 참고로 여기에서 their는 employees'의 의미이다.

30.

독립 위원회는 시의 기반 시설에 대해 다수의 개선 조치가 즉각적으로 실시되어야 한다는 결정을 내렸다.

(A) improvements
(B) constructions
(C) renovators
(D) substitutes

---

independent 독립적인   commission 위원회   determine 결정하다; 알아내다   numerous 많은   infrastructure 기반 시설   at once 즉시, 당장   improvement 개선, 향상   renovator 혁신가   substitute 대체품, 대용물

빈칸에는 that절의 동사인 should be made와 어울릴 수 있는 단어가 들어가야 한다. 정답은 (A)로, make improvement는 '개선하다'라는 뜻을 나타낸다.

[31-34]

수신: customerservice@davidsonfurniture.com
발신: mstone@electronmail.com
날짜: 6월 15일
제목: 요청

담당자님께,

저는 6월 11일에 귀사의 웹사이트에서 주문을 했으며(주문 번호 458KT117) 구입한 제품을 배송해 달라고 요청했습니다.

처음에는 6월 19일 오후에 제품을 받기를 원했습니다. 하지만 저희 사장님으로부터 업무와 관련된 행사에 참석하기 위해 제가 다른 주로 가게 되었다는 말을 들었습니다. 따라서 배송 일자를 변경해 주실 것을 요청드립니다.

6월 18일에 제품 배송이 가능하다면 저녁 시간 중 아무 때나 받을 수 있습니다. 그렇지 않다면 6월 24일 오전에 소파와 침대가 집으로 배송되도록 일정을 잡아 주시기 바랍니다. 연락을 주셔서 어떻게 하실 것인지 알려 주시면 고맙겠습니다. (487-8264로 전화를 주시면 저와 통화하실 수 있습니다.)

Michelle Stone 드림

---

place an order 주문을 하다   originally 원래, 처음에는   professional event 업무와 관련된 행사   as such 따라서, 그러므로   acceptable 받아들일 수 있는   couch 긴 소파   reach 닿다; 연락하다

31. (A) proposed
(B) considered
(C) placed
(D) set

propose 제안하다   consider 고려하다; 간주하다

'주문을 하다'라는 표현은 place an order 혹은 give an order 등으로 나타낼 수 있다. 따라서 (C)가 정답이다. 참고로 '주문을 받다'라는 의미는 take an order, get an order 등으로 나타낸다.

32. (A) However
(B) Consequently
(C) In other words
(D) As a result

consequently 따라서   in other words 다시 말해서, 즉   as a result 따라서, 그러므로

빈칸 앞에는 처음에 배송을 원했던 날짜에 대한 이야기가, 빈칸 뒤에는 그 날짜에 집을 비울 예정이라는 이야기가 이어지고 있다. 따라서 빈칸에는 역접의 의미를 지닌 (A)의 However가 들어가야 가장 자연스러운 문맥이 완성된다.

33. (A) accepted
(B) acceptable
(C) acceptance
(D) acceptive

문맥상 '저녁 시간에는 아무 때나 괜찮다'는 의미가 완성되어야
하기 때문에 정답은 (B)의 acceptable(받아들일 수 있는, 괜찮
은)이다.

34. (A) 이러한 요청을 들어 주셔서 감사합니다.
(B) 487–8264로 전화를 주시면 저와 통화하실 수 있습니다.
(C) 아무 때나 원하시는 시간에 들르시면 됩니다.
(D) 이야기를 나누게 되어 기뻤습니다.

빈칸 바로 앞 문장에서 본인에게 연락을 달라는 부탁을 하고 있
으므로 빈칸에는 본인의 연락처를 알려 주는 문장이 들어가야 자
연스러운 문맥이 완성된다. 따라서 (B)가 정답이다.

[35-38]

> 지역 자전거 제작업체인 Watson 주식회사가 마케팅을 담당할
> 부사장을 새로 고용했다. 이 회사에서 15년간 근무를 했던 Lisa
> Ortega가 지난 달에 갑자기 자리에서 물러났다. (그녀는 사임
> 에 대한 이유로 건강상의 문제를 언급했다.) Watson의 이사회
> 는 광범위한 물색 끝에 Pratt Harris에게 부사장 자리를 제의했
> 다. Harris 씨는 그 전에 Watson의 마케팅부의 부장이었기 때문
> 에 내부 고용이 이루어졌다. Watson에 오기 전 그는 조선업체
> 인 Riverdale Manufacturing에서 근무를 했다. Harris 씨는 8월
> 11일 월요일에 새로운 업무를 시작하게 될 것이다. 그의 후임자
> 는 계속 물색 중인 상태로, 아직 지명되지 않고 있다.

> manufacturer 제조업자, 제조업체   step down 자리에서 물러나다
> board of directors 이사회   previously 이전에   shipbuilder 조선
> 업체   duty 임무   ongoing 진행 중인

35. (A) suddenly
(B) repeatedly
(C) concernedly
(D) apparently

repeatedly 반복하여   **concernedly** 우려하여, 걱정하여

stepped down(사임하다)을 가장 자연스럽게 수식할 수 있는
부사를 찾도록 한다. 새로운 부사장을 임명하게 된 원인은 기존
부사장의 갑작스러운 사임 때문이었을 것으로 생각할 수 있다.
따라서 '갑작스럽게'라는 뜻의 (A)가 정답이다.

36. (A) 그녀는 사임에 대한 이유로 건강상의 문제를 언급했다.
(B) Ortega 씨는 이곳에서 일하는 것이 즐겁다고 말했다.
(C) 아무도 그녀가 회사의 새 대표 이사가 될 것이라고 예상하지
못했다.
(D) 고용 위원회는 누구에게 일자리를 제안할 것인지 고민 중이다.

바로 앞 문장에서 기존 부사장인 Ortega 씨가 사임했다는 소식
을 전하고 있으므로 빈칸에는 사임의 이유 등에 대한 언급이 이
어져야 한다. 따라서 (A)가 정답이다. (B)와 (C)는 사임 소식과 전
혀 관련이 없는 내용이고, 이미 새로운 부사장이 임명된 상황이
므로 (D) 또한 문맥과 어울리지 않는 문장이다.

37. (A) intern
(B) internally
(C) interned
(D) internal

intern 억류하다; 인턴 사원   **internally** 내부적으로

'내부 승진(자)'이라는 의미는 internal hire로 나타낸다. 따라서
(D)가 정답이다.

38. (A) appointment
(B) substitute
(C) applicant
(D) replacement

substitute 대용품, 대리인   **replacement** 교체, 대체(물); 후임자

'Harris 씨의 후임자', 즉 Harris 씨를 대신할 사람이 아직 임명
되지 않았다는 의미가 완성되어야 한다. 따라서 (D)가 정답이다.
(B)의 substitute를 정답으로 오인하기 쉬운데, substitute의 정
확한 의미는 '(일시적으로) 누군가를 대신하는 사람'이기 때문에
이 문제의 경우에는 정답이 될 수 없다.

[39-42]

> 친애하는 Lawrenson 씨께,
>
> 다음 달에 문을 열 카페를 위한 귀하의 대출 신청이 접수되었습
> 니다. 하지만 귀하의 케이스를 검토하던 중 저는 몇 가지 서류가
> 미비되었다는 점을 알게 되었습니다. 제출을 하시기 전에는 신청
> 절차를 마칠 수 없습니다.
>
> 동봉되어 있는 미비된 서류 리스트를 살펴봐 주십시오. 11월 10
> 일까지 제출을 하시면 11월 15일까지 대출과 관련된 결정이 내
> 려질 수 있을 것입니다. 서류를 제출하지 않으시면 귀하의 대출
> 신청은 보류될 것입니다.
>
> (직접 은행을 방문하셔서 서류를 제출해 주시기 바랍니다.) 제출
> 하러 오셨을 때 귀하와 이야기를 나누고 싶습니다.
>
> Jeremy Madison 드림

> loan 대출, 대부   document 문서, 서류   submit 제출하다   enclose
> 동봉하다   regarding ~와 관련하여   provide 제공하다   hand in
> ~을 제출하다

39. (A) are opening
(B) have opened
(C) should be opened
(D) open

은행 고객이 앞으로 문을 열 카페를 위해 대출을 신청한 상황이
다. 따라서 아직 카페가 문을 열기 전이므로 빈칸에는 미래 시제
를 나타낼 수 있는 형태가 들어가야 한다. 가까운 미래나 확실한
미래는 현재진행형으로 나타낼 수 있기 때문에 (A)가 정답이다.

40. (A) Because
(B) Therefore
(C) Until
(D) After

문맥상 모든 서류를 제출하기 전에는 신청 절차가 마감되지 않는다는 의미가 완성되어야 한다. 따라서 기한을 나타낼 때 자주 사용되는 접속사인 (C)의 Until이 정답이다.

41. (A) approved
(B) suspended
(C) expedited
(D) fined

suspend 중단하다, 보류하다 expedite 신속히 처리하다 fine 벌금을 물리다; 벌금

필요한 서류들이 구비되지 않으면 대출 절차가 어떻게 될 것인지 생각해 보자. 정답은 '중단하다' 혹은 '보류하다'라는 뜻을 나타내는 (B)이다.

42. (A) 직접 은행을 방문하셔서 서류를 제출해 주시기 바랍니다.
(B) 전화로 이야기를 나눌 수 있으면 좋겠습니다.
(C) 서류들은 아무 때나 제게 팩스로 보내시면 됩니다.
(D) 택배 기사로 하여금 귀하의 자료를 가지고 오라고 할 수 있습니다.

in person 직접, 몸소 over the phone 전화로, 유선으로 fax 팩스; 팩스를 보내다 courier 배달원

빈칸 바로 뒤의 문장에서 정답의 단서를 찾을 수 있다. 서류 제출을 하러 오면 만나서 이야기를 나누고 싶다는 바람을 나타내고 있으므로 빈칸에는 은행을 직접 찾아와야 하는 상황에 대한 언급이 있어야 한다. 따라서 (A)가 가장 적절한 문장이다.

[43-46]

수신: 마케팅부 전 직원
발신: Chris Murphy
제목: 회의
날짜: 4월 21일

최근에 출시된 냉동 식품 시리즈에 대해 부정적인 피드백이 접수되고 있습니다. 고객들은 주로 조리법이 잘못되었다는 불만을 제기하고 있습니다. 대부분의 경우, 고객들은 포장지에 적혀 있는 요리 온도와 시간을 따르면 음식이 설익는다고 보고하고 있습니다. (몇몇 고객들은 소셜 미디어에 부정적인 평가를 남겼습니다.) 심지어 우리 식품이 어떻게 요리가 제대로 되지 않는지를 보여 주는 두어 편의 동영상도 올라와 있습니다. 평판이 나빠져 판매량이 감소하기 전에 이에 대한 대응 조치를 취할 필요가 있습니다. 오늘 오후 4시에 브레인스토밍 회의가 예정되어 있습니다. 그 어떤 것이라도 모든 아이디어를 환영합니다. 이번 문제는 시급한 문제로 조속히 해결되어야만 합니다.

negative 부정적인 feedback 피드백 frozen food product 냉동 식품 instruction 지시, 설명 undercooked 설익은 properly 적절하게, 적당히 reputation 명성 brainstorming session 브레인스토밍 회의 urgent 긴급한 immediately 즉시

43. (A) they
(B) them
(C) their
(D) theirs

빈칸에는 요리 온도와 요리 시간을 사용할 수 있는 주어가 들어가야 한다. 따라서 전체 문장의 주어 customers(고객들)를 가리키는 대명사인 (A)의 they가 정답이다.

44. (A) 그들은 우리가 첨가한 새로운 맛을 좋게 평가한다고 말했습니다.
(B) 게다가 가격 인상으로 상당수의 사람들이 불만을 가지고 있습니다.
(C) 이것은 새로 광고를 할 때 우리가 고려해야 하는 점입니다.
(D) 몇몇 고객들은 소셜 미디어에 부정적인 평가를 남겼습니다.

approve of ~을 찬성하다, ~을 승인하다 flavor 맛 upset 속상하게 만들다 quite a few 상당수의 social media 소셜 미디어

바로 뒷문장의 a couple of videos가 구체적인 사례라는 것을 알면 정답을 쉽게 찾을 수 있다. 보기 중 제품 불만에 관한 동영상이 올라와 있다는 사례에 대해 일반적인 진술이 될 수 있는 문장은 (D)뿐이다.

45. (A) how
(B) which
(C) what
(D) whichever

제대로 요리되지 않은 과정을 보여 주는 동영상일 것이므로 방법 혹은 방식의 의미를 나타내는 (A)의 how가 정답이다.

46. (A) counter
(B) repeal
(C) announce
(D) market

counter 대응하다, 반박하다 repeal 폐지하다

this가 가리키는 것이 무엇인지 파악해야 정답을 찾을 수 있다. 앞 부분의 내용을 통해 this는 신제품에 대한 부정적인 평가가 확산되는 현상임을 알 수 있다. 따라서 빈칸에는 '대응하다' 혹은 '반박하다'라는 의미를 지닌 (A)의 counter가 들어가야 가장 자연스러운 문장이 완성된다.

PART 7

Type 01 주제 및 목적, 문제점

p.84

1. (C) **2.** (D) **3.** (D) **4.** (A)

[1-2]

12월 3일

친애하는 Kenwood 씨께,

또 다시 Hampton 콘서트 시리즈가 실시되는 시기가 찾아왔습니다. 올해 공연은 12월 30일 오후 6시 30분에 진행될 예정입니다. 연주회뿐만 아니라 발레 공연도 함께 이루어지는 흥미로운 무대가 마련될 것입니다.

귀하께서는 저희의 오랜 후원자 중 한 분이시기 때문에 귀하께 이번 행사의 무료 티켓 2장을 제공해 드리고자 합니다. 받으실 의향이 있는 경우 즉시 보내도록 하겠습니다. 혹은 공연 당일 저녁에 매표소에서 찾아 가실 수도 있습니다.

저희 Hampton 콘서트 시리즈를 위해 9년이 넘도록 베풀어 주신 은혜에 감사를 드립니다. 내년에도 우리의 관계가 지속되기를 기원합니다.

Bette Stewart 드림

---

put on ~을 상연하다 end-of-the-year 연말의 feature 특성; 특징으로 삼다 combination 조합 long-term 장기의 sponsor 후원자 complimentary 무료의 at once 즉시, 당장 box office 매표소 appreciate 감사하다; 평가하다 relationship 관계

1 Stewart 씨는 왜 Kenwood 씨에게 편지를 보냈는가?

(A) 축하 만찬에 초대하기 위해
(B) 그녀가 구입한 티켓에 대해 알리기 위해
(C) 곧 있을 행사에 대해 알리기 위해
(D) 한 차례 더 기부를 요청하기 위해

celebratory 축하의, 기념의 donation 기부, 기증

편지를 작성한 이유를 묻고 있다. 발신자인 Stewart 씨는 편지의 첫 문장에서 Hampton Concert Series라는 '연말 공연'(its annual end-of-the-year performance)에 대해 안내한 후, 수신자인 Kenwood 씨에게 참석을 권유하고 있다. 따라서 정답은 이러한 공연을 an upcoming event(곧 있을 행사)로 바꾸어 쓴 (C)이다.

2 Stewart 씨는 Kenwood 씨에게 무엇을 제공하는가?

(A) 할인
(B) 연주자를 만날 수 있는 기회
(C) 평생 회원권
(D) 무료 티켓 두 장

performer 연주자, 연기자 lifetime 평생, 일생

두 번째 단락에서 Stewart 씨는 후원자인 Kenwood 씨에게 '공연의 무료 티켓 2장을 제공해 주고 싶다'(I would like to provide you with two complimentary tickets to the event)는 의사를 표시하고 있다. 따라서 (D)가 정답이다.

[3-4]

Dinsmore 역 방문객들을 위한 공지

현 시간부로 Dinsmore 역의 모든 에스컬레이터의 가동이 중단됩니다. 에스컬레이터의 전원이 나가고 들어오는 기계적인 문제가 있습니다. 이로 인해 에스컬레이터 이용객들이 부상을 입을 수 있습니다. 문제가 해결되기 전까지는 누구도 에스컬레이터를 이용해서는 안 됩니다. 역에 오신 분들께서는 모든 에스컬레이터 옆에 있는 계단을 이용하셔야 합니다. 또한 엘리베이터를 이용하실 수도 있습니다. 엘리베이터의 위치를 명확히 알려 주는 표시들이 있습니다. 불편에 대해 사과를 드리며, 최대한 빨리 서비스가 재개되기를 바랍니다.

---

effective immediately 즉시 효력을 나타내는 shut down (기계 등이) 멈추다 mechanical 기계적인 potential 잠재력 injury 부상, 상처 stair 계단 alongside ~을 따라 point out 지적하다, 가리키다 apologize 사과하다 inconvenience 불편 restore 복구하다, 복원하다

3 무엇이 문제인가?

(A) 지하철역이 평소보다 일찍 문을 닫을 것이다.
(B) 지하철역을 방문한 몇몇 사람들이 부상을 입었다.
(C) 지하철이 평소보다 늦게 도착하고 있다.
(D) 일부 기기가 제대로 작동하지 않는다.

공지의 첫 문장에서 'Dinsmore 역의 모든 에스컬레이터가 작동이 중단되었다'(all escalators at Dinsmore Station have been shut down)는 점을 알리고 있다. 따라서 에스컬레이터를 some machinery로 바꾸어 쓴 (D)가 정답이다.

4 엘리베이터에 대해 언급되어 있는 것은 무엇인가?

(A) 어디에서 찾을 수 있는지 알려 주는 표시가 있다.
(B) 한번에 최대 12명의 사람들을 수용할 수 있다.
(C) 몇몇 엘리베이터는 수리 중이다.
(D) 점검 시간이 자주 있다.

indicate 알리다, 가리키다 undergo 겪다, 경험하다 maintenance 유지, 관리, 보수

지문 후반부의 'There are signs that clearly point out where they are located.'라는 문장에서 엘리베이터의 위치를 안내하는 표시가 있다는 점을 알 수 있다. 따라서 (A)가 정답이다. 엘리베이터의 수용 인원이나 수리 여부, 그리고 점검 시간에 대해서는 전혀 언급된 바 없으므로 나머지 보기들은 모두 정답이 될 수 없다.

31

Type 02 언급된 사항 및 언급되지 않은 사항

p.88

1. (C) **2.** (B) **3.** (B) **4.** (C)

[1-2]

Carter Meal Delivery

하루 종일 일이나 공부를 하시나요?
집에 도착하면 너무 지쳐서 요리하기가 힘드신가요?

그렇다면

Carter Meal Delivery가

여러분께 필요한 모든 음식을 제공해 드리겠습니다.

해산물 요리, 채식주의자용 요리, 저지방 및 저칼로리 요리,
그리고 소수 민족 요리를 포함하여 선택하실 수 있는
정식 메뉴가 250개 이상 있습니다.

포장을 뜯고 오븐에 10분간 넣은 후
요리가 끝날 때까지 기다리기만 하시면 됩니다.

저희는 인공 방부제가 들어 있지 않은
천연 재료만을 사용합니다.

가격은 시내에서 가장 저렴한 편으로,
저희보다 가격이 낮은 곳은 없습니다.

www.cartermealdelivery.com을 방문하셔서
어떤 옵션들이 있는지 확인해 보십시오.

회원 가입을 하시면 맛있는 식사를 즐기실 수 있습니다.

---

too ~ to 너무 ~해서 ~할 수 없다, ~하기에는 너무나 ~하다
vegetarian 채식주의자; 채식주의의 **ethnic** 인종의, 민족의
ingredient 성분, 재료 **artificial** 인공적인 **preservative** 방부제

---

1 Carter Meal Delivery에 대해 사실이 아닌 것은 무엇인가?

(A) 그곳에서 부과하는 가격은 비싸지 않다.
(B) 음식은 오븐으로 요리할 수 있다.
(C) 몇몇 음식에는 인공 방부제가 포함되어 있다.
(D) 고객들이 선택할 수 있는 음식의 가짓수가 많다.

inexpensive 비싸지 않은, 저렴한 **contain** 포함하다 **a large number of** 많은

각 보기의 내용들을 본문의 내용과 하나씩 대조해 보면서 정답을 찾도록 한다. 자신들의 가격이 '시내에서 가장 낮은 편'(the lowest in the city)이라는 언급에서 (A)의 내용을, 음식을 '10분간 오븐에 넣어 두면 된다'(place it in the oven for 10 minutes)는 설명에서 (B)의 내용을, 그리고 '선택할 수 있는 메뉴가 250개 이상'(more than 250 full meals to choose from)이라는 부분에서 (D)의 내용을 확인할 수 있다. 사실이 아닌 것은 (C)로, 광고에서는 모든 재료가 '방부제를 사용하지 않은 천연 재료'(natural ingredients with no artificial preservatives)임을 밝히고 있다.

2 어떻게 Carter Meal Delivery에 주문을 할 수 있는가?

(A) 전화 번호로 전화를 함으로써
(B) 웹 페이지를 방문함으로써
(C) 직접 매장을 방문함으로써
(D) 우편으로 신청서를 보냄으로써

지문의 마지막 부분에서 해당 업체는 자신들의 홈페이지 주소를 소개한 후 회원 가입을 하면 식사를 할 수 있다고 안내한다. 따라서 (B)가 정답이다.

[3-4]

이용해 주셔서 감사합니다.

Mayfield's

날짜: 10월 11일
시간: 오전 10시 45분

제품	가격
자전거용 헬멧 1개	$25.00
야구 글러브 1개	$35.00
소프트볼 2개	$11.00
소계	$71.00
부가세(5%)	$3.55
총계	$74.55

9811로 끝나는 신용 카드로 전액 결제되었습니다.

상기 제품에 대해 환불이나 교환을 원하시는 경우에는 구입 후 5일 이내에 이 영수증을 제시해 주십시오.
다음 방문 시 100달러 이상의 제품을 구매하시는 경우, 이 영수증을 제시하시면 15%의 할인을 받으실 수 있습니다.

---

3 Mayfield's는 어떤 종류의 업체 같은가?

(A) 캠핑용품점
(B) 스포츠용품점
(C) 의류 매장
(D) 철물점

영수증에서 구매한 품목이 무엇인지 살펴보면 쉽게 정답을 찾을 수 있다. 자전거 헬멧, 야구 글러브, 공과 같은 제품은 (B)의 '스포츠용품점'에서 판매되는 것들이다.

4 영수증에 적혀 있지 않은 것은 무엇인가?

(A) 지불 방식
(B) 구입 날짜
(C) 매장의 위치
(D) 교환하는 방법

method 방법, 방식

지불은 신용 카드로 이루어졌고 구입일은 10월 11일이라는 점에서 (A)와 (B)는 모두 영수증에 적혀 있는 내용임을 알 수 있다. 영수증 하단에 교환 및 환불을 원하는 경우 영수증을 제시하라는 안내가 적혀 있으므로 (D) 또한 확인이 가능한 사항이나, (C)의 '매장의 위치'는 지문 어디에서도 찾아볼 수 없다.

Type 03 인용

p.92

1. (C)　　**2.** (D)　　**3.** (A)　　**4.** (B)

[1-2]

Alice Hastings [10:04 A.M.]
안녕하세요, Bruce. Harry Grand와의 회의가 예상했던 것보다 오래 걸릴 것 같아요.

Bruce Brody [10:06 A.M.]
Kennedy 씨와의 협상을 연기할까요?

Alice Hastings [10:07 A.M.]
그러지 않는 편이 좋겠어요. 하지만 제가 늦을 것이라는 점은 알려 주세요.

Bruce Brody [10:08 A.M.]
몇 시에 이곳으로 올 것 같나요?

Alice Hastings [10:09 A.M.]
아마 30분 늦게 도착할 거예요.

Bruce Brody [10:10 A.M.]
당신이 여기에 도착할 때까지 Kenney 씨가 모든 것을 미루자고 제안할 가능성이 커요. 어쨌거나 당신이 중요한 팀원이니까요.

Alice Hastings [10:11 A.M.]
그 말이 맞는 것 같군요 그러면 최대한 빨리 갈게요.

---

negotiation 협상　make it 오다; 해내다　after all 어찌되었든　key 중요한, 핵심인; 열쇠　probably 아마도　as ~ as possible 가능한 ~하게

---

1 오전 10시 7분에 Hastings 씨는 왜 "You'd better not"이라고 쓰는가?

(A) Grand 씨와의 회의를 취소하면 안 된다고 충고하기 위해
(B Hastings 씨가 일찍 도착하지 않을 것이라는 점을 암시하기 위해
(C) 회의를 늦게 시작하자는 요청을 하지 말라고 제안하기 위해
(D) Hastings 씨에게 Kennedy 씨와 연락하지 말라고 요청하기 위해

바로 앞 문장을 고려해서 주어진 문장을 완전한 문장으로 다시 써 보면 'You'd better not delay the start of the negotiations with Mr. Kennedy.'가 된다. 즉 Hastings 씨는 Kennedy 씨와의 협상을 연기해서는 안 된다는 의견을 제시하고 있으므로 그녀가 그처럼 글을 쓴 의도는 (C)로 볼 수 있다.

2 Brody 씨가 Hastings 씨에 대해 언급한 것은 무엇인가?

(A) 그녀는 더 일찍 협상을 하자고 제안했다.
(B) 그녀가 협상에 필요한 서류들을 가지고 있다.
(C) 그녀는 제 시간에 회의에 도착해야 한다.
(D) 그녀는 곧 있을 회의에 필요한 인물이다.

지문의 마지막 부분에서 Brody 씨는 Hastings 씨가 늦으면

Kenny 씨가 모든 것을 미루려고 할 가능성이 있다는 점을 지적한 후, 'After all, you're a key member of the team.'이라고 말한다. 따라서 보기 중 언급된 사항은 a key member of the team(중요한 팀원)을 a necessary person(필요한 인물)으로 바꾸어 쓴 (D)이다.

[3-4]

Melanie Faber [2:55 P.M.]
Greg, 당신 부서의 근무 시간 기록표를 하나도 받지 못했어요. 무슨 일이 있나요?

Greg Duvall [2:56 P.M.]
오늘은 수요일이에요. 제출은 주말까지 하면 되잖아요.

Melanie Faber [2:57 P.M.]
제가 월요일에 보낸 회람을 보지 못했나요? 다음 주 월요일이 휴일이라 주말에 급여를 지급하기 위해서는 오늘 모든 것이 필요해요.

Greg Duvall [2:58 P.M.]
저는 아파서 오늘까지 쉬고 있는 중이에요.

Melanie Faber [2:59 P.M.]
그 점은 제가 몰랐군요. 어쨌든 아직 두 시간이 남아 있으니 직원들에게 이야기해서 이번 주 금요일에 급여를 받고 싶으면 제게 5시까지 근무 시간 기록표를 제출해 달라고 해 주세요.

Greg Duvall [3:00 P.M.]
당장 모두에게 알릴게요.

Melanie Faber [3:01 P.M.]
좋아요.

---

timesheet 근무 시간 기록표　paycheck 급여, 급료　staffer 직원

---

3 Faber 씨는 왜 Duvall 씨에게 연락을 했는가?

(A) 미비된 서류에 대해 문의하기 위해
(B) 회의를 하자고 요청하기 위해
(C) 그가 저지른 실수를 알아내기 위해
(D) 잘못된 정보를 정정하기 위해

find out about ~을 알아내다

지문의 시작 부분에서 Faber 씨는 'Duvall 씨 부서의 근무 시간 기록표를 받지 못했다'(I haven't received any timesheets from your department)는 점을 알린 후 그 이유를 묻는다. 이를 통해 Faber 씨가 연락을 취한 이유는 (A)로 볼 수 있다.

4 오후 2시 58분에 Duvall 씨가 "I was out sick until today"라고 말할 때 그는 무엇을 암시하는가?

(A) 오늘 일정이 꽉 차 있다.
(B) 회람을 읽지 못했다.
(C) 곧 자신의 근무 시간 기록표를 찾을 것이다.
(D) 곧 직원들을 만날 것이다.

주어진 문장의 뜻은 '오늘까지 출근하지 못했다'인데, 이 말은 'Didn't you get the memo I sent out on Monday?'라는 물음에 대한 답변이다. 즉 월요일에 보낸 회람을 읽지 않았는지 묻는 질문에 Duvall 씨는 간접적으로 받지 못했다는 의미를 전달하고 있으므로 (B)가 정답이다.

Type 04 세부 사항

p.96

1. (C) **2.** (A) **3.** (D) **4.** (A)

[1-2]

> ### Zell Industries의 공장 매각
> Louis Abernathy 선임 기자
>
> 알링턴 (3월 11일) – 어제 오후 지역 회사인 Zell Industries의 대변인은 회사가 커빙턴 내의 시설을 매각 중이라고 밝혔다. 이 공장에는 현재 200여명의 정규직 노동자들이 고용되어 있다.
>
> 대변인은 매입을 한 회사가 다양한 전자 제품을 제조하기 위해 공장 설비를 교체할 계획이라고 말했다. 현재 이 공장은 트랙터 및 기타 농기계를 생산하는데 사용되고 있다. 매입한 곳의 이름은 아직 공개되지 않고 있다. 하지만 공장 매각과 관련된 익명의 소식통에 따르면 Jackson 주식회사가 매입을 했다고 한다.
>
> Zell Industries는 커빙턴 공장에서 일하던 모든 직원들을 주 내의 다른 시설로 다시 배치할 계획이다. 대변인은 회사가 인력 감축을 고려하고 있지 않으며, 회사가 재정적인 문제를 겪고 있지도 않다는 점을 강조했다. 단지 구식 장비를 사용하고 있던 시설에 좋은 매각 제의가 들어와서 이를 받아들인 것 뿐이다.
>
> spokesperson 대변인 full-time employee 정규직 직원 state 주장하다, 언급하다 retool 기기를 교체하다; 개편하다 manufacture 제조하다, 제작하다 electronic appliance 전자 제품 publicly 공개적으로 anonymous 익명의 source 출처 relocate 이전하다, 이동시키다 stress 강조하다 look to ~을 고려하다 workforce 노동력 undergo 겪다 financial 재정적인, 금전적인 outdated 구식의

1 Zell Industries에 대해 암시되어 있는 것은 무엇인가?

(A) Jackson 주식회사와 경쟁 관계이다.
(B) 유명한 전자 제품 제조업체이다.
(C) 여러 도시에서 직원을 고용을 하고 있다.
(D) 외국과 거래를 한다.

Jackson 주식회사는 Zell Industries의 경쟁업체가 아니라 공장을 매입한 곳이기 때문에 (A)는 사실이 아니며, 현재 공장에서 농기계가 생산되고 있다는 점을 통해 (B)도 잘못된 내용임을 알 수 있다. 정답은 (C)로, Zell Industries는 공장의 인원들을 '주 내의 다른 시설'(other facilities in the state)로 이전할 계획이라고 했으므로 (C)가 추론할 수 있는 내용이다. 해외 사업이나 제품 수출에 대한 이야기는 전혀 언급된 바 없으므로 (D) 또한 오답이다.

2 Zell Industries는 왜 공장을 매각했는가?

(A) 충분한 금액을 받았기 때문에
(B) 정리 해고를 할 계획이기 때문에
(C) 현재 손실을 보고 있기 때문에
(D) 농기계 사업을 그만 둘 것이기 때문에

sufficient 충분한 layoff 정리 해고하다 get out of ~으로부터 빠져나가다

기사의 마지막 문장에서 Zell Industries가 공장을 매각한 이유를 찾을 수 있다. 인원 감축이나 재정적인 문제 때문이 아니라 '낡은 시설의 공장에 대한 좋은 매각 제의'(a good offer on a facility that was using mostly outdated equipment)를 받았기 때문에 매각을 한 것이므로 Zell Industries가 공장을 매각한 이유는 (A)로 볼 수 있다.

[3-4]

> **MEMO**
>
> 수신: 전 직원
> 발신: Charles O'Neil
> 제목: 7월 23일 행사
> 날짜: 6월 28일
>
> 올해 회사의 여름 야유회가 7월 23일 토요일에 열릴 예정입니다. 오전 11시부터 대략 오후 4시까지 Skidmore 공원에서 진행될 예정입니다. 항상 그래왔듯이 전 직원과 직원들의 직계 가족 분들을 초대합니다.
>
> 모든 사람들을 위한 충분한 음식이 준비될 수 있도록 늦어도 7월 7일까지 참석 여부 및 동반 인원을 알려 주시기 바랍니다. 아울러 알레르기 등 음식과 관련된 제한 사항이 있는 경우에도 제게 알려 주시기 바랍니다.
>
> 야유회에는 많은 음식과 게임이 준비될 것이며 재미있을 것입니다. 지역 밴드인 Jack Morris Gang의 라이브 공연도 예정되어 있습니다. 참가 비용은 없습니다. 자원 봉사에 관심이 있으신 경우에는 가능한 빨리 제게 답신해 주시기 바랍니다.
>
> as always 항상 그랬듯이 immediate family member 직계 가족 no later than 늦어도 ~까지 accompany 동반하다, 수반하다 inform A of B A에게 B에 대해 알리다 dietary 음식의 restriction 제한 feature ~을 특징으로 삼다 be interested in ~에 관심이 있다 get back to ~에게 답장하다

3 직원들을 무엇을 하라는 요구를 받는가?

(A) 행사 티켓을 구입한다
(B) 원하는 음식을 주문한다
(C) O'Neil 씨에게 자신이 가지고 올 음식을 알려 준다
(D) 동반할 손님들의 인원수를 말해 준다

회람에서 글쓴이가 직원들에게 요구하는 사항은 두 번째 단락에 자세히 나와 있다. 회람 작성자인 O'Neil 씨는 직원들에게 '7월 7일까지 참석 여부와 동반 인원을 알려 줄 것'(please let me know no later than July 7 if you plan to attend the event and how many people will accompany you)과 '음식과 관련된 제한 사항에 대해 알려 줄 것'(please inform me of any dietary restrictions, including allergies, you may have)을 요청하고 있다. 따라서 첫 번째 요구 사항과 관련이 있는 (D)가 정답이다.

4 행사에서 어떤 일이 일어날 것인가?

(A) 음악이 연주될 것이다.
(B) 연설이 있을 것이다.
(C) 대표 이사가 참석할 것이다.
(D) 불꽃놀이가 열릴 것이다.

fireworks show 불꽃놀이

마지막 단락의 'There will even be a live performance by local band the Jack Morris Gang.'이라는 문장을 통해 음악 공연이 예정되어 있음을 알 수 있다. 따라서 (A)가 정답이다.

Type 05 추론

1. (B) **2.** (D) **3.** (A) **4.** (D) **5.** (C)
6. (D)

[1-3]

컴퓨터 시스템의 작동이 중단됩니다

이곳 Compton Technology의 전체 컴퓨터 시스템이 내일 오전 6시에 작동을 중단합니다. 복구 작업이 이루어질 예정이며 작업은 이틀 후에 완료될 것입니다. 이 기간 동안에는 인터넷뿐만 아니라 인트라넷 서비스도 이용을 하실 수가 없습니다.

최근 몇 주 동안 직원들은 사내 컴퓨터 시스템에 많은 결함이 존재한다고 보고했습니다. 여기에는, 이것에만 국한되는 것은 아니지만, 파일의 손상, 삭제 혹은 분실, 인터넷 끊김, 그리고 사내 인트라넷으로 메시지를 전송하지 못하는 현상 등이 포함됩니다.

Harper Consulting의 작업 팀이 내일 오전 일찍 도착해서 시스템과 관련된 작업을 시작할 것입니다. 작업 팀의 누군가가 여러분의 컴퓨터 및 워크스테이션의 사용을 요청하는 경우, 그러한 요구에 따라 주시기 바랍니다. 질문이나 하고 싶으신 말씀이 있는 경우에는 내선 번호 38로 Jasmine Lewis에게 연락을 주십시오.

....

undergo 겪다 reconstruction 복원, 복구 take up (시간이나 공간 등을) 차지하다, 쓰다 intranet 내부 전산망, 인트라넷 glitch 결함 interruption 중단 inability 불능, 무능 commence 시작하다, 개시하다

---

1 Harper Consulting 직원들은 언제 일을 시작할 것인가?

(A) 오늘 오후
(B) 내일 오전
(C) 내일 오후
(D) 모레

마지막 단락 첫 번째 문장에서 Harper Consulting에서 온 작업 팀이 '내일 오전 일찍'(early in the morning) 도착해서 복구 작업을 시작할 것이라고 안내되어 있다. 정답은 (B)이다.

2 Compton Technology의 컴퓨터 시스템의 문제가 아닌 것은 무엇인가?

(A) 인터넷에 접속할 수 없음
(B) 파일이 잘못된 곳으로 전송됨
(C) 사내 이메일을 사용할 수 없음
(D) 패스워드가 제멋대로 바뀜

at random 무작위로, 임의로

두 번째 단락에서 컴퓨터 시스템 문제의 사례들이 제시되어 있다. the losing, deleting, or misplacing of files라는 부분에서 (B)의 내용을, interruptions in Internet service에서 (A)의 내용을, 그리고 the inability to send messages on the company intranet이라는 부분에서 (C)의 내용을 확인할 수 있으나, (D)의 패스워드 변경과 관련된 문제에 대해서는 전혀 언급된 바 없다.

3 Harper Consulting에 대해 사실일 것 같은 것은 무엇인가?

(A) 컴퓨터에 대해 잘 아는 사람들을 고용하고 있다.
(B) Compton Technology와 오랫동안 업무 관계를 유지하고 있다.
(C) Compton Technology와 같은 건물에 위치해 있다.
(D) 프로젝트 매니저로 Jasmine Lewis를 고용했다.

마지막 단락에서 Harper Consulting의 작업 팀이 Compton Technology의 컴퓨터 시스템 문제를 수리할 예정임을 알 수 있으므로 해당 업체는 컴퓨터 시스템 복구 업체일 것으로 추측할 수 있다. 따라서 (A)가 정답이다. 이들이 컴퓨터 사용을 요청하는 경우 요청에 따르라고 지시한 점을 통해서도 정답이 (A)임을 다시 한 번 확인할 수 있다.

[4-6]

DKT 채용 공고

조선업계의 선도 기업인 DKT 주식회사에서 현재 본사에서 근무할 직원을 모집하고 있습니다. 지원이 가능한 정규직 직위 중 일부는 다음과 같습니다.

접수 담당 직원: 직원, 고객, 및 방문객 응대; 전화 응답 및 연결; 친절한 태도 요망; 고등학교 졸업장 필요; 정규 근무 시간 근무; 연봉 26,000달러 + 완전한 복리 후생

인사 부장: 8명으로 구성된 인사부의 팀 관리; 멀티태스킹 능력 필수; 다른 사람들과 함께 일할 수 있어야 하고 다양한 성격을 지닌 사람들과 어울려 지낼 수 있어야 함; 대학 학위 필요; 3년간의 관리자 경력 필요; 연봉 53,000달러 + 완전한 복리 후생

회계 직원: 팀원으로서 다양한 회계 업무를 수행; 대학 학위 우대; 대학 학위 대신 레벨2의 회계 자격증 인정; 경력 무관; 초과 근무를 해야 할 수도 있음; 연봉 37,000달러 + 초과 근무 수당 + 완전한 복리 후생

영업 사원: 신규 거래를 성사시키기 위해 기존 고객 및 잠재 고객들을 상대; 뛰어난 대인 관계 능력 필요; 국내 및 해외 출장을 다닐 수 있어야 함; 중국어, 독일어, 아랍어 구사자 우대; 연봉 70,000달러 + 영업 수당 + 완전한 복리 후생

이러한 직위 및 기타 직위에 지원하기 위해서는 www.dkt.com/jobs를 방문해 주십시오. 모든 지원서는 인터넷으로 제출되어야 합니다. 채용이 고려되는 분들께서만 답장을 받게 되실 것입니다.

shipbuilding industry 조선업 headquarters 본부, 본사 demeanor 태도, 자세 diploma 학위 benefit 혜택; 수당 multitasking skills 여러 가지 일을 동시에 할 수 있는 능력 conduct 수행하다, 실행하다 certification 증명, 자격(증) in place of ～을 대신하여 compensation 보상 outstanding 뛰어난 interpersonal 대인 관계의 domestically 국내에서 consideration 고려 commission 수수료, 커미션 electronically 컴퓨터로

4 다음 중 인사 부장 직위에 요구되지 않는 것은 무엇인가?

(A) 고등 교육 기관에서 받은 학위
(B) 직원을 관리해 본 경력
(C) 동시에 여러 가지 일을 할 수 있는 능력
(D) 사무실에서 기꺼이 오랫동안 근무를 하고자 하는 의지

institute 기관 supervise 감독하다 at the same time 동시에 willingness 기꺼이 하고자 함

보기의 내용들을 HR Manager 항목의 자격 요건들과 하나씩 비교해 보면서 정답을 찾도록 한다. (A)는 college degree라는 요건에 해당되며, (B)는 3 years of managerial experience라는 요건에, 그리고 (C)는 multitasking skills라는 요건에 해당된다. 하지만 (D)의 초과 근무와 관련된 자격 요건은 인사 부장 직위가 아니라 Accountant 항목에서 찾아볼 수 있으므로 (D)가 정답이다.

5 회계 직원에 대해 암시되어 있는 것은 무엇인가?

(A) 수학 학사 학위가 요구된다.
(B) 이 직위를 가지고 있는 사람은 출장을 가야 할 수도 있다.
(C) 이 일을 하는 사람은 1년에 37,000달러 이상을 받을 수 있다.
(D) 이 직원은 외국어를 할 수 있어야 한다.

Accountant 항목의 마지막 부분에서 급여 조건이 '37,000달러의 연봉과 초과 근무 수당, 그리고 기타 수당'($37,000/year + compensation for working extra hours + full benefits)이라고 했으므로 이 직책의 연봉은 최소 37,000달러 이상임을 알 수 있다. 따라서 (C)가 정답이다. 대학 학위가 필수는 아니라고 했으므로 (A)는 사실이 아니며, (B)의 '출장'과 (D)의 '외국어 구사 능력'은 Salesperson 항목에서 언급된 사항이다.

6 어떻게 DKT 주식회사에 입사 지원을 해야 하는가?

(A) 직접 회사를 방문함으로써
(B) 우편으로 지원 서류를 보냄으로써
(C) 필요한 서류들을 모두 팩스로 보냄으로써
(D) 웹사이트에 접속해서 온라인으로 지원을 함으로써

지문의 마지막 단락에서 회사의 홈페이지 주소가 소개된 후 '모든 지원은 전산으로 이루어져야 한다'(All applications must be submitted electronically.)고 안내되어 있다. 따라서 (D)가 정답이다.

Type **06** 문장 삽입

1. (C) **2.** (D) **3.** (C) **4.** (C) **5.** (C)
6. (D)

[1-3]

수신: 모든 부서장
발신: Rosanna Reynolds
날짜: 8월 24일
제목: Amber

Broadway 중공업에서 급여 지급 목적으로 사용되고 있는 소프트웨어가 교체될 예정이라는 점을 모든 분께 알려 드립니다. 새로운 프로그램인 Amber가 현재 사용 중인 소프트웨어 Magenta를 대체하게 될 것입니다.

Amber는 몇 가지 측면에서 업그레이드 효과를 가져다 줄 것입니다. 서류 작업이 완전히 사라지게 될 것이기 때문에 직원들은 근무 시간 기록표를 온라인으로 제출할 수 있으며 여러분은 이를 전산으로 승인할 수 있습니다. 직원들은 또한 손쉽게 현재의 급료와 이전 급료를 확인할 수 있습니다. 퇴직 연금으로 빠지는 금액을 늘리거나 줄이는 등의 변경 사항을 적용해야 하는 경우에도 Amber를 이용해서 할 수 있습니다. 마지막으로, 직원들은 자신의 계좌로 급여가 지급될 때 전화나 이메일로 통지를 받게 될 것입니다. (이것은 예전부터 많은 직원들이 요구해 왔던 점입니다.)

다음 주에 Amber의 사용법에 관한 간단한 교육을 실시할 예정입니다. 늦어도 내일까지 일정표를 보내 드리겠습니다. 또한 이번 달 급여는 8월 26일까지 처리해야 하기 때문에, 그 다음 날까지는 Amber가 설치되지 않을 것입니다. 그러니 그때까지는 Magenta를 계속해서 사용해 주시기 바랍니다.

payroll 급여 대상자 명단 purpose 목적 in place of ～을 대신하여 eliminate 없애다, 제거하다 paperwork 서류 작업 file 파일; (문서 등을) 보관하다, 제출하다 electronically 전산으로 paycheck 급여 retirement plan 퇴직자 연금 제도 notification 통지 deposit 예금; 예금하다

1 회람의 목적 중 하나는 무엇인가?

(A) 새로운 소프트웨어에 대한 관심을 묻기 위해
(B) 교육에 대한 일정을 알리기 위해
(C) 소프트웨어 프로그램의 이점을 말하기 위해
(D) 직원들이 제기한 불만 사항을 설명하기 위해

회사가 새로 도입할 급여 관련 프로그램인 Amber에 대한 회람이다. 특히 회람의 두 번째 단락에서 Amber의 여러 가지 장점에 대해 상세히 설명하고 있으므로 보기 중 회람의 목적으로 볼 수 있는 것은 (C)이다. 교육 일정은 추후에 통보하겠다고 했으므로 (B)는 정답이 될 수 없다.

2 Amber는 언제 Broadway 중공업의 컴퓨터 시스템에 설치될 것인가?

(A) 8월 24일

36

(B) 8월 25일

(C) 8월 26일

(D) 8월 27일

마지막 단락의 'You should also be aware that since we have to process this month's paychecks by August 26, Amber will not be installed until the following day.'에서 정답의 단서를 찾을 수 있다. 26일까지는 현재의 급여 지급 방식을 유지하고 그 다음 날에 Amber가 설치될 것이라고 했으므로 (D)의 '8월 27일'이 새 프로그램이 설치될 날짜이다.

3 [1], [2], [3], [4]로 표시된 위치 중 다음 문장이 들어가기에 가장 알맞은 곳은 어디인가?

"이것은 예전부터 많은 직원들이 요구해 왔던 점입니다."

(A) [1]

(B) [2]

(C) [3]

(D) [4]

주어진 문장의 this가 가리키는 것이 바로 앞문장에서 언급되고 있어야 한다. 정답은 (C)로, 직원들의 요구 사항은 다름 아닌 [3] 앞 문장에서 언급된 전화 혹은 이메일로 급여 이체를 통보받는 것이다.

[4-6]

Bradford Daily Times의 변경 사항

3월 1일부터는 인쇄된 형태의 *Bradford Daily Times*를 모든 요일마다 구입하실 수가 없게 됩니다. 대신 토요일 및 일요일 자 신문만이 구독자분들을 위해 인쇄될 것입니다. 하지만 구독자분들께서는 매일 www.bradforddailytimes.com에서 온라인 뉴스를 읽으실 수 있을 것입니다.

이러한 조치는 잉크 및 용지 가격의 상승에 따른 것입니다. 또한 저희 *Bradford Daily Times*는 환경 문제에도 관심을 기울이고 있습니다. 매주 인쇄 부수를 줄임으로써 자연 환경을 보존하는데 일조할 수 있기를 바랍니다.

이러한 조치를 통해 구독자분들께서는 혜택을 받게 되실 것입니다. 저희가 온라인 신문에 집중함으로써 그 어느 때보다 최신 뉴스들을 제공해 드릴 수 있을 것입니다. (저희 기자들이 사실상 사건이 발생하는 대로 뉴스를 보도할 수 있을 것입니다.) 구독료 또한 인하될 것입니다. 이에 관해 더 많은 정보가 필요하신 경우에는 348-3938로 전화를 주시거나 저희 웹 사이트를 방문하셔서 "Subscription" 링크를 클릭해 주십시오.

---

no longer 더 이상 ~하지 않다 **edition** 판, 호 **move** 움직이다; 조치, 행동 **environmentally** 환경적으로, 환경을 보호해서 **conscious** 의식하는 **do one's part** 본분을 다하다, 역할을 다하다 **focus on** ~에 집중하다 **up-to-date** 최신의 **subscription** 구독 **decline** 감소하다

---

4 3월 1일 이후에는 언제 인쇄된 형태의 신문을 읽을 수 있는가?

(A) 매일

(B) 주중에만

(C) 주말에만

(D) 일요일에만

지문의 시작 부분에서 3월 1일부터는 인쇄된 형태의 *Bradford Daily Times*를 더 이상 구하지 못할 것이며 그 대신 '토요일과 일요일 자 신문만'(only the Saturday and Sunday editions) 인쇄될 것이라는 사실을 알 수 있다. 따라서 토요일과 일요일을 weekends(주말)로 바꾸어 쓴 (C)가 정답이다.

5 공지에 의하면 변화는 왜 이루어질 것인가?

(A) 구독자의 수가 감소하고 있다.

(B) 사람들이 구독료 인하를 요구하고 있다.

(C) 신문사는 환경을 보호하고 싶어한다.

(D) 독자들이 보다 최신 뉴스를 요구하고 있다.

주중에 더 이상 인쇄된 형태의 신문을 공급하지 않게 된 이유는 두 번째 단락에 상세히 설명되어 있다. 즉 '잉크 및 용지 가격의 인상'(the high cost of ink and paper)과 '환경 보호에 기여하기 위함'(to do our part to take care of the natural environment)이 그 이유로 제시되어 있으므로 이들 중 두 번째 이유에 해당되는 (C)가 정답이다.

6 [1], [2], [3], [4]로 표시된 위치 중 다음 문장이 들어가기에 가장 알맞은 곳은 어디인가?

"저희 기자들이 사실상 사건이 발생하는 대로 뉴스를 보도할 수 있을 것입니다."

(A) [1]

(B) [2]

(C) [3]

(D) [4]

주어진 문장은 '기자들이 실시간으로 뉴스를 보도할 수 있을 것'이라는 뜻인데, 이는 온라인 뉴스의 장점으로 볼 수 있는 사항이다. 따라서 온라인 뉴스에 집중함으로써 독자들이 받게 될 혜택을 언급하고 있는 (D)의 [4]에 들어가는 것이 적절하다. 참고로 [4] 뒤에서는 온라인 뉴스의 또 다른 장점인 구독료 인하에 대한 언급을 찾을 수 있다.

Type 07 시간 및 장소
p.108

1. (C) **2.** (D) **3.** (C) **4.** (B) **5.** (C)

6. (A)

[1-3]

개장 예정인 Grover 공원

프리포트 (4월 19일) – 7개월 간의 공사 끝에 Grover 공원이 거의 완공되어 대중에게 공개될 예정이다. 시청의 발표에 따르면 다음 주에 개장 행사가 열릴 것이다.

공원은 Roosevelt 호수의 서쪽에 위치해 있다. 이곳은 35에이커가 넘는 면적을 차지하고 있다. 공원에는 여러 개의 축구 및 야구

경기장이 있으며, 테니스 코트, 농구장, 그리고 스케이트보드 및 롤러블레이드를 탈 수 있는 장소도 마련되어 있다. 또한 산책과 자전거를 탈 수 있는 도로가 갖춰진, 나무가 우거진 공간도 있다.

Petticoat 시장은 자신이 개장식에서 연설을 할 것이라고 밝혔다. 개장식은 4월 25일 화요일에 열릴 것이다. 하지만 공원은 그 다음 날에 공식적으로 일반인들에게 개장될 예정이다. 개장식 당일에는 공원 견학 및 공원 시설 소개를 포함하여 다양한 행사들이 진행될 것이다.

··
be set to ~할 예정이다 **mayor** 시장 **occupy** 점하다, 차지하다
acre 에이커 **wooded** 나무가 우거진 **trail** 오솔길 **opening ceremony** 개업식, 개장식 **officially** 공식적으로 **demonstration** 설명, 시연; 시위

---

1 기사는 주로 무엇에 관한 것인가?

(A) 인근 공원의 공사
(B) Grover 공원의 위치
(C) 새로 지은 시 공원의 시설
(D) 기념식에서 진행될 행사

기사 전반에 걸쳐 새로 만들어진 Grover 공원의 개장 소식을 알리고 있다. 특히 두 번째 단락에서 공원에 들어설 여러 가지 편의 시설들이 소개되고 있으므로 보기 중 기사의 소재로 볼 수 있는 것은 (C)이다.

2 다음 중 Grover 공원에 대해 언급되지 않은 것은 무엇인가?

(A) 사람들이 다양한 스포츠를 즐길 수 있는 장소가 있다.
(B) 수변에 위치해 있다.
(C) 개장식에 프리포트의 시장이 참석할 것이다.
(D) 지역 주민들만이 이용할 수 있을 것이다.

body of water 수역

공원에 축구장 및 야구장 등의 체육 시설이 마련되어 있다는 점에서 (A)의 내용을, 공원이 Roosevelt 호숫가에 있다는 점에서 (B)의 내용을, 시장이 개장식에서 연설을 할 것이라는 점에서 (C)의 내용을 확인할 수 있다. 하지만 지역 주민들만이 공원을 이용할 수 있을 것이라는 내용은 어디에서도 찾아볼 수 없으므로 (D)가 정답이다.

3 일반인들은 언제 Grover 공원을 이용할 수 있을 것인가?

(A) 4월 24일
(B) 4월 25일
(C) 4월 26일
(D) 4월 27일

기사 마지막 단락에서 개장식은 4월 25일에 열리지만, '공식적으로는 그 다음 날에 공원이 대중들에게 공개될 것'(the park will not officially open to the public until the following day)이라고 했으므로 (C)의 '4월 26일'이 정답이다.

[4-6]

┌───┐
Bayside 컨퍼런스 관련 중요 공지 사항

4월 28일부터 30일까지 진행될 예정인 Bayside 컨퍼런스의 참석자분들께서는 더 이상 Harbor View 컨벤션 센터에서 행사가 열리지 않는다는 점을 알고 계셔야 합니다. 배정된 장소에 문제가 생겨서 Grandview 호텔로 컨퍼런스 장소를 변경하게 되었으며, 컨퍼런스는 이곳 Grantland 연회실과 Davis 룸, 그리고 Jasmine 룸에서 진행될 것입니다. 워크숍은 보다 작은 두 개의 룸에서 진행될 예정이고 기조 연설 및 기타 강연들은 Grantland 연회실에서 진행될 예정입니다. 컨퍼런스의 예상 참석 인원인 500명 이상의 사람들이 충분히 들어갈 수 있는 공간이 마련될 것입니다.

Grandview 호텔은 컨퍼런스 기간 동안 참석자들이 이곳에서 숙박을 하는 경우 객실 요금을 20% 할인해 드릴 것입니다. 온라인으로 예약을 하실 때 BAYSIDE라는 코드를 사용하시기만 하면 됩니다. 다른 호텔을 예약했지만 이제 Grandview 호텔에서 숙박을 하고자 하시는 분이 계시면, 기존 예약을 취소하실 때 문제가 생기는 경우, 저희에게 연락을 주십시오. 저희가 취소 절차에 도움을 드릴 수 있습니다.

새로운 장소에 관한 정보가 더 필요하신 경우에는 www.baysideconference.org/grandview를 방문해 주십시오.

··
opt 선택하다 **as well as** ~뿐만 아니라 **keynote speech** 기조 연설 **room** 방; 공간 **cancel** 취소하다 **prior** 이전의 **venue** 장소
└───┘

4 공지의 목적은 무엇인가?

(A) 행사에 참석할 연사들의 이름을 알리기 위해
(B) 장소가 변경되었다는 점을 설명하기 위해
(C) 컨퍼런스에 등록해 달라고 요청하기 위해
(D) 행사에서 강연을 하려면 신청을 해야 한다고 말하기 위해

name 이름; 이름을 말하다 **invite** 초대하다; 요청하다

공지의 시작 부분에서 공지의 목적을 짐작할 수 있다. 기존의 행사 장소였던 Harbor View 컨벤션 센터가 아니라 'Grandview 호텔로 컨퍼런스 장소가 변경되었다'(we opted to move the conference to the Grandview Hotel)는 점을 알리고 있으므로 공지의 목적은 (B)로 볼 수 있다.

5 Bayside 컨퍼런스의 강연들은 어디에서 이루어질 것인가?

(A) Harbor View 컨벤션 센터
(B) Davis 룸
(C) Grantland 연회실
(D) Jasmine 룸

첫 번째 단락 후반부에 '기조 연설 및 기타 강연들은 Grantland 연회실에서 진행될 것'(the keynote speech and other talks will take place in the Grantland Ballroom)이라고 안내되어 있으므로 (C)가 정답이다.

6 컨퍼런스 참석자들은 어떤 혜택을 받을 수 있는가?

(A) 호텔 객실 요금 할인

(B) 회원 가입비 할인
(C) 기조 연설자들의 책 무료 제공
(D) 무료 셔틀 버스 서비스

두 번째 단락 첫 번째 문장에서 '참가자들이 컨퍼런스 기간 동안 Grandview에서 숙박을 하는 경우, 숙박 요금을 20% 할인받을 수 있다'(The Grandview Hotel will be offering conference attendees a 20% discount on rooms if they stay during the conference period.)는 안내를 찾을 수 있다. 따라서 보기 중 참석자들이 받을 수 있는 혜택으로 언급된 것은 (A)이다.

Type 08 요구 사항

p.112

| **1.** (A) | **2.** (C) | **3.** (C) | **4.** (A) | **5.** (D) |
| **6.** (B) | **7.** (B) | **8.** (A) | | |

[1-4]

MEMO

수신: 전 직원
발신: Sheila Waverly, 인사부 부장
제목: 쓰레기와 재활용
날짜: 3월 27일

저는 많은 사람들이 쓰레기와 재활용품을 적절한 통에 놓지 않고 있다는 점을 알게 되었습니다. 여러 차례, 청소 직원들이 분리 수거함이 아닌 쓰레기통에서 유리병, 캔, 종이, 그리고 기타 유사한 물품들을 찾아 내고 있습니다.

이러한 상황이 개선될 수 있도록 최선을 다해 주십시오. MLP 컨설팅은 시의 에코팀 회원인데, 이는 우리가 최대한도로 재활용을 해야 한다는 점을 의미합니다. 이것이 바로 시설 곳곳에 분리 수거함이 있는 이유입니다. 파란색 수거함은 종이류를 위한 것이고, 노란색 수거함은 유리 제품을, 빨간색 수거함은 금속 제품을, 그리고 초록색 수거함은 플라스틱 제품을 위한 것입니다. 검정색 쓰레기통은 음식물을 포함하여 재활용이 불가능한 제품들을 위한 것입니다.

재활용 운동에 대한 참여 여부는 각자의 선택이지만, 전 직원들에게 항상 적절한 통에 물건을 넣을 것을 촉구합니다. 그렇게 하면 환경 보호에 도움이 될 수 있으며, 우리의 도시가 더욱 깨끗해질 것입니다.

어떤 것이 재활용될 수 있고 어떤 것이 재활용될 수 없는지에 관해 질문이 있으시면 관리부의 Del Patterson에게 이야기를 하십시오. 109호실에서 만나실 수 있으며 내선 번호 20으로 연락하실 수 있습니다.

....

fail to ~하는데 실패하다, ~하지 못하다 recyclable 재활용을 할 수 있는 receptacle 용기, 함 recycling bin 재활용품 분리 수거함 remedy 고치다, 바로잡다, 해결하다 metal 금속 participation 참여 voluntary 자발적인 urge 권고하다, 촉구하다 container 용기 reach 도달하다; (연락이) 닿다

---

1 회람은 어떤 문제를 언급하는가?

(A) 직원들이 쓰레기통에 적절하지 않은 물건을 놓고 있다.
(B) 직원들이 제때에 쓰레기통을 비우지 않고 있다.
(C) 소수의 사람들만이 자발적으로 에코팀에 가입했다.
(D) 일부 쓰레기통에서 악취가 나고 있다.

회람의 시작 부분에서 '많은 사람들이 쓰레기와 재활용품을 분리 수거하지 않고 있다'(numerous individuals are failing to place garbage and recyclable items in the proper receptacles)는 문제점을 제기한 후, 분리 수거 요령 등에 대해 안내하고 있다. 따라서 회람에서 언급된 문제는 (A)로 볼 수 있다.

2 두 번째 단락 첫 번째 줄의 "remedy"라는 단어와 가장 의미가 유사한 것은

(A) heal
(B) publicize
(C) fix
(D) approach

heal 치료하다 publicize 홍보하다 approach 접근하다

remedy는 '치료하다'라는 뜻으로도 사용되지만, 여기에서는 문맥상 '(문제를) 해결하다'라는 의미로 사용되었다. 따라서 (C)가 정답이다.

3 직원들은 무엇을 하라는 권고를 받는가?

(A) 음식물 쓰레기를 노란색 수거함에 버린다.
(B) 시의 에코팀 회원으로 등록한다.
(C) 그들이 버리려는 물품들을 적절한 통에 버린다.
(D) 회사의 청소 캠페인에 자발적으로 참여한다.

dispose 처분하다 cleanup 청소, 정화

세 번째 단락의 we urge all employees always to place items in the proper containers라는 문구에서 정답의 단서를 찾을 수 있다. urge가 '권고하다' 혹은 '촉구하다'라는 뜻을 나타내므로 직원들이 권고 받는 사항은 분리 수거임을 알 수 있다. 따라서 (C)가 정답이다. 음식물 쓰레기는 검정색 통에 버려야 한다고 안내되어 있으므로 (A)는 잘못된 내용이다.

4 누가 Patterson 씨를 만나기 위해 그의 사무실로 갈 것 같은가?

(A) 무엇을 재활용해야 하는지 알고 싶은 사람
(B) 부서 이동을 기대하고 있는 사람
(C) 재활용에 관한 제안할 것이 있는 사람
(D) 사원증을 새로 만들어야 하는 사람

look to ~을 기대하다

Del Patterson이라는 이름은 회람의 마지막 단락에서 찾을 수 있는데, '재활용 대상이 무엇인지 궁금한 사람'(anyone with questions regarding what can and cannot be recycled)은 그와 이야기를 나누라고 안내되어 있다. 따라서 보기 중에서 그를 만나고 싶어할 사람은 (A)일 것이다.

PART 7

[5-8]

수신: Crystal Peters
발신: Henry Dorman
제목: 최근의 입사 지원자들
날짜: 2월 19일

Crystal에게,

저는 지난 주에 우편으로 받았던 최근의 입사 지원서들을 검토해 보았어요. 전체적으로, 전혀 인상적이지 않다는 점을 인정해야만 할 것 같군요. 68명의 지원자 중에서 두 사람은 가능성이 있어 보였지만, 대부분의 지원자들은 현재 구인 광고 상의 세 개의 직위에 요구되는 기본적인 자격 조건조차 충족시키지 못하고 있더군요.

지난 번 세 차례의 채용 시기에도 되풀이 되던 문제예요. 우리는 어떤 직위에도 자질을 갖춘 지원자들을 끌어들이지 못하고 있어요. 왜 이런 일이 일어나는지 전혀 모르겠어요. 어찌되었든 우리는 역내에서 가장 잘 알려진 업체 중 한 곳이고, 일하기에 좋은 곳이라는 평판도 가지고 있으며, 평균보다 높은 급여와 수당을 제공하고 있으니까요.

저는 당신에게 아이디어가 있는지 궁금해요. 또한 당신이 이러한 문제를 해결할 수 있는 방법을 알고 있는지도 궁금하고요. 우리는 이미 업계에서 유명한 모든 잡지에 구인 광고를 내었어요. 또한 온라인과 신문에도 구인 광고를 냈으며, 이들 신문사 중 두 곳은 전국적으로 신문을 발행하고 있는 곳이죠. 그러니 더 나은 결과가 나와야만 해요. 이러한 문제를 보다 심도 있게 논의하기 위해 당신 사무실에서 만났으면 좋겠어요.

Henry로부터

---

overall 전체적으로 **unimpressed** 감명받지 않은 **promising** 전도 유망한 **cycle** 순환; 순환하다 **attract** 끌다, 유인하다 **confused** 당황한, 혼란스러운 **as to** ~에 대해 **reputation** 평판, 명성 **average** 평균 **curious** 궁금한, 호기심이 있는 **prominent** 저명한 **trade magazine** 업계지 **circulation** 순환, 유통

---

5 Dorman 씨의 회사에 대해 알 수 있는 것은 무엇인가?

(A) 특별히 잘 알려져 있는 회사는 아니다.
(B) 제조업계에서 선도적인 회사이다.
(C) 20년 전에 세워졌다.
(D) 직원이 필요한 직책은 세 개이다.

found 세우다, 설립하다

첫 번째 단락 마지막 부분의 the three positions we're presently advertising이라는 문구에서 현재 채용 공고 중인 직위는 세 개라는 점을 알 수 있다. 따라서 (D)가 정답이다. 자신의 회사가 '유명한 업체 중 한 곳'(one of the best-known employers)이라고 했으므로 (A)는 사실과 다르며, (B)와 (C)는 전혀 언급된 바가 없는 내용이다.

6 Dorman 씨는 왜 당황스러워 하는가?

(A) 올해 회사측이 사람들을 더 채용하기를 거부했다.
(B) 그는 보다 우수한 자질을 갖춘 사람들이 지원하기를 기대한다.

(C) 그의 회사의 명성이 하락하고 있다.
(D) 입사 지원자들이 급여 조건에 만족하지 못한다.

질문의 핵심 어구인 confused는 두 번째 단락의 'I'm rather confused as to why this is the case.'라는 문장에서 찾을 수 있다. 여기에서 this가 가리키는 것은 바로 앞 문장을 통해 '자격 요건을 갖춘 지원자들이 지원을 하지 않는 상황'임을 알 수 있으므로 그가 당황해 하는 이유는 (B)로 볼 수 있다.

7 다음 중 구인 광고 수단으로서 언급되지 않은 것은 무엇인가?

(A) 신문 광고
(B) 텔레비전 광고
(C) 인터넷 광고
(D) 잡지 광고

commercial (상업) 광고

구인 광고를 낸 곳은 마지막 단락에서 찾을 수 있다. '업계와 관련된 잡지'(trade magazine)와 '온라인 및 신문에'(both online and in newspapers) 구인 광고를 냈다고 했으므로 (D), (C), 그리고 (A)는 모두 언급된 광고 수단이다. 하지만 TV 광고는 언급된 바 없으므로 (B)가 정답이다.

8 Dorman 씨는 무엇을 하고 싶어하는가?

(A) Peters 씨와 직접 만난다
(B) 직원 설문 조사를 실시한다
(C) 급여와 수당을 인상시킨다
(D) 새로운 부하 직원을 고용한다

마지막 단락 'I'd love to get together in your office to discuss this matter in more detail.'이라는 문장에서 Dorman 씨는 Peters 씨와 만나 채용 관련 문제에 대해 심도 있게 논의하고 싶어한다는 점을 알 수 있다. 따라서 보기 중 그가 하고 싶어 하는 일은 (A)이다.

Type 09 신원

p.118

| **1.** (B) | **2.** (C) | **3.** (D) | **4.** (D) | **5.** (A) |
| **6.** (B) | **7.** (C) | **8.** (A) | | |

[1-4]

Coastal 호텔 공지 사항

로체스터 시의 Caraway 만을 따라 위치해 있는 Coastal 호텔이 10월 1일부터 광범위한 리모델링 공사를 실시할 예정입니다. 이후 6개월 동안 객실, 식당, 비즈니스 센터, 그리고 실내 체육관이 모두 업그레이드될 것입니다. 현재 Coastal 호텔은 이번 공사를 담당할 도급업체를 찾고 있습니다. 관심이 있는 업체들은 487-3827로 Andrew Cotton에게 바로 지원하셔서 개별 면접 시간을 정하십시오. 그런 다음 1차 면접을 통과한 업체들은 리모델링 도면을 제출하게 될 것입니다. 그 후에는 제안서를 제출하고 프로젝트에서 원하는 부분에 입찰을 할 수 있습니다. 1차 면접은

모두 3월 31일까지 완료될 것이며, 도급업체에 관한 최종 결정은 8월 1일에 내려질 것입니다. 이번 공사에 참여하는 사람들은 리모델링 도면을 보는 것을 포함해서 기밀 유지 협약서에 서명을 해야 하며, 그렇지 않은 경우에는 호텔 공사에 참여할 수 없을 것입니다.

renovation 혁신; 수리, 수선 contractor 도급업자, 도급업체
directly 바로, 직접 personal interview 개별 면접 bid 입찰
involve 연루시키다, 관여하다 include 포함하다 nondisclosure
agreement 기밀 유지 협약(서)

1 공지는 누구를 대상으로 한 것인가?

(A) 호텔 투숙객
(B) 건설업체
(C) 호텔 직원
(D) 공급업체

'호텔의 리모델링 공사를 담당할 도급업체 혹은 도급업자'(contractors who are able to work on this project)를 대상으로 한 공지이다. 따라서 (B)가 정답이다.

2 Coastal 호텔에 대해 알 수 있는 것은 무엇인가?

(A) 식당을 새로 지을 계획이다.
(B) 로체스터에서 가장 큰 호텔이다.
(C) 실내 스포츠 시설을 갖추고 있다.
(D) 두 번째 리모델링 공사를 하게 될 것이다.

reconstruction 복원

리모델링 공사가 '객실, 식당, 비즈니스 센터, 그리고 실내 체육관'(the guest rooms, dining facilities, business center, and indoor gym)을 대상으로 진행될 것임을 시사하고 있으므로 (C)가 알 수 있는 사항이다.

3 어떻게 Cotton 씨와 연락을 해야 하는가?

(A) 그의 비서에게 이야기함으로써
(B) 그에게 이메일을 보냄으로써
(C) 직접 Coastal 호텔을 방문함으로써
(D) 전화를 함으로써

공지의 중반부에서 리모델링 공사에 관심이 있는 업체는 Andrew Cotton에게 전화를 해서 면접 일정을 잡으라고 안내되어 있다. 따라서 (D)가 정답이다.

4 3월 31일과 8월 1일 사이에 어떤 일이 일어날 것인가?

(A) 계약이 체결될 것이다.
(B) 1차 면접이 실시될 것이다.
(C) 공사가 실시될 것이다.
(D) 도면이 보여질 것이다.

후반부 내용을 잘 살펴야 정답을 찾을 수 있는 문제이다. 문제의 3월 31일은 1차 면접이 끝나는 날이고 8월 1일은 도급업체가 최종적으로 결정되는 날이다. 한편 1차 면접에 통과한 업체는 '리모델링 도면을 제출해야 한다'(Those firms which pass the first interview will then be shown the plans for the

renovations.)는 조건에 따라 3월 31일과 8월 1일 사이에는 도면에 대한 검토가 이루어질 것임을 알 수 있다. 따라서 정답은 plans(도면)를 blueprints(청사진, 도면)로 바꾸어 쓴 (D)이다.

[5-8]

Kate Jackson [10:41 A.M.]
모든 것이 승인되었어요. 다음 달 런던에서 열리는 행사에서 부스를 임대하게 될 거예요.

Jerry Weaver [10:42 A.M.]
좋은 소식이로군요, Kate. 누가 자리를 지킬 것인지 알고 있나요?

Trisha Bond [10:43 A.M.]
이전 직장에서 제가 그 일을 해 보았는데, 재미있는 경험이었어요.

Kate Jackson [10:44 A.M.]
다음 주에 최종 결정을 내릴 거예요. 관심이 있으시면 제가 알려주세요.

Kate Jackson [10:45 A.M.]
고마워요, Trisha. 그 점은 고려할게요.

Gordon Harris [10:47 A.M.]
관심을 보이는 사람들에게 어떤 종류의 홍보 자료를 제공할 계획인가요? 낮은 직급을 맡을 수 있는 우수한 대학생들을 모을 수 있으면 정말로 좋을 것 같아요. 뛰어난 능력을 갖춘 보조 편집자들이 많이 필요하거든요.

Kate Jackson [10:48 A.M.]
이번 주 목요일에 브레인스토밍 회의를 할 계획인데, 여러분 모두를 초청할게요. 마케팅부 사람들도 분명 참석할 거예요. 그때 논의해야 할 사항들을 전부 다루게 될 것이에요.

Trisha Bond [10:49 A.M.]
저는 하루 종일 사무실 밖에 있을 거예요. 금요일로 스케줄을 조정하는 것이 어떨까요?

Kate Jackson [10:50 A.M.]
좋아요. 오후 1시에 만나서 퇴근 시간까지 모임을 갖도록 할게요.

booth 부스 man ~에서 일하다; 인원을 배치하다 take ~ into
consideration ~을 고려하다 outstanding 뛰어난 reschedule
일정을 재조정하다

5 글쓴이들은 어떤 업계에서 일하는 것 같은가?

(A) 출판업계
(B) 생체 의학업계
(C) 제조업계
(D) 직물업계

오전 10시 47분의 Gordon Harris의 말에서 정답의 단서를 찾을 수 있다. '보조 편집자들'(junior editors)이 많이 필요하다고 한 점에서 글쓴이들이 일하는 분야는 (A)의 '출판업계'일 것으로 짐작할 수 있다.

6 오전 10시 43분에 Bond 씨가 "I did that at my previous job and enjoyed the experience"라고 쓸 때 그녀는 무엇을 제안하는가?

(A) 그녀는 Weaver 씨보다 경력이 더 많다.
(B) 그녀는 기꺼이 행사에 참여하고자 한다.
(C) 그녀는 새로운 직위에 만족한다.
(D) 그녀는 특정 주제에 관한 회의를 주재할 수 있다.

that이 무엇인지 파악해야 정답을 찾을 수 있다. 주어진 문장은 'Do you know who will be manning it?'이라는 질문에 대한 답변인데, 여기에서 it은 booth를 의미하기 때문에 주어진 문장 속의 that은 부스의 자리를 지키는 업무를 가리킨다. 이를 통해 Bond 씨는 결국 자신이 전에 그러한 일을 해 보았고, 이번에도 그 일을 해 보고 싶다는 의견을 나타내고 있으므로 주어진 문장의 의미는 (B)로 볼 수 있다.

7 Harris 씨는 무엇에 대해 묻는가?

(A) 어디에서 행사가 열릴 것인지
(B) 얼마나 많은 사람을 고용할 것인지
(C) 어떻게 마케팅이 이루어질 것인지
(D) 광고가 어디에 게시될 것인지

오전 10시 47분에 Harris 씨는 'What kinds of promotional materials do we intend to provide to interested individuals?'라고 말하면서 행사 참가자들에게 어떤 홍보 자료를 나누어 줄 것인지 묻는다. 따라서 (C)가 정답이다.

8 Jackson 씨는 무엇을 하는 것에 동의하는가?

(A) 회의 날짜를 변경한다
(B) 다른 고객들에게 연락을 한다
(C) 조만간 직원들을 더 고용한다
(D) 사람들을 오찬에 초대한다

채팅창 후반부의 내용을 통해 정답을 찾을 수 있다. 목요일에 브레인스토밍 회의를 열 것이라는 Jackson 씨의 말에 Bond 씨가 금요일로 회의 날짜를 변경하자고 제안하자 Jackson 씨는 그러한 제안을 받아들인다. 따라서 그녀가 동의한 사항은 (A)이다.

Type 10 이후에 할 일
p.124

1. (B)   **2.** (A)   **3.** (A)   **4.** (B)

[1-4]

수신: 전 직원
발신: Chris Morrison
제목: 올해의 강연
날짜: 4월 26일

올해의 강연에 대해 생각해 볼 시간이 되었습니다. 지난 9년 동안 강연은 이곳 Jefferson 공공 도서관에서 주최했던 프로그램 중에서 가장 인기 있는 교육 프로그램 중 하나였습니다. 각계 각층의 연사들이 강연을 했고 관객들은 거의 항상 만족해 했습니다.

올해의 프로그램은 8월부터 12월까지 진행될 예정입니다. 각기 다른 8개의 강연을 계획하고 있습니다. 정확한 날짜를 알고 싶으신 경우, 제게 말씀해 주시면 알려 드리도록 하겠습니다. 올해의 강연 주제는 "미래: 우리는 어디로 가고 있는가?"입니다. 이는 도서관 회원들이 올해 배우고 싶다고 언급한 가장 인기 있는 주제이기 때문에 그들이 요청한 바를 들어 주고자 합니다.

우리가 어떤 사람을 초빙해야 할지에 대해 제안하실 점이 있으면 듣고 싶습니다. 주저하지 마시고 제게 아이디어를 공유해 주십시오. 예산이 한정되어 있기 때문에 인기 있는 작가, 정치인, 혹은 유명 인사와 같은 일류 연사들은 섭외할 수 없다는 점을 기억해 주십시오. 지역적인 행사를 기획 중이지만, 주 밖에서 연설을 잘 하는 사람을 알고 있으시면 기꺼이 그러한 분들도 고려를 하도록 하겠습니다. 제안은 이달 말까지 하셔야 합니다.

educational 교육적인   host 주최하다, 개최하다   a wide range of 다양한   walks of life 신분, 지위   fill in ~에게 정보를 주다   theme 주제, 테마   patron 후원자; (도서관 등의) 이용객   share 공유하다   big-name 유명한   celebrity 유명 인사

1 강연에 대해 암시되어 있는 것은 무엇인가?

(A) 10년 넘게 지속되어 왔다.
(B) 소수의 연사들은 좋은 평가를 받지 못했다.
(C) 강연에 참석하려는 사람들은 입장료를 내야 한다.
(D) 매년 인기가 높아지고 있다.

well-received 평판이 좋은   admission fee 입장료

강연은 9년 동안 지속되어 온 프로그램이므로 (A)는 사실이 아니며, (C)의 입장료에 대해서는 언급된 바가 전혀 없다. 또한 강연의 인기가 높다는 내용은 찾을 수 있으나 '매년' 인기가 높아지고 있는지는 알 수 없으므로 (D) 또한 오답이다. 정답은 (B)로, '관객들이 거의 항상 만족해 했다'(the audiences have almost always been satisfied)는 언급을 통해 극소수의 강연은 인기가 없었다는 점을 짐작할 수 있다.

2 강연의 주제는 어떻게 결정된 것 같은가?

(A) 이용객들을 대상으로 설문 조사를 실시해서
(B) 회의에서 선정해서
(C) 사서들의 의견을 받아서
(D) 도서관장이 결정을 내려서

get input from ~으로부터 조언을 받다

두 번째 단락 후반부에 정답의 단서가 나타나 있다. 올해 강연의 주제는 '도서관 이용객들이 배우고 싶다고 한 가장 인기가 많은 주제'(the most popular topic our patrons mentioned as wanting to learn about this year)로 소개되어 있으므로 아마도 강연 주제는 이용객들을 대상으로 한 설문 조사를 통해서 선정되었을 것이다. 따라서 (A)가 정답이다.

3 Morrison 씨는 어떤 유형의 연사를 원하는가?

(A) 도서관 인근에 살고 있는 사람
(B) 유명한 사람
(C) 다른 주의 정치인

(D) 유명 작가 및 유명 인사

연사에 관한 언급은 회람의 마지막 단락에서 찾을 수 있는데, '강연이 지역적인 행사가 되도록 하자'(let's try to keep it local)는 언급에서 회람 작성자인 Morrison 씨가 원하는 유형의 연사는 (A)임을 알 수 있다. 나머지 보기에 나와 있는 인물들은 예산 문제 때문에 Morrison 씨가 초청을 꺼리고 있는 연사들이다.

4 직원들은 4월에 무엇을 해야 하는가?

(A) 도서관 이용객들에게 강연을 홍보하는 일을 돕는다
(B) 연사를 추천한다
(C) 유명 인사들에게 연락을 취한다
(D) 다른 도서관의 강연을 검토한다

회람의 마지막 단락에서 Morrison 씨는 '누구를 초빙해야 할 것인지에 대한 제안'(suggestions about whom we should invite from everyone)을 듣고 싶다고 말한 후, 마지막 문장에서 '제안은 이달 말까지 해 달라'(All suggestions should be made before the month ends.)고 당부한다. 회람의 작성일이 4월 26일이므로 회람의 대상인 도서관 직원들이 4월에 해야 할 일은 (B)임을 알 수 있다.

Type 11 **2중 지문 I**

p.128

1. (D) **2.** (A) **3.** (B) **4.** (A) **5.** (B)

[1-5]

```
◀ ▶   www.fh.com/reservation
```

성명	Bannister, Lucy
이메일	lbannister@dmr.com
투숙 인원	1
객실 유형	더블
도착일	8월 11일
비행기편	WM59

퇴실일	8월 15일
출발지	시드니

특별 요구 사항: 제 비행기가 오전 8시 30분에 도착하기 때문에 오전 11시 30분쯤 호텔에 도착할 예정입니다. 가능하다면 얼리 체크인을 하고 싶습니다.

Faraday 호텔을 예약해 주셔서 감사합니다. 즐거운 시간이 되시기를 바랍니다.

SUBMIT

수신: frontdesk@fh.com
발신: lbannister@dmr.com
제목: 예약 번호 9383MJ2
날짜: 8월 8일

담당자님께,

예약 번호9383MJ2와 관련된 글을 쓰고 있습니다. 제가 호텔에서 하루 일찍 체크인을 할 수 있는지 궁금합니다. 새로운 고객이 저를 만나고 싶어하기 때문에 예정보다 빨리 자카르타로 갈 계획입니다.

최대한 빨리 제게 알려 주시기 바랍니다. 제 요청을 받아 주실 수 없는 경우, 저는 예약을 취소하고 새로 숙박 시설을 구해야만 합니다.

Lucy Bannister 드림

────────────────────

anticipate 예상하다   comply with 지키다; (요구 등에) 응하다
accommodations 숙박; 숙소

1 온라인 예약 신청서에서 Bannister 씨에 대해 알 수 있는 것은 무엇인가?

(A) 그녀는 시드니로 갈 것이다.
(B) 그녀는 8월 15일에 호텔에 도착할 것이다.
(C) 그녀는 기차를 타고 목적지에 갈 것이다.
(D) 그녀는 혼자서 숙박할 것이다.

양식에 적혀 있는 각 항목들의 내용과 보기의 내용들을 하나씩 비교해 보도록 한다. 시드니는 Arriving From(출발지) 칸에 적혀 있으므로 (A)는 사실이 아니며, (B)의 8월 15일은 '퇴실일'(Checkout Date)이다. Flight Number 항목을 통해 Bannister 씨는 항공편으로 호텔에 도착할 것임을 알 수 있으므로 (C) 또한 오답이다. 정답은 (D)로, 이는 '투숙 인원수'(Number of Guests) 항목에서 확인이 가능하다.

2 온라인 예약 신청서에서 Bannister 씨는 무엇을 요청하는가?

(A) 12시 이전에 체크인을 한다
(B) 객실로 아침 식사를 가져다 준다
(C) 바다가 보이는 객실을 이용한다
(D) 공항에서 셔틀 버스 서비스를 받는다

Special Requests(특별 요구 사항) 항목에서 요청 사항을 확인할 수 있다. 그녀는 자신이 호텔에 11시 30분경에 도착할 것이라고 언급한 후 '일찍 체크인을 하고 싶다'(I would like to check in early)고 말한다. 얼리 체크인은 보통 오전에 체크인을 하는 것을 의미하므로 그녀가 요청한 것은 (A)이다.

3 Bannister 씨는 왜 이메일을 보냈는가?

(A) 할인에 대해 문의하기 위해
(B) 도착 날짜를 변경하기 위해
(C) 배정된 객실을 바꾸기 위해
(D) 오전 체크인에 대해 묻기 위해

이메일 첫 단락의 'I wonder if it is possible to check in at the hotel one day early.'에서 이메일을 작성한 목적을 확인할 수 있다. Bannister 씨는 체크인 날짜를 변경하기 위해 이메일을 작성한 것이므로 (B)가 정답이다.

4 Faraday 호텔에 대해 암시되어 있는 것은 무엇인가?

(A) 자카르타에 위치해 있다.
(B) 단골 고객에게 할인을 제공한다.
(C) 최근에 리모델링 공사를 했다.
(D) 얼리 체크인이 가능하다.

이메일의 첫 번째 단락에서 Bannister 씨는 예정보다 하루 일찍

호텔에 도착하게 될 이유로 'A new client wants to meet me, so I am planning to fly to Jakarta earlier than anticipated.'라는 점을 들고 있다. 이를 통해 그녀가 예약한 Faraday 호텔은 자카르타에 위치해 있을 것으로 짐작할 수 있으므로 (A)가 정답이다. Bannister 씨가 얼리 체크인을 요청했다는 사실만으로 호텔에서 얼리 체크인이 허용된다고 말할 수는 없으므로 (D)는 정답이 될 수 없다.

5 이메일에서 두 번째 단락 두 번째 줄의 "obtain"이라는 단어와 가장 의미가 유사한 것은

(A) purchase
(B) find
(C) deliver
(D) borrow

borrow 빌리다

obtain은 주로 '얻다' 혹은 '획득하다'라는 뜻으로 사용되는데, 여기에서는 목적어인 new accommodations와 어울려 '찾다' 혹은 '구하다'라는 뜻을 나타내고 있다. 따라서 (B)가 정답이다.

Type 12 2중 지문 II
p.134

1. (D)	**2.** (A)	**3.** (B)	**4.** (C)	**5.** (B)

[1-5]

수신: Dustin Nelson
발신: Jennifer Reeves
제목: 오늘
날짜: 3월 11일
Dustin,

택배 업무를 배정하기 위해 우리가 사용 중인 소프트웨어에 바이러스가 있기 때문에 Tom Parker가 충분히 시간을 가지고 어떤 일이 있는지 알아내서 문제를 해결하기 전까지는 소프트웨어 사용을 중단해야 해요. 따라서 오늘은 이메일로 택배 업무를 나누어 주고 있어요. 당신이 처리해야 하는 택배는 다음과 같아요.

주소	성명/연락처
Longman 로 85	Greg Chiu (329-8373)
5번가 192	Sally Gray (723-0012)
Washington 로 987	Marcus Shelby (629-7222)
Hampton 가 71	Kate Murphy (237-1723)
Whitman 가 17	Douglas Jones (831-9202)

당신이 배달해야 하는 소포 및 봉투들은 이미 당신 책상 위에 있고 확실하게 라벨이 붙어 있어요. 반드시 위에 적혀 있는 순서대로 배달을 해야 해요. 일을 마치면 제게 알려 주세요. 그때까지 당신이 해야 할 다른 일들을 제가 준비해 놓을게요.

Jennifer로부터

result in (결과로서) ~이 되다   shut down ~의 가동을 중지하다
figure out ~을 알아내다   envelope 봉투   label 라벨; 라벨을 붙이다

수신: Jennifer Reeves
발신: Dustin Nelson
제목: [Re] 오늘
날짜: 3월 11일

Jennifer에게,

지금은 오후 1시 30분으로, 저는 조금 전 리스트에 있는 모든 곳들을 다 방문했어요. Washington 로 987로 보낼 물품 하나를 제외하고는 모든 물품들을 배송할 수 있었죠. 당신이 보내 준 이메일 상의 번호로 전화를 해 보았지만, 아무도 전화를 받지 않더군요. 방문을 했을 당시 집에 아무도 없었고, 소포의 지시 사항에 따르면, 저는 수령인으로부터 서명을 받아야만 하죠. 그래서 오늘 늦게나 내일 다시 들러야 할 것 같아요.

저는 약 20분 후에 사무실에 도착할 거예요. 제가 다른 일을 해야 한다고 당신이 말했잖아요. 그 일에 대해 이야기할 수 있도록 도착하면 당신을 찾아 갈게요.

잠시 후에 만나요.

Dustin

be able to ~할 수 있다   instruction 지시 사항   signature 서명
recipient 수신인, 수령인   in a bit 잠시 후에

1 Reeves 씨는 왜 첫 번째 이메일을 보냈는가?

(A) Nelson 씨에게 도움을 요청하기 위해
(B) Nelson 씨에게 현재 상황을 알려 달라고 말하기 위해
(C) Nelson 씨에게 누락된 물품들에 대해 알리기 위해
(D) Nelson 씨에게 업무를 할당하기 위해

give ~ an update ~에게 최신 정보를 알려 주다

첫 번째 이메일의 첫 번째 단락에서 Reeves 씨는 업무 배정에 사용되는 소프트웨어에 바이러스가 발견되어 '이메일로 택배 업무를 배정하는 중'(I'm sending out assignments by e-mail)이라고 말한다. 따라서 그녀가 이메일을 보낸 이유는 (D)이다.

2 Parker 씨는 누구인 것 같은가?

(A) 컴퓨터 전문가
(B) 고객
(C) 택배 기사
(D) 외부 컨설턴트

첫 번째 이메일의 첫 번째 단락에서 Tom Parker라는 인물은 '소프트웨어의 문제를 찾아 이를 해결할 사람'(figure out what's going on and solves the problem)으로 언급되어 있다. 따라서 그는 (A)의 '컴퓨터 전문가'일 것이다.

3 Nelson 씨의 책상에는 무엇이 놓여 있었는가?

(A) 지침서
(B) 소포
(C) 대표 이사의 편지
(D) 새 노트북 컴퓨터

첫 번째 이메일 중 'The packages and envelopes you have to deliver are already on your desk and are clearly labeled.'라는 문장에서 그의 책상에는 소포와 봉투들이 놓여 있었음을 알 수 있다. 따라서 (B)가 정답이다.

4 Nelson 씨에 의하면 그는 어떤 사람과 이야기를 나눌 수 없었는가?

(A) Greg Chiu
(B) Sally Gray
(C) Marcus Shelby
(D) Douglas Jones

두 번째 이메일에서 Nelson 씨는 배송 주소가 987 Washington Road인 곳의 택배를 배송하지 못했고 이곳의 수령인과 전화 통화도 할 수 없었다고 말한다. 따라서 첫 번째 이메일의 표에서 해당 주소의 수령인을 찾으면 (C)의 Marcus Shelby가 정답이다.

5 Nelson 씨는 아마도 이다음에 무엇을 할 것인가?

(A) 마지막 배송을 한다
(B) 사무실로 돌아간다
(C) Reeves 씨에게 전화한다
(D) 두 번째 업무를 마친다

두 번째 이메일 두 번째 단락에서 Nelson 씨는 자신이 '20분 후에 사무실로 돌아갈 것'(I'll be back in the office in about twenty minutes.)이라고 했으므로 (B)가 정답이다.

Type 13 3중 지문 I
p.140

1. (B)   **2.** (D)   **3.** (C)   **4.** (A)   **5.** (B)

[1-5]

Norfolk 커뮤니티 센터 여름 학기 수업

Norfolk 커뮤니티 센터에서 6월 1일을 시작으로 또 다시 여름 학기 수업을 개설할 예정입니다. 수업은 8월 15일까지 진행됩니다. 지난 여름에 진행되었던 모든 수업이 개설될 것이며, 다음과 같은 신규 수업들도 개설될 것입니다: 기초 경제학, 일상 생활 속의 대수학, 소프트웨어 프로그램 만드는 법, 그리고 전자 기기 수리 수업입니다. 수업에 등록하려면 873-1292로 전화하셔서 Greg이나 Cindy에게 말씀해 주십시오. 전에 수업을 들었던 학생들은 등록하는 모든 수업에서 20%의 할인을 받게 될 것입니다.

---
for the first time 처음으로, 최초로

Norfolk 커뮤니티 센터의 인기가 높아지다
Janine Carter 지역 뉴스 담당 기자

노퍽 (5월 25일) – Norfolk 커뮤니티 센터에서 진행되는 여러 가지의 특별 활동 덕분에 Norfolk 커뮤니티 센터는 시에서 가장 인기가 높은 곳 중의 하나가 되었다. 이 센터는 연중 많은 수업들을 제공하고 있을 뿐만 아니라 야구, 축구, 그리고 수영과 같은 다양한 스포츠의 리그를 후원하고 있다.

스포츠 리그는 많은 어린이 및 성인 모두를 끌어 모으고 있다. 하지만 센터를 지역 주민들에게 그처럼 인기가 높은 곳으로 만든

요인은 바로 수업이다. "교사 및 학생들에게 제공할 수 있는 최대한도의 수업을 제공하고 있어요."라고 센터 관리자인 Nancy Hoffman은 말했다. "또한 최고의 강사도 고용하고 있습니다. 예를 들어 이번 여름 학기에는 Norfolk 대학의 컴퓨터 공학 교수님이신 Peter Craig께서 신규 수업을 맡으실 거예요. Craig 씨는 자신의 분야에서 국내 최고의 전문가 중 한 분이시죠."

현재까지 1,200명이 넘는 사람들이 여름 학기 수업에 등록을 마쳤다. 수업이 시작되기 전까지 아직 며칠 더 남아 있지만, 모든 좌석이 채워질 가능성은 상당히 높다.

---
thanks to ~ 덕분에   not only ~ but also ~뿐만 아니라 ~도   sponsor 후원하다   attract 끌다, 유인하다   recruit 채용하다   instructor 강사   expert 전문가   filed 분야   only a few 소수의, 얼마 되지 않는   highly 매우

수신: Sandra Jones 〈sandra_jones@personalmail.com〉
발신: Yvette Butler 〈ybutler@ncc.org〉
제목: 수업 등록
날짜: 5월 27일

친애하는 Jones 씨께,

Norfolk 커뮤니티 센터의 두 개의 수업에 성공적으로 등록이 되셨습니다. 현재 다음 수업에 등록이 되어 있으십니다.

미술과 공예 I (월요일과 수요일 오전 10시부터 오후 12시까지)
초급 통계학 (목요일 오후 1시부터 오후 4시까지)

수업 첫날 전에 센터에서 각 수업에 대한 교재를 구입하실 수 있습니다. 각 수업에 대한 120달러의 수업료는 6월 1일까지 전액 납부하셔야 합니다. 현금, 수표, 그리고 신용 카드로 납부하실 수 있습니다.

Yvette Butler 드림
Norfolk 커뮤니티 센터

---
enroll 등록하다   textbook 교과서, 교재

1 공지에서 Norfolk 커뮤니티 센터에 대해 언급되어 있는 것은 무엇인가?

(A) 모든 학생에게 할인을 해 준다.
(B) 여름 학기 수업이 추가되었다.
(C) 온라인 등록이 가능하다.
(D) 기존 수업 중 일부는 폐강되었다.

cease 중단하다   existing 존재하는

첫 번째 단락 중반부에 신규로 개설되는 과목들, 즉 Basic Economics, Algebra in Daily Life, How to Write Software Programs, Repairing Electronic Items가 소개되어 있다. 따라서 보기 중 언급된 사항은 (B)이다. '기존에 수업을 들었던 학생들'(returning students)이 수강료 할인을 받을 수 있으므로 (A)는 잘못된 내용이며, 수강 신청은 전화로 하라는 안내를 통해 (C)도 오답임을 알 수 있다.

2 기사의 의하면 Norfolk 커뮤니티 센터에 대해 사실이 아닌 것은 무엇인가?

(A) 사람들은 다양한 스포츠를 하기 위해 그곳에 간다.
(B) 수업에 빈 자리가 없을 것이다.
(C) 그곳에서 진행하는 수업 때문에 인기가 높아졌다.
(D) 자금 중 일부는 시에서 지원한다.

'The sports leagues attract both children and adults in large numbers.'라는 문장에서 (A)의 내용을, it's highly likely that every seat there will be filled라는 어구에서 (B)의 내용을, 'But it is the classes which have made the center so popular with locals.'라는 문장에서 (C)의 내용을 확인할 수 있다. 하지만 (D)의 '시에서 자금을 지원하고 있다'는 내용은 기사 어디에서도 찾아볼 수 없다.

3 Craig 씨는 어떤 수업을 진행하는 것 같은가?

(A) 기초 경제학
(B) 일상 생활 속의 대수학
(C) 소프트웨어 프로그램 만드는 법
(D) 전자 기기 수리

두 번째 지문에서 Peter Craig는 a computer science professor at Norfolk University(Norfolk 대학 컴퓨터 공학과 교수)로 소개되어 있으므로 컴퓨터와 관련된 (C)의 '소프트웨어 프로그램 만드는 법' 수업을 담당할 가능성이 높다.

4 이메일에서 Jones 씨는 무엇을 할 것을 추천하는가?

(A) 수업에 참석하기 전에 책을 구입한다
(B) 자리가 다 차기 전에 수업에 등록한다
(C) 수강료 할인을 요청한다
(D) 계좌 이체로 수강료를 지불한다

prior to ~에 앞서   tuition 수업료   bank transfer 계좌 이체

이메일 마지막 문장 'You may purchase the textbooks for each course at the center before the first day of class.'에서 Jones 씨는 수업 시작 전에 교재를 구입할 것을 권하고 있다. 따라서 (A)가 정답이다.

5 Jones 씨에 대해 암시되어 있는 것은 무엇인가?

(A) 그녀는 통계학 학사 학위를 가지고 있다.
(B) 그녀는 처음으로 커뮤니티 센터에서 수업을 듣게 될 것이다.
(C) 그녀는 최근에 노퍽 지역으로 이사를 했다.
(D) 그녀는 커뮤니티 센터에서 스포츠를 하기 위해 등록할 계획이다.

마지막 지문의 후반부에서 Jones 씨는 '120달러의 수업료를 전액 내야 한다'(must make the full class payment of $120)고 안내되어 있는데, 첫 번째 지문에서 '수업을 다시 듣는 학생들'(returning students)은 수업료 할인을 받을 수 있다고 적혀 있다. 이 두 가지 사항을 종합하면 Jones 씨는 전에 커뮤니티 센터에서 수업을 들은 적이 없을 것이므로 (B)가 정답이다. 그녀가 통계학 수업을 신청했다는 점은 알 수 있지만 전공이 통계학인지는 알 수 없으므로 (A)는 정답이 될 수 없고, 그녀가 신청한 것은 스포츠 활동이 아닌 미술 수업과 통계학 수업이기 때문에 (D) 또한 오답이다.

Type **14** 3중 지문 II

p.146

1. (C)   **2.** (C)   **3.** (D)   **4.** (A)   **5.** (A)

[1-5]

Randolph 버스 시스템

뉴튼 지역의 도로 공사로 인하여 몇몇 버스 노선이 영향을 받을 예정입니다. 9월 10일부터 25일까지 다음과 같은 변경 사항이 적용됩니다.

43번 버스	Sylvan 가를 운행하지 않고 Mercer 가를 거쳐 Freemont 빌딩으로 가게 됩니다
99번 버스	운행이 중단됩니다
124번 버스	Samwise 쇼핑몰에서 운행이 중단되며 Anderson 경기장까지 가지 않습니다
124번 버스	버스 터미널부터 수족관까지 Grover 가를 왕복 운행합니다

9월 26일에 모든 버스가 원래의 노선으로 운행을 재개할 예정입니다.

질문이 있는 승객분들께서는 주저하지 마시고 버스 운전 기사에게 이야기하셔서 목적지로 가는 최적의 길을 확인하십시오.

affect 영향을 미치다   in effect 효력이 있는   cease 중지하다   aquarium 수족관   original 원래의, 본래의; 독창적인   feel free to 마음껏 ~하다, 자유롭게 ~하다   get to ~에 도착하다

Randolph 버스 시스템 공지

9월 28일부로 더 이상 Grover 가를 운행하는 버스는 없을 것입니다. 버스 기사들은 노선의 전구간에서 버스에 타는 사람이 단 한 명뿐이라는 점을 여러 차례 밝혔습니다. 그처럼 낮은 관심으로 인해 시는 해당 지역에 대한 서비스를 중단시킬 수 밖에 없습니다. 더 많은 정보가 필요하신 경우, 837-8373로 전화를 주십시오.

as of ~ 일자로   multiple times 여러 차례   on account of ~ 때문에   have no choice but to ~할 수밖에 없다   suspend 보류하다, 연기하다

수신: Chet Ayers, Glenda Rose, Muriel Simpson
발신: Addison Jenkins
제목: 취소
날짜: 9월 30일 오전 10시

일부 버스 노선에 관한 최근의 결정을 재고해야 할 수도 있습니다. 노선 취소와 관련해서 지역 주민들로부터 많은 불만 사항이 접수되고 있습니다. 일주일 내내 불만을 표시하는 사람들의 전화로 전화선이 마비되고 있을 뿐만 아니라 항의 편지를 쓰는 캠페인도 진행되고 있습니다. 몇몇 주민들은 어제 아침 시장 사무실 밖 시청에서 항의 시위를 시작하기도 했으며 오늘도 멈추지 않고 있습니다.

일이 더 심각해지기 전에 이에 대한 조치를 내리라는 지시를 받았습니다. 오늘 오전 11시 30분에 긴급 회의가 열릴 것입니다.

최소한 오후 2시까지는 계속될 것으로 생각하십시오. 이 시간에 예정되어 있는 일은 모두 다 취소하시고 반드시 시간에 맞춰 대회의실로 오십시오.

---

reconsider 다시 생각하다, 재고하다   complaint 불평, 불만
inundate 범람시키다, 쇄도하다   protest 항의하다   instruct 알려 주다; 지시하다   emergency meeting 긴급 회의

1 공지의 주된 목적은 무엇인가?

(A) 어디에서 공사가 진행될 것인지 알리기 위해
(B) 기사 채용과 관련된 정보를 제공하기 위해
(C) 버스 노선에서 임시로 변경된 점을 알려 주기 위해
(D) 버스 요금이 왜 인상될 것인지 설명하기 위해

공지의 시작 부분에서 도로 공사로 인해 버스 노선이 변경될 것이라는 점을 알린 후, 구체적인 변경 사항에 대해 설명하고 있다. 따라서 공지의 목적은 (C)이다.

2 공지는 승객들에게 무엇을 추천하는가?

(A) 밤늦게 버스 타는 것을 피한다
(B) 대중 교통 카드를 이용하여 버스를 탄다
(C) 버스 기사에게 질문을 한다
(D) 온라인으로 버스 시간표를 확인한다

공지의 마지막 부분에서 승객들을 대상으로 노선 변경에 관한 질문이 있는 경우 '버스 기사에게 목적지까지 가는 방법을 물어볼 것'(speak with bus drivers to learn the best way to get to their destinations)이 권장되고 있다. 따라서 (C)가 정답이다.

3 어떤 버스가 9월 28일에 운행을 중단할 것인가?

(A) 43번 버스
(B) 99번 버스
(C) 124번 버스
(D) 177번 버스

두 번째 지문의 첫 문장인 'As of September 28, no more buses will drive down Grover Street.'에서 9월 28일부로 운행이 중단되는 버스는 Grover 가를 운행하는 버스임을 알 수 있다. 이를 근거로 첫 번째 지문에서 Grover 가를 운행하는 버스를 찾으면 (D)의 '177번 버스'의 운행이 중단될 것이다.

4 시청에서의 항의 시위에 대해 알 수 있는 것은 무엇인가?

(A) 버스 노선이 취소된 후에 시작되었다.
(B) 회의 중인 시장을 방해했다.
(C) 일자리를 잃은 버스 기사들에 의해 시작되었다.
(D) 최소 일주일 동안 계속될 것으로 예상된다.

첫 번째 지문을 통해 9월 28일부터 버스가 Grover 가를 운행하지 않는다는 점을 알 수 있으며, 마지막 지문인 회람에서는 '어제 아침부터' 시청에서 항의 시위가 시작되었다는 점을 알 수 있다. 한편 회람의 작성일은 9월 30일이므로 이를 종합하면 항의 시위는 버스 운행이 중단되기 전인 29일부터 시작되었다고 볼 수 있기 때문에 (A)가 정답이다.

5 Jenkins 씨는 회람의 수신자들에게 무엇을 하라고 지시하는가?

(A) 그가 오늘 이후 시간에 소집한 회의에 참석한다
(B) 시위자들과 직접 이야기를 나눈다
(C) 취소된 버스 노선에 대한 정보를 수집한다
(D) 긴급 회의를 하기 위해 시장의 사무실을 방문한다

회람의 마지막 단락에서 정답의 단서를 찾을 수 있다. Jenkins 씨는 '긴급 회의'(an emergency meeting)를 소집하겠다는 소식을 전한 후, 회의 시간에 예정되어 있는 일은 모두 취소하고 '정시에 회의실로 올 것'(make sure you're in the conference room on time)을 수신인들에게 지시하고 있다. 따라서 (A)가 정답이다.

Type 15   3중 지문 III

p.152

1. (D)   **2.** (B)   **3.** (A)   **4.** (D)   **5.** (C)

[1-5]

Peoria Tigers를 보러 오십시오!

다음 2주 동안의 Tigers의 홈 경기 일정을 알려 드립니다.

12월 10일 화요일	Springfield vs. Peoria	7:30 P.M.
12월 13일 금요일	Nashville vs. Peoria	7:30 P.M.
12월 14일 토요일	Chicago vs. Peoria	2:00 P.M.
12월 16일 월요일	St. Louis vs. Peoria	4:00 P.M.
12월 19일 목요일	Nashville vs. Peoria	6:00 P.M.

모든 홈 경기는 Peoria Arena에서 열립니다.

온라인으로 예약을 하시려면 www.peoriatigers.com/tickets를 방문해 주십시오. 혹은 경기 당일 경기장 외부의 매표소에서 티켓을 구입해 주십시오.

Tigers 화이팅!

MEMO

수신: Stanley Watts, Jeremy Stone, Kaye Karter,
　　　Wesley Robinson
발신: Jasmine Ladd
제목: Peoria Tigers 티켓
날짜: 12월 3일

Montrose Tech에 4장의 Peoria Tigers의 홈 경기 시즌 티켓이 있다는 점을 알려 드립니다. Tigers는 우리 지역의 프로 농구 팀으로, 다음 주에 시즌이 시작됩니다. 티켓은 선착순으로 받으실 수 있습니다. 직원이면 누구나 받으실 수 있지만, 한 달에 한 번만 티켓을 받으실 수 있습니다. 고객이나 가족과 함께 경기장을 찾을 것을 추천드립니다.

티켓에 관심을 보이는 직원이 있는 경우, 저에게 연락하라고 알려 주십시오. 요청은 반드시 jasmineladd@montrosetech.com으로, 이메일을 통해 이루어져야 합니다.

---

reminder 상기시켜 주는 것   first-come, first-served basis 선착순 원칙   take A to B A를 B로 데리고 가다

1 일정표에 의하면 Peoria Tigers에 대해 사실인 것은 무엇인가?

(A) 일부 홈 경기에 할인을 적용해 준다.

(B) 주말에는 홈 경기가 없다.

(C) 홈 경기는 저녁에만 진행된다.

(D) 모든 홈 경기는 같은 장소에서 열린다.

할인과 관련된 언급은 찾아볼 수 없으므로 (A)는 오답이고, 경기가 열리는 12월 14일은 토요일이기 때문에 (B)도 사실이 아니다. 또한 세 번째와 네 번째 경기는 각각 오후 2시와 4시에 시작되기 때문에 (C) 역시 정답이 될 수 없다. 'All home games are played at the Peoria Arena.'라는 문구를 통해 경기는 모두 Peoria Arena라는 경기장에서 열린다는 점을 확인할 수 있으므로 (D)가 정답이다.

2 Peoria Tigers 대 Springfield 경기에 대해 알 수 있는 것은 무엇인가?

(A) 매표소에서만 티켓을 구할 수 있다.

(B) 시즌 첫 번째 경기이다.

(C) 그 주의 유일한 야간 경기이다.

(D) 더 이상 티켓을 구할 수 없다.

Peoria Tigers 대 Springfield 경기 일정은 첫 번째 지문의 표의 첫 줄에서 확인이 가능하다. 이 경기는 시즌 처음으로 실시되는 경기이므로 (B)가 정답이다. 티켓은 온라인으로도 구매할 수 있기 때문에 (A)는 사실이 아니며, 그 다음 경기인 Nashville 대 Peoria 경기 역시 7시 30분에 시작되므로 (C)로 오답이다. (D)의 '표를 구할 수 없다'는 내용은 지문 어디에서도 찾아볼 수 없다.

3 회람에 의하면 직원들은 어떻게 무료 티켓을 받을 수 있는가?

(A) 이메일로 신청서를 제출함으로써

(B) Ladd에게 직접 찾아가 말함으로써

(C) 인사부에 연락함으로써

(D) 회사 접수 담당 직원에게 물음으로써

두 번째 지문인 회람의 마지막 문장 'All requests must be made by e-mail at jasmineladd@montrosetech.com.'에서 티켓은 이메일로 신청해야 받을 수 있다는 점을 확인할 수 있다. 따라서 (A)가 정답이다.

4 Harper 씨에 대해 사실인 것은 무엇인가?

(A) 그는 종종 Peoria Tigers 경기를 관람한다.

(B) 그는 연구개발부 직원이다.

(C) 그는 종종 출장을 간다.

(D) 그는 Montrose Tech에서 일한다.

Mr. Harper라는 인물은 마지막 이메일의 수신자인데, 이메일의 발신자인 Thomas 씨는 첫 번째 단락의 마지막 부분에서 'You're lucky that your company provides you with tickets for free.'라고 적고 있다. 이를 통해 Harper 씨는 무료로 경기 티켓을 나누어 주는 회사, 즉 Montrose Tech의 직원임을 알 수 있으므로 보기 중 사실인 것은 (D)이다.

5 Thomas 씨는 Harper 씨에게 무엇을 요청하는가?

(A) 자신의 사장을 회의에 초청한다

(B) 제품 시연회를 준비한다

(C) 만날 시간을 정한다

(D) 몇몇 계약 조건에 합의한다

마지막 지문인 이메일에서 발신자인 Thomas 씨는 수신자인 Harper 씨에게 'Why don't we get together in my office in the next day or two?'라고 말하며 내일이나 모레 사무실에서 만나자는 제안을 하고 있다. 따라서 그가 요청한 사항은 (C)로 볼 수 있다.

실전 문제 연습
p.158

1. (B)	**2.** (C)	**3.** (B)	**4.** (A)	**5.** (B)
6. (D)	**7.** (D)	**8.** (C)	**9.** (C)	**10.** (B)
11. (D)	**12.** (A)	**13.** (D)	**14.** (B)	**15.** (C)
16. (A)	**17.** (D)	**18.** (D)	**19.** (B)	**20.** (C)
21. (C)	**22.** (B)	**23.** (D)	**24.** (C)	**25.** (C)
26. (D)	**27.** (A)	**28.** (B)	**29.** (D)	**30.** (A)
31. (C)	**32.** (B)	**33.** (B)	**34.** (A)	**35.** (C)
36. (C)	**37.** (A)	**38.** (D)	**39.** (B)	**40.** (B)
41. (D)	**42.** (D)	**43.** (A)	**44.** (A)	**45.** (B)
46. (B)	**47.** (B)	**48.** (C)	**49.** (A)	**50.** (C)
51. (B)	**52.** (A)	**53.** (C)	**54.** (C)	

[1-2]

Wimberly 구역 관련 공지

챈들러의 역사 지구인 Wimberly 구역에서 앞으로 몇 주 동안 대규모 보수 공사가 실시될 예정입니다. 다섯 블록으로 이루어진 지역에 새로운 하수관이 설치될 것입니다. 작업은 6월 13일에 시작되어 6주간 계속될 예정이지만 더 길어질 수도 있습니다. 따라서 운전자분들께서는 이 기간 동안 해당 지역에서 심각한 교통 정체를 예상하셔야 합니다. 시에서는 운전자분들께 가능한 Wimberly 지역을 피해 달라고 요청하고 있습니다. 또한 해당 지역을 통과하는 버스 노선들도 소폭 조정될 것입니다. 지하철은 보수 공사의 영향을 받지 않을 것이므로 Porterhouse 역이 폐쇄되거나 지하철의 운행 시간이 변경되지는 않을 것입니다.

historic 역사적인 extensive 넓은, 광범위한 sewage pipe 하수관
avoid 피하다 adjustment 조정 unaffected 영향을 받지 않는

---

1. 안내에 의하면, 보수 공사에 대해 언급되지 않은 것은 무엇인가?

(A) 공사의 결과로 버스가 다른 곳으로 가게 될 것이다.
(B) 공사는 밤낮으로 진행될 것이다.
(C) 공사 기간은 6주 이상이 될 수도 있다.
(D) 공사는 몇몇 도로에서 이루어질 것이다.

지문 후반부에서 '버스 노선이 조정될 것'(bus routes servicing the neighborhood will undergo slight adjustments)이라고 했으므로 (A)는 언급된 사항이며, 공사 기간은 6주로 예정되어 있지만 '더 오래 걸릴 수도 있다'(may take longer)는 초반부의 내용을 통해 (C)도 확인할 수 있는 내용이다. '다섯 블록으로 이루어진 구역'(a five-block area)에서 공사가 실시될 것이라고 했으므로 (D) 또한 사실이나, 공사가 24시간 진행될 것이라는 언급은 찾아볼 수 없으므로 (B)가 정답이다.

2. Porterhouse 역에 대해 암시되어 있는 것은 무엇인가?

(A) 지하철과 기차를 이용할 수 있다.
(B) 보수 공사 기간에는 폐쇄될 것이다.
(C) Wimberly 구역에 위치해 있다.
(D) 역사적인 건물로 간주된다.

Porterhouse 역에 대한 언급은 마지막 문장 'The subway system will be unaffected by the repair work, so there will be no closings or changes in the schedule at Porterhouse Station.'에서 찾을 수 있다. 버스와 달리 지하철은 공사의 영향을 받지 않을 것이라고 한 점에서 이 지하철역은 공사 지역인 Wimberly 구역 내에 있을 것으로 추측할 수 있으므로 (C)가 정답이다.

[3-4]

Carol Mason [2:32 P.M.]
Omar, Samuels 씨께서 말씀하셨던 업무에 대한 아이디어가 떠올랐어요. 그에 대한 논의를 하러 30분 후에 당신 사무실에 들를 테니 그때 Samuels 씨와 같이 이야기를 하면 될 것 같아요.

Omar Indigo [2:33 P.M.]
저는 만날 시간이 되지만 Samuels 씨는 오늘 오후에 Pierre Johnson과 함께 외근을 나가실 거예요.

Carol Mason [2:34 P.M.]
그 점은 제가 몰랐군요. 그렇다면 내일 그분과 이야기를 하는 것이 어떨까요? 그분 비서와 회의 일정을 잡아 줄 수 있나요?

Omar Indigo [2:35 P.M.]
그럴게요.

Carol Mason [2:36 P.M.]
정말 고마워요. 저는 3시까지 5층으로 갈게요.

Omar Indigo [2:37 P.M.]
좋아요. 그때 봐요.

---

drop by ~에 들르다 be aware of ~을 알다

3. Mason 씨는 왜 Indigo 씨에게 연락을 했는가?

(A) Samuels 씨가 어디에 있는지 묻기 위해
(B) 그와 업무에 대해 논의하기 위해
(C) Johnson 씨와 회의 일정을 잡기 위해
(D) 비서의 전화번호를 요청하기 위해

지문의 시작 부분에서 Mason 씨는 자신에게 '업무와 관련된 아이디어'(an idea for the assignment Mr. Samuels talked about)가 떠올랐다고 말한 후 이에 대해 같이 논의하자는 제안을 하고 있다. 따라서 정답은 the assignment를 a work project로 바꾸어 쓴 (B)이다.

4. 오후 2시 36분에 Mason 씨가 "I'll be on the fifth floor by 3:00"라고 썼을 때 그녀는 무엇을 의미하는가?

(A) 그녀는 그 시간에 Indigo 씨를 찾아갈 것이다.
(B) 그녀는 현재 사무실 밖에 있다.
(C) 그녀는 엘리베이터를 타고 위로 올라가야 한다.
(D) 그녀는 대회의실에서 만나고 싶어한다.

주어진 문장에서 the fifth floor는 Indigo 씨가 있는 장소일 것이므로 주어진 문장을 통해 화자는 3시에 그를 찾아가겠다는 의사를 밝히고 있다. 따라서 Mason 씨가 의미한 바는 (A)이다.

[5-6]

수신: Harry Winston 〈hwinston@westinconstruction.com〉
발신: Robert Anderson 〈robert-anderson@murphydesigns.com〉
제목: 새 일자리
날짜: 9월 3일 월요일

친애하는 Winston 씨께,

최근에 Westin 건설의 프로젝트 수주 부사장으로 임명되신 것을 축하드립니다. 그곳에서 오랫동안 근무하셨기 때문에 그 자리로 올라가실 자격이 충분히 있으십니다.

같이 만나서 앞으로의 사업에 대해 논의할 시간이 있으신지 궁금합니다. 아시다시피 저는 더 이상 Rogers and Sons에서 일하지 않고 Murphy Designs에서 새 일자리를 얻었습니다. 저는 현재 Harmony 극장을 재설계하는 일을 담당하고 있습니다. 곧 공사 입찰을 수락할 예정입니다. 그곳 소유주들이 제게 공사를 담당할 회사와 계약을 체결할 권한을 주었습니다.

저는 5일 수요일 오전과 6일 목요일 오후, 그리고 7일 금요일에 시간이 있습니다. 이들 중에 저와 만나실 수 있는 시간이 있으시면 제게 전화를 주십시오. 곧 통화를 할 수 있기를 바랍니다.

Robert Anderson 드림

acquisition 습득, 인수   deserve to ~할만하다, ~할 자격이 있다
get together 모이다   employment 고용, 채용   redesign 재설계
be about ready to 곧 ~하려고 하다   bid 입찰

---

5. Anderson 씨가 이메일을 보낸 한 가지 이유는 무엇인가?

(A) Harmony 극장의 시찰을 준비하기 위해
(B) 앞으로 있을 공사 프로젝트에 대해 문의하기 위해
(C) Winston 씨에게 입사 지원을 요청하기 위해
(D) 새로운 공사에 대한 세부적인 사항들을 논의하기 위해

Anderson 씨는 두 번째 단락의 시작 부분에서 Winston 씨에게 '앞으로 있을 사업과 관련해서 이야기를 나눌 시간이 있는지'(if you have some time to get together to meet to discuss some possible future business) 묻는다. 이후 내용을 통해 앞으로 있을 사업은 곧 Harmony 극장을 재건축하는 일이라는 점을 알 수 있으므로 이메일을 작성한 이유는 (B)로 볼 수 있다.

6. Anderson 씨는 언제 Winston 씨와 만날 수 있는가?

(A) 화요일 오전 11시
(B) 수요일 오후 2시
(C) 목요일 오전 9시
(D) 금요일 오후 1시

마지막 단락에서 Anderson 씨가 한가한 시간은 수요일 오전, 목요일 오후, 그리고 금요일 하루 종일이라는 사실을 알 수 있다. 따라서 보기 중 이러한 시간에 해당되는 (D)가 정답이다.

[7-8]

테이블 위의 장미

테이블 위의 장미, Francois Desmond 작, 1897년, 캔버스에 유화 물감

동시대의 다른 인상주의 화가들처럼 잘 알려져 있지는 않지만 Francois Desmond는 짧은 기간 동안 일관된 작품들을 만들었다. 이는 *테이블 위의 장미*는 틀림없이 그의 가장 유명한 회화 작품일 것이다. 1897년에 완성되었으며, 세 송이의 장미가 놓여 있는 나무 테이블의 단순함은 많은 사람들의 이목을 끌었다. Desmond 씨는 이 작품을 1898년 낭트의 부유한 Mitterrand 가문에 팔았다. 1934년까지는 그들의 개인 소장품으로 남아 있었지만 그 후에는 스트라스부르에 있는 Walters 박물관이 이를

인수했다. 이후 1998년에 Emile Cartier에게 팔렸으며 내년 3월까지 이곳 Faris 미술관에서 일시적으로 대여 전시 중이다.

---

as ~ as ~만큼 ~한   solid 단단한, 견고한   arguably 아마 틀림없이
simplicity 단순함   capture 사로잡다, 포획하다   attention 주의
wealthy 부유한   private 개인 사유의   temporary 임시의, 일시적인

---

7. *테이블 위의 장미*에 대해 다음 중 사실이 아닌 것은 무엇인가?

(A) 인상주의 작품이다.
(B) 어떤 사람들은 Francois Desmond의 가장 유명한 작품으로 생각한다.
(C) Francois Desmond가 유화 물감으로 그렸다.
(D) 그림은 장미가 있는 테이블에 앉아 있는 두 명의 사람을 보여준다.

지문 시작 부분에서 Francois Desmond가 인상주의 화가라는 사실을 알 수 있으므로 (A)는 사실이며, *테이블 위의 장미*를 '그의 가장 유명한 작품'(his most famous painting)으로 소개했다는 점에서 (B) 또한 올바른 내용이다. oil on canvas(캔버스에 유화 물감)라는 설명을 통해 (C)도 사실임을 알 수 있으나, 그림에 사람이 등장한다는 언급은 찾아볼 수 없으므로 (D)가 정답이다.

8. 현재 누가 *테이블 위의 장미*를 소유하고 있는가?

(A) Walters 박물관
(B) Faris 미술관
(C) Emile Cartier
(D) Mitterrand 가

지문의 마지막 문장 'It was later sold to Emile Cartier in 1998, and it is on temporary loan here at the Faris Gallery until next March.'에서 현재 그림의 소유주는 (C)의 Emile Cartier임을 확인할 수 있다. Faris 미술관은 이를 대여해서 전시하고 있을 뿐이므로 (B)를 정답으로 선택해서는 안 된다.

[9-11]

MEMO

수신: 전 직원
발신: 인사부 Susan Porter
제목: 회사의 봄 야유회
날짜: 4월 5일

올해 회사의 봄 야유회가 5월 10일 토요일 오전 11시부터 오후 4시까지 진행될 예정입니다. 항상 그랬듯이 야유회는 호수의 서쪽에 위치해 있는 Harkness 공원에서 열릴 것입니다.

보통은 인사부의 Emma Connelly가 몇 명의 헌신적인 자원 봉사자들의 도움을 받아 야유회를 기획했습니다. 하지만 Connelly 씨가 한 달 전에 외곽 지사로 전근을 갔습니다. 따라서 Connelly 씨를 대신해서 봄 야유회의 기획자로 기꺼이 일을 하고자 하는 사람이 필요합니다.

이상적인 사람은 외향적인 성격을 지니고 있어야 하며 책임감이 강해야 합니다. 큰 행사를 기획해 본 경험도 필요합니다. 이 일을

하게 될 사람은 주중에 사무실에서 추가적인 시간을 보내야 할 것이며 주말에도 일을 하게 될 것임을 알려 드립니다. 행사가 끝나면 기획자는 3일 간의 유급 휴가를 받게 될 것입니다. 관심이 있으신 분들께서는 내선 번호 2578로 인사부의 Mike Pearson에게 전화를 주시면 됩니다.

---

picnic 소풍, 야유회　from A to B A부터 B까지　as always 항상 그렇듯이　organize 조직하다, 기획하다　dedicated 헌신적인　uptown 시 외곽의　be willing to 기꺼이 ~하다　serve as ~으로서 기능하다　ideal 이상적인　outgoing 외향적인　personality 성격　take-charge attitude 책임감 있는 자세　conclusion 결말, 결론

9. 봄 야유회에 대해 언급되고 있는 것은 무엇인가?

(A) 오후에 시작해서 오후에 끝날 것이다.
(B) 참가비를 내야 한다.
(C) 매년 같은 장소에서 열리고 있다.
(D) 게임과 음식이 준비될 것이다.

fee 요금　include 포함하다　both A and B A와 B 둘 다

첫 번째 단락에서 '항상 그래왔듯이 야유회가 Harkness 공원에서 열릴 것(as always, it will take place in Harkness Park)'이라고 했으므로 보기 중 언급된 사항은 (C)이다. 야유회 시작 시간은 오전 11시로 안내되어 있으므로 (A)는 잘못된 내용이고, (B)의 '참가비' 및 (D)의 '게임과 음식'은 언급되지 않았다.

10. Connelly 씨는 왜 야유회 기획자로서 일을 할 수 없는가?

(A) 한 달 전인 3월에 은퇴를 했다.
(B) 더 이상 사무실에서 일하지 않는다.
(C) 일을 할 시간이 없다.
(D) 또 다시 자원해서 일하려고 하지 않는다.

retire 은퇴하다　no longer 더 이상 ~하지 않다

두 번째 단락에서 Connelly 씨가 일을 할 수 없는 이유는 Ms. Connelly transferred to our uptown office one month ago로 설명되어 있다. 즉 다른 곳으로 전근을 갔기 때문에 더 이상 야유회 기획을 할 수는 것이므로 (B)가 정답이다.

11. 다음 중 새 야유회 기획자에게 요구되지 않는 것은 무엇인가?

(A) 기꺼이 초과 근무를 하겠다는 마음 가짐
(B) 리더의 능력
(C) 전에 비슷한 일을 해 본 경험
(D) 다른 사람들과 잘 어울리는 능력

마지막 단락에서 기획자에게 필요한 요건은 '외향적인 성격과 책임감 있는 자세'(an outgoing personality and a take-charge attitude) 및 '이벤트를 기획해 본 경험'(experience organizing large events)이라고 설명되어 있으며 기획자는 '주중과 주말에 초과 근무를 하게 될 것'(will be required to spend extra time in the office on weekdays and also spend some time working on weekends)이라고 안내되어 있다. 따라서 순서대로 (B)와 (C), 그리고 (A)는 언급된 사항이나, (D)에 대해서는 전혀 언급된 바가 없다.

[12-14]

Preston 대학
주 최고의 전문대

학생들이 선택할 수 있는 50개 이상의 학위 과정을 갖추고 있는 Preston 대학은 2년짜리 전문 학사 학위를 찾는 학생들에게 다양한 선택권을 제공하고 있습니다. 학위가 제공되는 분야로 화학 공학, 토목 공학, 간호학, 경영학, 회계학, 스포츠 의학, 아동 교육학, 그리고 컴퓨터 프로그래밍 등이 있습니다. 저희 학생들은 졸업 후 6개월 이내의 정규직 취업 성공률이 98%에 달합니다. (주 내의 다른 대학들은 그와 같은 높은 수치를 자랑하지 못합니다.)

수업은 주간과 야간으로 진행되며 업무 스케줄 때문에 주중에 공부하기가 힘든 사람들을 위해 주말에도 수업이 진행됩니다. 저희는 전일제 학생 및 시간제 학생을 받고 있습니다. 성적이 우수한 사람에게는 장학금이 주어지며 등록금 지원이 필요한 개인들은 학자금 대출을 이용할 수 있습니다.

저희 웹사이트 www.prestoncollege.edu를 방문하셔서 프로그램, 교수진, 그리고 시설들을 확인해 보십시오. 혹은 Oak 가 68에 있는 학교 본관을 방문하셔서 진로 상담사와 이야기를 나누시면 더 좋으실 것입니다.

---

degree program 학위 수여 프로그램　a wide range of 다양한　associate's degree 전문 학사 학위　filed 들판; 영역, 분야　civil engineering 토목 공학　business administration 경영학　scholarship 장학금　outstanding 뛰어난　in need of ~이 필요한　tuition 수업료, 강습료　faculty 교수진

12. 다음 중 어떤 사람이 Preston 대학에서 공부하는 것에 관심을 가질 것인가?

(A) 병원에서 근무하고자 하는 사람
(B) 동물들을 돌보고 싶어하는 사람
(C) 스포츠 경기를 하고 싶어하는 사람
(D) 컴퓨터를 수리하고 싶어하는 사람

첫 번째 단락에서 학위가 주어지는 학과목이 설명되고 있다. 병원에서 일하고 싶은 사람은 Preston 대학에서 제공하는 nursing(간호학) 과정을 밟으면 되기 때문에 (A)가 정답이다. '스포츠 의학'(sports medicine)은 의학적인 관점에서 스포츠와 신체의 관계를 연구하는 학문이므로 (C)는 정답이 될 수 없다.

13. 학생은 어떻게 학비를 마련할 수 있는가?

(A) 소득이 낮음으로써
(B) 과외 활동에 참여함으로써
(C) 경기를 잘 함으로써
(D) 좋은 성적을 받음으로써

income 수입　participate in ~에 참여하다　extracurricular activity 과외 활동, 특별 활동

학비 마련과 관련된 문장은 두 번째 단락의 마지막 문장에서 찾을 수 있다. 즉 '성적이 우수한 경우'(outstanding academic performance)에 장학금이 주어지며 아울러 학자금 대출도 이용이 가능하다고 했으므로 이들 중 전자의 방법을 가리키는 (D)가 정답이다.

14. [1], [2], [3], [4]로 표시된 위치 중 다음 문장이 들어가기에 가장 알맞은 곳은 어디인가?

"주 내의 다른 대학들은 그와 같은 높은 수치를 자랑하지 못합니다."

(A) [1]
(B) [2]
(C) [3]
(D) [4]

주어진 문장 중 such a high number를 근거로 정답을 찾도록 한다. 정답은 (B)로, such a high number는 [2] 바로 앞 문장의 98%라는 높은 취업률을 가리킨다.

[15-17]

논문 신청

국제 토목건축가 협회(ISCE)에서 내년 5월 4일부터 7일까지 컨퍼런스를 개최할 예정입니다. 이번 컨퍼런스는 캘리포니아 로스앤젤레스에 있는 Grand Harper 호텔의 대연회장에서 다시 한 번 개최될 것입니다. 컨퍼런스에서 논문을 발표하고자 하시는 분들께서는 늦어도 내년 2월 28일까지 논문 개요를 제출하셔야 합니다. 모든 개요는 blanger@isce.org로 Bernard Langer 박사에게 제출되어야 합니다. 엔지니어로 구성된 패널이 발표될 논문을 선정할 것입니다. 선정되신 분께는 늦어도 3월 10일까지 통지가 이루어질 것입니다. 선정되신 분들께서는 3월 31일까지 전체 논문을 제출하셔야 하며 발표에 어떤 프레젠테이션 장비가 필요한지, 예컨대 노트북 컴퓨터 및 스크린과 같은 장비가 필요한지 알려 주셔야 합니다. 컨퍼런스의 발표자는 참가비를 면제받게 되지만 금전적인 보상이 주어지지는 않을 것입니다. 과거에 어떤 종류의 논문들이 발표되었는지 확인하시려면 ISCE의 웹사이트 www.isce.org/pastpresentations를 방문해 주십시오. 질문은 george@isce.org로 George Kelly에게 하시면 됩니다.

paper 논문 host 주최하다, 주관하다 ballroom 무도회장, 연회장 outline 윤곽; 개요 no later than 늦어도 ~까지 material 자료, 재료 registration fee 등록비, 참가비 waive 면제하다 financial 금전적인, 금융의 compensation 보상 address 주소; 알리다

15. ISCE 컨퍼런스에 대해 사실이 아닌 것은 무엇인가?

(A) Grand Harper 호텔에서 열린 적이 있다.
(B) 앞으로 몇 달 후에 열릴 것이다.
(C) 주제는 업계의 새로운 동향과 관련된 것이다.
(D) 며칠 동안 진행될 것으로 예정되어 있다.

지문 초반에서 컨퍼런스가 Grand Harper 호텔에서 '또 다시 열릴 것'(will be held once again)이라고 했으므로 (A)는 사실이며, '내년 5월 4일부터 7일까지'(next year from May 4 to 7) 개최될 것이라는 언급을 통해 (B)와 (D)도 올바른 내용임을 알 수 있다. 하지만 컨퍼런스의 주제에 대해서는 언급된 바가 없기 때문에 (C)가 정답이다.

16. 발표할 논문의 개요는 언제까지 제출해야 하는가?

(A) 2월 28일

(B) 3월 10일
(C) 3월 31일
(D) 5월 4일

'논문 개요는 내년 2월 28일까지 제출해야 한다'(must submit outlines no later than February 28 of next year)는 안내를 통해 (A)가 정답임을 알 수 있다.

17. 컨퍼런스의 발표자들은 무엇을 받게 될 것인가?

(A) 교통비
(B) 돈
(C) 호텔 숙박권
(D) 컨퍼런스 무료 입장권

지문 후반부에서 컨퍼런스 발표자들은 '등록비를 면제받게 될 것'(will have their registration fee waived)이라고 했으므로 (D)가 정답이다.

[18-21]

농부로서의 새로운 삶
Lloyd Duncan 기자

렉싱턴 (7월 11일) – 본 기자는 최근에 Welcome 농장을 방문했는데, 그곳은 Keith Gates와 Wendy Gates 부부가 소유하고 있는 곳이다. 농장은 Maple Tree 로를 따라 Lexington 동쪽으로 약 10분 동안 차를 몰고 가면 도착할 수 있다. 렉싱턴 인근에 수많은 농장이 존재하지만, 이곳은 다른 곳과 다른데, 다른 곳들은 대부분 평생 농사를 지어 온 사람들이 소유하고 있다.

Keith와 Wendy에 대해 말하자면, 그들은 농사일이 처음이다. 작년 Welcome 농장을 구입하기 전에 이 두 사람은 다른 분야에서 성공적인 삶을 살고 있었다. Keith는 기업 전문 변호사였고 그의 아내는 부동산 중개업자로 일을 했다. 왜 돈을 많이 버는 직업을 포기했는지 묻자 Keith는 "업무로 인한 스트레스에 신물이 났어요. 출장도 너무 잦았고 가족과 멀리 떨어져 시간을 보내는 것도 싫었죠."라고 언급했다. Wendy는 "대도시보다 시골에서 아이들을 키우고 싶었어요."라고 말했다.

그들에게는 농사 경험이 없지만 농장을 둘러보았을 때 그들의 작물, 즉 옥수수, 토마토, 오이는 그들의 80에이커의 땅에서 잘 자라고 있었다. 또한 그들은 돼지와 닭을 기르고 있으며 젖소도 몇 마리 소유하고 있다. Wendy는 자신들이 재배하는 작물이 화학 약품이 첨가되지 않은 유기농 작물이라고 말했다. "일은 힘들지만 우리에게 도움을 주고 우리가 잘못하고 있는 것을 알려 주는 농장 인부들이 있어요."

추후에 지역 농산물 시장에서 Welcome 농장의 농산품을 찾아보기 바란다. 또한 농장에서 출하된 고기와 채소도 두어 달 이내에 지역 슈퍼마켓에서 판매될 것이다.

different from ~와 다른 as for ~에 대해 말하자면 attorney 변호사 abandon 버리다, 포기하다 lucrative 수익성이 높은, 수지맞는 remark 언급하다 get tired of ~으로 지치다 deal with ~을 다루다, ~에 대처하다 dairy cow 젖소 organic 유기농의 chemical 화학의; 화학 물질 farmhand 농장 인부

18. 첫 번째 단락 첫 번째 줄의 "paid"라는 단어와 의미가 가장 비슷한 것은

(A) 시도하다
(B) 보내다
(C) 고려하다
(D) 만들다

pay는 원래 '지불하다'라는 의미로 많이 쓰이나 pay a visit는 '방문하다'라는 뜻을 나타낸다. make a visit도 같은 뜻을 나타내므로 (D)가 정답이다.

19. 농부가 되기 전 Gates 씨의 직업은 무엇이었는가?

(A) 영업 사원
(B) 변호사
(C) 부동산 중개인
(D) 회계사

두 번째 단락에서 Keith Gates의 이전 직업은 a corporate attorney(기업 전문 변호사)로 소개되어 있으므로 이를 lawyer(변호사, 법률가)로 바꾸어 쓴 (B)가 정답이다. 참고로 그의 아내인 Wendy Gates의 이전 직업을 물었다면 (C)가 정답이 될 것이다.

20. 다음 중 Gates 부부가 농장을 산 이유로 언급되지 않은 것은 무엇인가?

(A) 그들은 시골에서 살고 싶어했다.
(B) 그들은 함께 시간을 보내고 싶어했다.
(C) 그들은 보다 단순한 삶을 살고 싶어했다.
(D) 그들은 스트레스를 받고 싶지 않았다.

rural 시골의

농장을 구입한 이유는 두 번째 단락 후반에 언급되어 있다. '직장에서 스트레스를 받아서'(dealing with the stress at work), '가족들과 시간을 보내지 못해서'(spending time away from my family), 그리고 '아이들을 시골에서 키우고 싶어서'(I would rather my children grow up in the countryside)라는 이유가 제시되어 있으므로 여기에 해당되지 않는 (C)가 정답이다.

21. Welcome 농장에 대해 사실인 것은 무엇인가?

(A) Gates 부부에 의해서만 운영된다.
(B) 화학 비료를 사용하여 작물을 기른다.
(C) 농장에는 작물과 가축이 모두 있다.
(D) 과일이 주요 농산물이다.

entirely 전적으로 fertilizer 비료 primary 주요한

마지막 단락에서 도움을 주는 farmhands(농장 인부)가 있다고 했으므로 (A)는 잘못된 설명이며, '화학 약품을 쓰지 않고'(with no chemicals added) 작물을 재배한다고 했으므로 (B)도 사실과 다르다. 재배되는 작물들은 corn(옥수수), tomatoes(토마토), cucumbers(오이)이므로 '과일'이 주요한 작물이라고 한 (D) 또한 잘못된 설명이다. 농장에서 '돼지, 닭, 젖소도 기른다'(also raising pigs and chickens and even own a few dairy cows)는 기사 내용을 통해 (C)가 사실임을 알 수 있다.

[22-25]

Irene Mercer [9:15 A.M.]
Walter 석유화학을 위한 제품 시연회 날짜가 이틀 밖에 남지 않았어요. 준비는 어떻게 되고 있나요?

Harry Glade [9:17 A.M.]
제품이 완벽하게 작동할 것이라고 엔지니어들이 장담을 하더군요. 살펴봐야 할 기계적인 문제가 생기는 경우를 대비해서 Eric Bowman이 우리와 동행할 거예요.

Angela Bean [9:18 A.M.]
프레젠테이션에서 따라 읽을 스크립트는 준비되어 있어요. 하지만 연습을 하지는 못했어요.

Irene Mercer [9:19 A.M.]
좋지 않군요. 10시 30분에 모여서 우리가 할 말과 행동에 대해 검토해 보도록 해요.

Harry Glade [9:20 A.M.]
좋아요. 제가 잠시 후에 내려 가서 Eric을 데려 오고 제품도 가지고 올게요.

Wilma Reed [9:21 A.M.]
저는 그때 Thorpe 씨와 회의가 있어요. 점심 식사 이후에 할 수 있을까요?

Irene Mercer [9:22 A.M.]
그때는 제가 안 돼요. 당신 역할은 크지 않아요, Wilma. 오늘 늦게 Harry에게 말을 해서 우리가 논의했던 것을 들으세요. 오, 데이턴까지 이동 수단이 있나요?

Angela Bean [9:24 A.M.]
제가 회사의 승합 차량을 빌릴게요. 모든 사람과 장비를 태울 수 있는 공간이 충분할 거예요.

demonstration 시위, 시연 preparation 준비 assure 장담하다, 확언하다 accompany 동반하다 in case ~하는 경우에, ~하는 경우를 대비해서 role 역할 transportation 교통 수단 borrow 빌리다

22. Mercer 씨는 왜 온라인 채팅을 시작했는가?

(A) 개발의 진전 상황에 대해 묻기 위해
(B) 준비 상황에 대해 묻기 위해
(C) 일정 변화를 알리기 위해
(D) 새로운 잠재 고객에 대해 언급하기 위해

progress 진보, 진전 invention 발명

온라인 채팅을 시작한 목적은 첫 대화문에서 찾을 수 있다. Mercer 씨는 Walter 석유화학을 위한 제품 시연 날짜가 이틀 남았다는 점을 상기시킨 후 'How are the preparations going?'이라고 말하면서 준비 상황에 대해 묻고 있다. 따라서 채팅을 시작한 목적은 (B)로 볼 수 있다.

23. Bowman 씨는 누구인 것 같은가?

(A) 고객
(B) 화학자

(C) 디자이너

(D) 엔지니어

해당 이름은 'Eric Bowman will be accompanying us in case there are any mechanical problems he needs to look at.'에서 찾을 수 있다. 이를 통해 그는 기계적인 문제를 해결할 사람임을 알 수 있으므로 Bowman 씨는 (D)의 '엔지니어'일 것이다.

24. 오전 9시 21분에 Reed 씨가 "I'm meeting Mr. Thorpe then"이라고 쓸 때 그녀는 무엇을 의미하는가?

(A) 그녀는 이미 Walter 석유화학에 가 있다.

(B) 그녀는 혼자서 자신의 역할을 연습할 것이다.

(C) 그녀는 그룹에 있는 다른 사람들과 만날 수 없다.

(D) 그녀는 중요한 사안에 대해 Glade 씨에게 말을 할 것이다.

by oneself 혼자서

주어진 문장은 '그때 Thorpe 씨와 만날 예정이다'라는 뜻인데, 이의 구체적인 의미는 앞부분의 내용을 통해 확인이 가능하다. 즉 Irene Mercer가 10시 30분에 모여 시연회 연습을 하자는 제안에 Harry Glade가 동조하고 있는 상황에서 Reed 씨가 위와 같이 말한 것이므로 주어진 문장은 곧 10시 30분 회의에 그녀가 참석할 수 없다는 의미를 나타낸다. 따라서 (C)가 정답이다.

25. Walter 석유화학에 대해 암시되어 있는 것은 무엇인가?

(A) 본사는 데이턴 시에 위치해 있다.

(B) 글쓴이들의 회사와 이미 계약을 체결했다.

(C) 글쓴이들의 회사에서 차로 갈 수 있는 거리에 있다.

(D) 최근 주 내에서 새로운 공장을 열었다.

headquarters 본사, 본부

마지막 부분에서 이동 수단이 있는지 묻는 질문에 Angela Bean이 '회사의 승합 차량'(a company van)을 빌리겠다고 했으므로 제품 시연회를 할 Walter 석유화학은 차로 갈 수 있는 거리에 있을 것이다. 따라서 (C)가 정답이다. 제품 시연회를 하는 곳이 Walter 석유화학의 본사인지는 확인할 수 없으므로 (A)는 오답이며, 제품 시연회는 일반적으로 계약 전에 이루어지기 때문에 (B)도 정답이 될 수 없다.

[26-29]

Wendy Carlson
W. Rudolph 가 289
샬럿, 노스캐롤라이나 28280

친애하는 Carlson 씨께,

귀하께서 Radon Technology 시애틀 지점의 그래픽 디자이너로 채용되지 않으셨다는 점을 알려 드리게 되어 유감입니다. 이번 일은 귀하의 자격 조건과는 관련이 없습니다. 고용 위원회 위원들은 귀하의 자격 조건 및 귀하께서 제출하신 작품집에 큰 감명을 받았습니다. 안타깝게도, 귀하의 지원서가 마감일 이후에 도착을 했기 때문에 저희가 받았을 때에는 이미 채용이 이루어진 상태였습니다.

하지만 좋은 소식을 알려 드리고자 합니다. 아마 아실 수도 있겠지만, Radon Technology는 전국에 지사를 두고 있습니다. 또한 몇 개의 지사를 새로 오픈할 예정이며, 이 모든 지사에 그래픽 디자이너가 필요합니다. 다음 3개월 동안 포트랜드, 오리건, 댈러스, 텍사스, 시카고, 일리노이, 그리고 귀하께서 거주하신 곳에서 지사가 개설될 예정입니다. 귀하께서 그곳에 지원하실 것을 적극 추천합니다. 평생 동안 그곳에서 사셨다고 말씀하셨으니 이사를 가지 않고서도 일을 하실 수 있을 것입니다.

관심이 있으시면 제가 귀하의 지원서를 전달해 드릴 수 있습니다. (저는 몇 년 전 그 지사의 매니저와 함께 일을 했습니다.) 정규 근무 시간 동안 839-281-9262로 제게 전화를 주기만 하십시오. 참고로 각 일자리의 급여 및 수당은 시애틀의 경우와 동일합니다.

Sidney Roth 드림
채용 담당자
Radon Technology

---

regret 유감이다 **select** 선정하다 **have nothing to do with** ~와 관계가 없다 **qualification** 자격 요건 **portfolio** 포트폴리오 **deadline** 마감일, 기한 **likely** ~할 것 같은 **residence** 거주 **entire** 전체의 **benefit** 혜택; 수당 **the same as** ~와 같은

26. Roth 씨는 왜 Carlson 씨에게 편지를 보냈는가?

(A) 급여 및 수당에 대한 정보를 제공하기 위해

(B) 입사 제의를 하기 위해

(C) 입사 면접에 부르기 위해

(D) 입사 탈락을 알리기 위해

편지의 시작 부분에서 Roth 씨는 Carlson 씨가 '채용되지 못했음'(you were not selected for employment)을 알리고 있다. 따라서 불합격 통보가 편지의 목적이므로 (D)가 정답이다. 다른 지사에 자리가 있으니 지원해 보라는 내용은 참고하라고 알려 준 내용일 뿐, 편지의 직접적인 목적은 될 수 없기 때문에 (B)는 정답이 될 수 없다.

27. Radon Technology에 대해 암시되어 있는 것은 무엇인가?

(A) 노스캐롤라이나의 샬럿에 지사를 낼 예정이다.

(B) 몇 개의 해외 지사를 운영 중이다.

(C) 전국에서 제일 좋은 회사 중 하나로 여겨지고 있다.

(D) 종종 외부 컨설턴트를 고용해서 일을 한다.

두 번째 단락에서 정답의 단서를 찾을 수 있다. Roth 씨는 여러 지역에서 지사가 개설될 예정인데, 여기에는 'Carson 씨가 살고 있는 곳'(your own city of residence)도 포함된다고 설명한다. 따라서 편지의 수신 주소로 Carson 씨가 살고 있는 곳을 확인해 보면 노스캐롤라이나의 샬럿에도 Radon Technology의 지사가 개설될 것임을 알 수 있으므로 (A)가 정답이다.

28. Roth 씨는 Carlson 씨에게 무엇을 요청하는가?

(A) 자신의 상사에게 전화해 의견을 구한다

(B) 다른 지사의 일자리에 지원한다

(C) 자신의 동료 중 한 명에게 연락한다

(D) Portland 지사를 견학한다

두 번째 단락에서 Roth 씨는 앞으로 개설될 지사에 대해 알려 주면서 'I highly suggest you apply there.'라고 말한다. 즉 Roth 씨는 Carlson 씨에게 신규 지사의 일자리에 지원해 볼 것을 추천하고 있으므로 정답은 (B)이다.

29. [1], [2], [3], [4]로 표시된 위치 중 다음 문장이 들어가기에 가장 알맞은 곳은 어디인가?

"저는 몇 년 전 그 지사의 매니저와 함께 일을 했습니다."

(A) [1]
(B) [2]
(C) [3]
(D) [4]

주어진 문장의 the manager at that office가 누구일지 생각해 보면 답을 쉽게 찾을 수 있다. 마지막 단락의 [4] 바로 앞 문장에서 Roth 씨는 Carlson 씨가 원하는 경우 자신이 새로 생길 예정인 샬럿 지사에 '지원서를 전달해 줄 수 있다'(I can forward your application)고 언급한다. 따라서 the manager at that office는 샬롯 지사의 매니저를 가리키므로 (D)가 정답이다.

[30-34]

수신: Peter Brant ⟨pbrant@kinghotel.com⟩
발신: Sue Murphy ⟨smurphy@kinghotel.com⟩
날짜: 3월 28일
제목: 고객 설문 조사
첨부: survey_results

친애하는 Brant 씨께,

전 세계에 있는 우리 호텔에 대한 고객 설문 조사의 결과를 받았습니다. Janus 컨설팅에 의해 정보가 취합되었는데, 그곳은 온라인 설문 조사를 실시하여 투숙객들의 평가를 익명으로 처리했습니다.

전반적으로 투숙객들은 자신들의 경험에 대해 만족감을 표시했습니다. 호텔의 청결도에서 매우 높은 평가를 받았습니다. 또한 인터넷 서비스, 헬스 클럽, 그리고 수영장에 대해서도 높은 점수를 받았습니다. 대부분의 경우, 식당 음식의 질에 대해서도 평가가 좋았습니다.

유감스럽게도, 한 가지 중요한 분야에서 평가가 좋지 못했습니다. 바로 고객 서비스입니다. 시기적절하게 투숙객들의 요구에 부응하지 못한 직원들에 대해 많은 불만이 접수되었습니다. 몇몇 호텔의 식당 직원의 무례함에 대해서도 부정적인 평가가 있었는데, 해당 호텔들은 대부분 유럽 내에 있는 호텔들입니다. 호텔의 이와 같은 측면을 개선시킬 수 있도록 교육 프로그램을 실시하면 좋을 것 같습니다.

이 이메일에 요약한 결과를 첨부했습니다. 내일 직접 만나서 전체 자료를 건네 드리도록 하겠습니다.

Sue Murphy 드림
인사부 부장
King 호텔

compile 편찬하다, 편집하다 anonymize 익명으로 처리하다 satisfaction 만족 rate 등급을 매기다 extremely 극도로, 매우 grade 성적 crucial 중요한 timely 시기적절한 rudeness 무례함 initiate 개시하다, 착수하다 aspect 측면 attach 붙이다, 첨부하다 packet 통, 꾸러미; 서류 뭉치

King 호텔에 관한 설문 조사 결과
Janus 컨설팅 작성

다음은 북미, 유럽, 그리고 아시아의 128개 호텔에 관한 평균적인 설문 조사 결과입니다.

	매우 만족	만족	보통	불만족	매우 불만족
청결도	√				
직원 서비스					√
인터넷 서비스			√		
수영장		√			
헬스 클럽		√			
접수 직원		√			

의견 취합:

"꼭 다시 묵고 싶어요. 제가 가장 좋아하는 호텔 체인점이에요."

"객실은 훌륭하지만 직원은 정말 별로임. 대접이 얼마나 형편 없었는지 믿기지가 않음. 다시는 안 올 예정."

"가격은 약간 비싸지만 시설은 최고예요."

"룸 서비스를 주문했을 때 음식이 너무 맛있었어요. 수영장도 정말 마음에 들었고요."

horrible 끔찍한 treat 대접하다, 접대하다 top notch 최고의, 일류의

30. Murphy 씨는 왜 이메일을 보냈는가?

(A) 자료에 대해 설명하기 위해
(B) 즉각적인 호텔의 변화를 요청하기 위해
(C) 설문 조사의 완료를 알리기 위해
(D) 호텔의 대우에 대한 불만을 제기하기 위해

이메일의 작성자인 Murphy 씨는 이메일의 시작 부분에서 '전 세계 호텔에 대한 고객 설문 조사의 결과를 받았다'(I received the results of the customer survey of our hotels around the world.)고 알린 후 항목별로 설문 결과에 대해 이야기하고 있다. 따라서 그녀가 이메일을 작성한 이유는 (A)로 볼 수 있다.

31. Murphy 씨가 호텔 직원에 대해 언급한 것은 무엇인가?

(A) 종종 프로다운 방식으로 행동한다.
(B) 가장 높은 평가를 받았다.
(C) 투숙객들을 돕는 속도가 느리다.
(D) 종종 다른 지역으로 전근을 간다.

이메일의 세 번째 단락 중 'We received numerous complaints about staff members failing to respond to guests' needs in a timely manner.'라는 문장에서 Murphy 씨는 호텔 직원들이 '투숙객들의 요구에 시기적절하게 대응하지 못하고 있다'고 했으므로 (C)가 정답이다.

32. Murphy 씨에 대해 암시되어 있는 것은 무엇인가?

(A) 그녀는 Janus 컨설팅에서 근무한다.
(B) 그녀는 3월 29일에 Brant 씨를 만날 것이다.
(C) 그녀는 교육을 진행할 생각이다.
(D) 그녀는 접수 데스크에서 일을 한 적이 있다.

intend to ~할 의도이다   used to ~하곤 했다   reception desk
접수 데스크

이메일의 마지막 부분에서 Murphy 씨는 이메일 수신자인 Brant 씨에게 '내일 직접 만나서'(in person tomorrow) 자료 전체를 넘겨 주겠다고 말한다. 한편 이메일의 작성일은 3월 28일로 적혀 있으므로 두 사람이 '3월 29일에 만날 것'이라고 한 (B)가 추측할 수 있는 사항이다.

33. 설문 조사에 의하면 Murphy 씨는 어떤 정보를 잘못 보고했는가?

(A) 청결도
(B) 인터넷 서비스
(C) 수영장
(D) 헬스 클럽

이메일의 두 번째 단락과 세 번째 단락에 나와 있는 항목별 만족도를 두 번째 지문의 표와 대조해 보면서 정답을 찾도록 한다. 이메일에서 '인터넷 서비스는 최고 점수를 받았다'(we received top grades on our Internet service)고 설명되어 있으나 표에서의 만족도는 '보통'(acceptable)으로 표시되어 있다. 따라서 차이를 보이는 항목은 (B)의 '인터넷 서비스'이다.

34. 설문 조사의 의견에 따르면 다음 중 사실인 것은 무엇인가?

(A) 호텔의 숙박 요금은 비쌀 수 있다.
(B) 몇몇 호텔에서 리모델링 공사를 하고 있다.
(C) 룸 서비스는 24시간 동안 제공된다.
(D) 직원들은 투숙객들을 공손히 대한다.

survey comments에 대한 내용을 묻고 있으므로 두 번째 지문의 Selected Comments 코너를 살피도록 한다. 세 번째 의견에서 '가격이 약간 비싸다'(the prices are a bit high)는 지적을 통해 (A)가 사실임을 알 수 있다. (B)와 (C)는 알 수 없는 내용이고, (D)는 사실과 반대되는 사항이다.

[35-39]

www.hometown.com/invoice

Hometown 온라인 쇼핑
청구서

Arlene Hollis
Elm 가 14
게리, 인디애나

주문일: 7월 10일   **배송일:** 7월 14일

품목	수량	가격
청바지, 34 사이즈	1	$34.99
티셔츠, 화이트, 미디엄	2	$21.98
야구 모자, 7 사이즈	1	$15.99
운동화, 한 켤레, 9 사이즈	1	$49.99
소계		$122.95
판매세10%		$12.30
배송료		$10.00
계		$145.25

결제 방법: 수표 ☐ 신용카드 ☑ 우편환 ☐ 계좌 이체 ☐
신용 카드 번호: XXXX-XXXX-XXXX-2078
결제 일자: 7월 10일

쇼핑해 주셔서 감사합니다. 문제나 질문이 있으신 경우 cs@hometown.com으로 연락 주시기 바랍니다.

수신: cs@hometown.com
발신: arlene_h@goldmail.com
제목: 주문
날짜: 7월 18일
첨부: picture1, picture2, picture3

친애하는 담당자님께,

저는 며칠 전 귀하의 매장에서 몇 가지 제품을 구입했습니다. (주문 번호 8559AJ43) 제품은 조금 전에 도착을 했습니다. 다가 오는 주말에 가족들과 함께 할 나들이에 이들 중 일부를 착용하고 갈 계획이었기 때문에 저는 너무나도 들떠 있었습니다.

유감스럽게도 제가 받은 신발에는 커다란 문제가 있습니다. 첨부해 드린 사진에도 명확히 보이듯이 상태가 좋지 않습니다. 몇 군데 구멍이 나 있어서 신을 수가 없습니다. 신용 카드로 결제한 금액을 환불해 주시기 바랍니다. 사용할 수가 없기 때문에 폐기하려고 합니다.

몇 년 동안 귀사에서 구매를 해 오고 있지만 이러한 일이 있었던 적은 이번 만이 아닙니다. 이러한 일이 다시는 일어나지 않았으면 좋겠습니다.

Arlene Hollis 드림

tear 찢다; 찢어진 곳, 구멍   refund 환불하다   dispose of ~을 처분하다   worthless 가치가 없는, 쓸모가 없는   occur 일어나다, 발생하다

35. 다음 중 청구서에 포함되어 있지 않은 정보는 무엇인가?

(A) 고객의 주소
(B) 결제 방식
(C) 주문 번호
(D) 배송비

첫 번째 지문에 있는 항목에서 찾을 수 없는 정보를 고르도록 한다. (A)의 '고객의 주소'는 상단에, (B)의 '결제 방식'은 하단에, 그리고 (D)의 '배송비'는 표 안에서 찾을 수 있으나 (C)의 '주문 번호'는 찾을 수 없으므로 (C)가 정답이다. 참고로 주문 번호는 두 번째 지문인 이메일에서 찾을 수 있다.

36. 청구서에서 알 수 있는 것은 무엇인가?

(A) 물품들은 주문을 받은 다음 날에 배송되었다.

(B) Hometown 온라인 쇼핑은 인디애나에 있다.

(C) 결제는 주문을 한 날에 이루어졌다.

(D) 전체 주문 금액에 세금이 포함되지 않았다.

be based 기반하다

'주문일'(Date Ordered)은 7월 10일이고 '배송일'(Date Delivered)은 7월 14일이므로 (A)는 잘못된 내용이며, (B)의 인디애나는 쇼핑업체가 아니라 고객이 있는 곳이다. 총 금액은 '세금 10%'(Sales Tax 10%)가 반영된 금액이므로 (D) 역시 사실과 다르다. 주문일도 7월 10일이고 '결제'(Payment Received)도 7월 10일에 이루어졌기 때문에 (C)가 정답이다.

37. 이메일에 의하면 제품의 문제는 무엇인가?

(A) 손상되었다.

(B) 색깔이 잘못 되었다.

(C) 너무 컸다.

(D) 브랜드가 잘못된 것이었다.

이메일의 두 번째 단락에서 Hollis 씨는 신발의 '상태가 좋지 않으며'(in poor condition) 구체적으로는 '몇 군데의 구멍'(several tears in them)이 나 있다는 점을 지적한다. 따라서 제품의 문제는 (A)로 볼 수 있다.

38. Hollis 씨는 얼마가 환불되어야 한다고 요청하는가?

(A) 15.99달러

(B) 21.98달러

(C) 34.99달러

(D) 49.99달러

두 번째 단락에서 Hollis 씨는 신발에 대한 환불만을 요구하고 있으므로 청구서에서 신발에 해당되는 '운동화'(sneakers)의 금액을 찾으면 그가 요구한 환불 금액은 (D)임을 쉽게 알 수 있다.

39. Hollis 씨에 대해 암시되어 있는 것은 무엇인가?

(A) 이틀 내 특급 배송을 위해 추가 비용을 지불했다.

(B) 과거에도 이 회사와 관련된 문제를 겪었다.

(C) 오프라인 매장에서 쇼핑하는 것을 더 좋아한다.

(D) Hometown 온라인 쇼핑의 회원이다.

physical 물질의, 물리적인

이메일의 마지막 단락 중 this is not the only time that such a thing has occurred라는 부분에서 Hollis 씨가 문제를 겪은 것은 이번이 처음이 아니라는 점을 알 수 있다. 따라서 (B)가 정답이다.

[40-44]

임시 휴관 안내

Montana 주립 박물관이 9월 8일부터 12일까지 휴관할 예정입니다. 이 기간 동안 전시들을 재조정할 것입니다. 공룡 화석 전시회의 높은 인기로 인해 이 전시회에는 전시품이 추가될 예정이며, 이로써 전시 규모가 30% 증가할 것입니다. 따라서 장소도 C전시홀에서 A전시홀로 변경될 것입니다. 현재 A전시홀에서 열리고 있는 서부 개척사 전시회는 D전시홀로 이동하게 될 것입니다. 천문 전시회는 B전시홀로 이동할 것이며, 남은 전시홀은 임시 전시회를 위해 사용될 예정인데, 첫 임시 전시회는 아메리칸 원주민의 유물에 관한 전시회가 될 것입니다. 이러한 변화로 방문객들이 보다 멋진 경험을 할 수 있기를 바랍니다.

temporary 임시의, 일시적인 **rearrange** 재조정하다 **popularity** 인기 **fossil** 화석 **relocate** 장소를 바꾸다 **expansion** 확장, 확대 **astronomy** 천문학 **artifact** 유물 **enhance** 향상시키다

수신: Sylvia Rose ⟨srose@msm.org⟩

발신: George Jacobs ⟨georgejacobs@msm.org⟩

제목: 전시품

날짜: 11월 8일

Sylvia에게,

앞으로 이틀 동안 전시품들을 옮기기 위해 모든 사람들이 포장을 하느라 바쁜 상황이에요. 안타깝게도 A전시홀에서 Chris Carter가 물품을 옮기다가 미끄러져 넘어지는 작은 사고가 있었어요. 물품이 파손된 것은 아니지만 커다란 금이 생겼어요. 우리는 이를 복구 전문가한테 보낼 예정이에요. 전시회 전체가 보험에 들어 있기 때문에 복원 비용을 내야 할 필요는 없다고 생각하지만, 이것이 확실한 것인지는 법률 부서에 확인을 해야 할 거예요. 시간이 될 때 Tim Robertson이 어떻게 말하는지 제게 알려 주세요.

일과 시간이 끝날 때쯤 그 밖의 모든 상황에 대해 알려 줄게요.

George로부터

pack 싸다, 포장하다 **prepare** 준비하다 **accident** 사고 **slip** 미끄러지다 **crack** 틈, 균열 **restorer** 복구하는 사람 **insure** 보험을 들다 **legal** 법률의 **confirm** 확인하다 **chance** 기회

Montana 주립 박물관이 많은 관람객들에게 다시 개방되다
Tina Yee 기자

헬레나 (11월 15일) – 며칠 간 휴관을 한 후 Montana 주립 박물관이 어제 다시 문을 열었다. 기록적인 수천 명의 관람객들이 춥고 눈 내리는 날씨에도 불구하고 전시회장을 찾았다. 전반적으로 관람객들은 박물관의 변화를 바람직한 것으로 생각했다.

"저는 박물관의 강력한 후원자로 여러 해 동안 기부를 해 왔어요."라고 지역 주민인 Leslie O'Neil은 말했다. "저는 박물관에서 한 일들이 마음에 들어요." 또 다른 헬레나 주민인 Arch Riley는 "이곳에 온 것은 처음이지만 꼭 다시 올 생각이에요. 특히 화석이 마음에 들었어요."라고 말했다.

박물관 직원들은 긍정적인 반응에 기뻐했다. "박물관의 모습을 바꾸는 것은 위험이 따르는 일이었죠."라고 큐레이터인 Sylvia Rose가 말했다. "하지만 모든 것이 좋은 결과를 가져왔다고 말씀을 드리고 싶군요."

brave 용감한; 용감하게 맞서다, 무릅쓰다 **attendee** 참석자 **consider** 간주하다; 고려하다 **donate** 기부하다, 기증하다 **resident** 주민 **official** 관리 **reception** 수신; 평판 **risky** 위험한 **remark** 언급하다 **curator** 큐레이터 **turn out** 판명되다

40. 안내문에 의하면 박물관은 왜 전시회를 재조정하려고 하는가?

(A) 방문객들이 불만을 제기했다.
(B) 새로운 전시품들이 추가될 것이다.
(C) 리모델링으로 박물관의 면적이 증가했다.
(D) 임시 전시회가 끝날 예정이다.

renovation 혁신; 수리, 보수   be about to 막 ~하려고 하다

안내문 초반부에서 휴관의 이유를 찾을 수 있다. 공룡 화석 전시회의 높은 인기 때문에 '전시물품들을 추가해야 해서'(we will be adding additional pieces to the collection) 전시회들을 재조정해야 한다는 점이 안내되고 있으므로 (B)가 정답이다.

41. A전시홀에 대해 암시되어 있는 것은 무엇인가?

(A) 임시 전시회를 위해 사용되고 있다.
(B) 박물관 전면에 위치해 있다.
(C) 가장 많은 관람객들을 유치하고 있다.
(D) C전시홀보다 크다

안내문에서 '공룡 화석 전시회의 규모가 30% 증가하게 되어'(making it 30% greater in size) '전시 장소가 C홀에서 A홀로 이동하게 될 것'(it will be relocated from Exhibit Hall C to Exhibit Hall A)이라고 했으므로 A홀은 C홀보다 더 넓은 곳일 것이다. 따라서 (D)가 정답이다.

42. 어떤 전시회의 물품이 손상되었는가?

(A) 천문 전시회
(B) 공룡 화석 전시회
(C) 아메리카 원주민 유물 전시회
(D) 서구 개척사 전시회

두 번째 지문인 이메일에서 '사고는 A전시홀에서 났다'(we had a slight accident in Exhibit Hall A)는 점을 알 수 있는데, 첫 번째 지문에서 A홀은 '서구 개척사에 관한 전시'(display on the history of westward expansion)가 이루어지고 있는 곳임을 알 수 있다. 따라서 손상된 물품은 (D)의 '서구 개척사 전시회'의 전시물일 것이다.

43. Montana 주립 박물관에 대해 암시되어 있는 것은 무엇인가?

(A) 박물관의 변화에는 예정보다 오랜 시간이 걸렸다.
(B) 최근에 입장료를 인상했다.
(C) 직원들이 적극적으로 박물관의 후원자들을 찾고 있다.
(D) 매년 특별 수업이 진행된다.

actively 활동적으로, 적극적으로   seek 찾다, 추구하다   donor 기증자

첫 번째 지문에서 박물관 휴관은 '11월 8일에서 12일까지'(from November 8 to 12) 예정되어 있다고 했으나, 11월 15일에 작성된 세 번째 지문인 기사에서는 '어제 박물관이 다시 문을 열었다'(yesterday, the Montana State Museum reopened)는 소식을 전하고 있다. 이로써 예정보다 휴관 기간이 길었음을 짐작할 수 있으므로 (A)가 정답이다.

44. 기사에 의하면 박물관의 모습에 대한 반응은 어떠했는가?

(A) 대부분 긍정적이었다.
(B) 중립적이었다.
(C) 다소 부정적이었다.
(D) 매우 부정적이었다.

neutral 중립의, 중립적인   somewhat 다소

기사의 첫 번째 단락 중 'The attendees widely considered the museum's changes to be for the better.'라는 문장에서 박물관의 변화에 대한 반응이 대부분 긍정적이었음을 알 수 있다. 따라서 (A)가 정답이다. 이후 기사에서 인용한 지역 주민의 말을 통해서도 이러한 내용을 확인할 수 있다.

[45-49]

수신: chadwalker@toprealty.com
발신: peterm@overdrive.com
제목: 안녕하세요
날짜: 5월 11일

친애하는 Walker 씨께,

제 이름은 Peter McNeil입니다. 저는 Alicia Skeeter에게 귀하의 이름을 들었는데, 그녀는 약 1년 전 귀하를 통해 집을 구했던 사람입니다. 그녀는 귀하와 귀하의 헌신적인 노력을 높이 평가하고 있습니다.

저는 6월에 Jacksonville 지사로 전근을 갈 예정입니다. 장기적인 업무를 맡게 되어서 저희 가족이 살 장소를 구해야 합니다. 저는 결혼을 했고 2살과 10살 사이의 아이들이 셋 있습니다. 침실 3개와 욕실 2개가 있는 넓은 집이 필요합니다. 집에 넓은 마당이 있으면 이상적일 것 같습니다. 직장과 가까운 곳에서 지낼 수 있도록 Hayfield 지역 내에 있어야 합니다. 저는 5월 18일부터 20일까지 Jacksonville에 있을 예정이니 그때 몇 군데의 장소를 제게 보여 주셨으면 좋겠습니다.

Peter McNeil 드림

residence 주거   speak highly of ~을 높이 평가하다, ~을 칭찬하다
dedication 헌신   long-term 장기의   ideally 이상적으로   yard 마당, 뜰   workplace 직장, 일터

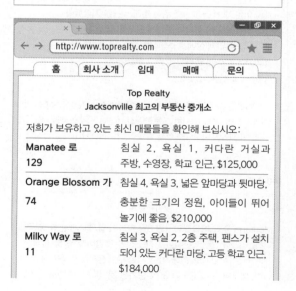

http://www.toprealty.com

홈 | 회사 소개 | 임대 | 매매 | 문의

Top Realty
Jacksonville 최고의 부동산 중개소

저희가 보유하고 있는 최신 매물들을 확인해 보십시오:

Manatee 로 129	침실 2, 욕실 1, 커다란 거실과 주방, 수영장, 학교 인근, $125,000
Orange Blossom 가 74	침실 4, 욕실 3, 넓은 앞마당과 뒷마당, 충분한 크기의 정원, 아이들이 뛰어 놀기에 좋음, $210,000
Milky Way 로 11	침실 3, 욕실 2, 2층 주택, 펜스가 설치되어 있는 커다란 마당, 고등 학교 인근, $184,000

Pine Tree 로 85	침실 3, 욕실 3, 작은 앞마당, 해변가의 뒷마당, 보트 타기를 즐기는 사람들에게 적합, $350,000

384-283-7363로 전화하셔서 이들 주택이나 저희가 보유 중인 다른 매물들을 보실 수 있는 시간을 정하십시오.

MEMO

회신: 전 직원
발신: Warren Grubbs
제목: Peter McNeil
날짜: 6월 6일

다음 주 월요일인 6월 9일에 Peter McNeil이 이곳 Fullerton Engineering에서 우리와 일을 함께 하게 될 것입니다. McNeil 씨는 오레곤의 포틀랜드에서 올 예정이라 전국을 가로 질러 이사를 오게 될 것입니다. 이곳에서의 근무 첫날에 그를 위한 환영 오찬을 같이하려고 합니다. 여러분 모두가 그를 편안하게 대해 주시길 바랍니다. 그는 사무실 아래쪽의 거리에서 살 것이기 때문에 통근에는 문제가 없을 것입니다. 그의 가족은 대가족이어서 여러분들 중 아이가 있는 분들께서는 그의 아이들이 이곳 생활에 적응할 수 있도록 그와 친해지려는 노력을 하셔야 할 것입니다.

join 합류하다   make a move 이동하다, 이사하다   comfortable 편안한   commute 통근하다, 통학하다   make an effort 노력하다   befriend 친구가 되다   adjustment 적응

45. McNeil 씨는 왜 이메일을 보냈는가?

(A) 차후의 업무 계획을 설명하기 위해
(B) 집을 구하는데 도움을 요청하기 위해
(C) Skeeter 씨와 계약에 대해 논의하기 위해
(D) 거주지에 대한 제안을 하기 위해

첫 번째 지문인 이메일의 두 번째 단락에서 McNeil 씨는 자기가 Jacksonville로 이사를 올 예정이라 '가족이 살 집을 구해야 한다'(I need to buy a place for my family)고 언급한 후, 주택에 관한 자신의 요구 조건을 밝히고 있다. 따라서 McNeil 씨가 이메일을 보낸 이유는 (B)로 볼 수 있다.

46. McNeil 씨는 Walker 씨와 언제 만났을 것 같은가?

(A) 5월 11일
(B) 5월 19일
(C) 6월 6일
(D) 6월 9일

이메일 마지막 부분에서 McNeil 씨는 자신이 '5월 18일부터 20일까지 Jacksonville에 있을 것'(I will be in Jacksonville from May 18 to 20)이라는 사실을 알리면서 그때 매물을 보고 싶다는 의사를 내비친다. 따라서 보기 중 이러한 기간에 해당되는 날짜를 찾으면 (B)가 정답이다.

47. McNeil 씨는 주택 구입에 얼마를 지불했을 것 같은가?

(A) 125,000달러
(B) 184,000달러
(C) 210,000달러
(D) 350,000달러

이메일에서 McNeil 씨는 '3개의 침실과 2개의 욕실'(three bedrooms and two bathrooms)과 '커다란 앞마당'(a large yard)이 있는 집을 요구하고 있으며 거리는 직장과 가까워야 한다고 말한다. 표에서 이러한 조건에 부합되는 매물을 찾으면 화자는 세 번째 매물인 Milky Way 로 11의 주택을 구입했을 것으로 짐작할 수 있다. 따라서 주택 구입에는 (B)의 '184,000달러'를 썼을 것이다.

48. 회람에 의하면 6월 9일에 어떤 일이 일어날 것인가?

(A) 주택이 매매될 것이다.
(B) 새로운 부서가 만들어질 것이다.
(C) 동료 직원이 소개될 것이다.
(D) 저녁 파티가 열릴 것이다.

회람의 첫 문장에서 6월 9일에는 'Peter McNeil이라는 사람이 새로 올 것'(Peter McNeil will be joining our office here)이라는 점을 알 수 있다. 이어서 '그가 오는 날에 환영 오찬을 함께할 예정'(having a welcome luncheon for him on his first day)이라고 했으므로 결국 6월 9일에 이루어질 일은 (C)이다.

49. Fullerton Engineering에 대해 알 수 있는 것은 무엇인가?

(A) Hayfield 지역에 위치해 있다.
(B) 200명 이상을 고용하고 있다.
(C) Jacksonville에서 가장 큰 토목 회사이다.
(D) 직원들에게 주거 비용을 지원한다.

stipend 봉급, 급료

세 번째 지문에서 Fullerton Engineering이라는 회사는 McNeil 씨가 일하는 곳임을 알 수 있으며 여기에서는 'McNeil 씨가 통근에 문제를 겪지는 않을 것'(his commute won't be a problem)이라는 점이 언급되어 있다. 한편 첫 번째 지문에서 McNeil 씨는 매입할 주택의 조건으로 'It must be in the Hayfield neighborhood so that I can be close to my workplace.'라는 점을 제시하는데, 이 두 가지 사항을 종합하면 결국 Fullerton Engineering는 Hayfield라는 지역 내에 있을 것으로 추측할 수 있다. 따라서 (A)가 정답이다.

[50-54]

수신: 전 직원
발신: 회계부
제목: 경비 지급 방침
날짜: 3월 25일

다음 달 1일부로 경비 지급 방침에 몇 가지 변경 사항이 적용됩니다. 수년 동안 해 왔던 대로 서류를 제출하는 것이 아니라, 사내 인트라넷을 통해 전산으로 서류 제출이 이루어져야 합니다.

모든 영수증은 컴퓨터로 스캔 과정을 거쳐 경비 지급 신청서 파일에 첨부되어야 합니다. 항상 그래왔듯이 신청서 및 증빙 서류들은 회계부로 보내져야 합니다. 회사는 계속해서 업무 목적의 구입 비용만 지원을 해 줄 것입니다. 개인적인 용도의 경비 지출은

지원이 되지 않을 것입니다. 또한 모든 영수증 원본이 회계부에 제출되어야 합니다. 25일 월급에 경비 지급이 반영되기 위해서는 전 직원들이 늦어도 10일까지 경비 지급 신청서를 제출해야 합니다. 이러한 새로운 방침에 관한 질문은 내선 번호 595번으로 Karen Hollister에게 하시면 됩니다.

reimbursement 변제, 상환   alteration 변경   rather than ~보다
submission 제출   electronically 전기적으로, 전산으로   scan 조사하다; 스캔하다   as always 항상 그렇듯이   in the line of business 업무 중에   original 원본의; 독창적인   compensate for ~을 보상하다   paycheck 급료   direct 향하다; ~으로 보내다

---

https://www.bdhinsustries.com/reimbursement

BDH Industries
전자 경비 지급 신청서

이름: Julie Stone
부서: 영업부
직위: 주임
제출일: 9월 13일

외근 날짜: 9월 6일
외근 사유: 잠재 고객의 사무실 근처 식당에서 잠재 고객과 점심 식사를 했습니다.

총 지출 금액: 107.00달러
지출 사유: 점심 식사

영수증을 첨부하시려면 여기를 클릭하십시오.

Ortega를 찾아 주셔서 감사합니다!

품목	수량	가격
미트 나쵸	1	$18.00
스테이크 화이타	1	$22.00
타코 세트	1	$25.00
콜라	2	$8.00
요리책	1	$20.00
소계		$93.00
팁		$14.00
계		$107.00

Julie Stone님께서 전액 계산하셨습니다.
또 오십시오!

50. 경비 지급 방침에서 바뀌지 않은 점은 무엇인가?

(A) 신청서는 회계부에 제출되어야 한다.
(B) 영수증 원본이 제출되어야 한다.
(C) 외근 이틀 전에 요청이 이루어져야 한다.
(D) 모든 증빙 서류는 회계부 직원에게 제출되어야 한다.

첫 번째 지문의 내용과 보기의 내용들을 하나씩 비교해 보면서 정답을 찾도록 한다. the forms and supporting documents should be sent to the Accounting Department라는 언급에서 (A)와 (D)의 내용을 확인할 수 있으며, '모든 영수증 원본'(all original paper receipts) 또한 회계부에 제출하라고 안내되어

있으므로 (D)도 맞는 내용이다. 하지만 경비 신청 기간에 대한 언급은 찾아볼 수 없으므로 (C)가 정답이다.

51. 회람에서 열네 번째 줄의 "directed"와 의미가 가장 유사한 것은

(A) 묘사하다
(B) 묻다
(C) 지시하다
(D) 고려하다

portray 묘사하다   instruct 지시하다; 가르치다

direct는 '향하다', '지시하다' 등 여러 가지 뜻으로 사용되지만, 여기에서는 문장의 주어인 all questions와 어울려 '질문을 하다'라는 의미로 사용되었다. 보기 중 이와 가장 유사한 의미를 나타내는 단어는 (B)이다.

52. Stone 씨는 왜 외근을 했는가?

(A) 새로운 고객을 유치하기 위해
(B) 지난 거래에 대해 논의하기 위해
(C) 제품 시연을 하기 위해
(D) 계약을 재협상하기 위해

외근의 이유는 두 번째 지문의 Purpose of Trip 항목에서 찾을 수 있다. Stone 씨는 '잠재 고객과의 점심 식사를 하기 위해'(I had lunch with a potential client) 외근을 했다고 적었으므로 a potential client를 a new customer로 바꾸어 쓴 (A)가 정답이다.

53. Stone 씨는 언제 경비를 지급받게 될 것인가?

(A) 9월 25일
(B) 10월 10일
(C) 10월 25일
(D) 11월 10일

첫 번째 지문에서 월급날인 25일에 경비 지급을 받기 위해서는 '늦어도 10일까지'(no later than the tenth of the month) 신청서를 제출해야 한다고 설명되어 있다. 한편 두 번째 지문의 Date Submitted(제출 일자) 항목을 살펴보면 Stone 씨가 신청서를 제출한 날짜는 9월 13일임을 알 수 있다. 따라서 9월 25일에는 경비가 지급되지 못할 것이며 그 다음 달인 10월 25일에 경비가 지급될 것임을 알 수 있으므로 정답은 (C)이다.

54. 영수증에 의하면 사실인 것은 무엇인가?

(A) Stone 씨는 같이 점심을 먹은 사람과 점심값을 나누어 냈다.
(B) 세금은 별도로 청구서에 반영되었다.
(C) Stone 씨는 자신이 쓴 돈의 전부를 돌려 받지는 못할 것이다.
(D) 영수증이 발행된 시간이 영수증에 적혀 있다.

세 번째 지문 중 'Paid in full by Julie Stone.'이라는 문장에서 (A)는 사실이 아님을 알 수 있으며, 영수증에 세금과 관련된 항목 및 영수증 발행 시간은 적혀 있지 않으므로 (B)와 (D) 또한 정답이 될 수 없다. 한편 첫 번째 지문에서 '개인적인 용도의 경비'(money spent for personal use)는 지원되지 않는다는 점을 알 수 있는데, 영수증의 Cookbook(요리책)은 개인적인 용도로 구입했을 것이기 때문에 이에 대한 경비는 지급이 안 될 것으로 예상할 수 있다. 따라서 (C)가 정답이다.

ACTUAL TEST

PART 5 p.180

101. (B)	102. (C)	103. (D)	104. (B)	105. (C)
106. (C)	107. (A)	108. (B)	109. (C)	110. (A)
111. (C)	112. (C)	113. (D)	114. (A)	115. (C)
116. (B)	117. (A)	118. (D)	119. (C)	120. (C)
121. (A)	122. (D)	123. (D)	124. (B)	125. (A)
126. (D)	127. (D)	128. (C)	129. (B)	130. (C)

PART 6 p.183

131. (D)	132. (D)	133. (C)	134. (A)	135. (A)
136. (B)	137. (B)	138. (D)	139. (B)	140. (A)
141. (A)	142. (B)	143. (A)	144. (D)	145. (C)
146. (C)				

PART 7 p.187

147. (C)	148. (B)	149. (C)	150. (D)	151. (D)
152. (C)	153. (C)	154. (A)	155. (C)	156. (D)
157. (D)	158. (B)	159. (D)	160. (D)	161. (C)
162. (B)	163. (D)	164. (A)	165. (B)	166. (C)
167. (B)	168. (B)	169. (D)	170. (C)	171. (D)
172. (A)	173. (B)	174. (D)	175. (C)	176. (C)
177. (B)	178. (A)	179. (D)	180. (B)	181. (D)
182. (C)	183. (D)	184. (C)	185. (B)	186. (C)
187. (C)	188. (A)	189. (C)	190. (A)	191. (B)
192. (A)	193. (D)	194. (D)	195. (C)	196. (A)
197. (B)	198. (D)	199. (B)	200. (D)	

PART 5 p.180

101.

Whitfield 중공업은 올해 1분기와 2분기에 수익이 크게 증가했다고 보도했다.

(A) substance
(B) substantial
(C) substantiated
(D) substantially

profit 수익, 이윤 substance 물질 substantial 실질적인; 상당한 substantiate 입증하다 substantially 실질적으로; 상당히

빈칸에는 명사인 increase를 수식할 수 있는 형용사가 들어가야 한다. 보기 중 형용사는 (B)와 (C) 두 개인데, 단어의 뜻을 고려하면 정답은 '상당한'이라는 의미를 지닌 (B)이다.

102.

시내 곳곳에서 폭설로 인한 교통 체증이 발생했기 때문에 통근하는 사람들은 제 시간에 목적지까지 가기가 힘들었다.

(A) commuting
(B) commuted
(C) commuters
(D) commute

heavy snow 폭설 have trouble -ing ~하는데 어려움을 겪다 destination 목적지 on time 정시에, 시간에 맞춰 commute 통근하다, 통학하다

빈칸은 주절이 시작되는 부분으로 빈칸에는 동사 had 와 함께 쓰일 수 있는 주어가 들어가야 한다. 따라서 '통근자'를 의미하는 (C)가 정답이다. 빈칸 이후의 their destinations(그들의 목적지)라는 어구를 통해서도 정답은 복수 형태의 명사여야 한다는 점을 확인할 수 있다.

103.

Pavarotti 컨설팅은 프랑스 정부로부터 최근 프랑스 경제 위기의 원인을 밝히기 위한 연구 계약을 수주했다.

(A) late
(B) later
(C) lately
(D) latest

be awarded a contract 계약을 수주하다, 계약을 따내다 cause 원인 economic crisis 경제 위기 late 늦은, 늦게 lately 최근에 latest 최신의, 최신의

형태가 비슷한 late, later, latest, lately의 쓰임을 정확히 알고 있어야 정답을 찾을 수 있다. late는 부사로 사용되는 경우 '늦게'라는 의미를 나타내며 형용사로 쓰일 때에는 '늦은' 혹은 '고인이 된'이라는 의미를 나타낸다. later는 late의 비교급으로 '이후의' 혹은 '나중에'라는 의미를 나타내며, latest는 '최신의' 혹은 '최근의'라는 의미를 나타낸다. lately는 '최근에'라는 의미를 나타내는 부사이다. 따라서 빈칸에는 economic crisis(경제 위기)를 가장 자연스럽게 수식할 수 있는 형용사인 (D)의 latest가 들어가야 한다.

104.

Parker 씨가 세인트루이스에서 열리는 세미나에 참석하고 싶다는 의사를 표현했기 때문에 그녀가 참석을 허락받았다.

(A) granted
(B) was granted
(C) will have granted
(D) be granted

express 나타내다, 표현하다 desire 바람 permission 허락, 허가 grant 주다, 수여하다

grant(주다, 수여하다)가 수여동사라는 것을 알고 있으면 정답을 쉽게 찾을 수 있다. 빈칸에는 she를 주어로 삼으면서 수동태를 완성시킬 수 있는 (B)가 들어가야 한다. 참고로 빈칸이 포함되어 있는 절을

능동태로 바꾸면 '(Her boss) granted her permission to go.'가
될 것이다.

105.
MRT 주식회사는 어떤 상품이든 요청만 있으면 항상 잠재 고객들에
게 무료로 샘플을 나누어 준다.

(A) sells
(B) awards
(C) presents
(D) donates

constantly 항상, 끊임없이   potential customer 잠재 고객   upon
request 요청을 하면   award (상을) 수여하다, 시상하다   present 주다, 증
정하다   donate 기부하다, 기증하다

문맥상 빈칸에는 '무료로 샘플을 나누어 준다'는 의미를 완성시킬 수
있는 동사가 들어가야 한다. 따라서 free samples(무료 샘플)와
가장 잘 어울려 사용될 수 있는 (C)의 present(주다, 증정하다)가
정답이다.

106.
몇몇 직원들이 올해 시상식의 진행을 돕기 위해 자원했지만 그들 중
에서 필요한 사람은 거의 없었다.

(A) every
(B) much
(C) few
(D) each

volunteer 자원하다, 자원 봉사하다   organize 조직하다   awards
ceremony 시상식

빈칸 다음의 them이 '직원들'(several employees)을 가리키고 있
다는 점을 알아야 정답을 찾을 수 있다. 빈칸에는 복수 형태의 명사
와 함께 쓰일 수 있는 (C)의 few가 들어가야 한다.

107.
공무원들은 시의 도로 복구를 위한 추가 자금 지원 대책이 빨리 승인
되기를 바라고 있다.

(A) hopeful
(B) known
(C) considered
(D) reported

official 관리, 공무원   extra 추가의, 별도의   approve 승인하다

주어가 government officials(정부 관리, 공무원)라는 점과 빈칸 앞
에 be동사가 있다는 점을 고려하면 문장의 의미상 빈칸에는 (A)의
hopeful(희망하는, 바라는)이 들어가야 한다. 나머지 보기들은 수동
태가 아니라 능동태 형식으로 사용되어야 정답이 될 가능성이 있다.

108.
컴퓨터 시스템에 문제가 있었기 때문에 오전 8시와 12시 사이에 발
신된 이메일은 수신이 되지 않았다.

(A) from
(B) between
(C) toward
(D) beyond

between A and B A와 B 사이에

between A and B(A와 B 사이에)의 쓰임을 알고 있으면 정답은 (B)
라는 사실을 쉽게 알 수 있다.

109.
Arnold 씨께서 금요일에 검토하실 수 있도록 이번 주 목요일까지 올
해 업무 평가서 작성을 완료해 주십시오.

(A) they
(B) their
(C) them
(D) themselves

annual review 업무 평가, 인사 고과   so that ~ can ~하기 위해

올바른 대명사의 형태를 묻는 문제이다. 빈칸에 들어갈 단어는
review의 목적어로서 your annual reviews를 가리키는 것이어야
한다. 따라서 목적격이면서 3인칭 복수를 나타내는 (C)가 정답이다.

110.
George Parker는 프로젝트의 성공을 위해 전념하고 있으며 3일 이
내에 프로젝트를 마칠 수 있을 것으로 예상한다.

(A) committed
(B) agreed
(C) decided
(D) convinced

be committed to ~에 헌신하다, 전념하다   convince 설득하다, 납득시키
다

be committed to(~에 헌신하다, 전념하다)의 쓰임을 알아야 정답
을 찾을 수 있다. 정답은 (A)이다.

111.
Meyers 박사는 Harrington 쇼핑 센터의 3층에서 병원을 개업하기
로 결정했다.

(A) opening
(B) will open
(C) to open
(D) has opened

decide 결정하다, 결심하다   clinic 진료소, 개인 병원

decide는 to부정사를 목적어로 취하는 동사이다. 따라서 (C)가 정답이다.

112.
Madison 행 열차는 조금 전에 발생한 사소한 기계적인 문제 때문에 늦게 출발할 예정이다.

(A) mechanic
(B) mechanism
(C) mechanical
(D) mechanically

bound for ~으로 향하는   on account of ~ 때문에   mechanic 정비공   mechanism 기계 장치, 메커니즘   mechanical 기계적인   mechanically 기계적으로

빈칸 뒤에 problem이라는 명사가 있다는 점을 고려하면 빈칸에는 형용사가 들어가야 한다. 정답은 '기계적인'이라는 뜻을 나타내는 (C)이다. 형태상 (A)의 mechanic은 형용사처럼 보일 수도 있지만 이는 '정비사'라는 뜻을 나타내는 명사이다.

113.
토론토에 새로 생긴 Mecha Dyne의 생산 공장에 더블린에서 오는 방문객의 방문이 예정되어 있다.

(A) reserved
(B) programmed
(C) navigated
(D) arranged

manufacturing plant 제조 공장, 생산 공장   reserve 예약하다   navigate 항해하다   arrange 준비하다, 주선하다, 마련하다

빈칸에는 a visit를 주어로 삼을 수 있는 동사가 들어가야 한다. 따라서 (D)의 arranged(준비하다, 주선하다, 마련하다)가 정답이다. 참고로 (A)의 reserved는 보통 ticket(티켓), table(테이블), seat(자리), room(방, 객실)과 같은 단어들을 목적어로 삼는다.

114.
Perkins 미술관은 다음 두 달 동안 클로드 모네의 작품 전시회를 열 것이라고 발표했다.

(A) exhibition
(B) exhibited
(C) exhibits
(D) exhibiting

announce 발표하다   exhibition 전시(회)   exhibit 전시하다; 전시품

빈칸 앞에 관사 an이 있으므로 빈칸에는 단수 명사가 들어가야 한다. 보기 중 이러한 조건에 부합하는 단어는 (A)의 exhibition(전시회)이다. (C)의 exhibits(전시품)는 복수라는 점에서, 그리고 의미상으로도 holding의 목적어가 되기 힘들다는 점에서 정답이 될 수 없다.

115.
50명 이상의 사람들이 세미나에 참석할 것임을 시사했지만 실제로는 35명만이 모습을 드러냈다.

(A) However
(B) Because
(C) Although
(D) Moreover

individual 개인   indicate 가리키다, 표시하다; 내비치다, 시사하다   show up 모습을 보이다, 나타나다

only의 쓰임에 유의하면 정답을 쉽게 찾을 수 있다. 50명 이상이 참석하겠다고 했지만 불과 35명만 참석을 했으므로 빈칸에는 양보의 의미를 나타내는 접속사인 (C)의 Although가 들어가야 한다.

116.
이번 주에 회사의 변호사들에 의해 계약서가 검토될 것이기 때문에 대표 이사는 이후 아무 때라도 서명을 할 수 있다.

(A) attempted
(B) reviewed
(C) visited
(D) portrayed

attorney 변호사   likely 가능성이 있는, 아마도   attempt 시도하다   portray 묘사하다

빈칸에는 the contract(계약, 계약서)를 목적어로 삼을 수 있는 동사가 들어가야 한다. 따라서 (B)가 정답이다.

117.
다리의 피해가 철저하게 조사될 때까지 어떤 차량이나 보행자도 다리를 건너지 못할 것이다.

(A) thoroughly
(B) apparently
(C) reservedly
(D) imperatively

inspect 조사하다, 검사하다   pedestrian 보행자   thoroughly 철저하게   apparently 보아 하니; 명백하게   reservedly 삼가서   imperatively 단호하게, 명령조로

적절한 부사 어휘를 묻고 있다. 피해를 입은 다리에 어떠한 조사가 이루어져야 통행이 재개될지 생각해 보도록 한다. 정답은 inspected(조사하다)와 가장 잘 어울려 사용될 수 있는 (A)의 thoroughly(철저하게)이다.

118.
3일 동안 진행될 예정이었던 세일은 높은 인기 덕분에 기간이 일주일 연장되었다.

(A) extension
(B) extendable

(C) extensive
(D) extended

---

due to ~ 때문에 **popularity** 인기 **extension** 연장 **extendable** 연장할 수 있는 **extensive** 광범위한, 넓은 **extend** 늘리다, 연장하다

주어가 the sale(세일)이므로 빈칸에는 수동태 형식을 완성시킬 수 있는 과거분사가 들어가야 한다. 따라서 (D)의 extended가 정답이다.

119.

5년 이상 된 사건의 파일들은 대부분 캠턴에 있는 창고로 보내질 것이다.

(A) will be sent
(B) have been sending
(C) will have been sending
(D) was sent

---

case 사건, 사례 **storage facility** 저장 시설, 창고

주어가 사물인 most of the files(대부분의 파일들)이므로 동사 send가 사용되기 위해서는 수동태 문장이 만들어져야 한다. 보기 중에서 수동태 형식을 갖추고 있는 것은 (A)와 (D)인데, 주어가 복수이므로 (D)는 정답이 될 수 없다. 정답은 미래 시제이면서 수동태 형식을 취하고 있는 (A)이다.

120.

각 부서장들은 분기가 시작될 때마다 종합 예산안을 작성해야 한다.

(A) submitted
(B) rewarded
(C) required
(D) detected

---

departmental 부서의 **supervisor** 감독관 **comprehensive** 종합적인, 포괄적인 **estimate** 추산, 추정; 견적(서) **submit** 제출하다 **anticipate** 예상하다, 기대하다 **detect** 감지하다, 발견하다

문맥상 '부서장들은 분기가 시작할 때마다 예산안을 작성해야 한다'는 의미가 완성되어야 한다. 이러한 의무의 의미는 be required to(~하라는 요구를 받다, ~해야 한다)로 나타낼 수 있으므로 (C)가 정답이다.

121.

대기 오염과 관련된 새로운 규정으로 인해 대기의 질이 빠르고 크게 향상되었다.

(A) regarding
(B) regards
(C) to regard
(D) regarded

---

regulation 규정 **air pollution** 대기 오염 **result in** (결과로서) ~이 되다 **tremendously** 막대하게 **regarding** ~에 관한 **regard** 여기다, 간주하다

regard는 '간주하다'라는 의미를 나타내는 동사인 반면, regarding은 '~에 관한'이라는 뜻을 나타내는 전치사이다. 따라서 빈칸에는 전치사인 (A)의 regarding이 들어가야 가장 자연스러운 의미가 완성된다.

122.

Rudolph Messier는 거의 12년 동안 같은 정비소에서 자동차 정비공으로 일해 왔다.

(A) fairly
(B) since
(C) quite
(D) nearly

---

mechanic 정비공 **fairly** 꽤, 상당히 **nearly** 거의

부사 어휘 문제이다. 보기 중에서 빈칸 다음의 twelve years라는 기간을 가장 자연스럽게 수식할 수 있는 부사는 (D)의 nearly(거의)뿐이다.

123.

런던 지사로 전근할 수 있는 기회가 주어졌음에도 불구하고 Owens는 현재의 자리에 남아 있기 위해 제안을 거절했다.

(A) on
(B) to
(C) with
(D) over

---

opportunity 기회 **reject** 거절하다, 거부하다 **present** 현재의

빈칸에는 transfer(이동하다)와 어울려 사용될 수 있고 the London office라는 목적지를 가리키는 전치사가 들어가야 한다. 따라서 정답은 방향을 나타내는 전치사인 (B)의 to이다.

124.

주요 투자자들과의 전화 회의는 중요한 직원들이 참석할 수 있도록 금요일로 시간이 옮겨졌다.

(A) as a result
(B) in addition to
(C) so that
(D) due to

---

conference call 전화 회담 **investor** 투자자 **as a result** 따라서 **in addition to** ~이외에도 **so that ~ can** ~하기 위하여 **due to** ~ 때문에

전화 회의가 연기된 이유에 대해 언급하고 있으므로 빈칸에는 목적의 의미를 나타낼 수 있는 어구가 들어가야 한다. 문장 후반의 could에 주목하면 정답은 「so that ~ can」의 구문을 완성시키는 (C)이다.

125.

정규 영업 시간에는 은행의 어떤 직원에 의해서도 해외 송금이 이루어질 수 있다.

(A) any
(B) much
(C) every
(D) nobody

international 국제적인   transfer 이동; 송금   teller (은행의) 창구 직원
regular business hours 정규 영업 시간

빈칸 다음의 the bank's tellers에 유의하여 정답을 찾도록 한다. (B)의 much는 셀 수 있는 명사와 어울려 쓰이지 못하므로 오답이고, (C)의 every는 단수 명사 앞에서만 사용이 가능하기 때문에 이 또한 정답이 될 수 없다. (D)의 nobody는 전치사 of와 어울려 쓰이지 못하므로 정답은 (A)의 any이다.

126.

Roosevelt 씨를 대신할 후보자들의 면접은 9시에 시작되어 몇 시간 동안 진행될 예정이다.

(A) substitute
(B) hire
(C) notify
(D) replace

candidate 후보   be scheduled to ~하기로 예정되어 있다   substitute 대체; 대체하다, 대신하다   hire 고용하다   notify 알리다, 공지하다
replace 대신하다

문맥상 빈칸에는 '대신[대체]하다'라는 의미의 동사가 들어가야 하지만, (A)의 substitute와 (D)의 replace 둘 다 그와 같은 의미를 나타내기 때문에 두 단어의 정확한 쓰임을 모르면 정답을 찾기가 힘든 문제이다. replace 다음에는 보통 교체될 대상이, substitute 다음에는 교체 후에 들어갈 대상이 오기 때문에 이 문제의 경우에는 (D)의 replace가 정답이다. 참고로 substitute A for B는 'B를 A로 대체하다'라는 뜻이다.

127.

Wembley 씨는 뮌헨으로 출장을 갔을 때 렌터카를 운전하지 않고 대중 교통을 이용했다.

(A) Willingly
(B) Instead
(C) Sooner
(D) Rather

opt 선택하다   public transportation 대중 교통   on business 업무로
willingly 기꺼이

빈칸 뒤의 than에 유의하여 정답을 찾도록 한다. rather than(~하기보다는, ~하는 것 대신에)의 쓰임을 알면 정답이 (D)라는 것을 쉽게 알 수 있다.

128.

수족관 인근에서 진행되고 있는 공사 작업 때문에 시내 중심가의 차량들이 천천히 이동 중이다.

(A) therefore
(B) since
(C) because of
(D) with respect to

aquarium 수족관   therefore 따라서   since ~ 이후로; ~이므로   with respect to ~에 대하여

교통 체증의 원인이 공사 작업 때문이라고 진술하고 있으므로 빈칸에는 '~ 때문에'라는 의미가 들어가야 한다. 보기 중 이유를 나타내는 어구는 because of뿐이므로 (C)가 정답이다. 빈칸 뒤에 절이 아니라 구가 이어지고 있기 때문에 접속사로서의 (B)의 since는 정답이 될 수 없다.

129.

Manfred Groceries는 쉽게 상하는 제품은 반품을 받지 않는다는 방침을 가지고 있으며 이를 엄격히 지키고 있다.

(A) perished
(B) perishable
(C) perishing
(D) perishes

policy 정책, 방침   strictly 엄격히   perish 죽다, 소멸하다   perishable 상하기 쉬운

식품점에서 어떤 제품의 반품을 허용하지 않을지 생각해 보면 정답은 '상하기 쉬운'이라는 뜻을 지닌 (B)의 perishable이라는 점을 알 수 있다. 참고로 동사 perish는 '(비참하게) 죽다'라는 뜻을 나타낸다.

130.

Kenmore Tech의 설립 10주년 기념식을 개최할 가장 이상적인 장소로서 Golden Corral이 확정되었다.

(A) impressed
(B) best
(C) ideal
(D) expansive

anniversary celebration 기념식, 기념 행사   impressed 각인이 된
ideal 이상적인   expansive 광범위한, 광활한

빈칸에는 명사 place를 수식하면서 the most를 이용해 최상급을 만들 수 있는 형용사가 들어가야 한다. (A)의 경우, impressive(인상적인)라면 정답이 될 수 있고, (D)의 경우에도 expensive(값비싼)라면 정답이 될 가능성이 있다. (B)의 best는 그 자체가 최상급이기 때문에 the most와 함께 사용될 수 없다. 따라서 정답은 '이상적인'이라는 뜻을 나타내는 (C)의 ideal이다.

PART 6

p.183

[131-134]

수신: hrogers@photomail.com
발신: p_lee@hikingtoday.com
날짜: 9월 18일
제목: 사진

친애하는 Rogers 씨께,

(사진을 제출해 주셔서 감사합니다.) 저희는 그 중 세 점을 다음 달 호에 게시하기로 결정했습니다. 두 점은 Meredith Jones가 쓴 기사에 실릴 것입니다. 다른 하나는 잡지 전체를 위한 표지용 사진으로 선정되었습니다. 이러한 결과에 축하를 드립니다.

귀하께서는 일반 사이즈의 사진 한 점 당 저희의 표준 사진료인 150달러를 받게 되실 것이며, 표지 사진에 대해서는 400달러를 받게 되실 것입니다. 항상 그래왔듯이 잡지가 인쇄되고 이틀이 지난 후에 지급될 예정입니다.

앞으로도 언제든지 더 많은 사진을 제출해 주시기 바랍니다. 귀하의 작품에 항상 깊은 인상을 받고 있습니다.

Priscila Lee 드림
Hiking Today 편집장

---

publish 공표하다, 공개하다   issue 화제, 문제; (잡지 등의) 호   article 글, 기사   serve as ~으로서 기능하다   achievement 업적, 성과   rate 요금   feel free to 자유롭게 ~하다, 마음껏 ~하다   in the future 미래에, 장래에

131. (A) 최근에 귀하의 이야기를 듣게 되어서 정말로 기뻤습니다.
(B) 귀하께 입사 제의를 하게 되어 기쁩니다.
(C) 구독에 관해 문의해 주셔서 감사합니다.
(D) 사진을 제출해 주셔서 감사합니다.

바로 다음 문장에서 three of them을 언급하고 있으므로 보기 중에서 대명사 them이 가리키는 대상이 포함되어 있는 문장이 정답이다. 지문 전반적인 내용을 통해 them은 사진을 가리킨다는 점을 알 수 있기 때문에 the pictures that you submitted(당신이 제출한 사진들)라는 어구가 포함된 (D)가 빈칸에 들어가는 것이 가장 적절하다.

132. (A) serving
(B) will serve
(C) to be served
(D) to serve

빠져 있는 문장 성분이 없으므로 빈칸에는 부사적 용법의 to부정사가 들어가야 한다. 따라서 (C)와 (D) 중 하나가 정답인데, serve as는 '~으로서 기능하다'라는 뜻이므로 수동형이 사용될 이유가 없다. 따라서 (D)가 정답이다.

133. (A) salary
(B) fee
(C) payment

(D) check

fee 요금   check 수표

사진료가 지급되는 시기에 대해 알려 주고 있다. 따라서 '지급'이라는 의미를 지닌 (C)가 정답이다.

134. (A) impressed
(B) aware
(C) considerate
(D) approved

considerate 사려 깊은

앞 문장에서 계속 사진을 제출해 달라고 한 것은 사진이 마음에 들었기 때문일 것이다. 따라서 (A)의 impressed(감명을 받은)가 빈칸에 들어가야 자연스러운 문맥이 완성된다.

[135-138]

버스 노선이 추가됩니다

수요 증가로 인해 Detweiler 버스 회사는 3월 1일부터 세 개의 노선을 신설할 예정입니다. 이 노선들은 Mercury 쇼핑 센터 앞에서 출발하여 동쪽, 남쪽, 그리고 서쪽 방향으로 운행하게 될 것입니다. 한 개의 노선은 햄프턴 교외 지역까지, 다른 노선은 경기장까지, 그리고 나머지 노선은 오스위고 시까지 연결될 것입니다. (각각의 버스 요금은 1.5달러로 예정되어 있습니다.) Detweiler가 운영하는 기타 노선들에 비해 약간 높은 편입니다. 전체 노선은 www.detweiler.com/newroutes에서 확인하실 수 있습니다. 버스는 오전 5시 30분에 운행을 시작할 예정입니다. 막차는 오후 11시 30분에 출발할 것입니다. 버스는 대략 15분 간격으로 운행될 예정입니다.

---

demand 요구하다; 수요   route 길, 루트   wind up 끝나다   suburb 교외   in comparison to ~와 비교해 볼 때   operate 운영하다, 가동하다   approximately 대략

135. (A) directions
(B) roads
(C) vehicles
(D) instructions

신설될 버스 노선이 어떤 방향으로 운행될 것인지 설명하고 있다. 따라서 '방향'이라는 의미를 가진 (A)의 directions가 정답이다.

136. (A) each other
(B) the other
(C) one another
(D) some other

부정대명사를 이용해서 세 가지 사항을 나열할 때에는 one(하나), another(다른 하나), the other(나머지 하나)로 나타낸다. 따라서 빈칸에는 마지막 노선을 가리킬 수 있는 (B)의 the other가 들어가야 한다.

137. (A) 오스위고의 많은 사람들이 새로운 노선을 요구했습니다.
(B) 각각의 버스 요금은 1.5달러로 예정되어 있습니다.
(C) 필요한 경우에는 더 많은 노선이 추가될 것입니다.
(D) 이 버스들은 그 지역의 사람들에게 도움이 될 것입니다.

insist on ~을 주장하다, ~을 요구하다

빈칸에 들어갈 문장에는 바로 다음 문장의 this가 가리키는 대상이 드러나 있어야 한다. a slight increase(소폭의 인상)라는 어구는 주로 가격이나 요금의 인상을 가리킬 때 사용되는 어구이므로 버스 요금에 대해 소개하고 있는 (B)가 빈칸에 들어가야 가장 자연스러운 문맥이 완성된다.

138. (A) departed
(B) will have departed
(C) has departed
(D) will depart

예상되는 막차 시간이 언급되고 있다. 아직 운행을 시작하기 전이므로 미래 시제를 나타내는 (D)가 정답이다.

[139-142]

친애하는 Vernon 씨께,

White 치과에서 6개월 간격의 치아 검진을 받으실 때가 되었다는 것을 상기시켜 드리고자 합니다. 정규 영업 시간 내에 598-4837로 저희에게 전화를 주시면 예약을 하실 수 있습니다.

(새로운 의사 선생님께서 의료진으로 오셨다는 점을 알려 드립니다.) 성함은 Emily Rosewood입니다. 치과 의사로서 12년 이상의 경력을 갖고 계시며 환자분들에게 상당히 인기가 많으십니다. 이분께 진료를 받고 싶으시면 저희가 어렵지 않게 예약을 해 드릴 수 있습니다.

저희는 Weston 가 78에 위치해 있습니다. 하지만 지난 번에 오셨던 이후로 리모델링 공사를 했습니다. 방문하시면 깊은 인상을 받게 되실 것으로 확신합니다.

곧 뵙기를 바랍니다.

Horace Steele 드림
White 치과 주임

....

reminder 상기시켜 주는 것 checkup 검사, 건강 검진 schedule an appointment (병원 진료 등을) 예약하다 patient 환자 undergo 겪다

139. (A) friendship
(B) friendly
(C) friendliest
(D) friends

빈칸 뒤의 reminder가 명사라는 점에서 명사인 (A)와 (D)는 정답이 될 수 없고, 최상급 형태인 (C)는 부정관사 a와 함께 쓰이지 않으므로 이 역시 오답이다. 정답은 형용사인 (B)의 friendly(친절한)이다. 참고로 편지 등에서 상대방에게 어

떠한 일이나 행사를 상기시키고자 할 때 「This is a friendly reminder that ~.」라는 형태의 문장이 자주 사용된다.

140. (A) 새로운 의사 선생님께서 의료진으로 오셨다는 점을 알려 드립니다.
(B) 지난 번에 방문하셨을 때 두 개의 충치가 있었습니다.
(C) 치아를 잘 관리하고 계시길 바랍니다.
(D) 잊지 마시고 매일 양치질과 치실질을 하시는 것이 중요합니다.

be advised that ~임을 숙지하다 cavity 충치 take care of ~을 돌보다 floss 치실; 치실질을 하다

빈칸 이후의 문장에서 새로 온 의사의 이름과 경력에 대해 언급하고 있으므로 빈칸에는 새로운 의료진을 소개하는 내용이 들어가야 한다. 보기 중 그러한 내용을 포함하고 있는 문장은 (A)뿐이다.

141. (A) arrange
(B) report
(C) approach
(D) remove

approach 다가가다, 접근하다 remove 없애다, 제거하다

that이 가리키는 것이 '새로 온 의사에게 진료를 받는 일'(to see her)이라는 것을 알면 정답은 '마련하다' 혹은 '주선하다'라는 의미를 나타내는 (A)의 arrange임을 쉽게 알 수 있다.

142. (A) renovates
(B) renovations
(C) renovated
(D) renovate

renovate 혁신하다; 보수하다 renovation 혁신; 수리, 수선

빈칸에는 some의 수식을 받을 수 있고 undergone의 목적어가 될 수 있는 명사가 들어가야 한다. 보기 중에서 명사는 (B)의 renovations뿐이다.

[143-146]

저는 이번 휴가 때 산에 가서 스키를 타기로 결심했습니다. Claymore 리조트를 예약했는데, 이곳은 최근에 문을 연 곳이었습니다. 저는 그곳에 대한 긍정적인 평가를 몇 차례 접할 수 있었습니다. (그 사람들의 말은 분명 옳았습니다.) 객실은 깨끗하고 넓었으며 환했습니다. 룸 서비스도 두어 번 신청했는데, 음식의 맛이 뛰어났을 뿐만 아니라 가격 또한 저렴했습니다. 그곳 직원들은 프로다웠으며 많은 도움을 주었습니다. 마지막으로, 리조트가 스키 슬로프 바로 옆에 위치하고 있기 때문에 스키를 타고 산을 내려가기 위해 멀리 갈 필요가 없었습니다. 조만간 반드시 그곳에서 다시 한 번 숙박할 것입니다.

head to ~으로 향하다   comment 논평, 주석   spacious 널찍한
inexpensive 비싸지 않은, 저렴한   next to ~의 옆에   ski slope
스키 슬로프   definitely 분명히, 확실히

143. (A) to
(B) at
(C) in
(D) on

'~으로 향하다'라는 표현은 head to로 나타낸다. 따라서 (A)
가 정답이다.

144. (A) 그래서 저는 다른 곳에서 방을 얻기로 결심했습니다.
(B) 저는 그들의 관점에 반대하기 위해 이 리뷰를 쓰고 있습니다.
(C) 모든 평가를 읽어보니 놀라웠습니다.
(D) 그 사람들의 말은 분명 옳았습니다.

글쓴이는 빈칸 앞에서 여러 긍정적인 평가를 들었다고 했고 빈
칸 뒤에서는 리조트가 매우 좋았다는 의견을 제시하고 있다.
따라서 '긍정적인 평가를 내린 사람들의 말이 사실이었다'는
의미를 나타내는 (D)가 정답이다. 참고로 (A)와 (B)는 리조트에
대해 부정적인 입장을 내린 경우에 들어갈 수 있는 문장이다.

145. (A) and
(B) or
(C) but
(D) so

'B뿐만 아니라 A도'라는 의미를 나타내는 관용 표현인 「not
only A but (also) B」 구문을 알고 있어야 정답을 찾을 수 있
다. 정답은 (C)이다.

146. (A) reserving
(B) touring
(C) staying
(D) registering
tour 관광하다   register 등록하다

there가 가리키는 곳이 Claymore 리조트이므로 (C)의
staying(머무르다, 묵다)이 빈칸에 들어가야 가장 자연스러운
의미가 완성된다.

PART 7
p.187

[147-148]

Charles Gaston
Pewter 로 493번지
멀린, 위스콘신

친애하는 Gaston 씨께,

축하합니다. 귀하의 Silver Millennium 신용 카드에 대한 신규 카
드 발급 신청이 승인되었습니다. 이 봉투에 동봉되어 있는 카드
를 찾으셔서 서명을 하시고 카드에 부착된 스티커 상의 지시 사
항을 따르셔서 카드를 활성화시키십시오.

카드가 제공해 드리는 혜택 및 서비스에 대해 간략히 알려 드리
고자 합니다. 먼저, 신용 한도는 15,000달러이며 현금 서비스 한
도액은 3,500달러입니다. 둘째, 10달러를 쓰실 때마다 1항공 마
일리지를 받게 되실 것입니다. 이러한 항공 마일리지는 소멸되지
않으며 언제든지 현금으로 교환하실 수 있습니다. 셋째, 도움이
필요하신 경우, 24시간 대기하는 고객 서비스 담당자에게 234-
985-7777로 연락을 주시기 바랍니다. 카드 분실이나 손상에 대
해 말씀을 하시려면 234-985-7778로 전화를 주십시오.

Marjorie Moss 드림
고객 서비스 매니저

envelope 봉투   instruction 지시, 지시 사항   activate 활성화시키다
acquaint 알리다, 숙지시키다   benefit 혜택; 수당   expire 소멸하다
redeem 상환하다; 돈으로 교환하다   representative 대표; 직원
report 보도하다; 보고하다

147. Gaston 씨는 어떻게 신용 카드를 사용할 수 있는가?
(A) 전화로 활성화시킴으로써
(B) 이메일에 답장을 함으로써
(C) 카드에 있는 지시 사항을 읽음으로써
(D) 직접 인근 은행을 방문함으로써

첫 번째 단락의 마지막 문장에서 '카드의 스티커에 적혀 있는
지시 사항을 따르면'(follow the instructions on the sticker
on the card) 카드를 활성화시킬 수 있다고 안내되어 있다. 정
답은 instructions를 directions로 바꾸어 쓴 (C)이다.

148. 신용 카드에 대해 다음 중 사실인 것은 무엇인가?
(A) Gaston 씨는 15,000달러의 현금을 인출할 수 있다.
(B) Gaston 씨는 구매를 할 때마다 항공 마일리지를 얻는다.
(C) 도난을 당하는 경우 Gaston 씨에게 신용 카드 보험을 제
공해 준다.
(D) Gaston 씨는 전 세계 어디에서나 카드를 사용할 수 있다.
fraud insurance 사기 보험   in case of ~의 경우에   theft 절도

두 번째 단락에서 '신용 카드로 10달러를 소비할 때마다
1항공 마일리지를 제공해 준다'(for every ten dollars you
spend, you will receive one air mile)고 했으므로 (B)가 정
답이다. 15,000달러는 인출 가능 금액이 아니라 신용 한도이
기 때문에 (A)는 정답이 될 수 없고, (C)의 신용 카드 보험이나
(D)의 카드 사용 지역에 대한 언급은 지문에서 찾아볼 수 없다.

[149-150]

Reginald Cooper [4:43 P.M.]
Trish, 사무실에 있나요? 법적인 문제에 대해 약간 도움을 받았
으면 좋겠어요.

Trish Wilson [4:46 P.M.]

20분 후에 들어갈 거예요. 중요한 문제인가요? 복귀하자마자 Dave Crow가 저를 만나고 싶어하거든요.

Reginald Cooper [4:47 P.M.]

6시 전에 처리해야 하는 문제라서요. 당신이 2페이지짜리 분량의 계약서를 검토해 주었으면 해요.

Trish Wilson [4:48 P.M.]

좋아요. 제가 처리할 수 있어요. McKinney Textiles에 관한 것인가요?

Reginald Cooper [4:49 P.M.]

그 서류에 대해서는 내일 물어볼게요. 이번 건은 PTT 중공업에 관한 것이에요.

Trish Wilson [4:50 P.M.]

그 회사는 친숙하지가 않군요. 어쨌든 조금 후에 만나요.

------

legal 법적인 as soon as ~하자마자 vital 필수적인, 매우 중요한 handle 다루다, 처리하다 document 서류, 문서 be familiar with ~에 익숙하다

---

149. 오후 4시 46분에 Wilson 씨가 "I'll be there in twenty minutes"라고 쓸 때 그녀는 무엇을 암시하는가?

(A) Cooper 씨의 사무실을 찾을 수 없다.
(B) 교통 체증에 갇혀 있다.
(C) 지금 사무실에 있지 않다.
(D) 약속 시간에 늦었다.

주어진 문장은 'Trish, are you in your office?'에 대한 대답이다. 즉 '(지금은 사무실에 없지만) 20분 후에 사무로 돌아갈 것'이라는 점을 나타내고 있으므로 (C)가 정답이다.

150. Cooper 씨는 Wilson 씨가 무엇을 하기를 바라는가?

(A) 자신과 함께 PTP 중공업을 방문한다
(B) 협상을 돕는다
(C) McKinney Textiles의 누군가에게 전화를 한다
(D) 문서를 검토한다

negotiation 협상, 교섭 look over ~을 검토하다

4시 47분에 작성한 'I need you to review a contract which is a couple of pages long.'이라는 Cooper 씨의 글에서 그가 Wilson 씨에게 바라는 것은 계약서 검토임을 알 수 있다. 따라서 review a contract(계약서를 검토하다)를 look over a document(문서를 검토하다)로 바꾸어 쓴 (D)가 정답이다.

[151-152]

Jet Way 여행사
Robert W. Harrison 씨의 일정표

비행기편 및 호텔 관련 세부 사항

날짜	항공편	출발	도착
출국 4월 11일 화요일	Easy 항공 EA367 비행 시간: 6시간 35분	몬트리올, 캐나다 4월 11일 화요일 1350 (1:50 P.M.)	런던, 영국 4월 11일 화요일 2325 (11:25 P.M.)
입국 4월 15일 토요일	Easy 항공 EA368 비행 시간: 6 시간 10분	런던, 영국 4월 15일 토요일 0830 (8:30 A.M.)	몬트리올, 캐나다 4월 15일 토요일 1040 (10:40 A.M.)
호텔	날짜	객실	이메일
Excelsior 호텔	4월 11일부터 15일까지	1인실	excelsior@ hotels.uk

*변경을 위하시는 경우 895-9484로 Helen Smith에게 전화를 주시기 바랍니다.

*발권 및 호텔 예약 비용은 귀사의 법인 계좌로 청구되었습니다.

------

charge 부과하다, 청구하다 corporate 기업

151. 일정표에 따르면 Harrison 씨의 출장에 대해 사실인 것은 무엇인가?

(A) 그가 차를 렌트해야 한다.
(B) 두 차례 경유를 해야 한다.
(C) 국내 출장이다.
(D) 5일간 지속된다.

(A)의 차량 렌트나 (B)의 경유에 대한 언급은 찾아볼 수 없으므로 이들은 정답이 될 수 없고, 출발지와 도착지가 각각 캐나다와 영국으로 적혀 있기 때문에 (C) 역시 사실이 아니다. 출장 기간이 4월 11일부터 15일까지로 적혀 있으므로 (D)가 정답이다.

152. Smith 씨는 누구인 것 같은가?

(A) 호텔 직원
(B) Harrison 씨의 직장 동료
(C) 여행사 직원
(D) 항공사 직원

Ms. Smith라는 명칭은 표 하단의 'Please call Helen Smith at 895-9484 if you need to make any changes.'라는 문장에서 찾을 수 있다. 이를 통해 Helen Smith라는 인물은 Harrison 씨의 일정을 담당하는 여행사 직원일 것으로 추측할 수 있으므로 (C)가 정답이다.

[153-155]

오래된 밴드의 새 앨범
Mike Gullage 기자

얼마 전에 Silver Tones가 최신 앨범인 *Blue Days*를 발표했다. 콜로라도 덴버 출신의 이 로커들은 10년 이상 활동해 왔지만 그 동안 비교적 잘 알려져 있지 않았다. 이들은 불과 2년 전에야 주류가 되었다.

이러한 점은 *Blue Days*에 수록된 곡에서 가장 명확히 알 수 있다. 앨범의 첫 번째 곡인 "Keep on Rocking"은 귀를 사로잡는 곡조를 지닌 강렬한 록 음악이다. "The Hurricane"을 포함하여

앨범에 수록된 12개의 곡 중 일부는 이와 비슷하다. 하지만 "Don't Forget Me"와 "That's All Right" 같이 느린 발라드 곡들도 몇 곡 있다. "Keep on Rocking"은 이미 방송을 많이 탔으며 다음 주에는 톱 40위 차트에 올라설 것이다.

드러머인 Paul Waxman은, 메인 작사가이기도 한데, 작사와 드럼 연주에서 뛰어난 모습을 보였다. 그룹의 나머지 멤버들, 베이시스트인 Patrick Jones, 메인 보컬이자 기타리스트인 Bruce Weaver, 그리고 키보드리스트인 Emmitt Banks는 모든 노래에 열정과 에너지를 쏟아부었다. CD 형태로도, 그리고 스트리밍 서비스를 통해서도 구입이 가능한 *Blue Days*를 잊지 말고 구매하도록 하자.

---

release 놓아 주다; 출시하다 latest 최신의, 최근의 relatively 상대적으로 mainstream 주류, 대세 catchy 기억하기 쉬운 tune 곡, 곡조 be similar to ~와 유사하다 airplay 방송 시간, 방송 횟수 masterful 대가의; 훌륭한, 능수능란한 pour 붓다

---

153. Silver Tones에 대해 암시되어 있는 것은 무엇인가?

(A) 콘서트 투어를 준비하고 있다.
(B) 그들이 부르는 대부분의 노래는 느린 발라드 곡이다.
(C) 3년 전에는 그들에 대해 아는 사람들이 거의 없었다.
(D) 모든 멤버들이 어렸을 때 친구 사이였다.

첫 번째 단락의 마지막 문장 'Only in the past couple of years have they become more mainstream.'에서 2년 전에는 Silver Tones가 주류 밴드가 아니었다는 점을 알 수 있으므로 보기 중 추측할 수 있는 사항은 (C)이다.

154. "The Hurricane"에 대해 사실인 것은 무엇인가?

(A) Paul Waxman이 가사를 썼다.
(B) 40위 안에 들었다.
(C) 느린 곡이다.
(D) *Blue Days*의 첫 번째 곡이다.

마지막 단락에서 드러머인 Paul Waxman를 the main songwriter(메인 작사가)로 소개하고 있으므로 (A)가 사실일 것이다. "The Hurricane"은 강렬한 록 음악인 "Keep on Rocking"과 비슷하다고 했으므로 (C)는 사실이 아니며, 앨범의 첫 번째 곡은 "Keep on Rocking"이므로 (D)도 잘못된 내용이다. 40위 안으로 진입할 예정인 곡은 "Keep on Rocking"이며 "The Hurricane"의 순위에 대해서는 언급된 바가 없으므로 (B) 또한 오답이다.

155. *Blue Days*에 대한 글쓴이의 견해는 무엇인가?

(A) 몇몇 곡들은 아쉬운 점이 있다.
(B) Silver Tunes의 가장 인기 있는 앨범이 될 것이다.
(C) 사람들이 구매해야 하는 앨범이다.
(D) 올해 발매된 어떤 다른 앨범도 이보다 좋지 못하다.

마지막 단락의 마지막 문장 'Be sure to get Blue Days, which is for sale in CD form as well as on streaming services.'에서 글쓴이는 앨범 구입을 추천하고 있다. 따라서 정답은 (C)이다. (A)는 곡들이 만족스럽지 못한 경우에 할 수

있는 말이며, 이번 앨범이 Silver Tones 앨범 중 최고라던가, 올해의 최고 앨범이 될 것 같다는 평가는 찾아볼 수 없으므로 (B)와 (D)도 정답이 될 수 없다.

[156-157]

자원 봉사자 모집

Sunset Lake 커뮤니티 센터에서 여름에 일할 자원 봉사자를 모집하고 있습니다. 다음과 같은 자리에 자원 봉사자들을 모집하고자 합니다.

1. 수영장 안전 요원 2명
2. 테니스 강사 3명
3. 미술 공예 강사 2명
4. 컴퓨터 센터 관리자 1명
5. 일정 관리자 1명

자원 봉사자들은 최소한 18세 이상이어야 합니다. 안전 요원으로 근무하고자 하는 분들은 경력이 있어야 하며 응급 처치 자격증을 소지하고 있어야 합니다. 모든 지원자들은 www.sunsetcomcenter.org를 방문해서 지원서를 작성해야 합니다. 지원 마감일은 5월 20일입니다. 질문이 있으신 분은 324-4584로 Mary Thompson에게 전화를 주십시오.

---

look for ~을 찾다 lifeguard 안전 요원, 인명 구조원 instructor 강사 arts and crafts 미술 공예 at least 최소한 serve as ~으로 일하다 certified 증명된, 자격을 갖춘 first aid 응급 처치 deadline 마감일, 기한

---

156. Sunset Lake 커뮤니티 센터에 대해 사실인 것은 무엇인가?

(A) 회비를 부과한다.
(B) 교외에 위치해 있다.
(C) 실외 육상 트랙을 갖추고 있다.
(D) 다양한 활동들을 제공한다.

membership fee 회비 suburb 교외, 외곽 지역 track 트랙 a variety of 다양한

자원 봉사자의 모집 분야를 살펴보면 커뮤니티 센터에 수영, 테니스 교습, 미술 수업 등 다양한 활동들이 마련되어 있음을 알 수 있다. 따라서 (D)가 정답이다.

157. 다음 중 안전 요원의 자격 조건이 아닌 것은 무엇인가?

(A) 부상자를 돌보는 방법을 알고 있을 것
(B) 과거에 안전 요원으로서의 일을 해 보았을 것
(C) 18세 이상일 것
(D) 주말에도 기꺼이 일을 하고자 할 것

지문의 마지막 부분에서 자원 봉사자들은 '18세 이상이어야 한다'(must be at least eighteen years of age)고 했으므로 (C)는 자격 조건 중 하나이다. 또한 '경력과 응급 처치 자격증이 필요하다'(must have experience and be certified in first aid)는 안내를 통해 (B)와 (A)도 필요한 조건임을 알 수 있으나, 주말 근무에 대한 언급은 찾아볼 수 없으므로 (D)가 정답이다.

수신: Dale Carter <dcarter@quarkmail.com>
발신: Andrew Wisler <andrew_w@protech.com>
제목: 대리 직위
날짜: 8월 3일

친애하는 Carter 씨께,

어제 보셨던 2차 면접에서 Jacqueline Sullivan과 저는 귀하로부터 좋은 인상을 받았습니다. 사실, 귀하께서는 경쟁자들보다 월등히 뛰어나셨습니다. 따라서 대리 직위는 귀하의 것이라는 것을 알려 드리고자 합니다.

귀하께서는 면접에서 초봉이 약간 낮은 것 같다고 말씀하셨습니다. 저희 사장님께서 귀하의 연봉을 6,000달러 인상하는 것을 허락하셨다는 점을 알리게 되어 기쁘게 생각합니다. 이로써 귀하의 연봉은 총 45,000달러가 될 것이며, 이는 귀하께서 적정하다고 제안하신 것과 같은 금액입니다. 귀하께서는 2주 간의 유급 휴가, 퇴직 연금, 그리고 포괄적인 건강 보험을 포함한 모든 혜택을 받으시게 될 것입니다.

저희와 함께 일을 하기에 앞서 귀하께서는 1주일 동안 교육을 받으셔야 합니다. (적절한 방식으로 업무를 수행하는 과정에 필요한 모든 것을 배우시게 될 것입니다.) 이 기간 동안 금전적인 보상을 받으시게 될 것입니다. 다음 프로그램은 8월 28일에 시작됩니다. 이때 참석하시고 1주일 후에 이곳 근무를 시작하시기 바랍니다.

3일 내로 귀하의 결정에 대해 알려 주십시오.

Andrew Wisler 드림
Protech 주식회사

---

favorable 호의적인, 우호적인 impression 인상 conduct 실시하다, 실행하다 stand head and shoulders above ~보다 월등히 뛰어나다, 두각을 나타내다 therefore 따라서, 그러므로 starting salary 초봉 compensation 보상 in line with ~에 따라 benefit 혜택 pension plan 연금 제도 comprehensive 포괄적인, 종합적인 health insurance 건강 보험 financial 금전적인, 재정의

158. Wisler 씨는 왜 이메일을 보냈는가?

(A) Carter 씨의 수업 신청을 승인하기 위해
(B) 입사 제의를 하기 위해
(C) 직원 임금을 인상하기 위해
(D) 전근 신청에 대답하기 위해

첫 번째 단락 마지막 문장에서 Wisler 씨는 이메일 수신자인 Carter 씨에게 'We would therefore like you to know that the assistant manager position is yours.'라고 말하면서 대리직으로 입사할 것을 제안하고 있다. 따라서 (B)가 정답이다.

159. Carter 씨는 이전에 만났던 자리에서 무엇에 대해 이야기했는가?

(A) 출장 기회
(B) 근무 시간
(C) 교육 과정
(D) 금전적인 보상

두 번째 단락 첫 번째 문장 중 you indicated that you felt the starting salary was a bit low라는 부분에서 Carter 씨는 면접 당시 자신의 초봉이 낮다고 얘기했음을 알 수 있다. 따라서 정답은 salary(급여)를 financial compensation(금전적인 보상)으로 바꾸어 쓴 (D)이다.

160. [1], [2], [3], [4]로 표시된 위치 중 다음 문장이 들어가기에 가장 알맞은 곳은 어디인가?

"적절한 방식으로 업무를 수행하는 과정에 필요한 모든 것을 배우시게 될 것입니다."

(A) [1]
(B) [2]
(C) [3]
(D) [4]

주어진 문장의 you'll be taught everything이 정답의 단서이다. 업무에 필요한 사항을 배울 수 있는 기회는 '교육'일 것이다. 따라서 신입 직원을 위한 '일주일 간의 교육'(a one-week training course)을 소개한 문장 이후에 주어진 문장이 들어가는 것이 가장 자연스럽다. 정답은 (D)이다.

[161-164]

리치몬드에서의 즐거운 시간
Greta Weiss 선임 기자

리치몬드 (5월 22일) – 한 달 전 리치몬드 시는 가장 최근에 지어진 공공 건물의 문을 개방했는데, 이곳은 Rosewood 로 89에 위치한 노인 복지 센터이다. 당시 이곳이 그처럼 많은 인기를 얻게 될 것이라고 예상한 사람은 없었다. 현재 시 의회 위원들은 시의 맞은 편에 두 번째 센터를 개장하는 것에 대해서 고민을 하고 있다.

센터를 운영하는 Fran Kuykendall은 "매일 이곳에서 약 20명에서 30명의 사람들을 볼 수 있을 것으로 예상했습니다. 하지만 놀랍게도 주중에는 평균 100명 이상의 사람들이, 주말에는 250명 이상의 사람들이 오고 있습니다." Kuykendall 씨는 더 많은 활동을 진행할 수 있도록 이미 시에 센터의 예산 증액을 요청했다고 말했다.

현재 센터는 주로 노인들을 위한 회합의 장소로 기능을 하고 있다. 컴퓨터 사용법, 요리, 그리고 기초적인 금융 상식과 같은 다양한 주제에 관한 수업이 운영되고 있다. Kuykendall 씨에 따르면 수업이 진행될 때마다 만석이 된다고 한다. 그녀는 더 많은 수업이 제공될 수 있도록 더 많은 사람들이 자원 봉사를 해 줄 것을 바라고 있다.

기부를 통해 기꺼이 도움을 주고자 하는 사람들을 적극적으로 모집하고 있다. 리치몬드 노인 복지 센터의 운영에 도움을 주고자 하는 사람들은 875-4837로 전화를 하면 된다.

---

senior citizens center 노인 복지 센터 contemplate 숙고하다 expect 기대하다, 예상하다 astonishingly 놀랍게도 average 평균; 평균이 ~이 되다 enable ~할 수 있게 하다 focus on ~에 집중하다 serve as ~로서 기능하다, ~의 역할을 하다 literacy 읽고 쓸 수 있는 능력 donor 기증자, 기부자 actively 적극적으로 contribute to ~에 기여하다 well-being 건강, 복지

161. 노인 복지 센터는 언제 문을 열었는가?

(A) 2월
(B) 3월
(C) 4월
(D) 5월

기사의 첫 번째 문장인 'One month ago, the city of Richmond opened its most recent public building, the senior citizens center located at 89 Rosewood Drive.'에서 노인 복지 센터는 '지난 달'에 문을 열었음을 알 수 있는데, 기사가 작성된 일자는 May 22로 적혀 있다. 따라서 센터는 (C)의 '4월'에 개관했을 것이다.

162. Kuykendall 씨는 왜 놀랐는가?

(A) 센터는 밤낮으로 문을 열 수 있다.
(B) 노인 복지 센터에 방문하는 사람들이 많다.
(C) 시에 의해 예산이 증액되었다.
(D) 예상보다 많은 자원 봉사자들을 구했다.

지문의 두 번째 단락에서 정답의 단서를 찾을 수 있다. 그녀는 하루에 20~30명의 방문객을 예상했으나 실제로는 '주중에 100명 이상, 주말에는 250명 이상이 방문하고 있다'(we're averaging more than a hundred on weekdays and two hundred fifty on weekends)고 언급했다. 따라서 그녀가 놀란 이유는 (B)로 볼 수 있다. 예산 증액을 요청했을 뿐, 실제로 예산이 증액되었는지는 알 수 없으므로 (C)를 정답으로 골라서는 안 된다.

163. 다음 중 노인 복지 센터에서 제공되지 않는 것은 무엇인가?

(A) 요리 수업
(B) 경제 수업
(C) 컴퓨터 수업
(D) 어학 수업

지문의 세 번째 단락에서 제공되는 수업의 예로 '컴퓨터 수업, 요리 수업, 그리고 금융 수업'(computer literacy, cooking, and basic financial skills)이 제시되어 있다. 따라서 여기에 해당되지 않는 (D)가 정답이다.

164. 사람들은 무엇을 하라는 요청을 받고 있는가?

(A) 돈을 준다
(B) 수업을 신청한다
(C) 차로 노인들을 센터로 모시고 간다
(D) 경비원으로 근무한다
donate 기부하다, 기증하다

마지막 단락의 'Donors willing to help out are actively being sought.'에서 donors(기부자, 기증자)의 뜻을 알면 정답이 (A)라는 것을 쉽게 알 수 있다.

[165-167]

수신: Jessica Crowder, Stefan Moore, Carl Montrose
발신: Melissa Williamson
날짜: 10월 3일
제목: 날짜

설치 예정인 새 장비에 대한 교육 날짜가 정해졌다는 점을 알려 드립니다. 설치 작업은 내일 완료될 것입니다. 장비가 예상대로 작동하는지 확인하기 위해 모레 감독관들이 모든 사항을 점검할 것입니다.

교육에 대해 말씀을 드리면, 교육은 다음 주에 예정되어 있습니다.

10월 8일 월요일	1팀 (Crowder)
10월 9일 화요일	2팀 (Moore)
10월 10일 수요일	3팀 (Montrose)

교육은 5시간 동안 진행될 것입니다. 오전 9시부터 오후 12시까지 진행될 예정이며, 오후 12시에는 점심 식사를 하게 될 것입니다. 그 후 오후 1시부터 3시까지 교육이 이어지게 될 것입니다. Stefan, 기기에 대해서는 당신이 가장 잘 알고 있으니 당신이 각 교육을 담당하게 될 것입니다. 교육이 끝나면 직원들이 기기를 작동할 수 있는지 확인하기 위해 이후 3시간 동안 기기를 작동해 보는 시간을 가졌으면 좋겠습니다. 10월 11일에는 완전히 정상 가동을 하게 될 것입니다.

be advised that ~임을 알다, 숙지하다 install 설치하다
determine 결심하다, 결정하다; 알아내다 inspector 조사관, 감독관
look over 검토하다 as for ~에 대해 말하자면 guarantee 보장하다
보증하다 functional 기능적인; 가동되는

165. 회람은 주로 무엇에 관한 것인가?

(A) 기기의 문제
(B) 곧 진행될 예정인 교육
(C) 수업을 진행하기 위해 필요한 자료
(D) 장비 설치 일정

회람 첫 문장에서 '새 기기의 교육 일정의 날짜'(the dates of the training program on the new machinery)가 정해졌다는 소식을 전한 후, 표를 통해 구체적인 교육 일정을 안내하고 있다. 따라서 회람의 주제는 (B)로 볼 수 있다.

166. 기기들은 언제 점검을 받게 될 것인가?

(A) 10월 3일
(B) 10월 4일
(C) 10월 5일
(D) 10월 6일

지문 초반부의 'The day afterward, inspectors will look over everything to ensure the equipment will work as planned.'라는 문장에서 기기 점검은 '모레' 이루어질 것임을 알 수 있다. 회람을 작성한 날짜가 October 3로 적혀 있으므로 점검일은 10월 3일의 이틀 후인 (C)의 '10월 5일'이 될 것이다.

167. 회람에 의하면 누가 직원들을 교육할 것인가?

(A) Crowder 씨
(B) Moore 씨
(C) Montrose 씨
(D) Williamson 씨

회람 후반부의 'Stefan, you know the most about the machinery, so you'll lead each session.'이라는 문장에서 직원 교육은 Stefan이라는 인물이 담당할 것임을 알 수 있다. 보기에는 이름을 제외한 성만 나와 있으므로 Stefan의 성을 회람의 수신인 항목에서 찾으면 (B)가 정답이다.

[168-171]

Quincy Powell [3:32 P.M.]
Seward 호텔의 Ignatius Luciano가 2분 전에 제게 전화를 했어요. 시상식 연회에 제공될 음식과 관련해서 문제가 있는 것 같더군요.

Lucy West [3:33 P.M.]
문제요? 연회는 내일이잖아요. 무슨 일이 있는 거죠?

Quincy Powell [3:34 P.M.]
듣자 하니 9명의 사람들이 연어 세트를 주문했는데, Luciano 씨가 다음 주까지는 해산물을 공급받을 수 없다고 제게 알려 주었어요.

Ricardo Hart [3:35 P.M.]
그러면 대체 음식을 준비하도록 하죠.

Quincy Powell [3:36 P.M.]
그것이 바로 그가 제안했던 것이에요. 해산물, 육류, 채식주의자용 음식을 포함해서 선택할 수 있는 다양한 옵션을 제시해 주더군요. 우리가 어떤 것을 선택해야 한다고 생각하나요?

Lucy West [3:37 P.M.]
영향을 받게 될 사람들이 스스로 결정하도록 하는 것이 어떨까요? 제게 이름을 알려 주면 제가 각자에게 연락해 볼게요.

Quincy Powell [3:38 P.M.]
Luciano 씨에게 다시 연락을 해야겠군요.

Ricardo Hart [3:39 P.M.]
Lucy, 시간이 있나요? 오늘 일찍 퇴근해야 하지 않나요? 제가 처리할까요?

Lucy West [3:40 P.M.]
그렇게 해 주면 정말 고맙겠어요, Ricardo. 고마워요.

banquet 연회 seafood 해산물 substitute 대체품 a wide range of 다양한 vegetarian 채식주의자; 채식주의의 affect 영향을 주다 individually 개별적으로, 각각

168. 온라인 채팅은 주로 무엇에 관한 것인가?

(A) 사내 시상식의 수상자들
(B) 사내 행사를 위한 메뉴 옵션

(C) 곧 있을 연회를 위한 예약
(D) 만찬의 요리 가격

채팅의 시작 부분에서 Powell 씨는 '시상식 연회의 음식과 관련해서 문제'(an issue with the catering for the awards banquet)가 있다는 점을 알린다. 이후 연어 음식이 마련되지 못할 것이라는 점과 그에 대한 대책이 논의되고 있으므로 채팅의 주제는 (B)로 볼 수 있다.

169. West 씨는 어떠한 문제 해결 방법을 제안하는가?

(A) 참석자들이 대체할 메뉴를 정한다
(B) 행사를 약간 일찍 시작한다
(C) 사람들에게 도착을 하면 주문하라고 요청한다
(D) 행사를 이후로 미룬다

West 씨는 'How about letting the people being affected decide for themselves?'라고 말하면서 연어 음식을 주문한 사람이 직접 다른 메뉴를 고르도록 하자는 제안을 하고 있다. 따라서 (A)가 정답이다.

170. 오후 3시 38분에 Powell 씨는 왜 "I'll have to contact Mr. Luciano again"이라고 쓰는가?

(A) 가격표를 한 부 받아야 한다는 점을 잊었다.
(B) 직원의 번호를 기억할 수 없다.
(C) 명단을 가지고 있지 않다.
(D) 선택할 수 있는 것이 무엇인지 모른다.

바로 앞 문장에서 정답의 단서를 찾을 수 있다. West 씨가 'Send me their names, and I'll contact them individually.'라고 말하면서 연어를 주문한 사람의 이름을 알려 달라고 요청하자 Powell 씨가 주어진 문장처럼 대답한 것이다. 따라서 주어진 문장의 의미는 '(연어를 주문한 사람의 이름을 모르니) Luciano 씨에게 알려 달라고 전화를 해야겠다'는 것이므로 (C)가 정답이다.

171. Hart 씨는 무엇을 하겠다고 제안하는가?

(A) Ignatius 씨를 직접 찾아간다
(B) 관리자와 이야기한다
(C) West 씨와의 회의에 참석한다
(D) 직원들에게 연락을 한다

채팅의 후반부에서 Hart 씨는 West 씨에게 일찍 퇴근을 해야 하지 않느냐고 물은 후 'Do you want me to handle it?'이라고 말한다. 문맥상 it은 연어 메뉴를 주문한 직원들에게 연락을 취하는 일이므로 결과적으로 그가 제안한 바는 (D)로 볼 수 있다.

[172-175]

수신: Evan Davidson 〈evand@reynolds.com〉
발신: Rose Cross 〈rcross@compton.com〉
제목: 입찰
날짜: 6월 8일

친애하는 Davidson 씨께,

저희 Compton 주식회사는 저희 제품을 전국으로 배달하고자 하는 귀사의 입찰서를 받았습니다. 전반적으로, 저희는 귀사의 입찰에 깊은 인상을 받았고 귀사를 유력한 후보 업체로 생각하고 있습니다.

저희는 귀하께서 다음 주에, 가급적이면 6월 13일이나 14일에, 저희 사무실을 방문하셔서 언급하신 가격으로 어떻게 저희 제품을 배송할 것인지에 대해 상세히 논의를 했으면 합니다. 특히 남서쪽에 위치한 주들, 애리조나, 뉴멕시코, 그리고 유타에서의 귀사의 배송 지역에 대해 질문을 드릴 것이라는 점을 알고 계셔야 합니다. 그곳에서는 찾아보기가 힘든 것 같은데, 저희는 전국의 모든 주에서 이틀 내에 주문품을 배송해 드린다는 점을 고객에게 약속하고 있습니다. (저희는 귀하께서 어떻게 그렇게 하실 것인지에 대해 이야기를 듣고 싶습니다.)

또한 저희 회사에 금융 관련 서류를 몇 가지 필요합니다. 내일 회계부의 Glen Roscoe가 연락을 드릴 것입니다. 전에 그와 연락을 해 보신 적이 없을 것으로 생각됩니다. 오후 4시까지 그에게 연락을 받지 못하시면 즉시 제게 알려 주십시오.

선호하시는 날짜와 시간을 알려 주시기 바랍니다.

Rose Cross 드림
Compton 주식회사

---

bid 입찰 nationwide 전국적인 frontrunner 유력한 우승 후보 preferably 오히려, 가급적 in detail 상세히 cite 인용하다 specifically 명확하게; 특별히 coverage 범위; 보급(률) profile 프로필, 윤곽; 인지도, 관심 promise 약속하다

172. Cross 씨가 이메일을 보낸 한 가지 이유는 무엇인가?

(A) 만나자는 제안을 하기 위해
(B) 회사에 계약을 제안하기 위해
(C) 서류에 서명할 것을 요청하기 위해
(D) 어떤 사람의 입사를 추천하기 위해

Cross 씨는 이메일의 수신자인 Davidson 씨에게 입찰서를 받았다는 점을 확인시킨 후, 입찰과 관련된 논의를 하기 위해 '다음 주에 사무실을 방문해 달라'(we would like you to visit our office next week)는 요청을 하고 있다. 따라서 그녀가 이메일을 보낸 이유는 (A)로 볼 수 있다. 계약과 관련된 논의를 하자고 했을 뿐, 계약 체결을 제안한 것은 아니므로 (B)는 정답이 될 수 없다.

173. Cross 씨는 무엇에 대해 우려하는가?

(A) 회사가 부과하고자 하는 가격
(B) 회사가 약속을 이행할 수 있는 능력
(C) 회사가 제때에 제품을 만들 수 있는 방법
(D) 회사가 노동력을 증가시킬 수 있는 방법

fulfill 이행하다 workforce 노동력, 노동 인구

두 번째 단락의 'You appear to have a low profile there, and we promise our customers two-day delivery of their orders in every state in the country.'라는 문장에서 Cross 씨는 이틀 내 배송이라는 고객과의 약속을 지킬 수

을지에 대한 걱정을 내비치고 있다. 따라서 그녀가 걱정하는 바는 (B)로 볼 수 있다.

174. 두 번째 단락 네 번째 줄의 "profile"이라는 단어와 의미가 가장 비슷한 것은

(A) 개요
(B) 외모
(C) 기록
(D) 존재감

profile은 '(얼굴의) 윤곽', '개요'라는 뜻 외에도 '인지도'라는 의미도 갖고 있다. 따라서 정답은 '존재(감)'라는 의미를 나타내는 (D)의 presence이다. 참고로 have a low profile은 '인지도가 낮다'라는 뜻을 나타낸다.

175. [1], [2], [3], [4]로 표시된 위치 중 다음 문장이 들어가기에 가장 알맞은 곳은 어디인가?
"저희는 귀하께서 어떻게 그렇게 하실 것인지에 대해 이야기를 듣고 싶습니다."

(A) [1]
(B) [2]
(C) [3]
(D) [4]

주어진 문장의 to do so가 무엇을 의미하는지 파악해야 정답을 찾을 수 있다. 정답부터 말하면 (C)가 정답인데, 문맥상 to do so는 이틀 내 배송을 의미한다. 즉 주어진 문장은 Cross 씨가 가지고 있는 우려를 어떻게 Davidson 씨가 해소할 수 있는지 이야기를 듣고 싶다는 뜻이다.

[176-180]

수신: Stella Carpenter ⟨scarpenter@merlon.com⟩
발신: Caroline Hawthorne ⟨caroline_h@merlon.com⟩
제목: Parker 출판사 합병
날짜: 12월 2일

친애하는 Carpenter 씨께,

아마 잘 알고 있겠지만 저는 이번 주 수요일 이사회와의 중요한 회의를 준비하느라 바쁩니다. 논의할 주제는 Parker 출판사와의 합병 문제가 될 것입니다. 당신이 합병 계약에 대한 개요를 조속히 작성해 주면 좋겠습니다. 제게 중요한 사항들을 알려 주고 그에 대해 이해하기 쉬운 방법으로 글을 써 주기만 하면 됩니다. 제가 나누어 줄 수 있는 것을 만들되, 자세한 사항을 너무 많이 다룰 필요는 없고 전체적인 그림이 파악될 수 있도록 해 주십시오. 또한 Parker 합병과 관련된 모든 서류를 제게 보내야 합니다. 계약서에 서명이 이루어지기 전에 우리 변호사들이 마지막으로 세부 항목들을 검토해야 합니다. 고맙습니다.

Caroline Hawthorne

---

merger 합병 prepare for ~을 준비하다 board of directors 이사회 summary 요약 grasp 잡다, 쥐다; 이해하다, 파악하다 fine print 세세한 항목

수신: Caroline Hawthorne <caroline_h@merlon.com>
발신: Kenneth Murray <kenmurray@merlon.com>
제목: 합병
날짜: 12월 5일

Hawthorne 씨께,

어제 회의에서 당신 발표는 훌륭했어요. 우리 모두에게 나눠 준 보고서는 잘 작성되어 있었고 계약의 중요 포인트에 초점이 맞춰져 있었죠. 많은 질문을 할 필요가 없을 정도로 잘 작성되어 있었어요. 음, 저는 Chuck Thomas와 Cecily Peters가 몇 가지 질문을 한 것으로 알고 있지만, 그건 그들의 스타일이죠. 나머지 사람에 대해 말을 하자면, 우리는 당신이 제시한 정보를 크게 신뢰했어요. 제가 당신 파일에 편지를 넣어 둘 텐데, 이 편지는 내년 승진 시기가 찾아 왔을 때 당신에게 큰 도움이 될 거예요.

Kenneth Murray 드림

----

outstanding 탁월한, 뛰어난　focus on ~에 초점을 맞추다　vital 중요한　inquiry 질문, 문의　be content to 기꺼이 ~하다　rely upon ~에 의지하다　considerable 상당한

176. 첫 번째 이메일에서 Hawthorne 씨는 Carpenter 씨에게 무엇을 할 것을 요청하는가?

(A) 사진을 찍는다
(B) 발표를 한다
(C) 리포트를 작성한다
(D) 계약서에 서명한다

'I need you to quickly write up a summary of the merger agreement.'라는 문장에서 Hawthorne 씨의 요청 사항은 계약에 대한 요약문을 작성해 달라는 것임을 알 수 있다. 따라서 (C)가 정답이다.

177. Hawthorne 씨는 회사 변호사들에게 무엇을 줄 것 같은가?

(A) 계약서 견본
(B) 공식 문서들
(C) 계약 조건
(D) 공증을 받은 보고서 사본

template 견본　official 공식적인　notarize 공증하다

첫 번째 이메일의 마지막 부분에서 Hawthorne 씨는 Carpenter 씨에게 '합병과 관련된 모든 문서'(every document related to the Parker merger)를 보내 달라고 요청한 후, '변호사들이 세부 사항들을 마지막으로 검토할 것'(our lawyers have to go over the fine print a final time)이라고 언급한다. 따라서 그가 변호사들에게 줄 것은 계약과 관련된 문서를 지칭하는 (B)이다.

178. 두 번째 이메일은 왜 보내졌는가?

(A) 업적을 칭찬하기 위해
(B) 추천서를 요청하기 위해
(C) 합병에 대한 최신 소식을 알리기 위해
(D) 설명을 하기 위해

compliment 칭찬하다　letter of recommendation 추천서
clarification 설명, 해명

첫 문장에서 Hawthorne 씨의 발표가 뛰어났다는 견해를 밝힌 후 계속해서 발표 자료에 대한 칭찬의 말을 아끼지 않고 있다. 따라서 이메일을 전송한 이유는 (A)로 볼 수 있다.

179. Murray 씨는 누구인 것 같은가?

(A) Hawthorne 씨의 인턴 사원
(B) Parker 출판사의 임원
(C) Merlon의 변호사
(D) 이사회의 위원

Murray 씨는 두 번째 이메일의 작성자로, 발표를 담당했던 Hawthorne 씨에게 칭찬의 말을 건네고 있다. 한편 첫 번째 이메일에서 Hawthorne 씨는 '이사회와의 중요한 회의'(the big meeting with the board of directors)를 준비 중이라고 했으므로 결국 Murray 씨는 Hawthorne 씨가 발표를 들은 (D)의 '이사회의 위원'일 것이다.

180. 두 번째 이메일에서 Hawthorne 씨에 대해 암시되어 있는 것은 무엇인가?

(A) 그녀는 합병 협상을 책임지고 있다.
(B) 그녀는 내년에 더 좋은 자리로 가게 될 수도 있다.
(C) 그녀는 회의에 참석하지 않았다.
(D) 그녀는 Parking 출판사의 중역이 될 것이다.

be responsible for ~에 대한 책임이 있다

두 번째 이메일의 마지막 문장에서 정답의 단서를 찾을 수 있다. Murray 씨는 '내년 승진 시기에 도움이 될 수 있는'(which should be of considerable benefit to you next year when it's time to think about promotions) 편지를 Hawthorne 씨의 파일에 넣어 두겠다고 했으므로 내년에 Hawthorne 씨가 승진할 가능성이 있다. 따라서 보기 중 추측할 수 있는 사항은 (B)이다.

[181-185]

개업 5주년을 맞은 Hava Java 카페로 오십시오

일주일 내내 놀라운 할인을 적용해 드릴 것입니다

이번 주 동안 모든 커피, 티, 그리고 음료를 40% 할인해 드립니다

쿠키, 머핀, 파이, 그리고 케이크와 같은 제과 제품들은 25% 할인된다는 점도 잊지 마십시오

모든 테이블에는 귀하의 전자 기기를 위한 전기 콘센트가 구비되어 있습니다

그리고 가장 빠른 와이파이 서비스도 이용하실 수 있습니다

오셔서 맛있는 음료도 드시고 이곳의 기분 좋은 분위기도 느껴 보십시오

저희는 시내 중심가인 Windsor 가 35에 위치해 있습니다.

매일 오전 6시부터 오후 10시까지 영업합니다.

celebrate 축하하다, 기념하다   anniversary 기념일   soft drink 청량
음료   electric outlet 전기 콘센트   device 기기, 장치   atmosphere
분위기; 대기   daily 매일

Hava Java Café 리뷰
Jeremy Walker 기자

필자는 지난 주에 개업 5주년을 맞아 특별 할인 행사를 하고 있
는 Hava Java 카페를 방문해 보기로 했다. 아울러 2년 동안 그
곳에 가 본 적이 없었기 때문에 그 동안 그곳이 어떻게 변했는지
도 알고 싶었다.

실내 장식은 필자가 기억하는 것과 비슷했지만, 음료 및 음식의
질은 크게 향상되었다. 같이 간 방문객들과 필자는 뜨거운 커피
와 차를 섞어서 주문했는데, 실망한 사람은 아무도 없었다. 필자
본인은 에티오피아 산 원두로 만든 에스프레소를 주문했고 그 맛
에 큰 감명을 받았다.

음식에 대해 말하자면, 필자는 완벽하게 구워진 잉글리쉬 머핀과
맛있는 피칸 파이 한 조각, 그리고 초콜릿 칩 쿠키를 먹었다. 쿠
키는 약간 딱딱한 편이었으나 맛은 괜찮았다. 같이 간 사람들 모
두 다양한 컵케이크, 케이크, 그리고 머핀을 먹었는데, 다들 정말
로 좋아했다.

필자가 느꼈던 유일한 불만은 음료에 30%의 할인만 적용받은
것이었는데, 아마도 이는 명백한 실수였을 것이다. 카페는 사람
들로 가득했고 계산원은 다소 힘들어 하는 것으로 보였다. 기회
가 된다면 반드시 Hava Java 카페에 들려야 할 것이다. 후회하
지 않을 것이다.

décor 실내 장식   tremendously 막대하게   assortment 모음, 조
합 toast 굽다   honest mistake 명백한 실수   packed 꽉 들어찬
overwhelmed 압도된, 당황한   drop by ~에 들르다

181. 광고에 의하면 Hava Java 카페에 대해 사실이 아닌 것은 무엇
인가?

(A) 연중 매일 문을 연다.
(B) 사람들이 그곳 분위기를 좋아한다.
(C) 5년 동안 영업을 하고 있다.
(D) 최근에 패스트리를 메뉴에 추가했다.

'개업 5주년을 맞이했다'(we celebrate our fifth anniversary)
는 문구에서 (C)의 내용을, '이곳의 기분 좋은 분위기'
(pleasant atmosphere here)를 느끼러 오라는 표현에서 (B)
의 내용을, 그리고 '오전 6에서 오후 10시까지 매일 문을 연
다'(open daily from 6:00 A.M. to 10:00 P.M.)는 문구에서
(A)의 내용을 확인할 수 있다. 하지만 '패스트리가 최근 메뉴에
추가되었다'는 언급은 찾아볼 수 없으므로 (D)가 정답이다.

182. 다음 중 어떤 사람이 Hava Java 카페를 방문할 것 같은가?

(A) 라이브 음악을 듣고 싶은 사람
(B) 커피와 샌드위치를 좋아하는 사람
(C) 노트북 컴퓨터로 작업을 하고 싶은 사람
(D) 바리스타가 되기 위한 수업을 듣고 싶은 사람

첫 번째 지문에서 카페 테이블에 '전기 콘센트'(electric
outlets for your devices)가 구비되어있다는 점과 카페에서
'와이파이 서비스'(the fastest Wi-Fi Internet service)가 제
공된다는 점을 알 수 있다. 따라서 이러한 도움을 받을 수 있는
(C)가 카페를 방문할 가능성이 높다.

183. Walker 씨가 Hava Java 카페의 방문에 대해 언급한 것은 무
엇인가?

(A) 기억하고 있던 것만큼 좋지 않았다.
(B) 다른 사람들과 동행을 했다.
(C) 오전 시간에 그곳에 갔다.
(D) 3년 동안 그곳에 간 것은 이번이 처음이었다.

my fellow visitors and I라는 표현 등을 통해 Walker 씨는
혼자서 그곳에 간 것이 아니라는 점을 알 수 있다. 따라서 (B)
가 정답이다. 글쓴이가 실내 장식은 기억했던 것과 비슷했다고
했으므로 (A)는 사실이 아니며, 2년 동안 가 보지 못했다고 했
으므로 (D) 역시 리뷰와 부합되지 않는 내용이다.

184. Walker 씨는 어떤 제품에 깊은 인상을 받지 못했는가?

(A) 파이
(B) 커피
(C) 머핀
(D) 쿠키

대부분의 제품에 대해 만족감을 드러냈지만 쿠키에 대해서만
은 'The cookie was a bit too hard, but it tasted all right.'
이라고 말하면서 (D)의 '쿠키'에 대해 약간의 아쉬움을 표시했
다.

185. Walker 씨는 얼마만큼의 할인을 받았어야 했는가?

(A) 25%
(B) 30%
(C) 35%
(D) 40%

리뷰의 마지막 단락에서 Walker 씨는 본인의 유일한 불만은
'자신의 음료에 30%만 할인이 적용된 점'(I was only given a
30% discount on my drink)이라고 밝히고 있다. 한편 광고
에서 커피 등 음료에 대해서는 40% 할인이 적용될 것이라고
안내되어 있으므로 Walker 씨 음료에 실제로 적용되었어야 할
할인폭은 (D)의 '40%'이다.

[186-190]

직원 복장 규정

11월 1일부로 모든 Briggs 직원들은 유니폼을 착용해야 합니다.
남성용으로는 하얀색 버튼 다운 셔츠와 검정색 슬랙스가 이에 해
당되며, 여성용으로는 하얀색 블라우스와 검정색 슬랙스 혹은 검
정색 스커트가 해당됩니다. 또한 직원들은 검정색 정장 구두를
신어야 합니다. 각 의상마다 두 벌씩 구입할 수 있도록 회사에서
전 직원들에게 비용을 지급해 줄 것입니다. 추가로 구매하는 품목
의 비용은 직원 각자가 지불해야 합니다. 11월 10일 이전에 구입

하는 모든 제품에 대해서는 25%의 할인을 받게 될 것입니다. 주문서를 작성하셔서 늦어도 10월 20일까지 직속 상사에게 제출해 주십시오.

---

include 포함하다   slacks 바지, 슬랙스   either A or B A와 B 중 하나   dress shoes 정장 구두   extra 추가의, 별도의   immediate supervisor 직속 상사

Kitty Hawk Styles
주문서

고객명: Alisson Lee
회사명: Briggs
주소: North Hampton 가 8555 번지, 볼티모어, 메릴랜드
주문 날짜: 10월 18일

제품	사이즈	수량	단위 가격 (할인가)
하얀색 블라우스	S	2	$40.00
검정색 스커트	S	1	$30.00
검정색 슬랙스	S	3	$50.00
검정색 정장 구두	7	2	$90.00

청구지: Briggs
서명: Alisson Lee

수신: Calvin Smith 〈calvinsmith@briggs.com〉
발신: Allisson Lee 〈alee@briggs.com〉
제목: 블라우스
날짜: 11월 15일

친애하는 Smith 씨께,

어젯밤에 저녁 근무를 하던 중 한 고객이 제 블라우스에 커피를 쏟았습니다. 저는 오늘 세탁을 두 차례 해 보았지만 얼룩을 지울 수가 없었습니다. 그래서 옷을 근처 세탁소에 가지고 갔으나 세탁소 직원은 얼룩이 지워지지 않을 것 같다고 말을 하더군요.

블라우스를 새로 구입해야 할 것 같습니다. 그럴 수 있도록 제게 주문서를 한 부 더 주실 수 있으신가요? 또한 제가 대체품 구입에 돈을 지불해야 할 책임이 있을까요? 어젯밤에 근무 중이던 상급 직원은 회사 정책이 어떤지 잘 모르겠다고 말했습니다. 제가 근무하던 도중에 사고가 발생했고 제가 잘못을 해서 사고가 난 것이 아니기 때문에 Briggs에서 보상을 해 주기를 바랍니다.

입을 수 있는 블라우스가 하나 밖에 남지 않아서 주문이 신속히 처리되기를 바라며, 저는 다음 6일 동안 연속으로 근무를 할 예정입니다.

Allisson Lee 드림

---

shift 근무, 근무 시간   spill 쏟다, 엎지르다   remove 없애다, 제거하다   stain 얼룩   dry cleaner 세탁소   attendant 종업원   permanent 영구적인, 영속적인   as though 마치 ~처럼   on duty 근무 중인   compensate 보상하다   expedite 신속히 처리하다   in a row 일렬로; 연속으로

---

186. 안내의 목적은 무엇인가?

(A) 직원들에게 보다 좋은 옷을 입으라고 권고하기 위해
(B) 고객들을 상대하는 법을 설명하기 위해
(C) 업무 방침 상 변경된 사항을 설명하기 위해
(D) 일정 조정에 대해 언급하기 위해

describe 묘사하다, 설명하다   point out ~을 지적하다, 언급하다

안내의 첫 번째 문장에서 '모든 Briggs 직원은 유니폼을 입어야 한다'(all Briggs workers must wear a uniform)는 규정을 소개한 후, 유니폼에 해당되는 옷과 유니폼 구입 절차 등에 대해 설명하고 있다. 따라서 (C)가 안내의 목적이며, 지문의 제목인 Employee Dress Code를 통해서도 안내의 목적을 확인할 수 있다.

187. 안내에 의하면 직원들은 10월 20일까지 무엇을 해야 하는가?

(A) 관리자에게 자신의 치수를 알려 준다
(B) 유니폼을 착용하기 시작한다
(C) 주문서를 제출한다
(D) 제품 값을 결제한다

질문의 핵심어구인 October 20가 적혀 있는 부분을 우선적으로 살펴 본다. 첫 번째 지문의 마지막 문장인 'Please complete an order form and give it to your immediate supervisor no later than October 20.'에서 10월 20일까지 주문서가 제출되어야 한다는 점을 알 수 있으므로 (C)가 정답이다.

188. 주문서에 암시되어 있는 것은 무엇인가?

(A) Lee 씨는 총 50달러를 지불해야 한다.
(B) 11월 1월 전에 주문품이 도착할 것이다.
(C) 한 제품은 모노그래밍으로 주문되었다.
(D) 모든 제품이 신용 카드로 결제되었다.

monogram 합일 문자, 모노그램; 글자를 새기다, 글자로 된 문양을 넣다

첫 번째 지문에서 '각 의상마다 2벌'(two of each clothing items)까지는 회사에서 비용을 제공해 준다고 했으므로 두 번째 지문의 주문서에서 수량이 3인 슬랙스의 한 벌 비용, 즉 50달러만 Lee 씨가 지불하면 될 것이다. 따라서 보기 중 추측할 수 있는 내용은 (A)이다.

189. 이메일에서 Lee 씨는 어떤 문제를 언급하는가?

(A) 사이즈가 잘못된 바지를 주문했다.
(B) 옷에 얼룩이 묻었다.
(C) 블라우스 한 벌이 찢어졌다.
(D) 유니폼 중 일부가 더 이상 맞지 않는다.

이메일의 시작 부분에서 Lee 씨는 '고객이 자신의 블라우스에 커피를 쏟았으며'(a customer spilled some coffee on my blouse) 이로 인해 생긴 얼룩은 '(세탁소에서도) 지워지지 않는다'(the stain was likely permanent)는 말을 전하고 있다. 따라서 그녀가 언급한 문제는 (B)이다.

190. Lee 씨에 대해 사실인 것은 무엇인가?

(A) 대체품에 대해 할인을 받을 수 없다.
(B) 근무 중 자신이 한 일에 대해 질책을 받게 될 것이다.
(C) 업무 중에 회사의 방침을 따르지 못했다.
(D) Briggs에서 직위가 높은 직원이다.

이메일을 작성한 날짜는 11월 15일로 적혀 있는데, 첫 번째 지문에서 '25% 할인은 11월 10일 이전에 구매한 제품에 대해서만 적용된다'(Employees will receive a discount of 25% on all items they purchase before November 10.)고 안내되어 있다. 따라서 새로 구입한 옷에 대해서는 할인을 적용받을 수 없을 것이므로 (A)가 정답이다.

[191-195]

수신: Dirk Winslow ⟨dirkwinslow@truemail.com⟩
발신: Petunia Grierson ⟨pgrierson@mhi.com⟩
제목: Mountebank 중공업
날짜: 8월 19일

친애하는 Winslow 씨께,

귀하의 Mountebank 중공업 입사 지원서가 첫 번째 심사를 통과했다는 소식을 알려 드리게 되어 매우 기쁘게 생각합니다. 맨체스터에 있는 저희 본사에서 귀하를 면접하고 싶습니다. 면접 일자는 8월 29일 금요일로 예정되어 있습니다. 오전 9시부터 하루 종일 진행될 것입니다.

이러한 제안을 수락하시는 경우, 저희가 이동 수단 및 호텔을 준비해 드릴 것입니다. 목요일 저녁에 비행기편으로 이곳에 오시게 될 것이며, 이곳에서는 인근 호텔에서 숙박을 하시게 될 것입니다. 면접이 끝난 후에는, 이사를 오게 될 수도 있는 이곳 도시를 구경하고 싶으신 경우, 주말 동안 맨체스터에 계속 머물러 계셔도 좋습니다. 예약을 할 수 있도록 제게 귀하의 의사를 알려 주십시오.

24시간 이내에 이메일로 답을 해 주시기 바랍니다.

Petunia Grierson 드림

affair 일, 사건   in case ~하는 경우에   explore 탐험하다   intention 의향, 의도

수신: Ian Potter ⟨ian_potter@mhi.com⟩
발신: Dirk Winslow ⟨dirkwinslow@truemail.com⟩
제목: 답신
날짜: 9월 2일

친애하는 Potter 씨께,

맨체스터에 머무는 동안 귀하와 MHI 직원들께서 베풀어 주신 환대에 대해 감사의 뜻을 전하고 싶습니다. 전체 기간 동안 저는 큰 환영을 받았고, 저는 저의 채용 문제와 관련해서 귀사로부터 긍정적인 대답을 들을 수 있기를 고대하고 있습니다.

하지만 한 가지 사소한 걱정거리가 있습니다. 저는 연구원의 초봉이 35,000파운드라고 들었습니다. 제가 어젯밤에 집에 온 후 맨체스터에 대해 몇 가지 조사를 해 보니 이 도시의 물가가 다소 비싼 편이라는 점을 알게 되었습니다. 제가 동거인을 구하지 않는 경우, 제가 그곳에서 살 수 있을 정도로 초봉이 충분한 편인가요? 그렇지 않다면 MHI의 입사 후보자 명단에서 제 이름은 제외시켜 주셔야 할 것 같습니다.

Dirk Winslow 드림

hospitality 환대   positive 긍정적인   rather 다소   afford to ~할 여유가 되다   housemate 동거인   withdraw 철회하다   consideration 고려

수신: 연구개발부 전 직원
발신: 연구개발부 부장 Allen Scofield
제목: 신입 사원
날짜: 9월 17일

이번 주 목요일인 9월 20일에 신입 직원들이 이곳에 합류할 것이라는 점을 알려 드립니다. 그들은 모두 연구원으로 고용될 것입니다. 명단은 다음과 같습니다.

Brian Caldwell
Christina Kite
Eve Watkins
Marcus Boswell
Dirk Winslow

도착하는 대로 반드시 그들에게 따뜻한 환영 인사를 건네 주십시오. 모두 맨체스터를 처음 방문하기 때문에 여러분 중 몇몇이 그들에게 길을 안내해 주면 정말 좋을 것 같습니다.

get oriented 위치를 알다, 길을 알다

---

191. 첫 번째 이메일에서 다음 중 언급되지 않은 것은 무엇인가?

(A) Grierson 씨는 이메일에 대한 답장을 받을 것으로 기대하고 있다.
(B) Winslow 씨는 직접 이동 준비를 해야 한다.
(C) Grierson 씨는 면접이 끝난 후에도 머물 것을 권하고 있다.
(D) Winslow 씨는 Mountebank 중공업에 입사 지원을 했다.

이메일 두 번째 단락 첫 번째 문장에서 Grierson 씨는 '자신들이 면접에 필요한 교통비와 숙박비를 제공해 줄 것'(we will make your travel and hotel arrangements)이라고 밝히고 있으므로 (B)가 사실과 다른 내용이다.

192. Winslow 씨가 두 번째 이메일을 보낸 한 가지 이유는 무엇인가?

(A) 친절에 대한 감사를 표하기 위해
(B) 업무에 대해 질문하기 위해
(C) 입사 조건을 받아들이기 위해
(D) Manchester 여행에 대해 묻기 위해

Winslow 씨가 보낸 이메일의 첫 번째 단락에서 그는 '환대에 대한 고마움'(my appreciation for the hospitality you and your staff)을 표시하고 두 번째 단락에서는 초봉에 대한 우려를 나타내고 있다. 따라서 이메일을 보낸 이유로 볼 수 있는 것은 (A)이다.

193. 두 번째 이메일에서 Winslow 씨에 대해 암시되어 있는 것은 무엇인가?

(A) 그는 해당 업계에서의 경력을 가지고 있다.
(B) 그는 주말 동안 Manchester에 머물렀다.
(C) 그는 맨체스터에서 동거인과 함께 살 것으로 예상한다.
(D) 그는 어느 때라도 기꺼이 2차 면접을 보려고 한다.

두 번째 지문에서 Winslow 씨는 자신이 '어젯밤에 집에 온 후 맨체스터에 대해 조사를 해 보았다'(I conducted some research on Manchester after flying home last night)고 밝히는데, 이메일을 작성한 날짜는 9월 2일임을 알 수 있다. 한편 첫 번째 지문에서 Winslow 씨의 면접일은 8월 29일로 정해져 있고 필요한 경우 그가 맨체스터에서 주말을 보내도 좋다는 안내가 적혀 있으므로 이러한 사실들을 종합하면 Winslow 씨는 8월 30일부터 9월 1일까지 맨체스터에 머물렀을 것으로 추측할 수 있다. 따라서 보기 중 정답은 (B)이다.

194. Winslow 씨에 대해 암시되어 있는 것은 무엇인가?

(A) 이미 신입 동료 직원들을 알고 있다.
(B) 그의 이사 비용은 MHI에서 지불할 것이다.
(C) 새 직위를 얻으면 출장을 가야 할 것이다.
(D) 급여에 대한 우려가 MHI에 의해 해소되었다.

두 번째 이메일의 마지막 문장에서 Winslow 씨는 'If not, I will have to withdraw my name from consideration for a position at MHI.'라고 말하면서 초봉이 충분하지 않다면 입사를 거절하겠다는 의사를 표시한다. 그런데 마지막 지문의 신입 직원 명단에 그의 이름이 포함되어 있는 것으로 보아 MHI 측이 초봉을 인상시켜 주었을 것으로 짐작할 수 있으므로 (D)가 정답이다.

195. Scofield 씨는 자신의 부서 직원들에게 무엇을 하라고 요청하는가?

(A) 신입 직원들에게 시내를 구경시켜 준다
(B) 신입 직원들에게 기기 사용법에 대한 시범을 보인다
(C) 신입 직원들을 점심 식사에 초대한다
(D) 신입 직원들의 멘토 역할을 한다

show A around B A에게 B을 안내하다   mentor 멘토

마지막 지문의 마지막 단락에서 회람 작성자인 Scofield 씨는 자신의 연구개발부 직원들에게 'They're all new to Manchester, so it would be wonderful if a few of you helped them get oriented here.'라고 말하면서 신입 직원들에게 길 안내를 당부하고 있다. 따라서 get oriented(방향을 찾다, 길을 알다)를 show around(안내하다, 구경시키다)로 바꾸어 쓴 (A)가 정답이다.

[196-200]

Silas Manufacturing이 힘든 시기를 겪고 있다
Adam Dean 경제부 기자

프레데릭스버그 (4월 11일) – 2년 전 Silas Manufacturing은 장안의 화제였다. 그때는 이 회사가 이곳 프레데릭스버그에서 공장을 열기로 결정한 후 계속해서 많은 사람들을 고용했는데 550명 이상의 지역 주민들이 높은 급여를 받으면서 입사를 했다.

하지만 최근에 사정이 바뀌었다. 불경기로 인해 Silas는 수익을 내는 대신 손실을 보고 있다. 금융 전문가인 Jim Williams에 따르면 Silas는 주로 많은 고객들의 주문 취소로 인해 올해 40% 이상의 수입이 감소했다. 이는 추후에 정리 해고가 이루어질 것이라는 점을 시사한다. 프레데릭스버그 시설에서 최대 50%의 인원 감축이 이루어질 가능성이 있다.

그러한 일이 발생한다면 시 전체에 힘든 시기가 찾아올 수 있다. 공장장인 Timothy Freeman에게 연락을 해 보았지만, 이 기사가 인쇄된 시점까지 답을 들을 수가 없었다. 4월 14일에 기자 회견이 예정되어 있으며 그때 이러한 문제들과 기타 문제들이 다루어질 가능성이 높다.

talk of the town 장안의 화제   hiring spree 대규모 채용   on account of ~ 때문에   analyst 분석가   revenue 수입   cancelation 취소   layoff 해고, 정리 해고   reduction 감소, 축소   up to ~까지   press conference 기자 회견   cover 덮다; 다루다

수신: letterstotheeditor@fredpress.com
발신: tfreeman@silasman.com
날짜: 4월 12일
제목: Adam Dean

편집자님께,

저는 최근에 Adam Dean이 쓴 "Silas Manufacturing이 힘든 시기를 겪고 있다"라는 제목의 기사를 읽었는데, 그 안에 포함되어 있는 많은 주장들이 크게 잘못된 것이라는 점에 충격을 받았습니다.

우선, 프레데릭스버그 시설의 어떤 사람도 해고할 계획은 없습니다. 사실, 저희는 다음 달에 더 많은 직원을 채용할 계획입니다. 최근에 회사가 손실을 보고 있는 것도 아닙니다. Silas는 지난 10년 연속으로 매 분기마다 영업 이익을 내고 있다는 점에 자부심을 느끼고 있습니다. 마지막으로, 저희의 수입은 감소하고 있는 것이 아니라 증가하고 있습니다.

기사를 완전히 철회해 주실 것과 사실 관계가 잘못된 기사를 쓴 기자를 질책해 주실 것을 요구합니다.

Timothy Freeman 드림
Silas Manufacturing 공장장, 프레데릭스버그

entitle 제목을 붙이다   shocked 놀란   statement 진술, 주장   contain 포함하다   be proud of ~을 자랑스러워하다   operating profit 영업 이익   consecutive 연속의, 연이은   not A but B A가 아니라 B이다   insist 주장하다   retraction 철회   reprimand 꾸짖다   책망하다   irresponsible 무책임한   inaccurate 부정확한

196. 기사에 의하면 Silas Manufacturing는 프레데릭스버그에서 무엇을 했는가?

(A) 제조 시설을 오픈했다.
(B) 600명 이상의 직원을 고용했다.
(C) 새로운 시설을 건설했다.
(D) 시의 실업 문제를 해결하는데 도움을 주었다.

unemployment 실업

첫 번째 지문의 첫 번째 단락에서 'Silas Manufacturing는 프레데릭스버그에서 공장을 오픈하여'(Silas Manufacturing decided to open a factory here in Fredericksburg) 많은 직원을 고용했다고 소개되어 있다. 따라서 (A)가 정답이다. 600명 이상이 아니라 550명 이상을 고용했다고 나와 있으므로 (B)는 오답이며, 기존 공장을 인수했을 가능성도 있으므로 (C)도 정답이 될 수 없다. 시의 실업 문제 역시 직접적으로 언급된 바가 없기 때문에 (D) 또한 알 수 없는 내용이다.

197. 기사에서 첫 번째 단락 여덟 번째 줄의 "impressive"와 가장 의미가 비슷한 것은

(A) 영감을 주는
(B) 높은
(C) 유명한
(D) 적절한

inspiring 영감을 주는; 격려하는   adequate 적절한

impressive의 사전적인 의미보다는 문맥 상의 의미를 찾아야 한다. impressive는 원래 '인상적인'이라는 뜻을 나타내지만, 여기에서는 (B)의 high(높은)의 의미로 사용되어 바로 뒤에 있는 salaries(급여)를 수식하고 있다.

198. 기사의 주장 중에서 Freeman 씨가 지적하지 않은 것은 무엇인가?

(A) 회사의 직원 해고 계획
(B) 회사의 수입 감소
(C) 회사가 이익을 내지 못함
(D) 회사의 고객 이탈

두 번째 지문인 이메일에서 Freeman 씨는 기사의 내용을 항목별로 반박하고 있다. '직원 해고 계획은 없다'(there are no plans to lay off any individuals)고 한 점에서 (A)의 내용을, '회사가 손해를 보고 있지도 않다'(nor has the company lost money)는 언급에서 (B)의 내용을, '매 분기마다 이익을 내고 있다'(having earned an operating profit every quarter)는 주장에서 (C)의 내용을 부정하고 있으나, (D)와 관련된 언급은 찾아볼 수 없다.

199. Freeman 씨가 편지에서 언급한 것은 무엇인가?

(A) 시설 규모를 확장시킬 계획이 있다.
(B) 그의 회사는 십 년 동안 이익을 내고 있다.
(C) Silas Manufacturing은 내년에 신입 직원을 고용할 것이다.
(D) 그는 더 이상 *Fredericksburg Press*에 광고를 내지 않을 것이다.

이메일의 두 번째 단락 중 'Silas is proud of having earned an operating profit every quarter for the past ten consecutive years.'라는 언급에서 Silas는 10년 연속으로 수익을 내고 있다는 점을 확인할 수 있다. 정답은 the past ten consecutive years를 a decade로 바꾸어 쓴 (B)이다. 신규 채용은 내년이 아니라 다음 달에 이루어질 예정이므로 (C)를 정답으로 골라서는 안 된다.

200. Dean 씨에게 어떤 일이 일어났을 것 같은가?

(A) Silas Manufacturing를 견학했다.
(B) 승진을 했다.
(C) 다른 나라로 전근을 갔다.
(D) 자리에서 물러났다.

질문의 Mr. Dean은 기사를 작성한 경제 전문 기자인 Adam Dean을 가리킨다. 두 번째 지문의 이메일 마지막 부분에서 Freeman 씨는 '무책임하고 잘못된 기사를 작성한 기자는 질책을 받아야 할 것'(the writer be reprimanded for his irresponsible and factually inaccurate article)이라고 주장하며 Dean 씨에 대한 조치를 요구했다. 한편 세 번째 지문인 채용 공고를 통해 해당 신문사인 *Fredericksburg Press*는 '새로운 경제 전문 기자를 급구하는 중'(in urgent need of a new economics reporter)임을 알 수 있으므로 결국 Dean 씨는 오보에 대한 책임을 지고 일을 그만두게 되었을 것이라고 짐작할 수 있다. 따라서 (D)가 정답이다.